Die Rechtsprechung

des

Deutschen Oberhandelsgerichtes

zu Leipzig,

herausgegeben

von

A. Stegemann,
Anwalt am genannten Gerichtshofe, preußischem Justizrath ɩc.

Zweiter Band.

Berlin.
Verlag von J. Guttentag (D. Collin).
1872.

Inhalt.

Seite

I. Rechtsfälle und Entscheidungen des OHG . . 1 bis 388

(nach der Zeitfolge der mitgetheilten Entscheidungen)

Nr.

a. aus dem Jahre 1870:

Nr.	Datum	Inhalt	Seite
—	Erk. v. 6. Okt.	Hypothekforderungen als Geschäftsobjekte	49, 53 n.
—	Erk. v. 22. „	Anweisung, ihre Bedeutung, Widerruflichkeit	385
1.	Erk. v. 26. Nov.	Beginn und Verpflichtung einer Handelsgesellschaft	1
2.	Erk. v. 2. Dez.	Vertrag über Lieferung von Gutsbutter	4
—	Erk. v. 15. „	Distanzhandel, Aufbewahrung beanstandeter Waare (vgl. Nr. 21 S. 90)	94, n.
3.	Erk. v. 15. „	Haftung der Eisenbahnen für Frachtgut, bösliche Handlungsweise	9
4.	Erk. v. 17. „	Anerkennung eines Rechnungswerks, Beibuch	14
5.	Erk. v. 20. „	Handelskauf, Beweislast bezüglich der Erfüllung, Anerkennung des Käufers über vertragsmäßige Lieferung	20
6.	Erk. v. 30. „	Ansprüche an den Frachtführer, Geltendmachung; Feststellung von Frachtgutsschäden	27

b. aus dem Jahre 1871:

Nr.	Datum	Inhalt	Seite
7.	Erk. v. 6. Jan.	Lebensversicherung, Pflichten d. Versicherungsberechtigten	33
8.	Erk. v. 7. „	Wechsel, Kollektiv-Unterschrift, Zahlungszeit	36
—	Erk. v. 13. „	Beweislast bezüglich einer nicht eingetroffenen Suspensivbedingung	80, n.
—	Erk. v. 27. „	Geschäftsbeginn einer Handelsgesellschaft	2, n.
9.	Erk. v. 27. „	Vertragsauslegung, Bedeutung mündlicher Abreden bei schriftlichem Vertragsschluß; Lieferung u. Aufstellen einer Dampfmaschine, Haftung des Fabrikanten für seine Leute	39
10.	Erk. v. 3. Febr.	Rückgabe von Verpackungsmitteln im Handel	46
—	Erk. v. 10. „	Annahme und Behalten unbestellter Handelswaare	341
11.	Erk. v. 17. „	Bürgschaft im Handel, Hypothekforderungen als Geschäftsobjekte	49
12.	Erk. v. 17. „	Vertretung ausländischer Handelsgesellschaften, innere Rechtsakte einer Gesellschaft	54

Nr.	(1871)		Seite
13.	Erk. v. 17. Febr.	Seeversicherung, Anzeigepflicht des Versicherungsnehmers	59
14.	Erk. v. 24. „	Giro auf präjudizirtem Wechsel, Klagerecht des Indossatars	63
15.	Erk. v. 2. März.	Platzhandel, Pflichten des Käufers . . .	66
16.	Erk. v. 2. „	Kaufmännisches Zurückbehaltungsrecht, Inhalt, Geltung beim Konkurse des Schuldners	68
17.	Erk. v. 14. „	Verkaufskommission, Anzeige des Kommissionärs, Billigung des Kommittenten . . .	75
18.	Erk. v. 24. „	Fixgeschäft, Begriff. Beweislast bezüglich behaupteter Bedingungen	79
19.	Erk. v. 4. April.	Wechselfähigkeit, Hebung des Mangels. Verpflichtung eines Haussohns	84
—	Erk. v. 4. „	Richterliche Schlußfolgerungen, Nichtigkeit	102, n.
20.	Erk. v. 4. „	Beitritt zum Geschäft eines Einzelkaufmanns, Haftung für dessen Schulden. Analoge Gesetzesanwendung	88
21.	Erk. v. 4. „	Kauf nach Probe, Erfüllung, Beweislast. Pflicht des Käufers bei Beanstandung eingehender Waare	90
22.	Erk. v. 4. „	Feuerversicherung, Auslegung der sogen. Versicherungsbedingungen, Anzeige des Brandfalles, Arbitrirung des Schadenbetrages . .	95
23.	Erk. v. 13. „	Marktpreis eines Handelsartikels	103
24.	Erk. v. 18. „	Schiedsrichter, Entscheidung über Kompetenzfragen	113
25.	Erk. v. 18. „	Prozessuale Nichtigkeitsgründe im Altpreußischen Prozeß, Bedeutung einer strafrichterlichen Vorentscheidung	119
—	Erk. v. 18. „	Mengekauf, theilweise mangelhafte Erfüllung, Rechte des Käufers	238, n.
—	Erk. v. 18. „	Nothwendiger Parteieid, Bedeutung von Informativzeugnissen	122, n.
26.	Erk. v. 18. „	Prozessuale Stellung der Ausländer, Bundesindigenat. Frankfurter Arrestrecht gegenüber einem Badener	123
27.	Erk. v. 25. „	Domizilwechsel, Zahlungsort. Erbschaftsentsagung nach ALR, Frist. Wohnort eines preuß. Stromschiffers	131
28.	Erk. v. 25. „	Distanzhandel, Pflicht des Käufers zur Untersuchung und ev. Beanstandung der Waare; ordnungsmäßiger Geschäftsgang	137
29.	Erk. v. 25. „	Contocurrentverhältniß, Geltendmachung von Einzelposten, Wechselklage. Wechselexekution in Altpreußen bei vorhandener Pfanddeckung. Verhältniß des Wechselanspruchs zu dem unterliegenden Rechtsgeschäft	141

Nr.	(1871)		Seite
30.	Erk. v. 25. April.	Interzession für die Wechselschuld eines Mitausstellers	152
31.	Erk. v. 2. Mai.	Befugnisse der Spezialagenten einer Versicherungsgesellschaft. Wirkung eingeschränkter Vollmachten gegen Dritte	154
32.	Erk. v. 2. „	Hebung entstehender Zweifel über die Tragweite einer bedingten Entscheidung vor der Urtels-Purifizirung	160
—	Erk. v. 2. „	Eidesleistung Namens einer offenen Handelsgesellschaft	160, 162 n.
33.	Erk. v. 4. „	Transportunternehmen, Haftung des Frachtführers, Aushändigen von Frachtgut, Verbrennen des Frachtguts	163
34.	Erk. v. 5. „	Transportversicherung; Ende der zu vertretenden Gefahren, Beweislast	179
35.	Erk. v. 9. „	Falsches Giro, Legitimation des Wechseleigenthümers. Cession u. Wechselbegebung, Vollmacht dazu	186
36.	Erk. v. 9. „	Prozeßführung eines nichtbevollmächtigten Sachwalters; Nichtigkeit, Geltendmachung derselben nach altpreuß. Prozeßrecht. Beweislast bei bestrittener Echtheit einer Privatvollmacht	192
—	Erk. v. 9. „	Beweiskraft eines sogen. Contobuches	388
37.	Erk. v. 12. „	Handelskauf u. Werkverdingung, Maschinen als Vertragsobjekte, gehörige Geltendmachung aller Nichtigkeitsgründe	199
—	Erk. v. 16. „	Schlußfolgerung des Richters ist keine Suppeditirung	102, n.
38.	Erk. v. 16. „	Befugnisse der Agenten, Annahme von Zahlungen. Rückforderung des Gezahlten beim Konkurse. von wem?	207
39.	Erk. v. 16. „	Wesentliche Prozeßvorschriften, gleichzeitiges Vorbringen gewisser Einreden. Schiedsvertrag, Ausrichtung, Berufung eines Obmanns	211
40.	Erk. v. 16. „	Wechsel, Bezeichnung des Remittenten, Zusatz beim Namen	217
41.	Erk. v. 23. „	Appellrichter, reformatio in peius. Handelskauf über Waldbäume. Handelsgeschäfte, mündliche Vereinbarung u. schriftlicher Vertragsschluß, Verschiedenheit beider, Nachweis	220
42.	Erk. v. 23. „	Legitimation zur Erhebung einer Lebensversicherungssumme, Privatzession des Berechtigten	227
43.	Erk. v. 23. „	Altpreußisches Prozeßrecht, formlose Anmeldung der Rechtsmittel, Wahrung der Revision durch deren gehörige Einführung. Richterliche Prüfung der Klage	232

Nr.	(1871)		Seite
44.	Erk. v. 23. Mai.	Mengekauf, Rechte des Käufers bei theilweise mangelhafter Erfüllung	236
45.	Erk. v. 23. „	Spediteur, Berechnung von Auslagen, Steuerzahlung. Verjährung der Anforderungen an den Spediteur	239
46.	Bescheid v. 26. „	Vorlegung von Handelsbüchern, richterliches Ermessen	243
47.	Erk. v. 3. Juni.	Feuerversicherungs-Vertrag, Auslegung, Härte gewisser sogen. Bedingungen	245
48.	Erk. v. 3. „	Mehrere Wechselaussteller, ihr Verhältniß unter einander, namentlich bei einer unterliegenden Bürgschaftsleistung. Aufrechterhaltung einer Entscheidung trotz begründeter Nichtigkeitsbeschwerde	251
49.	Erk. v. 3. „	Wechselseparatum nach der AGO, kein Gegenbeweis nach geleistetem Ignoranzeid im Wechselverfahren	257
50.	Erk. v. 6. „	Vertragspflichten des Frachtführers, Aufgabe von Eilgut, Ersatzleistung	268
51.	Erk. v. 6. „	Preisdifferenz als Schadenersatz wegen Nichterfüllung von Handelskäufen. Uebernahme von Emballage im Distanzhandel	273
52.	Erk. v. 6. „	Altpreußischer Prozeß, Klage des Cessionars, Schiedseid des Cedenten	278
53.	Erk. v. 6. „	Wechsel auf, bzw. nach Kündigung, Bürgschaftsleistung in Wechselform, Ungiltigkeit .	286
—	Erk. v. 10. „	Altpreußisches Erbrecht, Deliberationsfrist für Bevormundete	132, n.
54.	Erk. v. 10. „	Wechselseparatum nach der AGO, kein Diffitiren nach Kontumazialverurtheilung im Wechselverfahren	296
55.	Erk. v. 13. „	Hamburger Fallitenrecht, seine Bedeutung für preußische Gläubiger in Preußen	301
56.	Erk. v. 13. „	Frachtbeförderung über mehrere Bahnen, Vertrag und Reglements	310
57.	Erk. v. 17. „	Rechenschafts-Ablegung. Kaufmännische Agentur, Konkurs des Agenten	316
58.	Erk. v. 17. „	Kaufmännisches Zurückbehaltungsrecht als Sicherungsmittel, Umfang bei theilbaren Sachen. Schadenersatz bei Vertragsbruch, eigene Abwendung von Schäden	323
—	Erk. v. 17. „	Schriftlicher Vertragsrevers, abweichend von dem wirklich Verabredeten	224, n.
59.	Erk. v. 17. „	Urtel, Anfechtung, Rechtskraft, Appellrichter	329
60.	Erk. v. 20. „	Versicherungsfälle, Feststellung der Schäden, Arbitratoren	332

Nr.	(1871)		Seite
61.	Erk. v. 20. Juni.	Handel durch Agenten, wer ist Kontrahent?	339
62.	Erk. v. 24. „	Purifikation einer bedingten Entscheidung; Modifizirung der Eidesnorm, Verfahren .	343
64.	Erk. v. 24. „	Feuerversicherung, rechtzeitige Geltendmachung der Brandschäden, keine Klage bei erfolgter Anerkennung	354
63.	Erk. v. 27. „	Handelsgewohnheitsrecht und Verkehrssitte. Arten des Contocurrentverkehrs. Stillschweigende Anerkennung der Rechnungsabschlüsse	346
65.	Erk. v. 27. „	Anerkennung der Schuld gegen den Cessionar des Gläubigers, Zahlung an den Cessionar. Condictio indebiti nach ALR bei Zahlung an den Cessionar oder auf Anweisung . .	362
66.	Erk. v. 27. „	Mengekauf, Recht des Verkäufers bei verweigerter Abnahme der Waare. Bedeutung jüdischer Festtage im Verkehr	368
67.	Erk. v. 27. „	Wechselunterschrift, Zusatz beim Namen. Verbot der Wechselbegebung durch den Aussteller, Form. Indossament einer westfälischen Ehefrau. Einwand nicht gegebener Valuta . .	371
68.	Erk. v. 27. „	Domizilwechsel, Zahlung beim Aussteller, Eigenwechsel, Ort der Ausstellung u. Zahlung	374
69.	Erk. v. 28. „	Annahme einer Anweisung	378
—	Erk. v. 31. Juli.	Wechsel, Bedeutung der Ortsangabe beim Namen des Bezogenen	375, n.
—	Erk. v. 5. Sept.	Geschäfte in laufender Rechnung, Unterschied v. kaufmännischen Contocurrentvertrage .	353, n.

II. Nachtrag über das OHG 389

III. Sachregister . . . . 391 ff.

Druckfehler.

Man lese gefälligst in unserem I. Bande:

S. 103 Zeile 5 von unten: mittelst (statt wie selbst),

S. 247 Zeile 3: hinter Staats: (Nr. 13 v. 71),

S. 271 Zeile 2, hinter Art. 3 Nr. 1 einschaltend: der vorgedachten Deklaration,

S. 373 Zeile 11 kein Komma hinter Kreditposten;

und in diesem II. Bande:

S. 23 Zeile 2: Weise (statt Weis),

S. 39 Zeile 5 von unten: Abreden (statt Nebenabreden),

S. 54 Zeile 5 von unten: Gesellschafter (statt Geschell),

S. 83 Zeile 15: das heißt (statt die, in),

S. 131 Zeile 12: Fall Nr. 68 S. 374 (statt 66),

S. 156 letzte Zeile: vermittelt (statt vermittelte),

S. 159 Z. 6 v. unten: Baulichkeiten,

S. 214 Z. 5 u. 8 v. unten: arbitri (statt arbitrii),

S. 217 Z. 10: Nr. 101 (statt 1).

S. 289 Z. 11 v. unten: § 774 (statt 77).

Auf S. 137 wolle der geneigte Leser die in den gegebenen Rechtssätzen stehen gebliebenen Druckstriche entschuldigen u. Zeile 14 v. unten das Parenthesenzeichen vor hierbei streichen.

Nr. 1.

Plenum. — Erkenntniß v. 26. November 70. (B.)

Lachmann & Bräuninger ./. J. H. Kohlbrandt & Co. (Nr. 67 v. 70).

Königreich Sachsen. Wechselsache. Weitere Berufung.

I. Instanz: Gerichtsamt Meerane,

II. Instanz: Appellationsgericht Zwickau.

Handelsgesellschaft; ihr Beginn und ihre Verpflichtung durch Handlungen eines Gesellschafters.

1. Eine vertragsmäßig errichtete offene Handelsgesellschaft kann Dritten gegenüber, auch ohne Eintragung in das Handelsregister, schon durch Eingehen einer geschäftlichen Wechselverbindlichkeit in Wirksamkeit treten.

HGB Art. 85, 110.

Sic: preuß. OTr IV. Sen. Erk. v. 18. Nov. 52, Entsch. B. 24 S. 149, u. v. 4. April 65, Strieth. Arch. B. 57 S. 297; HAppGer. Nürnberg Erk. v. 23. Febr. 66, Sammlung seiner wichtigen Entsch. II. S. 205.

2. Die unter der Gesellschaftsfirma von einem Gesellschafter eingegangene Wechselverpflichtung trifft in solchem Falle regelmäßig auch die anderen Theilhaber an der Handelsgesellschaft persönlich.*

HGB Art. 114, 116; 102, 112; 86 Nr. 4, 115.

Die beiden Bekl. haben sich mittelst schriftlichen Societätsvertrages zu gemeinsamem fabrikmäßigem Betrieb einer Färberei verbunden. Bevor ihre Handelsgesellschaft und die

* Vgl. HAppGer Nürnberg Erk. v. 12. März 66, betr. Sammlung II. S. 84; preuß. OTr. IV. Sen. Erk. v. 31. Mai 66, Strieth. Arch. B. 64 S. 132; auch Anschütz u. v. Völderndorff Komm. Bd. II S. 81.

gewählte Firma gerichtlich registrirt worden, hat der Gesellschafter W. zur Deckung einer Geschäftsschuld unter ihrer Firma ein Wechselaccept gegeben, welches jetzt gegen Beide geltend gemacht wird. Der Socius des W. wird mit verurtheilt; seine Berufung an das OHG bleibt ohne Erfolg.

Gründe:

Die vom Mitbekl. W. unter der Firma J. H. K. & Co. bewirkte Vollziehung der Annahme des Klagewechsels begründet auch die Haftung des Appellanten aus diesem Wechsel, — vorausgesetzt, daß die Vereinigung Beider zu einem unter jener Firma in M. zu errichtenden und zu betreibenden Färbereigeschäft nach Maaßgabe des allerseits anerkannten Societätsvertrages als eine offene Handelsgesellschaft sich charakterisirt.

Daß aber diese Voraussetzung hier in der That begründet ist, hat die II. Instanz mit Recht angenommen. Man [das heißt: das OHG] pflichtet allenthalben der Ausführung bei, daß die eingegangene Gesellschaft den Betrieb von Handelsgeschäften zum Gegenstand hat, und zwar von absoluten im Sinne des HGB Art. 271 Nr. 1, wenn der Geschäftsbetrieb in der eigenen Anschaffung von Stoffen und in deren Veräußerung nach vorgenommener Färbung, von relativen im Sinne v. Art. 272 Nr. 1, wenn er in der gewerbmäßigen Färbung fremder Stoffe gegen Entgelt besteht und der Betrieb über den Umfang des Handwerks hinausgeht.

Man stimmt weiter der II. Instanz in der Annahme bei, daß die rechtliche Wirksamkeit der Handelsgesellschaft der Bekl. im Verhältniß zu Dritten* schon mit der

* In der sächsischen Appellsache Däubert ⁒. Schreiterer (Nr. 36 v. 71) hat das OHG durch Plen. Erk. v. 27. Jan. 71 ausgesprochen, daß zum Beginn der Geschäfte einer offenen Handelsgesellschaft im gesetzlichen Sinne „nur solche Handlungen geeignet sind, in denen sich der Wille der Gesellschafter kundgiebt, eben als Gesell-

unter der Firma der Gesellschaft und für eine Schuld der letzteren bewirkten Acceptation des streitigen Wechsels für eingetreten zu achten ist, und daß die aus Art. 112, verbunden mit Artikel 102, sich ergebende Berechtigung des W., durch diese Acceptation seinen Gesellschafter nach außen hin zu verpflichten, im Gesellschaftsvertrage ausdrücklich anerkannt ist.

Der hiergegen gerichtete Einwand des Appellanten, daß der Wechsel gegen ihn nicht gelten könne, weil W. denselben ohne seine Zustimmung ausgestellt habe, findet an sich in der [dafür angezogenen] Vertragsbestimmung, welche lediglich separate oder Privatgeschäfte, nicht die Geschäfte der Firma betrifft, keine Unterstützung, — zu geschweigen, daß eine derartige Beschränkung der präsumtiven gesetzlichen Befugnisse jeden Theilhabers einer offenen Handelsgesellschaft, wenn auch für das Verhältniß unter den Gesellschaftern selbst, doch nicht ohne Weiteres für das Verhältniß zu Dritten, außer der Gesellschaft Stehenden, Geltung haben kann. —

schafter handeln und Geschäfte machen zu wollen." Daß bestellte Waaren in das Geschäftslokal der Firma Robert Förster, welche im Handelsregister nur als Einzelgeschäft eingetragen war, unter Beifügung einer auf diese Firma lautenden Rechnung erbeten und geliefert worden, wurde für nicht konkludent erachtet, „weil daraus nicht zu entnehmen, daß der bekl. Besteller als Theilhaber einer offenen Handelsgesellschaft und für eine solche gehandelt habe. Es ist nicht behauptet worden daß der Bekl. bei der fragl. Bestellung und Anweisung sich dem Kläger als Theilhaber einer offenen, unter jener Firma handelnden Handelsgesellschaft zu erkennen gegeben habe. Es war dies namentlich nicht aus dem Umstand, daß für die Firma R. F. gehandelt wurde, zu entnehmen, da diese Firma nicht, wie Art. 17 HGB als Regel (vgl. Art. 24) vorschreibt, einen das Vorhandensein einer Gesellschaft andeutenden Zusatz enthält." Hiezu kam, daß Bekl. eine ihm vor dem fragl. Ankauf von R. Förster ertheilte Generalvollmacht vorgelegt, mithin nicht erhellte, ob er als Socius oder als Bevollmächtigter des Förster gehandelt hatte. —

Nr. 2.

Plenum. — Erkenntniß v. 2. Dezember 70. (Z.)

Ehlers . Steinkopff (Nr. 46 v. 70).

Mecklenburg. **Appellation.**

I. Instanz: Vereinigtes Stadt- und Magistrats-Gericht zu Grabow,
II. Instanz: Justizkanzlei zu Schwerin.

Vertrag über Lieferung von Gutsbutter.

1. Ist bei einem Vertrage wegen dauernder Ueberlassung der auf einem Landgut zu gewinnenden Butter die Persönlichkeit des Gutsbesitzers, bzw. Pächters von wesentlicher Bedeutung?

HGB Art. 1, 278, 279.

2. Bei einem Lieferungsgeschäft über noch gar nicht existirende, sondern nur erhoffte und der Quantität nach unbestimmte, auch im Voraus überall nicht bestimmbare landwirthschaftliche Produkte (also bei einer emtio rei speratae) hat der Verkäufer jedes der Einhaltung seiner Lieferungsverpflichtungen zuwider laufende Handeln zu unterlassen; dagegen fällt ihm eine weitere, etwa im Interesse des Käufers liegende Bemühung und Sorgfalt dafür, daß die Waare wirklich unter allen Umständen werde gewährt werden, regelmäßig nicht zu.

HGB Art. 1, 238;
L. 8 pr. Dig. 18, 1.

Im Jahre 68 hatte Kläger vom Gutspächter zu Dütschow die sogen. Holländerei auf dem Hofe (Benutzung des dortigen Viehbestandes zum Betrieb einer Milchwirthschaft) gepachtet und demnächst mit dem Bekl. einen Lieferungsvertrag geschlossen, inhalts dessen er diesem die vom 1. Juni ab zu gewinnende Gutsbutter für einen bestimmten Preis zu liefern hatte. Der Vertrag nahm die für die Gutswirthschaft erforderliche Butter ausdrücklich aus, übrigens aber ist streitig, ob Kläger die von ihm auf Dütschow zu gewinnende Butter oder die „Hof Dütschower Butter" verkauft hat.

Am 29. Juli 68 brannte Hof Dütschow ab nebst dem dortigen Milchereihause, welches Kläger für seine Holländerei mitgepachtet hatte. Wegen der bis dahin gefertigten (beim Brande geretteten, aber etwas entwertheten) Butter ist ein Prozeß entstanden, in welchem Bekl. mittelst Kompensationseinrede Schadenersatz dafür fordert, daß Kläger nach dem Brande seinen Pachtvertrag über die Dütschower Holländerei eigenmächtig aufgehoben und so dem Bekl. die von August bis Martini 68 auf Hof Dütschow gewonnene (nun vom Gutspächter anderweitig verkaufte) Butter entzogen habe. Dieser Anspruch ward in 3 Instanzen verworfen.

Entscheidungsgründe des OHG:

Die Beschwerde des Bekl. . . ist unbegründet . .

Bekl. hat zwar in seiner Vernehmlassung angegeben, der zwischen den Parteien abgeschlossene Lieferungsvertrag habe nicht — wie in der Klage behauptet ist — die Butter, welche Kläger auf der von ihm gepachteten Dütschower Holländerei produziren werde, sondern die „Hof Dütschower" Butter — nach Abzug des Wirthschaftsbedarfs — zum Gegenstand gehabt. Auch hat Bekl. behauptet, daß von Anfang August bis Martini 1868 auf Hof Dütschow, außer der zur Wirthschaft verbrauchten, mindestens 2000 Pfd. Butter produzirt seien, deren Lieferung an den Bekl. Kläger sich durch eigenmächtige Auflösung seines mit dem Pächter von Dütschow geschlossenen Holländerei-Vertrages unmöglich gemacht habe, und an welcher Bekl. einen von ihm näher berechneten Gewinn gemacht haben würde, dessen Ersatz er... in Anspruch nimmt.

Allein wenn auch bei Abschluß des Lieferungsvertrages schlechtweg von der „Hof Dütschower" Butter die Rede gewesen sein sollte, ohne daß die zu liefernde Waare speziell als die vom Kläger auf Dütschow zu gewinnende Butter bezeichnet wäre: so würde sich daraus allein der Umfang der vom Bekl. behaupteten Verpflichtung des Klägers nicht herleiten lassen. Denn zunächst würde auch in diesem Falle die zu liefernde Waare nur dahin spezialisirt sein, daß der Bekl. keine andere, als die auf Dütschow zu gewinnende Butter beanspruchen könne, bzw. zu empfangen verpflichtet sei. Zweifelhaft ist es dagegen schon, ob damit auch diejenige Butter habe bezeichnet werden sollen, welche zwar während des betreffenden Zeitraums auf Dütschow, jedoch nicht vom Kläger produzirt werden würde; denn bekanntlich richtet sich die Beschaffenheit der auf einem bestimmten Hofe zu gewinnenden Butter nicht bloß nach dem Boden desselben und dem dort geführten Landwirthschaftsbetrieb im Allgemeinen, sondern sie hängt in sehr wesentlichem Maaße auch von der Geschäftskunde und der Sorgfalt, mithin von der Persönlichkeit des die Gewinnung der Milch und Bereitung der Butter leitenden sogen. Holländers ab, und es wäre daher an sich sehr wohl denkbar, daß der Bekl., indem er mit dem die Holländerei auf Dütschow selbst betreibenden Kläger kontrahirte, dabei gerade dessen Persönlichkeit vor Augen gehabt hätte und stillschweigend von der Erwartung habe ausgehen dürfen, die Butter werde eben durch jenen produzirt werden.

Nimmt man aber auch an, daß dies nicht der Fall gewesen, daß daher Bekl. an sich nicht nur berechtigt, sondern — was nothwendig hiermit korrespondiren müßte — auch verpflichtet gewesen wäre, die nicht vom Kläger selbst, sondern von einem etwaigen Afterpächter desselben auf Dütschow gewonnene Butter zu fordern, bzw. abzunehmen: so folgt daraus doch noch nicht, daß Kläger auch nach der durch eine Feuersbrunst herbeigeführten kasuellen Zerstörung des Milchereihauses zu weiterer Butterlieferung — durch eigene Fortsetzung des Holländereibetriebs oder durch Veranstaltungen, mittelst welcher er sich die von einem Dritten zu gewinnende Butter sicherte, — dem Bekl. gegenüber verpflichtet gewesen sei. Mag es nämlich bei Lieferungsverträgen der vorliegenden Art, welche zwischen einem sogen. Holländer und einem Butterhändler geschlossen werden, auch die Meinung sein, daß Ersterer willkürlich weder den Betrieb aufgeben, noch die Buttergewinnung durch Verringerung des Viehstapels oder durch Benutzung der Milch zu anderweitigen Zwecken auch nur theilweise vereiteln dürfe: so unterscheiden sich doch andrerseits derartige Verträge sehr wesentlich von denjenigen Lieferungsverträgen, bei welchen der eine Theil sich dem anderen gegenüber unbedingt zur Leistung einer festbestimmten Menge vertretbarer Waaren verpflichtet. Während hier nur eine objektive Unmöglichkeit den Verkäufer von seiner Lieferungspflicht zu befreien vermag, läßt sich dies in vorliegendem Falle, wo ein noch gar nicht existirendes, sondern nur erhofftes und seiner Quantität nach im Voraus überall nicht bestimmtes und bestimmbares Produkt den Gegenstand des Vertrages bildete, keineswegs annehmen. Das in letzterem Falle vorliegende Rechtsgeschäft charakterisirt sich nämlich als eine sog. emtio rei speratae, bei welcher der Verkäufer dem Käufer wegen der nichterzielten Früchte zwar unter Umständen ebenfalls, jedoch nur dann haftet, si egerit, ne nascantur, vgl. L. 8 pr. Dig. 18, 1. Daraus ergiebt sich aber das Prinzip, daß dem Verkäufer in diesem Falle nur die Verpflichtung obliegt, dem abgeschlossenen Lieferungsvertrage nicht zuwiderzuhandeln, wogegen ihm die Leistung einer weiteren Sorgfalt im Interesse des Käufers dafür, daß diesem die Waare auch wirklich unter allen Umständen gewährt werde, nicht anzusinnen ist; was insbesondere dann gelten muß, wenn — wie in vorliegendem Falle — der Käufer seine Gegenleistung nicht etwa ohne Rücksicht auf die Menge des Produkts, sondern vielmehr nur nach Maaßgabe der ihm demnächst wirklich gelieferten Menge zu entrichten hat. — In concreto kann nun aber weder ein doloses, noch auch nur ein culposes Verfahren des Klägers darin gefunden werden, daß er in Veranlassung des Brandes seinen Holländerei-Vertrag mit dem Pächter von Dütschow aufhob und sich dadurch außer Stand setzte, dem Bekl. die etwa fernerhin während des fragl. Zeitraums auf Dütschow gewonnene Butter zu liefern. Dabei kann es dahin gestellt bleiben, ob der Pächter verpflichtet war, sich eine solche Aufhebung seines Kontrakts (wegen der Unmöglichkeit, dem Kläger für die Zeit, welche zur Wiederherstellung des zerstörten, dem Kläger vermietheten Milchereihauses erforderlich war, diesen Bestandtheil des Pachtobjekts zu prästiren) gefallen zu lassen, oder ob er, ohne ein besonderes Abkommen mit ihm, nur in einen theilweisen Erlaß des Pachtzinses hätte zu willigen brauchen. Für das zwischen dem Kläger und dem Bekl. bestehende Vertragsverhältniß genügt es schon, daß der Mangel des ihm zum Betrieb seines Holländereigeschäfts vermietheten Milchereihauses — dessen Vorhandensein und mehr oder weniger zweckmäßige Einrichtung für den vortheilhaften Betrieb seines Geschäfts eine sehr wesentliche Voraussetzung bildete, und auf dessen Wiederherstellung vor Ablauf der Zeit von nur drei Monaten, auf welche er noch mit dem Bekl. kontrahirt hatte, sich schwerlich rechnen ließ — für den Kläger eine gerechte Ursache bilden konnte, den ferneren Geschäftsbetrieb als einen ihm voraussichtlich nachtheiligen aufzugeben; mochte dem Kläger der Betrieb auch nicht geradezu unmöglich geworden sein, sondern durch Benutzung des Kellers seines Wohnhauses, wie Bekl. behauptet, ein Nothbehelf haben geschaffen werden können. Daß Kläger nicht, wie Bekl. übrigens auch erst in III. Instanz behauptet hat, den Betrieb seines Geschäfts mit demselben Erfolg fortsetzen konnte, liegt auf der Hand. Die Ursache, in Folge deren möglicher Weise auch das Interesse des Bekl. an der beim Abschluß des Lieferungskontraktes allerdings vorauszusetzenden weiteren Butterproduktion seitens des Klägers verletzt wird, liegt daher nicht in einem rechtswidrigen Verfahren des Klägers.

Nr. 3.

Plenum. — Erkenntniß v. 15. Dezember 70. (Z.)

Allgemeine Transport-Versicherungs-Gesellschaft zu Dresden ./· Magdeburg-Leipziger Eisenbahn-Gesellschaft (Nr. 2 v. 71).

Königreich Sachsen. **Weitere Berufung.**

I. Instanz: Handelsgericht im Bezirksgericht Leipzig,
II. Instanz: Appellationsgericht Leipzig.

Haftung der Eisenbahnen bei Verwechselung von Transportstücken, bösliche Handlungsweise.

1. Bei einem Verlust des Frachtguts hat der Frachtführer regelmäßig nur den gemeinen Handelswerth der betreffenden Frachtstücke zu ersetzen, eine Eisenbahn-Verwaltung also, sofern sie — wie üblich — eine Beschränkung ihrer Haftpflicht auf den Normalsatz oder den ausdrücklich angegebenen Werth bedungen hat, nur diesen Normalbetrag (20 Thlr. pro Centner), bzw. die deklarirte Summe zu zahlen.

HGB Art. 395, 396, 427 Nr. 1.
Endemann DHR § 161, I. E, Seite 772.

2. Die Forderung eines höheren Werths setzt den Nachweis einer böslichen Handlungsweise der Bahnverwaltung oder ihrer Leute voraus.

Unter den Begriff „böslicher Handlungsweise" fällt auch der höchste Grad von Nachlässigkeit sowie eine luxuria, jener frevelhafte Muthwille, welcher zwar die Beschädigung nicht beabsichtigt, sich aber bei seinem Handeln der damit verbundenen Gefahr bewußt ist und dennoch das Handeln nicht ändert.

HGB Art. 427, Schlußsatz; vgl. Art. 396 Abs. 5, Art. 400, 610. Vgl. v. Hahn Komm. II. S. 447 § 7; Makower Komm. S. 298 n. 16; preuß. OTr IV. Sen. Erk. v. 2. Febr. 64, Strieth. Arch. B. 58 S. 19; OAppGer Dresden Erk. v. 24. April 66, Annalen n. F. B. II S. 544.

Die Bekl. hat in Leipzig Frachtgut ohne Werthsangabe zum Eisenbahntransport nach Hamburg übernommen. Als Cessionarin des (bei ihr versichert gewesenen) Versenders beansprucht Klägerin den vollen Werth des dem Adressaten nicht zugegangenen Guts, welches in Hamburg irrthümlich an einen Dritten, E. ausgeliefert und von diesem alsbald nach Nordamerika spedirt worden. Die verwechselten Colli waren zufällig in gleicher Weise (R. & S. Nr. 10) signirt, und Klägerin behauptet, es könne nur einer der Böswilligkeit gleichstehenden groben Fahrlässigkeit zugeschrieben werden, wenn ein im Frachtbrief nach Inhalt und Gewicht gehörig bezeichnetes, mit Signatur versehenes Gut statt an die genannte Person zu Hamburg an irgendwen in Amerika ausgeliefert werde. — Ohne Beweiserhebung ward die Klage in angebrachter Art abgewiesen, eine Berufung der Klägerin an das OHG. blieb erfolglos.

Entscheidungsgründe:

Klägerin hat ihre Klage so begründet, als ob Art 427 HGB nicht existirte, und die Bekl. denselben in ihrem Reglement nicht zur Geltung gebracht hätte. Die Regel ist, daß der Frachtführer für Verlust des Frachtguts haftet, wenn ihn nicht vis major oder die natürliche Beschaffenheit des Guts exculpirt, ferner daß er im Falle der Verlusthaftung den gemeinen Handelswerth des verlorenen Guts ersetzen, dann aber, wenn ihm bösliche Handlungsweise nachgewiesen wird, für den vollen Schaden aufkommen muß; Art. 395, 396 HGB. Anlangend die Eisenbahnen, so können sie bedingen, daß im Falle der Verlusthaft der Werth des Guts nur nach dem im Frachtbrief deklarirten Betrage oder Mangels einer Werthsdeklaration nur nach einem im Voraus bestimmten Normalsatz angenommen werden soll. Und diese Beschränkung schützt sie gegen Mehrforderung, wenn nicht der Bahnverwaltung oder ihren Leuten „eine bösliche Handlungsweise“ zur Last fällt; Art. 427 a. a. O. Genannte Bedingung hat die Bekl. unbestritten ihrem Frachtreglement inserirt: nach § 23 Nr. 2 desselben wird bei Verlustersatz, Mangels höherer Werthsdeklaration, der Handelswerth des Verluststücks auf nur 20 Thlr. pro Centner angenommen. Nach den Bestimmungen dieses Reglements ist vom Cedenten der Klägerin der Frachtvertrag mit der Bekl. geschlossen, und weil eben Klägerin Cessionarin der Befrachterin ist, mußte sie wissen, daß der Bekl. die ausnahmsweise Beschränkung der Verlusthaft zur Seite stand, und daß sie dieselbe nicht anders beseitigen könne, als durch den Nachweis einer von der Bekl. zu vertretenden böslichen Handlungsweise. Die Darlegung der letzteren gehört also zur Begründung der Klage, und da diese durchweg auf Eid gestellt war, so waren die Thatsachen, welche eine böslliche Handlungsweise erkennbar machen sollten, in möglichster Präcision und Detaillirung vorzutragen. Von solchen Thatsachen enthält die Klage nichts..., insbesondere hat darin [mit obiger Behauptung] offenbar nicht gesagt werden sollen, das abseiten der Leute oder der Verwaltung der Berlin-Hamburger Bahn eine Auslieferung des Frachtguts nach Amerika geschehen sei, in Wahrheit enthalten also jene Zeilen nur die Aufstellung, daß wenn ein im Frachtbrief nach Inhalt und Gewicht gehörig verzeichnetes und signirtes Collo an einen unrichtigen Empfänger gelange, immer eine grobe Fahrlässigkeit der Leute der Eisenbahnen zum Grunde liegen müsse, — eine Aufstellung, deren Unhaltbarkeit ohne Weiteres einleuchtet. Prozessualisch war der Klägerin die Ergänzung der ungenügend fundirten Klage in späteren Schriften nicht gestattet... Schon hiernach rechtfertigt sich die Abweisung derselben in der angebrachten Art.

Will man aber auch aus der sachlichen Darstellung der Bekl. — obwohl dieselbe nicht etwa in Uebernahme einer der Klägerin obliegenden Beweislast, sondern nur zur besseren Abwehr des klägerischen Anspruchs gegeben ist — die Lücken der Klage ergänzen und darnach das Verhalten der Eisenbahnangestellten konstruiren: so ist doch bei der ferneren Beurtheilung der im Appellurtel richtig hervorgehobene Gesichtspunkt festzuhalten, daß diese von der Bekl. gelieferte Ergänzung nicht zu ihrem Nachtheil durch, wenn auch wahrscheinliche, Annahmen thatsächlichen Inhalts erweitert werden darf... Aus dieser Sachdarstellung ist zunächst nicht erkennbar, daß die Bahnverwaltung durch Nachlässigkeit die Verwechselung zu spät entdeckt und dann mit den erforderlichen Schritten zur Beseitigung ihrer Folgen, insbesondere zur Wiedererlangung des irrthümlich ausgegebenen Collo gesäumt habe. War, wie von der Bekl. behauptet wird, das Collo bona fide von E. sogleich nach Amerika spedirt: so hing die Wiedererlangung desselben zunächst nur von den Schritten und der Mitwirkung dieses Dritten ab; und da derselbe „sich auf nichts einlassen wollte", so steht dahin, ob eine Klage gegen E., oder ob direkte Versuche der Bahnverwaltung zur Wiedererlangung des nach New-York schwimmenden Frachtstücks im Stande gewesen wären, dasselbe vor dem Ablauf der im §. 19 Abs. 2 des Reglements bestimmten Frist für den Ausschluß der Verlusterklärung zurückzuschaffen. Der Vorwurf also, daß die Bahnverwaltung nach der Weigerung von E. „die Hände in den Schooß gelegt habe", entbehrt der Begründung. —

Betreffs der Verwechselung selbst hat Klägerin darin Recht, daß sie von den Leuten der Berlin-Hamburger Bahn verschuldet ist. Denn gehörige Sorgfalt (nicht die eines Kaufmanns — Art. 282 —, sondern die eines ordentlichen Frachtführers — Art. 397 —) hätte sie vermieden. Aber nicht Verschuldung überhaupt, sondern nur dolus und stärkste Negligenz verbieten einer Bahn die Berufung auf die reglementsmäßige Beschränkung der Ersatzpflicht. Nur wenn die Handlungsweise ihrer Beamten und ihrer Leute

„böslich" ist, geht sie jener Beschränkung verlustig. Unter „böslicher Handlungsweise" hat man bei der Berathung des HGB zunächst den dolus im eminenten Sinne, außerdem auch „den höchsten Grad der Nachlässigkeit", namentlich aber auch die luxuria, jenen frevelhaften Muthwillen verstanden, der zwar die Beschädigung nicht beabsichtigt, sich aber bei seinem Handeln der damit verbundenen Gefahr bewußt ist und dennoch das Handeln nicht ändert. Vgl. Lutz, Prot. (IX. Theil) S. 4780, 4781, 5112—5115, 5122. Wenn nun auch die richtige Ablieferung des Frachtguts zu den Hauptobliegenheiten des Frachtführers gehört, so folgt doch daraus nicht, daß Verwechselungen bei der Ablieferung nicht ohne gröbste Nachlässigkeit begangen werden könnten. Gleichheit der äußern im Frachtbrief angegebenen Beschaffenheit (2 Ballen, 2 Kisten oder 2 Fässer rc.) macht bei Gleichheit der Marken und ungefährer Uebereinstimmung des Gewichts — namentlich für Eisenbahnen und in Betracht ihrer von der Klägerin selbst „ungeheuer" genannten Massen von Frachtgut — eine Verwechselung nicht zu einer Handlungsweise, welche ohne Weiteres mit dem Prädikat „böslich" in dem eben hervorgehobenen Sinne bezeichnet werden dürfte. Es kommt vielmehr auf die näheren Umstände des Falles an. Insbesondere wird dann der höchste Grad von Nachlässigkeit anzunehmen sein, wenn der ausfolgende Beamte der Bahn die Existenz gleichmarkiger Colli für verschiedene Destinatäre bei der Auslieferung gekannt, dennoch aber der hierdurch gebotenen besonderen Achtsamkeit zuwider die Auslieferung ohne nähere Prüfung bewirkt hat. Denn in diesem Falle muß er sich bewußt gewesen sein, daß Auslieferung ohne genauere Untersuchung Beschädigung herbeiführen könne. Die dennoch unterlassene Prüfung konstatirt einen frevelhaften Leichtsinn, welcher der bösen Absicht gleichgestellt werden muß.

Die hiernach wesentliche Thatsache, daß der Auslieferungsbeamte der Berlin-Hamburger Bahn das Vorhandensein zweier gleichmarkiger Auslieferungsstücke gekannt habe, ist von der Bekl. weder eingeräumt, noch aus ihrer Darstellung entnehmbar. Gerade von dieser Thatsache aber geht die Argumentation der Klägerin aus, wie sie denn auch von der Verschiedenheit der äußeren Beschaffenheit und des Gewichts der beiden Stücke redet, gleich als ob diese Differenz selbstverständlich und als ob kaum möglich wäre, daß die beiden verwechselten Colli Ballen und von ungefährer Gewichtsübereinstimmung gewesen... Klägerin stützt sich also auf Präsumtionen, die zwar geeignet wären, den ihr obliegenden Nachweis zu ersetzen, die aber dem thatsächlichen Gebiet angehören und als solche nicht berechtigt sind.

Nr. 4.

Plenum. — Erkenntniß v. 17. Dezember 70. (Ref.)

Ritter ⁒. Lange (Nr. 77 v. 70).

Königreich Sachsen. **Weitere Berufung.**

I. Instanz: Handelsgericht im Bezirksgericht Leipzig,
II. Instanz: Appellationsgericht Leipzig.

Anerkennung eines Rechnungswerks durch Annahme und Behalten eines Beibuchs.

Wird bei dauerndem Geschäftsverkehr vertragsmäßig, zur Erhaltung einer fortlaufenden Uebersicht über die gegenseitigen Schuldverhältnisse und um künftigen Differenzen über den Einzelverlauf der geschäftlichen Beziehungen vorzubeugen, eine Buchung (Beibuch, Contobuch 2c.) gehalten, welche der eine Theil besorgt und der andere in Gewahrsam hat: so ist der Buchinhaber die vom Geschäftsfreund gemachten Eintragungen jedes Mal sofort zu prüfen und etwaige Erinnerungen unverzüglich zu erheben verpflichtet. Längeres Schweigen des Buchinhabers gilt hier

als Genehmigung der (zunächst einseitigen) Vermerke und als Verzicht auf Geltendmachung etwaiger Ausstellungen.

HGB. Art. 1, 279, 294. — Prinzip von Treue und Glauben. Kgl. sächs. bürgerl. GB. § 99, 1395, 1397 ff.

Aus dreijähriger Geschäftsverbindung mit dem Bekl. fordert Kläger ein Guthaben, für welches er auf die betreffenden Vertragsverhältnisse und auf den Inhalt eines von den Parteien gehaltenen sogen. Beibuchs sich bezieht. Dieses Beibuch ist vom Bekl. mit der Erklärung vorgelegt worden, daß die Anführungen des Gegners, soweit sie von dem Buchinhalt abweichend, geleugnet werden müßten.

Das Beibuch ergiebt, nach den darin enthaltenen Ansätzen, den vom Kläger beanspruchten Saldo, und der I. Richter hat auf Grund dessen einen die Klage rechtfertigenden Anerkenntnißvertrag (im Sinne des kgl. sächs. bürg. GB § 1397 ff.) als vorliegend angenommen. Der Appellrichter wollte dagegen bezüglich der mit dem Buchinhalt übereinstimmenden Klageanführungen nur ein prozessuales Zugeständniß gegeben finden, welches zwar an sich den Kläger des Beweises enthebe, jedoch durch mehrfache anderweitige Erklärungen des Bekl. als beschränkt anzusehen sei. Auf Berufung des Klägers hat das OHG, bei eingehender Prüfung des Sachverhalts, der Auffassung des I. Richters den Vorzug gegeben.

Entscheidungsgründe:

Unbestritten ging die Richtung der zwischen den Parteien bestandenen Geschäftsverbindung, soweit sie gegenwärtig in Betracht kommt, dahin, daß Kläger zur Anfertigung von Cigarren für seine Rechnung dem Bekl. Rohtabak übergab, Bekl. dagegen nach Maaßgabe der von ihm gelieferten Cigarrenmengen bestimmte Geldbeträge theils baar, theils durch Anrechnung von Vorschüssen empfing.

Während dieser Verbindung hat sich in Zwischenräumen, zumeist nach Schluß jedes Kalenderjahrs, der Faktor des

Klägers in des Bekl. Geschäftsräume begeben und daselbst im Beisein des Bekl. ermittelt, wie viel derselbe von den ihm in der fragl. Periode überhaupt zur Verarbeitung übergebenen Rohtabaken zur Herstellung der in derselben Periode angefertigten und gelieferten Cigarren verbraucht gehabt. Zur Fixirung der gesammten Ergebnisse der Geschäfte haben die Parteien eine besondere Einrichtung getroffen: es ward ein, im Besitz des Bekl. befindliches, Beibuch gehalten. Dieses wurde „fast regelmäßig vom Bekl., wenn er vom Kläger Geld abholte oder holen ließ, oder bei Ablieferung von Cigarren mitgebracht, bzw. mitgesandt"; und es trug dann der Procurist des Klägers auf der Debetseite die vom Bekl. erhobenen Geldsummen, die Kaufpreise für die entnommenen Waaren, ferner diejenigen Beträge, „welche Beklagter dem Kläger für den zuvielverbrauchten Rohtabak als Ersatz schuldig geworden war," auf der Creditseite dagegen die vertragsmäßigen Arbeitslöhne, Sortirlöhne, Provisionen ꝛc. ein. Nach Abbruch der Geschäftsverbindung ist das Buch dauernd in des Bekl. Besitz verblieben.

Zufolge dieser Zugeständnisse steht so viel fest, daß Bekl. von Zeit zu Zeit das im Allgemeinen in seinem Besitz verbliebene Buch dem Kläger behufs Notirung der Ergebnisse der inmittelst eingegangenen Geschäfte übergeben, nach Ausführung dieser Einträge dasselbe wiederum an sich genommen und, so lange die Geschäftsverbindung fortgesetzt worden, stets bis zum Zeitpunkt neu erfolgter Notirungen, nach Abbruch der laufenden Geschäftsverbindung aber für immer behalten hat. Ist nun in den einzelnen Fällen der Empfangnahme des Buchs gegen die darin vermerkten Einträge seitens des Bekl. ein Widerspruch gegen Kläger oder dessen Stellvertreter nicht geltend gemacht worden: so läßt nach dem Dafürhalten des OHG das Verhalten des Bekl. eine andere Auffassung, als die der Genehmigung dessen, was durch die Einträge in dem Buche verlautbart worden, nicht zu. Denn es war demselben, nach dem offenkundigen Willen der Parteien, die Bestimmung gegeben worden, im Interesse beider Theile eine fortlaufende Uebersicht über die gegenseitigen Schuldenverhältnisse aufzustellen, zu dem Zweck, um künftigen Differenzen über den Verlauf der geschäftlichen Beziehungen vorzubeugen. Dieser Zweck war, wie dem Bekl. bei der ihm nach Art und Umfang seiner Geschäfte (Art. 271 Nr. 1, 272 Nr. 1 HGB) zweifellos beiwohnenden Eigenschaft eines Kaufmanns nicht entgehen konnte, lediglich dann zu erreichen, wenn Bekl. jedesmal bei Empfang des Buchs, das ist zu einer Zeit, wo beiderseits Kontrahenten am besten im Stande waren, die Richtigkeit der Einträge zu beurtheilen, die neu eingetragenen Vermerke prüfte und seinen etwaigen Dissens ohne Verzug dem Kläger zu erkennen gab. Es würde nicht nur dem Zweck einer solchen Buchführung, der gerade darin besteht, spätere Rügen auszuschließen, sondern auch dem den Handelsverkehr beherrschenden Prinzip von Treue und Glauben durchaus widerstreiten, wollte man dem Geschäftskunden, der das Beibuch mit den in dasselbe gebrachten Einträgen widerspruchslos angenommen hat, verstatten, zu jeder beliebigen späteren Zeit, oder wol gar, wie jetzt der Fall, längst nach Abbruch der Geschäftsverbindung mit Ausstellungen gegen den Inhalt einzelner, den Verlauf des Geschäftsverkehrs bekundender Einträge hervorzutreten. Der Empfänger des Buchs hat im Falle seines Schweigens die Einträge eben thatsächlich genehmigt, (kgl. sächs. bürgerl. GB § 99, HGB Art. 279).

An dieser Auffassung wird nicht, wie der II. Richter angenommen, dadurch etwas geändert, daß das jetzt vorliegende Beibuch über einen — an sich allerdings wesentlichen — Bestandtheil der Geschäftsbeziehungen, nämlich über den Umfang der an den Bekl. seitens des Klägers herausgegebenen Quantitäten Rohtabake keinen direkten

Aufschluß gewährt. Es ist richtig, daß die Bezifferung dieser Quantitäten einen nothwendigen Faktor der dem Bekl. wegen behaupteter Ueberschreitung des geordneten Verbrauchsquantums an Rohmaterial zur Last geschriebenen, gegenwärtig vorzugsweise bestrittenen, Vertretungsposten bildet. Allein andererseits kommt als entscheidend in Betracht, daß die Feststellung dieses Rechnungsfaktors nach dem Vertragswillen der Parteien auf ganz anderem Wege, als dem der Bucheinträge, beschafft werden sollte, nämlich durch die unbestritten nach Ablauf gewisser Zeiträume von einem der Bediensteten des Klägers in den Geschäftsräumen des Bekl. veranstalteten Revisionen, wobei es galt, das Maaß des Verbrauchs von dem zur Verarbeitung übergeben erhaltenen Rohmaterial in des Bekl. Beisein zu fixiren. Kläger durfte daher bei Eintragung der bestrittenen Vertretungsposten mit vollem Recht die Bekanntschaft des Bekl. mit allen einschlagenden Rechnungsunterlagen voraussetzen. Die Einträge selbst stellen sich ihrem Gehalt nach als die zwar einseitig, aber zum Zweck der Erlangung beiderseitiger Uebereinstimmung fixirten Ergebnisse einer Abrechnung (im Sinne von §. 1401 bürgerl. GB) dar, von welchen Bekl. nach den konkreten Umständen Kenntniß zu nehmen hatte, dergestalt daß ihm oblag, im Falle mangelnder Zustimmung von seinen Ausstellungen Mittheilung zu machen. Die Existenz der Einträge in dem fraglichen, in des Bekl. Besitz vorgefundenen Beibuch begründet demnach, bis zum Nachweis rechtzeitig erhobenen Widerspruchs, die Vermuthung thatsächlich erfolgten Anerkenntnisses des durch jene Einträge bekundeten Rechtsbestandes. (Art. 294 HGB, § 1397 ff. des ergänzenden bürgerl. GB) Nach dieser Auffassung erscheint im Hinblick auf den, dem Kläger zur Seite stehenden, Inhalt des vom Bekl. produzirten Beibuchs der erfolgte Klageanspruch seinem ganzen Umfang nach zur Genüge liquid gestellt.

Die erwähnte Auffassung bleibt jedoch auch nicht ohne maaßgebenden Einfluß auf die Beurtheilung der vom Bekl. der Klage entgegengestellten Einreden 2c. Im Gegensatz zu der Auffassung des I. Richters hat nämlich der Appellrichter dem exceptivischen Vorbringen Beachtung geschenkt, insofern Bekl. das Obwalten eines Irrthums in Ansehung der rechnungsmäßigen Unterlagen einer im Beibuch verrechneten Vertretungspost von 224 Thlrn. behauptet...

Die Beschwerde des Klägers erscheint hier grundlos. In der That ist, wie die II. Instanz rechnungsmäßig und ohne diesfalls auf Widerspruch seitens der Parteien zu stoßen, nachgewiesen, das Vorhandensein eines Rechnungsfehlers bei Kalkulation der obgedachten Vertretungspost anzunehmen... Kläger meinen zwar, daß Bekl. nach den Rechtswirkungen des Anerkenntnißvertrags mit der fragl. Einwendung nicht gehört werden könne. Dem war jedoch nicht beizutreten. Denn wie überhaupt nach Art. 294 HGB die Anerkennung einer Rechnung den Beweis des Irrthums nicht ausschließt, so ist im § 1395 des sächs. bürgerl. GB bezüglich der Rechnungs-Irrthümer ausdrücklich bestimmt, daß deren Berichtigung, sofern nicht über sie ein Vergleich abgeschlossen worden, was gegenwärtig nicht in Frage steht, jederzeit noch erfolgen könne. Allerdings trifft dem Anerkenntnißvertrage gegenüber der Beweis des Irrthums stets den Monenten. Allein im konkreten Falle durfte Bekl. der Nothwendigkeit besonderen Beweises deshalb für überhoben angesehen werden, weil auf Grund der eigenen Angaben des Klägers, welcher dieselben natürlich auch gegen sich gelten zu lassen hat, die Einrede des Bekl. ihrem faktischen Bestand nach außer Zweifel gestellt wird. —

Anders gestaltet sich das Verhältniß bezüglich [der vom Bekl. vorgeschützten besonderen Vereinbarungen, aus denen er eine Erhöhung einzelner Creditposten für sich herleitet]. Dieser Einwand ist zunächst gegen die Höhe einzelner ihm gutgeschriebener Beträge, jedoch da diese Beträge auf den Umfang des vom Bekl. zu vertretenden Schlußsaldo wesentlich einwirken, in seinem Erfolg zugleich gegen die Existenz eines Schuldverhältnisses in der im Beibuch durch Zusammenrechnung festgestellten, jetzt geltend gemachten Höhe gerichtet. Derselbe erscheint jedoch unbegründet. Denn involvirte, wie oben dargelegt, die vorbehaltlose Annahme des Buchs von Seiten des Bekl. die Genehmigung des eingetragenen Rechnungswerks: so hat dies auch dann, wenn der eingetragene Vermerk die hier in Betracht kommende Richtung verfolgte, zu gelten, indem angenommen werden muß, Bekl. habe, selbst wenn er an sich auf Grund besonderer Vertragsverhältnisse den Ansatz eines höheren, als des gebuchten, Betrages zu verlangen berechtigt gewesen, auf dessen fernere Geltendmachung verzichtet. Das Ergebniß eines solchen thatsächlich zum Abschluß gelangten Anerkenntnißvertrags hätte Bekl., wie nicht geschehen, nur (vgl. § 1399 kgl. sächs. bürgerl. GB) nach den Grundsätzen der Condictionen anfechten können 2c.

Nr. 5.

Plenum. — Erkenntniß v. 20. Dezember 70. (B.)

L. Behrens & Söhne ·/. W. & Th. Seitz (Nr. 57 v. 70).

Hamburg. **Oberappellation.**

I. Instanz: Handelsgericht Hamburg,
II. Instanz: Obergericht daselbst.

Handelskauf; Behauptung unvollständiger Erfüllung nach Bezahlung des Kaufpreises, Beweislast.

1. Die Beweislast ist (gemeinrechtlich) nicht nach prozessualen Regeln, sondern nach den Grundsätzen des für die betreffenden Ansprüche maaßgebenden materiellen Rechts zu beurtheilen.

Puchta Pandekten § 97.
Windscheid Pandekten B. I § 133, Nr. I. S. 365.

2. Bei allen Handelskäufen darf der die Waare liefernde Verkäufer eine Anerkennung des Käufers, daß vertragsmäßig geliefert worden, erwarten und verlangen. Nimmt daher Käufer eine Sendung, durch welche Verkäufer offenbar erfüllen will und erfüllt zu haben glaubt, widerspruchslos an und bezahlt er den geforderten Preis*: so gilt jene Anerkennung als erfolgt.

HGB Art. 1, 279; vgl. 347. — Prinzip von Treue und Glauben.
OHG Ref. Plen. Erk. v. 19. Nov. 70 in Sachen Nr. 50 v. 70, Rspr. I. Nr. 30 S. 151.

Kläger haben zu Hamburg im Januar 70 von den Bekl. Creditaktien gekauft und mit einer die einzelnen Stücknummern aufführenden Verkaufsnote überliefert erhalten. Sie berichtigten den Kaufpreis und die ihnen berechneten Stückzinsen sofort dadurch, daß sie den Betrag der Bekl. in Banko gutschreiben ließen.

Jetzt treten sie mit der Behauptung auf, daß ihnen die zu jenen Aktien gehörigen, am 1. Juli 70 fälligen Coupons nicht mit übergeben worden seien, und verlangen — unter Vorbehalt von Schadenansprüchen — Nachlieferung dieser Coupons oder Umtauschung der empfangenen Aktien gegen vollständige, von den betr. Coupons begleitete Stücke. Schon am Abend des Lieferungstages wollen sie den Bekl. das (bestrittene) Fehlen der Coupons mitgetheilt haben.

Ueber die eintretende Beweislast und die maaßgebenden Rechtssätze sprach sich das OHG, das angefochtene Appellurtel bestätigend, dahin aus:

Entscheidungsgründe:

Es handelt sich um die Frage, ob mit dem I. Richter den Bekl. der Beweis, daß sie die fragl. Coupons den Klägern mitüberliefert haben, oder vielmehr mit dem Obergericht umgekehrt den Klägern der Beweis, daß ihnen die Coupons von den Bekl. nicht mitgeliefert seien, aufzuer-

* oder verbraucht er das Empfangene, Rspr. I. S. 326 Nr. 8.

legen ist. Kläger verlangen in jetziger Instanz die Wiederherstellung des I. Erk., jedoch kann ihnen darin nicht beigepflichtet werden.

Zwar erscheint die Argumentation des Obergerichts nicht zutreffend, daß Kläger deßhalb beweispflichtig seien, weil sie sich durch Zahlung des Kaufpreises in die Lage gebracht hätten, einen eventuell auf Rückerstattung eines Theils der Zahlung hinauslaufenden Anspruch ihrerseits klagend zu verfolgen, und daher nach den Grundsätzen der condictio indebiti den von ihnen behaupteten Defekt des Kaufobjekts auch darthun müßten. Denn eines Theils haben Kläger in vorliegendem Falle nicht etwa einen Theil des Kaufpreises, welcher dem (von ihnen nicht einmal annähernd bezeichneten) Werth der angeblich nicht mitgelieferten Coupons gleichkäme, zurückgefordert; sondern sie haben entweder auf Nachlieferung dieser Coupons oder auf Umtauschung der gelieferten Stücke gegen vollständige Stücke — also entweder auf direkte Erfüllung der den Bekl. als Verkäufern obliegenden Verpflichtung oder auf Ersatz des Interesses wegen Nichterfüllung (vorbehaltlich weiterer Schadenansprüche) geklagt und die Klage demnach offenbar lediglich auf den mit den Bekl. abgeschlossenen Kauf gegründet. Von der irrthümlichen Zahlung einer Nichtschuld, welche sie condiciren wollten, ist in den Vorträgen der Kläger nirgend die Rede, und es bedarf daher auch keines Eingehens auf den in gegenwärtiger Instanz von den Parteien darüber geführten Streit, ob die Voraussetzungen der, jedenfalls nicht angestellten, condictio indebiti vorliegen würden. Anderen Theils erscheint aber auch die Parteirolle, in welcher man seine Ansprüche aus einem zweiseitigen Vertrage im Prozeß verfolgt, an sich als unerheblich, da die Beweislast nicht nach prozessualen Regeln, sondern nach den Grundsätzen des für diese Ansprüche maaßgebenden materiellen Rechts*, zu beurtheilen ist. Endlich kann darauf, daß der schließliche Erfolg der Klage möglicher Weis auf die Verurtheilung der Bekl. in eine dem Werth der Coupons gleichkommende Geldzahlung, mithin auf eine theilweise Zurückerstattung des von den Klägern bereits bezahlten Kaufpreises, hinauslaufen kann, ebenfalls in Ansehung der Beweislast kein Gewicht gelegt werden; denn immer bleibt es die Kontraktsklage (actio emti), welche von den Klägern angestellt und zwar zunächst auf die Erfüllung des Kontrakts in natura gerichtet ist, mittelst welcher aber auch das Interesse wegen Nichterfüllung, ohne daß es des Hinzutritts eines anderen Klagefundaments bedarf, geltend gemacht werden kann, wie es denn überhaupt rein zufällig ist, daß hier die von den Klägern bereits berichtigte Gegenleistung ebenfalls in einer Geldschuld bestand und mithin der schließliche Erfolg der Klage faktisch allerdings in einer theilweisen Rückerstattung des Kaufpreises bestehen kann. Noch weniger läßt sich für die Beweisauflage an die Kläger der von den Bekl. aufgestellte Gesichtspunkt geltend machen, daß es sich hier um einen geheimen Mangel der gelieferten Aktien, nicht um das Kaufobjekt selbst — welches nur die Aktien bildeten — handele, und daß daher nach den Grundsätzen des Aedilitischen Edikts der von den Klägern behauptete Mangel von ihnen auch zu erweisen sei. Denn zur Begründung der Klage bedarf es einer Berufung auf das durch dieses Edikt dem Käufer gewährte besondere Recht gar nicht, da es sich hier um eine den Klägern von den Bekl. zugestandener Maaßen versprochene Eigenschaft der verkauften Aktien oder vielmehr um ein mitverkauftes Accessorium derselben handelt, worauf die Kläger schon

* Sic: der I. Sen. des preuß. OTr. in den Erk. v. 9. Juli 60, Strieth. Arch. B. 38 S. 153, u. v. 3. Dez. 66, daselbst B. 64 S. 311. Vgl. OTr. Präjudiz Nr. 546 u. Koch PO (6. Aufl.) S. 4 n. 8.

mittelst der actio emti klagen konnten, so daß es nicht erst einer weiteren Ausführung bedarf, daß in der That das Fehlen der Coupons nicht als ein Mangel, geschweige denn als ein heimlicher Mangel, der verkauften Aktien selbst im Sinne des Edikts aufgefaßt werden kann, sondern nur den Umfang des Kaufobjekts betrifft. — Nun hat zwar ordentlicher Weise jeder Kontrahent, welchem von dem anderen Theil die Erfüllung der von ihm zu beschaffenden Leistung bestritten wird, den Beweis der Erfüllung, soweit sie geleugnet ist, zu erbringen, und der Umstand allein, daß der Gegner seinerseits den Kontrakt bereits erfüllt hat, vermag hiervon keine Ausnahme zu begründen, wie dies völlig klar in dem Falle hervortritt, wenn letzteres geschehen ist, ohne daß der andere Theil überhaupt schon etwas geleistet hatte. Eine Ausnahme von diesem Grundsatz tritt aber dann ein, wenn der andere Theil äußerlich den Vertrag erfüllt hat, die Gegenleistung erst bei oder nach dieser Vertragserfüllung gegeben ist und der sie Leistende zu erkennen gegeben hat, daß er die Vertragserfüllung des anderen Theils als die ihm gebührende, dem Vertrage entsprechende, gelten lassen wolle, der leistende Theil mithin annehmen durfte, daß seine Leistung von seinem Mitkontrahenten als gehörige Vertragserfüllung anerkannt und er, der Leistende, daher eines desfallsigen Beweises seinerseits überhoben sei. Denn in einem solchen Falle erfordert es die bona fides und die Sicherheit des Verkehrs, daß der hinterher diese seine rechtliche Handlung, nämlich die darin liegende stillschweigende Anerkennung, anfechtende Kontrahent diese Anfechtung auch justifiziren und die ihr zu Grunde liegenden Thatsachen beweisen muß.

Ein solcher Fall liegt nun aber vor. Indem nämlich die Bekl. den Klägern die fraglichen Aktien unter gleichzeitiger Einreichung einer Verkaufsrechnung übersandten, in welcher letzteren sie die Kläger außer mit dem Kaufpreise der Aktien auch mit den Zinsen desselben für den Monat Januar 70 debitirten und so noch ausdrücklich zu erkennen gaben, daß sie den Klägern auch einen Anspruch auf die laufenden, am 1. Juli 70 fällig werdenden, Coupons einräumten: erklärten sie dadurch ohne Zweifel nicht nur, daß sie den Kaufkontrakt ihrerseits, und zwar vollständig, durch Zusendung der betreffenden Aktien zu erfüllen bereit seien, sondern auch hiermit erfüllt haben wollten und erfüllt zu haben glaubten. Nahmen aber die Kläger diese Aktien nicht nur entgegen, sondern bezahlten sie auch den von den Bekl. dafür beanspruchten Kaufpreis: so erklärten sie damit zugleich, daß sie — wenigstens vorläufig — den Vertrag als von Seiten der Bekl. erfüllt betrachteten; denn sie konnten es den letzteren unmöglich zumuthen, daß sie das Kaufobjekt — die Aktien — aus den Händen geben, gleichwohl noch hinterher genöthigt sein sollten, die Lieferung oder auch nur die Vollständigkeit der Lieferung ihrerseits zu beweisen. Dies erkennen die Kläger auch an sich an, indem sie zugeben, daß im Allgemeinen der Verkäufer ein Recht darauf habe, bei Lieferung der Waare zugleich eine Anerkennung des Käufers, daß dieselbe vertragsmäßig geliefert sei, zu verlangen. Sie sind jedoch der Ansicht, daß ein solches Recht der Bekl. in vorliegendem Falle nicht anzunehmen sei, weil es den Klägern bei ihrem umfänglichen Geschäftsbetrieb im Drange des Ultimo, an welchem die Aktien geliefert wurden, nicht möglich gewesen sei, dieselben sofort nachzusehen. Allein eine solche, doch jedenfalls nur subjektive, Unmöglichkeit auf Seiten der Kläger würde offenbar nicht ausreichen, den Bekl. ein ihnen an sich zustehendes Recht zu entziehen, sondern nur dahin führen können, daß die Kläger die nachtheiligen Folgen dieser angeblichen Unmöglichkeit ihrerseits zu tragen hätten. Ebensowenig kann dann aber auf die fernere klägerische Behauptung Gewicht gelegt werden, daß dem Ueberbringer der Aktien, wie dies in solchen Fällen zu geschehen pflege, von dem dieselben entgegennehmenden Commis der Kläger gesagt sei, „es solle nachgesehen werden" oder „die Papiere sollten nachgesehen werden", — worin die Kläger einen Verzicht der Bekl. auf sofortige Anerkennung der vollständig erfolgten Lieferung, bzw. eine Negation der Anerkennung derselben seitens der Kläger erblicken. Denn die einfache Aeußerung des klägerischen Commis, die Papiere sollten nachgesehen werden, stellt sich der gleichzeitigen Annahme der Papiere und der Bezahlung des Kaufpreises gegenüber als viel zu unbestimmt und undeutlich dar, als daß dadurch ein rechtlich wirksamer Vorbehalt gegenüber der sich aus dem übrigen Verhalten der Parteien rechtfertigenden Annahme, daß die Kläger bei einer etwaigen späteren Bestreitung der Richtigkeit oder Vollständigkeit der gelieferten Papiere mindestens den Beweis zu übernehmen hätten, für gehörig substantiirt erachtet werden könnte, zumal die Kläger nicht einmal angegeben haben, daß jene Aeußerung vor Annahme und Bezahlung der Aktien gemacht sei, und sie erst in III. Instanz angeführt haben, daß es bei Gelegenheit der Annahme und vor Berichtigung des Kaufpreises geschehen sei. Es konnte daher in Betreff dieses ungenügend substantiirten Vorbehalts ein Beweis nicht freigelassen werden.

Nr. 6.

Plenum. — Erkenntniß v. 30. Dezember 70. (B. Ref.)

Findeisen & Co. ./. Magdeburg-Leipziger Eisenbahn-Gesellschaft (Nr. 74 v. 70).

Königreich Sachsen. **Weitere Berufung.**

I. Instanz: Handelsgericht im Bezirksgericht Leipzig,
II. Instanz: Appellationsgericht Leipzig,
III. Instanz: Ober-Appellationsgericht Dresden.

Ansprüche an den Frachtführer, Geltendmachung; Feststellung von Frachtgutsschäden.

1. **Art. 408 HGB, welcher jeden Anspruch gegen den Frachtführer durch Annahme des Frachtguts und Bezahlung der Fracht erlöschen läßt, stellt nicht eine bloße (durch einseitigen Vorbehalt zu beseitigende) Vermuthung auf, schließt vielmehr beim Vorliegen jener Doppelthatsache alle Ansprüche gegen den Frachtführer, welche nicht etwa durch vorgängige Uebereinkunft mit Letzterem ausdrücklich gewahrt sind, unbedingt aus*.**

Sic: v. Hahn Komm. B. II S. 484.
Makower Komm. Note 30, b zu Art. 408, S. 306.
W. Koch, Ztschr. f. d. ges. HR VIII. S. 475.

2. **Wann muß die im Art. 407 HGB gestattete Feststellung des Zustandes von beförderten Frachtgütern geschehen? Welche Beweiskraft hat solche Feststellung, nebst etwaiger Schätzung des Schaden, im künftigen Prozeß?**

Die klagende Handlung hatte einem Hamburger Spediteur 5 Ballen Wollengarn zur Beförderung nach Leipzig übergeben. Das Frachtgut soll hier völlig durchnäßt angekommen und dadurch ein Schade von 600 Thlrn. entstanden sein, welcher von der Magdeburg-Leipziger Bahn eingefordert wird, weil diese die Garne mit dem ursprünglichen Frachtbrief von der Berlin-Hamburger Bahn zum Weitertransport nach Leipzig übernommen.

Der I. Richter verurtheilte die Bekl. zum Ersatz des — durch Sachverständige noch festzustellenden — Schaden, ließ ihr aber die Bescheinigung der Einreden nach, daß die Waare schon beschädigt in Hamburg aufgegeben und auf dem Transport nicht beschädigt worden, sowie daß Adressat die Sendung ohne Vorbehalt angenommen und die Fracht bezahlt hätte.

* Contra: Praxis des OAppGer. Dresden, vgl. die Erk. v. 1866 in Seuffert's Archiv B. 20 S. 269 Nr. 169 u. Busch's Archiv B. 9 S. 433.

Der II. Richter wies die Klägerin angebrachter Maaßen ab; in III. Instanz aber wurde Bekl. zur Zahlung von 600 Thlrn. verurtheilt, jedoch unter Nachlassung einer Bescheinigung der vorgedachten Einreden.

Auf weitere Berufung hat das OHG das I. Erk. hergestellt.

Entscheidungsgründe:

Es muß als durch zwei übereinstimmende Urtel [nach dem kgl. sächs. Gesetz B v. 28. Januar 35 § 12, 26, vgl. Rspr. B. I S. 16] rechtskräftig entschieden erachtet werden, daß Klägerin auf Grund des von ihrem Spediteur mit der Berlin-Hamburger Eisenbahn-Gesellschaft abgeschlossenen Frachtvertrags zur Verfolgung der dem Absender, bzw. Empfänger gegen die bekl. Gesellschaft wegen Beschädigung des Frachtguts zustehenden Entschädigungsansprüche befugt ist . . .

Ferner muß [ebenso] als festgestellt erachtet werden, daß der Bekl. der Beweis obliege, daß Klägerin oder deren Beauftragte das Frachtgut vorbehaltlos angenommen haben.

Indessen wird es Sache des nach erhobenem Beweise erkennenden Richters sein, zu prüfen, ob überall ein zum Ausschluß der durch Art. 408 HGB an die Annahme des Frachtsguts und Zahlung der Fracht geknüpften Rechtsfolgen genügender Vorbehalt anzunehmen sei. Denn das Gesetz knüpft an diese Thatsachen keineswegs eine bloße Präsumtion des Verzichts der aus dem Frachtvertrag entspringenden Rechte, somit eine auch durch nur einseitigen Vorbehalt zu beseitigende Vermuthung. Vielmehr erlischt — von dem hier nicht vorliegenden Falle abgesehen, daß bei der Ablieferung die Beschädigung nicht äußerlich erkennbar war — sofern diese doppelte Thatsache vorliegt, nach dem klaren Wortlaut und der erkennbaren Intention des Gesetzgebers,

vgl. Nürnberger Konferenz-Prot. S. 830

jeder Anspruch gegen den Frachtführer, welcher nicht durch eine vorgängige Uebereinkunft mit demselben gewahrt ist. Ein nur einseitiger Vorbehalt erscheint zur Wahrung der Vertragsrechte unzureichend.

Anlangend hingegen die Schadenshöhe, welche das Gericht III. Instanz schon jetzt auf 600 Thlr. festgestellt hat, während der I. Richter deren Konstatirung annoch durch ein weiteres Verfahren unter Befragung Sachverständiger bedingt, so mußte hierin der Auffassung des Letzteren beigetreten und insoweit das I. Urtel wieder hergestellt werden.

Eine Besichtigung und Schadenschätzung der streitigen Wollengarne hat zu zwei verschiedenen Zeitpunkten stattgefunden; das erste Mal laut Notariatsinstrument vom 6. bis 12. Jan. 69 außergerichtlich durch den vom Leipziger Handelsgericht als Sachverständigen für Wolle und Garn bestellten und in Pflicht genommenen F. N.; das zweite Mal nach Anordnung des Handelsgerichts am 29. Juni 69 durch den vorgedachten F. N. und zwei weitere von Klägerin als Sachverständige bezeichnete Kaufleute, nachdem das Handelsgericht die Ernennung weiterer Sachverständigen abgelehnt hatte und Beklagte der an sie ergangenen Aufforderung des Handelsgerichts zur Ernennung eines zweiten Sachverständigen nicht nachgekommen, auch im Besichtigungs- und Schätzungstermin unvertreten geblieben war. Das Ergebniß dieser letzten Expertise liegt dem III. Urtel zu Grunde.

Nun ist zwar, ungeachtet der beklagterseits erhobenen Bedenken, davon auszugehen, daß dieser Expertise gemäß Art. 407 HGB eine gewisse Beweiskraft beiwohne. Hat nämlich auch Art. 407 zunächst den regelmäßigen Fall im Auge, daß unmittelbar nach Ankunft des Frachtguts die Untersuchung desselben erfolgt, daß diese Untersuchung den Zustand desselben betrifft, daß endlich diese Untersuchung durch gerichtlich ernannte Sachverständige stattfindet: so ist doch

1) durch das HGB eine Frist für diese Untersuchung überall nicht vorgeschrieben, — nur daß selbstverständlich das Ergebniß einer erst nach längerer Zeit erfolgten Untersuchung je nach Umständen nur einen mehr oder weniger sicheren Schluß auf den Zustand des Frachtguts zur Zeit seiner Ankunft gestatten wird;

2) in der Untersuchung des Zustands zugleich die gutachtliche Aeußerung darüber enthalten, ob und in welchem Umfang durch die vorgefundenen Beschädigungen, Mängel oder Defekte eine Werthverringerung des Guts — nach Maaßgabe der im Art. 396 HGB aufgestellten Normen — eingetreten sei; — in diesem Sinne wird auch Art. 106 des Code de commerce, die Quelle der Art. 407 HGB enthaltenen Vorschrift, in der französischen Praxis constant angewendet;

Alauzet, Commentaire du code de commerce zu Art. 106 —

3) die Untersuchung durch einen oder mehrere für den konkreten Fall durch das Handelsgericht, bzw. das gewöhnliche Gericht des Orts ernannte Sachverständige nicht in dem Sinne limitativ, daß dadurch einer anderswie erfolgten Untersuchung jede Beweiskraft entzogen wäre.

Denn zunächst ist anzunehmen, daß auch im Königreich Sachsen, wenngleich bei Einführung des HGB daselbst eine entsprechende, von zahlreichen* deutschen Staaten adoptirte Norm nicht ausdrücklich aufgestellt worden ist,

* Vgl. die Einf. Ges. für Preußen Art. 16, Schleswig-Holstein § 54, Oesterreich § 48, Württemberg Art. 48, Anhalt-Dessau-Köthen § 26, Anhalt-Bernburg Art. 19, Thüringische Staaten (Reuß ä. L. § 26, Reuß j. L. § 26, Sachsen-Weimar-Eisenach § 26, Sachsen-Meiningen-Hildburghausen § 23, Sachsen-Gotha Art. 24, Sachsen-Coburg Art. 22, Sachsen-Altenburg § 25, Schwarzburg-Rudolstadt § 25, Schwarzburg-Sondershausen § 26).

gleichwohl eine besondere Ernennung von Sachverständigen für den konkreten Fall nur unter der Voraussetzung erforderlich ist, daß solche Sachverständige nicht ein für allemal im Voraus vom Handelsgericht bestellt sind. In vorliegendem Falle aber war wenigstens Einer der abgehörten Sachverständigen vom Handelsgericht zu Leipzig ein für allemal für Wolle und Garn als Experte bestellt und in Pflicht genommen, und es ist eine Mehrzahl von Sachverständigen durch das Gesetz nicht vorgeschrieben.

Was sodann die nur von Klägerin bezeichneten Sachverständigen anlangt, welche das Handelsgericht gleichfalls abgehört hat, so kommt der Klägerin deren im Einverständniß mit dem Vorbezeichneten abgegebenes Gutachten um so gewisser zu Statten, als das Gesetz die Zuziehung anderer, als gerichtlich ernannter Sachverständigen, nirgends reprobirt [vgl. Einführungsgesetz für Lübeck Art. 15, Goldschmidt, Handbuch des HR I. 2 § 62 am Ende].

Endlich ist davon auszugehen, daß auch insofern die Voraussetzungen des vom HGB Art. 407 angeordneten Verfahrens in vorliegendem Falle zu treffen, als unzweifelhaft schon Anfangs Januar Streit über den Zustand des Guts bestanden hat, und es nicht darauf ankommt, ob schon damals Klägerin in diesen Streit als Partei eingetreten war, sofern sie anders nur berechtigt ist, wie nach der insoweit maaßgebenden Entscheidung III. Instanz anzunehmen, die aus der Beschädigung des Frachtguts erwachsenen Entschädigungsansprüche geltend zu machen.

Anders dagegen verhält es sich hinsichtlich der in III. Instanz angenommenen definitiven Beweiskraft der am 29. Juni 69 erfolgten Expertise. Denn wie schwer oder wie leicht die gegen das materielle Ergebniß dieser Expertise von Bekl. erhobenen Bedenken wiegen mögen, so konnten gegen dieselbe doch der Bekl. nicht die Beweiseinreden und Gegenbescheinigungen abgeschnitten werden. Von dem allgemeinen Grundsatz, daß der Richter nur auf diejenige Beweiserhebung Rücksicht zu nehmen habe, welche im Lauf des Prozesses vor ihm selber oder doch auf Beschluß des Prozeßgerichts stattgefunden hat, daß ferner gegen einen ausnahmsweise außerhalb des regelmäßigen Verfahrens zum ewigen Gedächtniß erhobenen Beweis dem Gegner Beweiseinreden und Gegenbeweise unverkürzt sind, macht HGB Art. 407 — übereinstimmend mit Art. 348, 365, 387, 609, 610 — nur insofern eine Ausnahme, als er (in Beseitigung der Verschiedenheit der Landesgesetze und der mehr oder weniger strengen Voraussetzungen, an welche die Statthaftigkeit und Wirksamkeit einer Beweiserhebung zum ewigen Gedächtniß geknüpft zu sein pflegt) unter gewissen Voraussetzungen die Konstatirung des Zustands einer Waare außerhalb eines Prozesses mit der Wirkung gestattet, daß der Betheiligte sich des dadurch beschafften Beweismaterials schlechthin im künftigen Prozeß bedienen darf, ungeachtet die Besichtigung und bzw. Schätzung auf einseitigen Antrag, ja wohl gar ohne jede Benachrichtigung des Gegners erfolgt ist.

Dagegen hat — wie übereinstimmend mit dem Wortlaut die Vorarbeiten des Gesetzes ergeben; Goldschmidt, Handbuch des HR I. 2 § 62, Note 56 — weder die Beweiskraft solcher Befundzeugnisse und Gutachten fixirt, noch gar die Beibringung von Gegenbeweismitteln ausgeschlossen werden sollen; v. Hahn Komm. B. II S. 246, 483. —

Nr. 7.

Plenum. — Erkenntniß v. 6. Januar 71. (B.)

Wittwe Kindler ./. Lebensversicherungs-Gesellschaft Kosmos zu Zeyst (Nr. 20 v. 71).

Königreich Sachsen. **Weitere Berufung.**

I. Instanz: Handelsgericht im Bezirksgericht Leipzig,
II. Instanz: Appellationsgericht Leipzig,
III. Instanz: Oberappellationsgericht Dresden.

Lebensversicherung, Pflicht des Versicherungsberechtigten bezüglich der Mittheilung der Todesursache. Auslegung der sog. Versicherungsbedingungen.

1. Die bei Versicherungen üblichen „Allgemeinen Versicherungsbedingungen“ sind nicht streng nach ihrem Wortlaut, vielmehr nach der Natur des Vertrages zu verstehen und anzuwenden.

HGB Art. 1, 278; Prinzip von Treue und Glauben.

Vgl. Rspr. I. S. 92, 160 u. Erk. v. 4. April 71, unten Nr. 22.

2. Welche Verpflichtungen hat der Versicherungsberechtigte bei einer Lebensversicherung hinsichtlich des Nachweises der Todesursache?

Am 23. Okt. 68 wurde K., dessen Leben seit 8 Monaten bei der bekl. Gesellschaft mit 1000 Thlrn. versichert war, in einem Gehölz unweit seines Wohnorts todt aufgefunden. Die Todesursache blieb unermittelt, namentlich ob Schlagfluß oder Blutsturz, Selbstmord oder fremde Gewalt vorlag. Die Wittwe und Erbin brachte amtliche Bescheinigungen über den erfolgten Tod und die Auffindung der Leiche bei, legte auch die Ergebnisse der gerichtlichen Leichenschau und Leichenöffnung vor, vermochte aber den in den „Allgemeinen Versicherungsbedingungen“ geforderten Nachweis der Todesursache nicht zu führen. Deshalb wurde ihre die Versicherungssumme beanspruchende Klage in I. u. II. Instanz angebrachter Maaßen abgewiesen.

In III. Instanz erstritt Klägerin die Aufrechterhaltung der erhobenen Klage, jedoch ward der Bekl. der Beweis eventuell vorgeschützter Nichtigkeit der Versicherung wegen unwahrer Angaben und verschwiegener Thatumstände bei Eingehung des Vertrages nachgelassen.

Die bekl. Gesellschaft legte weitere Berufung ein (vgl. Rspr. Band I S. 16); das OHG erkannte bestätigend.

Gründe:

Die Appellation der Bekl. ist unbegründet. Zunächst giebt sie dem Art. 15, c der Policebedingungen (gleichlautend mit Art. 25, c des Geschäftsplans) eine unrichtige Bedeutung. „Ist der Verstorbene — so lautet die Bestimmung — von keinem Arzt behandelt worden, (so daß der in den vorangehenden Zeilen geforderte „genaue" Bericht des behandelnden Arztes über den Verlauf der letzten Krankheit oder über die sonstige Ursache des Todes nicht beschafft werden kann): so muß **ein anderes glaubwürdiges Zeugniß** über die Besichtigung der Leiche und über die Todesart beigebracht werden." Der Art. spricht also in den hervorgehobenen Worten nicht von einem Attest oder Gutachten über die Todesursache, sondern von einem Zeugniß über die Besichtigung der Leiche und die Todesart, auch nicht von einem ärztlichen, sondern von einem glaubwürdigen Zeugniß. Ein solches Zeugniß, d. h. die sinnliche Wahrnehmung Anderer von der Todesart, kann oft beschafft werden: z. B. der Versicherte wird vor den Augen von Zeugen auf der Straße von einem herabfallenden Dachziegel erschlagen, beim Sandgraben verschüttet, im Streit erstochen, im Gedränge ins Wasser gestürzt ꝛc.; dann hat der Versicherungsberechtigte die Zeugnisse der Wahrnehmenden und, wenn eine amtliche Besichtigung der Leiche möglich war und erfolgte, das Besichtigungsprotokoll beizubringen, soweit sie ihm zugänglich. Oefter aber erfolgt der Tod nicht unter den Augen Dritter: der Versicherte wird todt in seinem Bette, erhenkt an einem Baum, leblos im Schnee gefunden. Dann genügt der Versicherungsberechtigte seiner Pflicht, wenn er über die näheren Umstände, unter denen die Auffindung der Leiche geschehen, bzw. falls amtliche Ermittelungen über die Todesursache stattgefunden haben, das ihm zugängliche thatsächliche Material und Resultat derselben in glaubwürdigen Zeugnissen oder Dokumenten beibringt. Es liegt ihm nicht ob, seinerseits Erforschungen über die Todesursache anzustellen; er soll das ihm bekannte oder amtlich gewonnene

Material dem Versicherer getreulich mittheilen; aber es liegt außerhalb seiner Pflicht, dasselbe im Interesse des Versicherers durch eigene Thätigkeit zu erweitern. Ihm diese Pflicht aufbürden, hieße: ihm seine vertragsmäßige Stellung als Gläubiger des Versicherers entziehen und die Stellung eines Agenten des Letzteren anweisen. Aus diesem Gesichtspunkt ist der Anfang des letzten Absatzes im Art. 15 der Bedingungen zu verstehen. Derselbe lautet: „Findet die Direktion die über die Todesursache vorgelegten Papiere nicht ausreichend oder trägt sie Bedenken, die Zahlungspflicht anzuerkennen, so kann sie noch andere Nachweise und Erklärungen fordern." Seinem Wortlaut nach legt freilich dieser Satz die Erfüllung der Zahlungspflicht völlig in das Belieben der Bekl., vorausgesetzt nur, daß es sich in das Begehren „noch anderer Nachweise" hüllt. Allein nach der Natur des Vertrages verstanden, berechtigt diese Klausel die Bekl. nur zur Nachforderung von Erklärungen über erhebliche Umstände, welche dem Versicherungsberechtigten bekannt, und von Vorlegung von Beweisen, die **vorhanden** und dem Versicherungsberechtigten zugänglich sind.

Hiernach ist das Verlangen der Bekl., daß vorab die Todesursache des Ehemanns der Klägerin von dieser durch ein glaubwürdiges ärztliches Zeugniß, richtiger Gutachten, nachgewiesen werden müsse, unberechtigt. Die Bekl. ist im Besitz des gesammten thatsächlichen Materials, welches die polizeiliche und gerichtliche Besichtigung der Leiche und des Fundorts, sowie die gerichtliche Obduktion ergeben haben. Die Obducenten haben sich nicht veranlaßt gesehen, sich über die muthmaaßliche Todesursache auszusprechen. . . Der Polizeiarzt hat dagegen sein Urtheil gegeben. Will die Bekl. sich mit diesem nicht begnügen, genügt ihr auch nicht das Attest des Staatsanwalts, daß über die näheren Umstände, unter denen K.'s Tod erfolgt ist, trotz fortgesetzter Nachforschungen Licht nicht erlangt werden kann: so mag sie selbst auf Grund des amtlich gewonnenen thatsächlichen Materials sich Gutachten über die muthmaaßliche Todesart beschaffen; aber der Klägerin fehlt Pflicht und Berechtigung, die Obducenten zu nachträglicher Erstattung eines solchen Gutachtens anzuhalten. —

Nr. 8.

Plenum. — Erkenntniß v. 7. Januar 71. (Z.)

Nathan ./. Dietrich (Nr. 27 v. 71).

Königreich Sachsen. Wechselsache. Weitere Berufung.

I. Instanz: Handelsgericht im Bezirksgericht Dresden,

II. Instanz: Appellationsgericht Dresden.

Wechselunterschrift mit einer Kollektivbezeichnung. — Zahlungszeit, Jahr.

1. Die Wechselunterschrift „Gebrüder D." verpflichtet denjenigen, welcher dieselbe gegeben hat und D. heißt, unbedingt, sollte auch eine Firma Gebrüder D. nicht bestehen.

DWO Art. 4 Nr. 5, Art. 12, 21 Abs. 2, 81.

2. Der Unterschreibende haftet in solchem Falle als selbständiger Wechselschuldner für das Ganze.

DWO Art. 81, Satz 3.

3. Die Zahlungszeit eines Wechsels ist genügend bestimmt, wenn im Wechsel deren Tag und Monat mit dem Zusatz cr. (d. h. anni currentis) angegeben worden*.

DWO Art. 4 Nr. 4.

Borchardt ADWO S. 52, Zus. 72 u. n. 61; auch Zus. 76 S. 54.

Der Klagewechsel hat beim Annahmevermerk die Unterschrift: Gebrüder Dietrich und bezeichnet als Zahlungszeit den 15. September cr. Auf die volle Wechselsumme belangt, wendet der Acceptant, obschon er den Wechsel als echt und das Accept als von ihm eigenhändig geschrieben an-

* Vorausgesetzt, daß der so bezeichnete Verfalltag mit der Ausstellungszeit nicht im Widerspruch steht. Rspr. I. S. 50.

erkennt, ein, daß jene Unterschrift unverbindlich, auch die Zahlungszeit nicht gehörig bestimmt sei.

In zwei Instanzen verurtheilt, ergreift Bekl. ohne Erfolg noch die Berufung an das OHG.

Entscheidungsgründe:

Wenn... über die Haftung des Bekl. aus der Wechsel-Zeichnung noch Zweifel obwalten könnte, so würde doch jeder Zweifel und insbesondere das Verlangen des Bekl., daß ihm seine Theilhaberschaft an derjenigen Firma, deren Zeichnung in der Unterschrift des gedachten Accepts gefunden werden könnte, allererst nachzuweisen sei, durch die Darstellung des Sachverhalts sich erledigen, welche Bekl. zu geben sich veranlaßt gefunden hat. Soweit diese Darstellung auf thatsächlichen Momenten beruht, welche Bekl. zur Widerlegung der ihm ungünstigen Auffassung der vorigen Instanzen benutzt wissen will, muß sie Bekl. auch gegen sich gelten lassen. Sie enthält in soweit Zugeständnisse, welche in jedem Stadium des Prozesses zu beachten sind...

Den Auslassungen gemäß ist die Personalbenennung „Gebrüder D." nur diejenige Kollektivbezeichnung, welche zu dem Zweck, um den Bekl. und dessen Bruder Karl D. zu bezeichnen, im Geschäftsverkehr sowohl von ihm und seinem genannten Bruder selbst, als ihnen Beiden gegenüber von Dritten gebraucht zu werden pflegt. Es liegt somit nahe genug, die mehrerwähnte Kollektivbezeichnung als die Firma im Sinne des HGB Art. 15 zu betrachten, unter welcher Bekl. und sein Bruder im Handel ihr Geschäft treiben und die Unterschrift abgeben, sollten sie auch (in der behaupteten Eigenschaft von Kollektivbevollmächtigten und Vorständen der General-Agentur der N. Lebensversicherung) ein „eigentlich kaufmännisches" Geschäft nicht betreiben. Denn — noch abgesehen vom Inhalt der seitens des Klägers beigebrachten Korrespondenz — geht aus des Bekl. eigenem Anführen klar hervor, daß er und sein Bruder eben nicht blos in jener Eigenschaft geschäftlich verkehrt, sondern auch Lieferungsgeschäfte für eigene Rechnung gemacht, bzw. Wechsel darüber ausgestellt haben. — Wollte man aber selbst diese Momente nicht für ausreichend ansehen, um in der Zeichnung „Gebrüder D." eine kaufmännische Firma und in ihrem Gebrauch den Ausdruck der Absicht erblicken zu können, daß die durch dieselbe verbundenen Individuen als eine offene Handelsgesellschaft im Sinne von Art. 85 HGB mit den im Verhältniß zu dritten Personen eintretenden rechtlichen Folgen der Art. 112, 114 und 116 gelten wollen: so bleibt doch immer so viel unbestritten, daß jene Bezeichnung den Bekl. und seinen Bruder, wenn auch als blos nominell, nicht durch ein bestimmtes Societätsverhältniß verbundene, selbständige Personen zu umfassen bestimmt ist und der Absicht der Betheiligten gemäß ganz dasselbe, nur in abgekürzter Form, ausdrücken soll, was außerdem durch die beiden Individualbezeichnungen „Carl D." und „Hermann Bernhard D." ausgedrückt sein würde. Auch hat Bekl. eingeräumt, daß er den Klagewechsel in der vorbemerkten Weise mit der Absicht unterzeichnet habe, um dem Kläger für eine an den Bekl. und seinen Bruder zustehende Forderung Deckung zu gewähren. Bei der sonach unbestrittenen Identität der durch die Zeichnung betroffenen mit den jetzt in Rede stehenden Personen wird durch den Mangel der Vornamen allein die Geltung der Urkunde für den Exekutiv- bzw. Wechsel-Prozeß bekanntlich nicht beeinträchtigt — (Bekanntmachung des kgl. sächs. OAppGer. v. 9. März 38, Ges.- u. Verordn.-Bl. S. 95 f.); der streitige Wechsel steht vielmehr einer Urkunde, welche mit den Namen Hermann Bernhard D. und Carl D. unterzeichnet wäre, ihrer Bedeutung und Wirkung nach völlig gleich.

Ob Bekl. den Namen seines Bruders mit rechtlicher Wirkung gegen diesen zu unterzeichnen befugt gewesen sei, kommt hier, wo es sich nur um die Verurtheilung des

Bekl. handelt, nicht in Frage. Der Bekl. selbst aber erscheint durch die Unterzeichnung seines Namens zweifellos verpflichtet, er haftet aus derselben nicht blos, wie er meint, antheilig und pro rata der Wechselsumme, sondern in Gemäßheit der DWO Art. 81, Satz 3 (vgl. Volkmar und Loewy, DWO § 181 S. 283 f.) als selbständiger Schuldner für das Ganze. — Am Schluß der Ausführungsschrift hat Bekl. noch erklärt, den aus der angeblich unbestimmten Bezeichnung des Zahlungstags (am 15. September cr.) hergeleiteten Einwand gegen die Giltigkeit des Wechsels aufrecht zu erhalten, ohne jedoch eine Widerlegung der ausführlichen Gründe, in welchen bereits die II. Instanz die Unhaltbarkeit dieses Einwandes dargelegt hat, auch nur zu versuchen. Es genügt daher, der mit den Erörterungen im Archiv für Wechselrecht B. II S. 198 f. und in Thöl's Handelsrecht B. II § 175, S. 140 und n. 12 übereinstimmenden, auch der Auffassung der sächsischen Praxis in den Annalen des kgl. sächs. OAppGer. B. III S. 250 fg., N. F. B. VII § 59 fg. entsprechenden Ausführung zweiter Instanz, daß hier unbedenklich die Abkürzung „cr." als „currentis" (sc. anni) zu lesen sei, lediglich, wie hiermit geschieht, beizustimmen.

Nr. 9.

Plenum. — Erkenntniß v. 27. Januar 71. (B.)

Hippe ./. Rockstroh (Nr. 46 v. 71).

Königreich Sachsen. **Weitere Berufung.**

I. Instanz: Handelsgericht im Bezirksgericht Dresden,

II. Instanz: Appellationsgericht Dresden.

Vertragsauslegung, Bedeutung mündlicher Nebenabreden bei schriftlichem Vertragsschluß.

1. Bei schriftlichen Vereinbarungen ist anzunehmen, daß die (gesetzlich vorgeschriebene oder gewillkürte) Vertragsurkunde den gesammten Inhalt des zur Zeit der

Abfassung Vereinbarten vollständig wiedergiebt, daß mithin vorgängige Abreden der Parteien nur insoweit, als sie Aufnahme in die Schrift gefunden, verbindende Kraft behalten haben*.

HGB Art. 1, 278, 279, 317, 788.
Thöl, Handelsrecht B. I S. 387.
Vgl. kgl. sächs. bürgerl. GB § 826.

2. Umfaßt der Lieferungsvertrag über eine Dampfmaschine (im Zweifel) auch die Aufstellung und Ingangsetzung der Maschine am Fabrikplatze des Bestellers?

3. Wie weit ist der Lieferant einer Maschine für Handlungen seiner Leute verantwortlich bei Besorgung der Aufstellung und Ingangsetzung der Maschine?

Bekl. hat dem Kläger eine Dampfmaschine geliefert und dieselbe durch seinen Monteur St. in der Fabrik der Klägers aufstellen und in Gang bringen lassen. St. soll dabei ein mit der Maschine in Verbindung stehendes Holzschleifwerk fahrlässiger Weise beschädigt haben, wofür Kläger von dessen Prinzipal Ersatzleistung fordert.

Die in zwei Instanzen angebrachter Maaßen zurückgewiesene Klage hat auch beim OHG nicht Zulassung gefunden.

Gründe:

Auf die gemeinrechtlich sehr bestrittene und auch durch das bürgerl. GB für das Königreich Sachsen nicht entschiedene Prinzipienfrage [ob, wie die Vorderrichter übereinstimmend angenommen, wer eine Herstellung oder Arbeit übernimmt, für die Verschuldung seiner Gehilfen u n b e d i n g t

* Der Grundsatz ist vom OHG zwar zunächst im Hinblick auf das bürgerl. Recht des **Königreichs Sachsen**, wo **Formfreiheit** aller Verträge als Regel gilt, aufgestellt, dürfte aber unbedenklich auch bei Handelsgeschäften in **Preußen** (vgl. ALR I. 5 § 117, 127—129, 148, 154. 385 ff. und Makower Komm. zu Art. 317 HGB n. 1, c), in Ländern des **französischen Rechts** (vgl. code civil Art. 1346 ff.) oder in **Oesterreich** (allg. bürgerl. GB § 884, 887) Anwendung finden.

einzustehen habe] braucht nach Lage der Sache nicht eingegangen zu werden... Denn angenommen, daß Bekl. verpflichtet war, die gelieferte Dampfmaschine aufzustellen und in Gang zu setzen, daß St. der vom Bekl. zu diesem Zweck gesendete Gehilfe des Bekl. und zur Zeit des beschädigenden Ereignisses die Ingangsetzung der Maschine noch nicht vollendet war; angenommen ferner, daß Bekl. für den in Ausführung der übernommenen Arbeit von seinem Gehilfen verschuldeten Schaden schlechthin einzustehen hatte: so war die ganze Thätigkeit St's, welche sich auf die Ingangsetzung der Maschine bezog, als im Auftrage liegend, vom Bekl. zu vertreten, gleichviel ob die Thätigkeit St's gerade an der Maschine oder an irgend einer anderen Sache, hier dem Holzschleifwerk des Klägers, stattfand, und ohne Unterschied, ob dadurch die in Gang zu setzende Dampfmaschine oder das mit der Dampfmaschine zum Zweck der Ingangsetzung in Verbindung gebrachte Räderwerk zerbrochen worden ist.

Wie indessen auch die Vorderrichter nicht verkannt haben, hängt die Anwendung des vorerwähnten fraglichen Rechtsprinzips auf den in Rede stehenden Fall in erster Linie davon ab, ob Bekl. hinsichtlich derjenigen Arbeiten des Monteurs St. an der vom Bekl. gelieferten Dampfmaschine, bei welcher durch Schuld St's das zum klägerischen Holzschleifwerk gehörige eiserne Stirnrad zerbrochen sein soll, überall als Unternehmer und St. als sein Gehilfe anzusehen ist. Dies war aber — nach Inhalt des zwischen den Parteien geschlossenen schriftlichen Maschinenlieferungsvertrages — zu verneinen, und konnte den hiegegen vom Appellgericht erhobenen Bedenken nicht beigetreten werden.

An sich ist naturgemäß davon auszugehen, daß die, gleichviel ob gesetzlich vorgeschriebene oder gewillkürte, Vertragsurkunde den gesammten Inhalt der Vereinbarung, soweit solche zur Zeit der Abfassung vorlag, vollständig angiebt, daß somit vorgängige Vereinbarungen der Parteien nur insoweit verbindende Kraft behalten, als sie in die Schrift Aufnahme gefunden haben.

Argum. kgl. sächs. bürgerl. GB, § 826;
[Spruchpraxis des OAppGer. Dresden];
Thöl, Handelsrecht B. I S. 387.

Nun kann der Lieferungsvertrag über eine Dampfmaschine in doppelter Weise geschlossen werden. Entweder so, daß der Fabrikant nur die Herstellung der Maschine übernimmt und dieselbe als Ganzes oder nach Wahl des Bestellers in ihren einzelnen Theilen dem Letzteren zur Verfügung stellt, sei es am Etablissementsort des Fabrikanten, oder am Orte des beabsichtigten Fabrikbetriebs oder an einem dritten Platze. Oder so, daß der Fabrikant auch die Aufstellung und Ingangsetzung der Maschine am Orte des beabsichtigten Fabrikbetriebs übernimmt. Spricht nun für letzteres auch unter Umständen eine gewisse Wahrscheinlichkeit, so muß doch andererseits in Betracht gezogen werden, daß die Aufstellung und Ingangsetzung einer Maschine für den Zweck des Fabrikbetriebs einen sehr erheblichen Zeit- und Kostenaufwand verursachen kann, zumal falls Anfertigungs- und endlicher Aufstellungsort von einander entfernt liegen — wie denn, nach den eigenen Angaben des Klägers, die Ingangsetzung der hier in Rede stehenden Maschine wiederholte, sich über einen Zeitraum von mehr als 2 Monaten erstreckende Arbeiten erfordert haben soll, daher, wenn der Besteller den Fabrikanten auch hierzu verpflichten will, es selten an einer entsprechenden unzweideutigen Vereinbarung hierüber fehlen dürfte. Ist es daher auch üblich und entspricht es dem eigenen Interesse des Fabrikanten, daß derselbe sich um gehörige Aufstellung und Ingangsetzung der Maschine bemüht: so ist doch keineswegs eine jede, wenngleich vertragsmäßig übernommene Verpflichtung der Art ohne Weiteres dahin zu interpretiren, daß der Fabrikant die Aufstellung und Ingangsetzung der Maschine selber oder durch Andere bewirken wolle.

Nach dem vorliegenden, schriftlichen Vertrage ist nun der Preis lediglich für die Dampfmaschine nebst Vorwärmer berechnet. Von einer Verpflichtung des Bekl., die Maschine in des Klägers Holzschleiffabrik zu Rodeberg aufzustellen und dort in Gang zu setzen, enthält der Vertrag nichts. Vielmehr ist nicht allein im § 1 unzweideutig Chemnitz [Wohnort des Bekl.] als Lieferungsort der Maschine bestimmt:

„die Preise verstehen sich ab Fabrik in Chemnitz;"

sondern es ist auch durch § 2

„die vorgenannten Gegenstände verpflichtet sich Herr Rockstroh zum ersten April künftigen Jahres zur Verladung bereit zu halten,"

jede darüber hinausgehende, auf die Maschine bezügliche Verpflichtung unzweideutig ausgeschlossen.

Wenn daher § 1 am Schluß den Satz enthält:

„der Dampfmaschinen-Monteur erhält die Reisekosten erstattet und $1^2/_3$ Thlr. Diäten pro Tag,"

so kann hierin wohl implicite die vom Bekl. anerkannte Verpflichtung gefunden werden, dafür Sorge zu tragen, daß dem Besteller behufs Aufstellung und Ingangsetzung der Maschine ein geeigneter Monteur zugewiesen werde, keineswegs dagegen die viel weiter gehende Verpflichtung, selber oder durch Andere die Aufstellung und Ingangsetzung der Maschine in Rodeberg bewirken zu wollen. Um so weniger, als — wie Kläger selber als Regel anerkennt, desgleichen die vom Kläger vorgelegten Briefe des Fabrikdirektors W. ergeben, und in vorliegendem Falle unstreitig verabredet und geschehen ist — die dem Monteur von dem Maschinenfabrikanten zu leistende Vergütung weder im Kaufpreise berechnet wird, noch sonst dem Fabrikanten zu Gute kommt, sondern ausschließlich vom Monteur für eigene Rechnung bezogen wird.

Wäre nun, wie Kläger behauptet, in vorliegendem Falle vor Abschluß des schriftlichen Vertrages mündlich verabredet worden:

„daß Beklagter diese Dampfmaschine in Klägers Fabrik aufzustellen und in Gang zu setzen, Kläger aber hierfür, außer dem angeführten Kaufpreise, dem vom Bekl. zu stellenden und nach Rodeberg zu sendenden Dampfmaschinen-Monteur die Reisekosten und Tagegelder zu zahlen habe,"

so würde solche Abrede eine doppelte Auslegung zulassen.

1) Ungeachtet der auf eine weitergehende Verpflichtung gerichteten Worte sei doch der Wille der Paciscenten nur dahin gegangen, daß Beklagter dem Kläger einen geeigneten Monteur zuweise, bzw. sende, und daß mit dieser Zuweisung seine Verpflichtung zur Aufstellung und Ingangsetzung der Maschine erschöpft sei. Für diese Auslegung der angeblichen mündlichen Uebereinkunft würde deren vollkommene Uebereinstimmung mit der Vertragsurkunde sprechen, von welcher doch nach Obigem anzunehmen ist, daß sie die ganze Vereinbarung der Kontrahenten enthält. Auch kann, da die Montirung von Dampfmaschinen anerkanntermaaßen ein eigenes, von besonders qualifizirten und für diese Arbeit besonders bezahlten Personen betriebenes Geschäft ist, schwerlich angenommen werden, daß der Fabrikant sich selber zur Ausrichtung eines Geschäfts durch Andere habe verpflichten wollen, welches er möglicherweise weder selber zu verrichten, noch auch nur gehörig zu kontroliren im Stande war.

2) Der Wille der Paciscenten ging allerdings dahin, daß Beklagter über die bloße Zuweisung eines Monteurs hinaus die Aufstellung und Ingangsetzung der Maschine in

Gründe:

Der Appellrichter geht davon aus, daß die Verpflichtung des Bekl. in Betreff der fragl. Säcke sich nach den gemeinrechtlichen Grundsätzen des Kommodats bestimme, demgemäß aber demselben obgelegen habe, die Säcke der Klägerin in dem Sinne zurückzubringen, daß er für Gefahr und Erfolg der Rücksendung schlechthin einzustehen habe. Diese Auffassung erregt schon nach den Vorschriften des rein bürgerlichen Rechts erhebliche Bedenken, offenbar unzutreffend stellt sie sich aber vom Standtpunkt des Handelsrechts dar.

Nach gemeinem bürgerlichen Rechte
vgl. L. 20 Dig. Commodati (XIII, 6) und
Hasse, die Culpa des Röm. Rechts S. 410 ff. II. Aufl.
kann nämlich von dem, der die Bewahrung oder Fortschaffung einer fremden Sache übernahm, oder der sie dem Eigenthümer vertragsmäßig wieder zuzustellen hat, (mit alleiniger Ausnahme des Falles, wenn die Absicht auf selbsteigene Ausführung der Vertragsobliegenheit gerichtet war) mit Grund etwas Weiteres nicht verlangt werden, als daß er dazu eine tüchtige und bewährte Mittelsperson — hominem idoneum — stelle. Hat er dies gethan und ist trotzdem bei aktueller Durchführung des Rückgabeauftrags Schade entstanden: so trifft dieser Schade nicht den zur Rückgabe Verpflichteten, sondern denjenigen, welchem die Sache zuückgebracht werden sollte. Zu demselben Resultat gelangt man bei Berücksichtigung der Anforderungen der jetzigen Verkehrsverhältnisse, sowie des muthmaaßlichen Vertragswillens der Kontrahenten in einem Falle der vorliegenden Art. Wie in ersterer Beziehung bei den Dimensionen, welche der moderne Distanzhandel einnimmt, von dem entfernten Kaufmann der Natur der Sache nach die selbsteigene, persönlich zu bewerkstelligende Rückgabe empfangener Emballagegegenstände weder erwartet, noch ge-

fordert werden kann: so läßt sich in letzterer Beziehung nach der Uebung des Handelsstandes nicht anders annehmen, als daß die Intention der Kontrahenten wesentlich blos darauf gerichtet sei, dem Empfänger von mit Hüllen umgebenen Waaren — falls er überhaupt nach den besonderen Umständen zur Rückgabe dieser Hülle (Emballage, Fastage) verpflichtet ist* — die Verbindlichkeit zu deren Rücksendung im Wege geeigneter Transportgelegenheit aufzulegen. Bei Benutzung derartiger Beförderungsmittel hat der Letztere der ihm als ordentlichem Kaufmann (Art. 282 HGB) obliegenden Diligenz vollständig genügt. Der weitere Verlauf und der vertragsmäßige Erfolg der von dem Transportanten übernommenen Leistung liegt nach dem gewöhnlichen Verlauf der Dinge außerhalb des Bereichs maaßgebender Einwirkung des Absenders. Zwar wird sich derselbe im Falle unterbliebener Ankunft der Sache bei dem Adressaten, allgemeinen Rechtsgrundsätzen zufolge, nicht entbrechen können, die ihm dem Transportanten gegenüber zustehende actio locati dem Adressaten — Herleiher der Emballage — abzutreten. Eine Verpflichtung des Absenders zu eigener Vertretung des Transporterfolgs läßt sich aber in alle Wege nicht erkennen. In vorliegendem Falle um so weniger, wenn man die durch rechtskräftiges Interlokut geschaffene Sachlage gleichzeitig in das Auge faßt. Durch selbiges ist die eventuelle, für den Fall des Mißlingens des jetzt der Beurtheilung unterstellten Exceptionsbeweises Platz greifende, Rechtspflicht des Bekl. dahin formulirt worden, daß derselbe schuldig sei, die streitigen Säcke „zurückzusenden". Offenbar kann dem Bekl. der nachgelassene Einredebeweis den Nachweis bereits erfolgter Vertragserfüllung nicht in einem weiteren, als dem durch die eventuelle Verurtheilung fixirten Umfange angesonnen

* Vgl Rspr. I. S. 70, 151 ff.

haben; nach dem Wortlaut der Verurtheilung aber hatte Bekl. durch bewerkstelligte Rücksendung unter Benutzung einer tauglichen, zuverlässigen Transportgelegenheit seine Vertragspflicht erfüllt. Eine derartige Erfüllung ist aber seitens des Bekl. schlüssig behauptet. Er hat seinem auf Eidesantrag beruhenden Anführen gemäß für Rücksendung der streitigen Säcke den Weg des Eisenbahntransports gewählt, gegen dessen Tauglichkeit ein sachliches Bedenken weder geltend gemacht worden ist, noch an sich obwaltet. Die Entscheidung hängt daher lediglich von der eidlichen Ermittlung der einschlagenden Behauptungen des Beweisführers ab. Die Entscheidung I. Instanz stimmt in ihrem Ergebniß damit überein, sie war daher wiederherzustellen.

Nr. 11.

Plenum. — Erkenntniß v. 17. Februar 71. (Ref.)

Frau Schüller ./. Hopf (Nr. 41 v. 71).

Sachsen-Gotha. **Ober-Appellation.**

I. Instanz: Kreisgericht Gotha, als Handelsgericht,
II. Instanz: Appellationsgericht Eisenach.

Bürgschaft im Handel, Hypothekforderungen als Geschäftsobjekte.

1. Hypothekforderungen gelten im heutigen Geschäftsverkehr nicht als unbewegliche Sachen im Sinne des HGB Art. 275.

Sic: OHG Ref. Plen. Erk. v. 6. Okt. 70 i. S. Rau ./. Elb, Nr. 14 v. 70*.

2. Die im Art. 274 Abs. 1 HGB aufgestellte Vermuthung für die handelsgeschäftliche Qualität aller Verträge eines Kaufmanns ist nicht auf zweiseitige Verträge beschränkt.

3. Ist Bürgschaftsleistung für die Geschäftsforderung eines Kaufmanns als ein Handelsgeschäft anzusehen?

HGB. Art. 1, 281.

* Vgl. Anmerkung am Schluß dieses Falles S. 53.

Aus einem Creditgeschäft in Anspruch genommen, wendet der Bekl. ein, daß die Klage nicht vor das Handelsgericht gehöre. Das OHG führt, in III. Instanz erkennend, zunächst aus,

> es komme lediglich darauf an, ob der dem Klageanspruch zu Grunde liegende Vertrag auf des Bekl. Seite als ein Handelsgeschäft sich darstelle,

und entscheidet sich für die Bejahung.

Gründe:

Zu gerichtlichem Protokoll v. 28. März 65 hat Direktor Schulz bemerkt, daß der (jetzige) Bekl. bereit sei, ihm einen Credit in Höhe von 6300 Thlrn. bis 1. Okt. 65 zu bewilligen, und daß die (jetzige) Klägerin Bürgschaft übernehmen, auch zur Sicherstellung des Gläubigers ein Hypothekeninstrument über, für sie eingetragene, 8000 Thlr. einlegen wolle. — Sodann erklärt Klägerin: sie sei bereit, für diesen Credit „als Bürgin und Selbstschuldnerin einzustehen", verpflichte sich, die dem Schulz vorgestreckte Summe bis 1. Okt. 65 an den Bekl. zurückzuzahlen, und räume demselben zur Sicherstellung ein Faustpfand an jenem Kapital v. 8000 Thlrn. dergestalt ein, daß sie ihm wegen des zum 1. Okt. 65 etwa noch nicht zurückerstatteten Betrags der 6300 Thlr. jura cessa mit der Befugniß ertheile, aus dem unterpfandlich eingesetzten Hypothekendokument seine Befriedigung zu suchen. Am Schluß der Verhandlung ist noch vermerkt, daß Klägerin dieses Dokument übergeben habe.

Bei der Verhandlung sind zwar — außer Schulz — nur die Klägerin und ihr Ehemann betheiligt gewesen, Bekl. hat jedoch die Erklärungen der Klägerin acceptirt und das Hypothekeninstrument an sich genommen, auch in der Klageeinlassung ausdrücklich angegeben, daß ihm gegenüber die Klägerin ausweislich des Protokolls v. 25. März 65 sich verbürgt habe.

In der bedingten Cession der Hypothek über 8000 Thlr. liegt eine Verpfändung. Dieselbe läßt sich aber als ein Vertrag über unbewegliche Sachen im Sinne des Art. 275 HGB nicht auffassen, da ihren Gegenstand die Forderung selbst bildet. Ueberdies muß, da die Pfandbestellung nur den Zweck hat, die Erfüllung der Pflichten aus der Bürgschaftsübernahme zu sichern, letztere als das Hauptgeschäft betrachtet und nach ihr der Vertrag charakterisirt werden. Nun ist zwar der II. Instanz in der Annahme beizutreten, daß daraus allein, daß der der Bürgschaft unterstellte Creditvertrag die Natur eines Handelsgeschäfts hat, für die Bürgschaft selbst die Qualität eines Handelsgeschäfts sich nicht herleiten läßt; die übrigen Gründe jedoch, aus denen diese Qualität vom Appellrichter verneint wird, sind hinfällig. Denn Art. 281 enthält über die Erfordernisse der Bürgschaft als Handelsgeschäft keine Bestimmung, sondern bezeichnet nur die Bürgschaft als einen der Fälle, in denen die Einrede der Theilung und Vorausklage unter gewissen (speziell angegebenen) Voraussetzungen ausgeschlossen ist. Mit Unrecht legt der Appellrichter darauf Gewicht, daß im HGB, abgesehen von den Art. 69 und 370, nur im Art. 281 von der Bürgschaft gehandelt werde. Aus dem Mangel besonderer Vorschriften über die rechtliche Natur des Bürgschaftsvertrags folgt nur, daß diese nach den allgemeinen [civilrechtlichen] Bestimmungen beurtheilt werden muß*. Es ist daher die Frage: ob die hier vorliegende Bürgschaft den Charakter eines Handelsgeschäfts an sich trägt, lediglich nach Art. 271 bis 274 zu beantworten. Die Ansicht des Appellrichters, daß Art. 274 sich nur auf zweiseitige Verträge beziehe, entbehrt jedes gesetzlichen Halts, und wenn der

* Dasselbe gilt beim Handelskauf und für dessen Unterscheidung von der Lieferung eines individuellen Werks, vgl. Plen. Erk. d. OHG v. 12. Mai 71, unten Nr. 37.

Appellrichter die Unentgeltlichkeit des in Rede stehenden Bürgschaftsvertrags hervorhebt, so übersieht er den Zusammenhang zwischen dem Creditvertrage und dem Bürgschaftsvertrage. Nach Lage der Sache ist anzunehmen, daß Bekl. auf den erstgedachten Vertrag nicht eingegangen sein würde, wenn sich nicht Klägerin zu der Verbürgung entschlossen hätte. Dem Bekl. gegenüber fällt letztere in den Bereich der Gegenleistungen für seine Creditgewährung. Es kann daher auf sich beruhen bleiben, ob es überhaupt von Erheblichkeit sein könnte, wenn die fragliche Bürgschaft als reiner Vortheil auf Seiten des Bekl. zu betrachten wäre. — Nach der Ansicht des Appellrichters endlich kann, da der Bekl. nur mit dem Hauptschuldner in handelsrechtlicher Verbindung gestanden, von einem Zweifel darüber: ob die Annahme der klägerischen Verbürgung seitens des Bekl. zum Betrieb seines Handelsgewerbes gehört habe oder nicht? kaum die Rede sein. Darauf ist jedoch zu erwidern, daß Art. 274, indem er in seinem ersten Absatz bestimmt:

> die von einem Kaufmann geschlossenen Verträge gelten im Zweifel als zum Betrieb des Handelsgewerbes gehörig,

vermöge der Beziehung dieser Bestimmung zu der im Art. 273 Absatz 1:

> alle einzelnen Geschäfte eines Kaufmanns, welche zum Betrieb seines Handelsgewerbes gehören, sind als Handelsgeschäfte anzusehen,

eine Vermuthung für die handelsgeschäftliche Qualität aller Verträge des Kaufmanns aufstellt, und daß in vorliegendem Falle diese Vermuthung nicht nur durch keine besonderen Thatumstände ausgeschlossen, sondern im Gegentheil gerade dadurch wesentlich bestärkt wird, daß dasjenige Geschäft, um dessen Qualifikation es sich handelt, nämlich der Bürgschaftsvertrag, die Grundlage des Creditvertrags, also eines Banquiergeschäfts bildet, das Bekl. in der Eigenschaft als Banquier abgeschlossen hat, und daß sonach, da dieses Geschäft recht eigentlich aus dem Gewerbebetrieb des Bekl. hervorgegangen ist, auch der Bürgschaftsvertrag, abgesondert von dem Betrieb des Handelsgewerbes, kaum gedacht werden kann.

Auf den sich hieraus ergebenden Charakter des Bürgschaftsvertrages, als eines Handelsgeschäfts auf Seiten des Bekl., konnte es nicht von Einfluß sein, wenn Bekl. — wie er behauptet — kein besonderes Conto für die Klägerin angelegt hat, und wenn die ihm auf Grund des Bürgschaftsvertrages geleisteten Zahlungen vom Ehemann der Klägerin bewirkt worden sind. Völlig unzutreffend erscheint auch seine Berufung auf die Art. 306 bis 310 HGB, da diese Vorschriften sich über die Frage: unter welchen Voraussetzungen eine Pfand- oder Bürgschaftsbestellung als Handelsgeschäft zu beurtheilen sei? in keiner Hinsicht verhalten. —

Anmerkung: In der oben S. 49 Grundsatz 1 angeführten sächsischen Handelssache Nr. 14 v. 70 wurde vom OHG, gegen die Ansicht der Vorinstanzen, anerkannt, daß ein Gläubiger, welcher die ihm für eine (zugleich wechselmäßig gedeckte) Geschäftsforderung zur Sicherheit bestellte, dem Betrage nach sein Guthaben übersteigende Hypothek veräußert hat, verpflichtet ist, dem Hypothekbesteller Rechnung zu legen. Dabei ward billigend erwogen, daß bei ihren Vereinbarungen „die Betheiligten — in Uebereinstimmung mit den Anschauungen, von welchen die jetzigen Verkehrsverhältnisse beherrscht werden — die hypothekarische Forderung wesentlich aus dem Gesichtspunkt eines cirkulationsfähigen Vermögensobjekts ins Auge gefaßt haben. Sie sollte dem Bekl. geeignete Befriedigungsmittel für die zugleich auf andere Weise gedeckte Darlehnsschuld in die Hände geben." Veräußerte nun Bekl., unter Benutzung der ihm vom Kläger eingeräumten Befugnisse, die Hypothekforderung, so führte er gemäß der diesem Veräußerungsakt von den Parteien gegebenen Bestimmung, nicht lediglich eigene, sondern zugleich des Klägers Geschäfte, woraus denn vom OHG weiter der Maaßstab seiner Sorgfalt und die Pflicht der Rechenschaft entnommen worden ist. —

Nr. 12.

Plenum. — Erkenntniß v. 17. Februar 71. (B.)

Baumann ⁄. Hirzel (Nr. 35 v. 71).

Königreich Sachsen. **Weitere Berufung.**

I. Instanz: Handelsgericht im Bezirksgericht Leipzig.

II. Instanz: Appellationsgericht Leipzig.

Vertretung ausländischer Handelsgesellschaften. Innere Rechtsakte der Gesellschaft.

1. Für die Vertretung einer ausländischen Handelsgesellschaft ist, neben den Vereinbarungen der Gesellschafter, das am Orte der Handelsniederlassung der betreffenden Gesellschaft geltende fremdländische Recht maaßgebend.

(Nach den Grundsätzen von der Territorialität der Rechte, vgl. Rspr. I. S. 231 Nr. 3, S. 233, 235.)

2. Die Grundsätze des HGB (Art. 114—118) über die Vertretung einer offenen Handelsgesellschaft nach Außen hin und die hier jedem von der Geschäftsführung nicht völlig ausgeschlossenen Gesellschafter (Dritten gegenüber) beigelegten Befugnisse kommen nicht zur Anwendung, sofern es sich um innere Rechtsakte unter den Mitgliedern der Gesellschaft handelt.

HGB Art. 90, 99—104.

Anschütz u. v. Völderndorff Komm. zum HGB II. S. 249.

Zwischen den in Sachsen wohnenden Parteien und zwei Russen ist zu Petersburg am 1. Okt. 66 ein Gesellschaftsvertrag geschlossen worden behufs Begründung eines gemeinschaftlichen Geschäfts zur Verwerthung des russischen Naphta. Man vereinigte sich, auf mindestens zehn Jahre, unter der Firma „Hirzel's Russische Naphta-Gas-Gesellschaft".

Kläger verlangt jetzt, als Vertreter der Petersburger Gesellschaft, von seinem in Leipzig lebenden Geschellschafter Rechnungslegung über 5000 Thlr., welche er dem Bekl. 1866 zu einer von ihm später abbestellten, jedenfalls nicht vollständig in Ausführung gekommenen, Maschinenbeschaffung gegeben hat.

Das Handelsgericht erachtete den Kläger, nach Art. 111 u. 114 HGB, zur Erhebung des Anspruchs befugt, auch die Klage selbst für schlüssig. In II. Instanz wurde Kläger aus sachlichen Gründen angebrachter Maaßen abgewiesen. Das OHG bestätigte diese Entscheidung, jedoch aus anderen Erwägungen.

Gründe:

Die Angriffe des Appellanten gegen das II. Urtel sind hinfällig. Mögen auch auf den angeblich in Leipzig zu erfüllenden Maschinenlieferungsvertrag die Grundsätze des in Leipzig geltenden Handels-, bzw. bürgerlichen Rechts anzuwenden sein, so kann doch, was die Befugniß des Klägers zur Vertretung der Gesellschaft anlangt, neben den Vereinbarungen der Gesellschafter nur das am Orte der Handelsniederlassung der betreffenden Gesellschaft geltende russische Recht für maaßgebend erachtet werden. Nicht minder erscheint der zur Begründung der Aktivlegitimation angezogene Gesichtspunkt unbeauftragter Geschäftsführung für diesen Zweck völlig unzureichend, zumal dem bloßen negotiorum gestor ein Recht auf Vertretung des Geschäftsherrn durch Klagen oder sonstige Akte keineswegs zusteht und die Wirksamkeit seiner Geschäftsführung Dritten gegenüber jedenfalls durch Genehmigung des Geschäftsherrn bedingt ist.

Andrerseits freilich vermag man der Ansicht des Appellrichters nicht zuzustimmen, daß nur für in das Handelsregister eingetragene, bzw. zur Eintragung in dasselbe bestimmte Handelsgesellschaften, somit überall nicht für solche Gesellschaften, welche im Auslande ihren Sitz haben, die Möglichkeit einer Vertretung der „Gesellschaft“ durch einen Gesellschafter angenommen werden könne, weil es für anderweitige Handelsgesellschaften gar kein zu vertretendes „Gesellschaftsvermögen“ gebe, daß somit für dergleichen auswärtige Handelsgesellschaften, in Ermangelung nachgewiesener abweichender Vorschriften des ausländischen Rechts, nur die Vorschriften des allgemeinen bürgerlichen Rechts maaßgebend seien, welches eine Vertretung der Gesellschaft als solcher durch einen Gesellschafter nicht kenne. Denn abgesehen von der nicht zweifellosen Frage, ob eine in Deutschland errichtete Handelsgesellschaft den Vorschriften des HGB Art. 85 ff. durch eine Uebereinkunft der Gesellschafter, daß die — nur bei Strafe vorgeschriebene — Eintragung in das Handelsregister unterbleiben solle, entzogen wird: so steht auch die durch Art. 114 u. 117 HGB sanctionirte präsumtive Befugniß jedes einzelnen Gesellschafters, die ganze „Gesellschaft", das heißt: eben die Gesammtheit der unter der Firma zur Gesellschaft verbundenen Gesellschafter als solche, überhaupt und vor Gericht insbesondere zu vertreten, mit dem neuen Institut des Handelsregisters und der gebotenen Registrirung der Gesellschafter in keinem nothwendigen, inneren oder geschichtlichen Zusammenhange. Vielmehr hat diese Befugniß, kraft weit verbreiteten Gewohnheitsrechts, auch über Deutschland hinaus und in Deutschland selber lange vor Einführung des HGB bestanden, und man brauchte zu deren Begründung weder die unhaltbare Fiction einer juristischen Persönlichkeit jeder Handelsgesellschaft, noch auch nur nothwendig die Existenz eines vom Privatvermögen der Gesellschafter rechtlich getrennten Gesellschaftsvermögens zu Hilfe zu nehmen. Zudem aber wird ein vom Privatvermögen der einzelnen Gesellschafter auch rechtlich unterschiedenes Gesellschaftsvermögen in mehr oder minder zahlreichen Folgesätzen durch Gesetzgebung und Gerichtsgebrauch auch solcher Länder anerkannt, für welche eine dem gegenwärtigen deutschen Handelsregister entsprechende Einrichtung nicht besteht.

Läge hiernach kein Grund vor, aus dem Bereich des, beim Zweifel über die einschlägigen Grundsätze des rus-

sischen Rechts, allerdings anwendbaren* inländischen Rechts,
kgl. sächs. bürgerl. GB § 172,
nicht sowohl die Normen des in Sachsen geltenden Handelsrechts, als vielmehr des dortigen allgemeinen bürgerlichen Rechts zur Anwendung zu bringen: so sind doch in erster Linie die Bestimmungen des Societätsvertrages, in zweiter die erkennbaren Bestimmungen des russischen Rechts maaßgebend.

Der . . . Societätsvertrag regelt hier die Geschäftsführung in folgender Weise (§ 5):

„Die Führung des Geschäfts wird Herrn Sch. übertragen, jedoch hat derselbe bei Abschlüssen von Geschäften ꝛc., die den Betrag von fünfhundert Silberrubeln übersteigen, fünftausend aber noch nicht erreichen, noch die Unterschrift eines der andern Gesellschaftsmitgliedern einzuholen. Kontrakte für Unternehmungen von fünftausend Silberrubeln und mehr sind sämmtlichen Gesellschaftsmitgliedern zur Genehmigung vorzulegen, es sei denn, daß das dritte abwesend oder durch schwere Krankheit verhindert ist."

Nach diesem Vertrage stand nicht dem Kläger, sondern dem (inzwischen verstorbenen) F. Sch., an dessen Stelle nach § 8 des Vertrages F. B. treten sollte, die Führung der Gesellschaftsgeschäfte zu, und bei Objekten über 5000 Silberrubel war die Genehmigung aller oder doch dreier Gesellschaftsmitglieder erforderlich. Ohne Zweifel muß nun, was hinsichtlich der „Abschlüsse" von Geschäften vereinbart war, nicht minder von Auflösung eines Geschäfts und von Klageanstellung gelten, zumal wenn es sich um die Ausführung oder Auflösung eines Kontrakts handelt, dessen Objekt die Summe von 5000 Silberrubeln weitaus über-

* Vgl. Goldschmidt, Handbuch des HR I. S. 172 u. unsere Rspr. I. Nr. 49 S. 279 ff. sowie unten Fall 39.

stieg, und ohne dessen Ausführung die Realisirung des ganzen gemeinschaftlichen Unternehmens, mindestens im Sinne des Societätsvertrags, unmöglich war, mithin um einen Akt, welcher nicht allein über den gewöhnlichen Betrieb des Handelsgewerbes weit hinausging, sondern dem Zwecke der unstreitig noch fortbestehenden Gesellschaft schlechthin zuwiderlief. Nach dem Vertrage war somit Kläger allein weder zur Abbestellung der von der Gesellschaft oder für dieselbe bei dem Bekl. bestellten Maschine noch auch zur Anstellung der gegenwärtigen Klage befugt. Würde nun gleich, falls die Vorschriften des HGB maaßgebend wären, eine solche Beschränkung der Geschäftsführung Dritten gegenüber nur insofern in Betracht kommen, falls dieselbe in Gestalt einer völligen Ausschließung von der Vertretungsbefugniß auftritt und zugleich dem Dritten bekannt war oder nach gesetzlicher Vorschrift bekannt sein mußte*;

HGB Art. 115—117:

so würde doch auch nach dem HGB dieser strenge Grundsatz in einem Falle, wie dem vorliegenden, keineswegs zur Anwendung kommen, wo es sich nicht um Rechtsakte und Klagen gegen einen Dritten, sondern gegen ein Mitglied der Handelsgesellschaft, somit um einen wesentlich inneren Rechtsakt handelt, auf welchen die absolute Vertretungsbefugniß jedes nicht völlig von der Geschäftsführung ausgeschlossenen Gesellschafters für die ganze Gesellschaft sich keineswegs erstreckt, noch angemessener Weise erstrecken kann;

HGB Art. 90, 99—104, vgl. mit Art. 114—118.

Das russische Handelsgesetzbuch aber —

vgl. Fr. v. Schultz, das Handelsgesetzbuch des russischen Reichs, (Riga und Leipzig) 1851 —

stellt zunächst den vorstehenden strengen Grundsatz des deut-

* Vgl. den Rechtsfall Nr. 1 dieses Bandes, oben S. 1 ff.

schen HGB (welcher, wie dem früheren deutschen, so auch dem außerdeutschen Rechte fremd ist) an keiner Stelle auf, erklärt vielmehr im § 649 alle Vereinbarungen unter den Kontrahenten für maaßgebend, ohne zwischen den inneren und den äußeren Beziehungen der Gesellschafter zu unterscheiden.

Inwiefern hieran die — nach Behauptung des Klägers der deutschrechtlichen Eintragung in das Handelsregister gleichstehende — Protokollirung des Gesellschaftsvertrags bei einem Petersburger Börsennotar etwas hat ändern können, ist um so weniger zu ersehen, als einmal die dem Gesellschaftsvertrage angehängte protokollarische Notiz des Notars über die Geschäftsführungsbefugnisse der Gesellschafter nichts enthält, anderentheils klägerischer Seits nirgend behauptet worden ist, daß bei der durch das russische Handelsgesetzbuch (Art. 658, 659, 662) angeordneten Einreichung eines Vertragsauszugs bei dem Magistrat — welcher Auszug insbesondere Siegel und Unterschrift derjenigen Compagnons enthalten soll, die zur Führung der Gesellschaftsgeschäfte ermächtigt sind — Kläger ohne jede Beschränkung oder auch nur überhaupt als geschäftsführender Gesellschafter aufgeführt worden sei. . .

Nr. 13.

Plenum. — Erkenntniß v. 17. Februar 71. (Ref.)

Allgem. Versicherungsgesellschaft zu Rostock ·/. G. A. Reimers & Sohn, für die Assekuranz Union v. 1865 zu Hamburg (Nr. 69 v. 71).

Hamburg. **Seerechtsfall.** **Ober-Appellation.**

I. Instanz: Handelsgericht Hamburg,
II. Instanz: Obergericht daselbst.

Seeversicherung, Anzeigepflicht des Versicherungsnehmers bei Kenntniß des Versicherers. Zeitungsnachrichten.

Bei Eingehung einer Seeversicherung gelten Zeitungsnachrichten, auch wenn der Versicherer sie früher gelesen haben mag, nicht ohne Weiteres als dem Versicherer jetzt bekannt; sie überheben daher bezüglich des dort Mitge-

theilten den Versicherungsnehmer einer etwaigen Anzeigepflicht nicht.

HGB Art. 810, 812.

Allgemeine norddeutsche Seeversicherungsbedingungen von 67 § 29, 31, 58.

So entschieden vom OHG in einer Hamburger Handelssache aus folgenden

Gründen:

Klägerin hat am 14. Juni 70 bei den Bekl. eine — demnächst zu Stande gekommene — Rück-Versicherung auf die am 18. Mai von Helvoet in See gegangene norddeutsche Brigg „Ostsee" für eine Reise von vorgenanntem Orte nach Archangel und von dort nach einem großbritannischen Hafen in Antrag gebracht, ohne von dem, ihrem Geschäftsvorstande bekannt gewesenen, Umstande Anzeige zu machen, daß etwa 12 Tage vorher unter den Schiffsnachrichten der Hamburgischen Börsenhallenzeitung ein Schifferbericht mitgetheilt gewesen war, zufolge welches am 29. Mai eine norddeutsche Brigg auf einer Stelle, welche die „Ostsee" damals recht wohl erreicht haben konnte, im schweren Sturm untergehend, von einem jene Gegend passirenden Dampfschiff aus gesehen worden, und zwar eine Brigg, an deren Namensbrett man die Anfangsbuchstaben „Ost" wahrgenommen habe, während die folgenden Buchstaben mit Sicherheit nicht hätten erkannt werden können. Jene Nicht-Angabe haben die Bekl. — welche, nachdem die Ostsee später als verloren (verschollen) sich ausgewiesen hatte, von der Klägerin auf Bezahlung der versicherten Summe in Anspruch genommen worden — zur Grundlage der Einrede verletzter Anzeigepflicht (§§ 29 und 58 der Allgemeinen See-Versicherungsbedingungen von 67) gemacht. Obwohl nun Klägerin auszuführen sich bemüht hat, daß kein Grund dazu bestanden habe, aus jenem Schifferbericht eine Besorgniß in Betreff des Schiffes Ostsee abzuleiten, — ein Versuch, mit welchem sie durch konforme Entscheidungen der früheren Richter rechtskräftig zurückgewiesen ist — hat sie sich gleichwohl veranlaßt gesehen, der Einrede verletzter Anzeigepflicht dadurch zu begegnen, daß sie, wie es im Handelsgerichts-Protokoll heißt,

„geltend machte und positiv behauptete, die Bekl. hätten auch ihrerseits die fragl. Nachrichten gelesen und somit auch ihrerseits Kenntniß derselben gehabt",

woraus dann (§. 31 der Allgemeinen Bedingungen) folge, daß die Bekl. die Verbindlichkeit der Versicherung aus dem angegebenen Grunde nicht anfechten könnten.

Der I. Richter hat diesem Vorbringen keine Folge gegeben, von der schon in früheren Fällen zu Grunde gelegten Ansicht ausgehend, daß Angaben der Schifffahrtsberichte, welche dem Versicherer zur Kunde gekommen seien, bevor derselbe in Folge einer übernommenen Versicherung ein Interesse an dem bezüglichen Schiff hatte, nicht als Nachrichten betrachtet werden könnten, die dem Versicherer bekannt seien, und deren Mittheilung daher der Versicherte unterlassen dürfe.

Auf hiergegen gerichtete Appellation der Klägerin hat das Obergericht dieselbe zu dem Beweise zugelassen,

daß den Bekl. beim Abschluß der Versicherung die in Rede stehenden Schifferberichte bekannt gewesen seien.

Die Bekl. beantragen Beseitigung dieses Beweises, und zwar mit Recht.

In der Annahme der Unerheblichkeit der bloßen Lesung der Schiffsberichte stimmt das Obergericht mit dem I. Richter überein, wie denn darauf schon der Schlußsatz des § 31 der Allgemeinen Bedingungen hinführt, dahin lautend:

„die bloße Thatsache, daß eine Nachricht in den Schifffahrtsberichten der Zeitungen mitgetheilt worden, genügt nicht, um Kenntniß des Versicherers von derselben oder Notorietät anzunehmen."

Hiernach kann in Fällen, wie der vorliegende, der alleinigen Anführung des Versicherten, daß der Versicherer den in Rede stehenden Schifffahrtsbericht gelesen habe, keine Bedeutung beigelegt werden, und wenn die in Verbindung mit solcher Anführung etwa vorgebrachte allgemeine Behauptung, dem Versicherer sei der Inhalt des Berichts bekannt gewesen, den Umständen nach nur auf die Thatsache der Lesung zurückzuführen, auch nicht etwa in sonstiger Weise substanzirt ist, so darf auch der vorgedachten Behauptung keine weitere Folge gegeben werden.

In gegenwärtiger Sache hat nun die Klägerin in I. Instanz die Kenntniß der Bekl. ausdrücklich nur aus der Lesung der Schifffahrtsberichte abgeleitet, und in II. Instanz freilich in vorgedachter Weise die allgemeine Behauptung der Bekanntschaft der Bekl. mit jenen Berichten vorgebracht, allein ohne irgend eine Andeutung davon zu geben, daß jene Bekanntschaft auf einem anderen Grunde, als auf der irrelevanten Lesung beruhe oder auch nur, den Umständen nach, hier habe beruhen können. In der so eben besprochenen allgemeinen Behauptung ist also nicht, wie vom Obergericht geschehen, eine weitere pertinente Ausführung eines schon in I. Instanz geltend gemachten Replikenmoments zu erblicken, sondern in ihr liegt nur ein Verbleiben bei dem unerheblichen Vorbringen I. Instanz . . .

Nach Vorstehendem liegt nichts vor, was zu einer Beweis-Nachlassung an die Klägerin Veranlassung geben kann.

Nr. 14.
Plenum. — Erkenntniß v. 24. Februar 71. (B.)

Frhr. v. Watzdorf ·/. Reudnitz (Nr. 64 v. 71).

Königreich Sachsen. Wechselseparatum. Weitere Berufung.

I. Instanz: Handelsgericht im Bezirksgericht Dresden,
II. Instanz: Appellationsgericht Dresden.

Giro auf präjudizirtem Wechsel, Klage des Indossatars gegen den Acceptanten.

Der Indossatar, welcher den fälligen Wechsel durch ein nach Ablauf der Protestfrist ihm gegebenes Giro erworben, hat ein selbständiges, von der Person des Indossanten unabhängiges Klagerecht auch dem Acceptanten gegenüber.

DWO Art. 10, 16 Abs. 1.
Sic: Brauer, ADWO S. 55.
Hartmann, DWR § 105 Nr. 2, S. 293 ff. u. im Centralorgan III. S. 482;
Dr. Oskar Wächter WR des nordd. Bundes S. 339.

Der im Wechselprozeß verurtheilte Acceptant beschreitet (durch seinen Zustandsvormund) das Wechselseparatum, indem er nach königl. sächs. PO. eine „Widerklage" erhebt. Aus dem Umstand, daß das dem früheren Wechselkläger ertheilte Giro erst nach Verfall ausgestellt worden, glaubt Widerkläger ableiten zu dürfen,

„daß der Widerbekl. gehalten sei, diejenige Rechtslage als ihn bindend anzuerkennen, welche bei Verfall des Wechsels zwischen dessen damaligem Inhaber (dem Indossanten des Widerbekl.) und dem Acceptanten bestanden habe."

Der Wechsel ist Mangels Zahlung nicht gemäß Art. 41 DWO protestirt worden, also präjudizirt.

Ueber die angedeutete Rechtsfrage sprechen in dem bestätigenden Erk. des OHGs. folgende

Gründe:

Sollte in der That, wie Widerkläger jetzt geltend macht, das die Sachlegitimation der Widerbekl. vermittelnde Wechsel-Indossament erst nach Verfall und nach Ablauf der geordneten Protestfrist ertheilt worden sein: so steht zunächst fest, daß die diesem Indossament beizulegenden Rechtswirkungen sich nicht nach der Vorschrift im zweiten, sondern nach dem ersten Absatz des Art. 16 DWO bestimmen. Hiernach aber hatte Widerbekl. (auch im Falle thatsächlicher Begründung des Klagevorbringens) selbstständige, von der Person seines Indossanten unabhängige, Rechte aus dem Indossament gegen den Acceptanten erlangt; er erscheint daher nicht verpflichtet, Einreden gegen sich gelten zu lassen, welche, wie die jetzt verfolgten eben so wenig aus dem Wechselrecht selbst hervorgehen, als sie unmittelbar gegen seine Person begründet sind. (Art. 82 DWO.) Die Richtigkeit dieses Satzes folgt an sich schon aus dem Inhalt des angezogenen ersten Absatzes v. Art. 16. Wenn daselbst dem Indossatar die Rechte aus dem etwa vorhandenen Accept ohne Beifügung irgend einer Beschränkung zugesprochen werden, so ist so viel klar, daß im Sinne der allgemeinen, die Rechtswirkungen des Indossaments normirenden Bestimmungen der DWO (vgl. die Art. 10 und 82) unter jenen Rechten nur wechselmäßig-selbständige, nicht aber solche Befugnisse verstanden werden können, welche lediglich auf der civilrechtlichen Basis der Cession beruhen. Könnte darüber auf Grund der nur gedachten Gesetzesvorschrift noch ein Zweifel obwalten, so müßte er schwinden bei Gegenüberstellung des zweiten Absatzes desselben Artikels. In selbigem ist, offenbar im Gegensatz zu der vorausgehenden Gesetzesdisposition, angeordnet, daß dem Indossatar eines vor dem Indossament protestirten Wechsels nur die Rechte seines Vormanns gegen den Acceptanten ꝛc. zukommen. Der Unterschied, welchen der Gesetzgeber hiernach zwischen dem Falle des Nachindossaments eines durch Protesterhebung salvirten Wechsels und dem Falle des weiter indossirten präjudizirten Wechsels statuirt, springt ohne Weiteres in die Augen. Ebenso unzweideutig ergeben sich die damit verknüpften Rechtsfolgen. Das Nachindossament ersterer Art gewährt nur die Befugnisse einer civilrechtlichen Cession, für das Indossament letzterer Art gilt diese Beschränkung wechselrechtlicher Wirksamkeit nicht. Die Anerkennung eines solchen Unterschieds lag auch entschieden in der Absicht der mit Abfassung der Wechselordnung betrauten Leipziger Konferenz. Der der Berathung zu Grunde gelegte preußische Entwurf wollte dem Nachindossament schlechthin nur die Wirkung einer Cession einräumen. Diese Auffassung fand jedoch, namentlich von kaufmännischer Seite, lebhaften Widerspruch. Man wies auf den im Wechselverkehr häufig vorkommenden Fall der Indossirung präjudizirter Papiere hin. Es wurde ausdrücklich geltend gemacht, daß das Bedürfniß des Verkehrs die Zulassung derartiger Nachindossamente mit voller Wirkung erfordere. Infolge dessen gelangte man zu dem Beschluß, daß zwar bei der Indossirung eines protestirten Wechsels nur die Rechte des Indossanten übergehen, verfallene und nicht protestirte Wechsel dagegen mit voller wechselmäßiger Wirkung indossirt werden können. (Prot., Hirschfeld'sche Ausgabe S. 25 ff.)

Richtig ist, daß man sich bei der Schlußabstimmung darüber nicht direkt ausgesprochen hat, ob durch das Indossament eines präjudizirten Wechsels auch eine selbständige Verpflichtung des Acceptanten begründet werde. Dessen bedurfte es aber zur Klarlegung der Intention des Gesetzgebers nicht. Offenbar ist im Mangel jeder Unterscheidung zwischen dem Recht gegen den Acceptanten und dem Regreßrecht gegen die Nachindossanten davon auszugehen, daß die Haftpflicht des Acceptanten ihrem Rechtsbestand nach keine andere sein könne und solle, als die der anderen Wechselverbundenen. Zu derselben Annahme nöthigt auch das im Art. 81 Satz 2 anerkannte Prinzip objektiver Gleichmäßigkeit der Verpflichtungen aller aus dem Wechsel verhafteten

Personen. Hiernach allenthalben kann es keinem Zweifel unterliegen, daß im Sinne des Art. 16 Abs. 1 das Indossament eines präjudizirten Wechsels dem Indossatar selbständige Rechte gegen den Acceptanten verleiht. Nur darauf mag noch hingewiesen werden, daß dieselbe Ansicht zeither schon ebenso von der deutschen Judikatur, als fast ausnahmslos von den Lehrern des Wechselrechts festgehalten worden ist.

[Vgl. oben u. Borchardt ADWO, 5. Aufl. Zusatz 227 S. 142 ff.]

Nr. 15.

Plenum. — Erkenntniß v. 2. März 71. (B.)

Schwabe ./. Herold (Nr. 82 v. 71).

Königreich Sachsen. **Weitere Berufung.**

I. Instanz: Handelsgericht im Bezirksgericht Chemnitz.
II. Instanz: Appellationsgericht Zwickau.

Platzgeschäfte beim Handelskauf, Beanstandung der Waare.

1. Art. 347 HGB findet nur auf Distanzgeschäfte Anwendung, nicht beim Platzhandel.

v. Hahn, Komm. B. II S. 223 ff. § 1 und 21 ff.
Makower, Komm. S. 257 n. 20a.

2. Bei Platzgeschäften regelt sich (abgesehen von besonderen Vereinbarungen) die Pflicht des Käufers zu prompter Untersuchung der Waare, bzw. Erklärung über deren Nichtempfangbarkeit nach dem, was ortsüblich oder durch das bürgerliche Recht vorgeschrieben ist.

HGB Art. 1.

Kläger hat in Chemnitz vom Bekl. eine kalorische Maschine, welche eine gewisse Leistungsfähigkeit haben sollte, gekauft. Die Maschine wurde nach des Klägers Wohnort, Grüna, geschafft und dort von Leuten des Bekl. aufgestellt. Nach einigen Wochen zeigte sich ein Mangel der Leistungsfähigkeit, und der Käufer erhob nun eine Wandelklage, welcher aus HGB Art. 347 die Einrede verspäteter Rüge des fraglichen Fehlers entgegengesetzt ward.

Diese Einrede ist vom I. Richter für durchgreifend erachtet, in II. Instanz verworfen worden. Das OHG trat letzterer Entscheidung bei.

Gründe:

1) Von einer unmittelbaren Anwendung des Art. 347 HGB auf den vorliegenden Fall kann schon deshalb nicht die Rede sein, weil hier kein Distanzgeschäft, von welchem allein dieser Art. handelt, sondern ein Platzgeschäft geschlossen worden ist. Hierüber lassen die Akten keinen Zweifel. Kläger hat in der Klage behauptet und der Bekl. eingeräumt, daß die Parteien über die [demnächst zum Kläger geschaffte] individuelle Maschine unterhandelt haben, und der Kläger sie hierauf übernommen und erst einige Tage später bei sich hat aufstellen lassen.

2) Unbegründet ist es, wenn der Bekl., unter Billigung seitens der I. Instanz, die Vorschrift des Art. 347 gleichmäßig, wie auf Distanzgeschäfte, so auch auf Platzgeschäfte — wenigstens, wenn kein besonderer Grund zu einer Ausnahme vorhanden sein sollte — für anwendbar erklärt. Weder der Wortlaut des Art., welcher ausdrücklich nur von Distanzgeschäften redet, noch die Entstehungsgeschichte desselben unterstützen diese Aufstellung des Klägers. Bei den Verhandlungen der Handelsrechts-Kommission ist die Frage, ob nicht der Artikel durch Weglassung der Worte „ist die Waare von einem andern Orte übersendet" verallgemeinert werden solle, verneint, und ist also von einer auf Platzgeschäfte zu richtenden Gesetzbestimmung absichtlich abgesehen worden (Prot. S. 657), so daß auch keine Veranlassung zu analoger Anwendung des Art. 347 auf Platzgeschäfte besteht.

3) Vielmehr hängt die Frage, ob und inwieweit die nicht-sofortige Untersuchung der auf Grund von Platzgeschäften an Käufer überlieferten Gegenstände, bzw. das Verschieben der Mittheilung über wahrgenommene Mängel

auf spätere Zeit dem Käufer präjudizirlich seien, falls nicht etwa besondere Umstände des konkreten Falles auf ein bestimmtes Ergebniß hinführen, von der ortsüblichen Behandlung des in Rede stehenden Punkts oder von den bezüglichen Vorschriften des im Uebrigen giltigen bürgerlichen Rechts ab. [HGB Art. 1.]

In vorliegendem Falle enthält das unter den Parteien geschlossene Geschäft nichts, das etwa die Ausführungen des Bekl. in Betreff des besprochenen Punkts rechtfertigte. Im Gegentheil, eine Maschine, wie diejenige, welche der Kläger vom Bekl. gekauft und geliefert erhalten hat, kann erst nach deren fortgesetzter Benutzung und Beobachtung in ihrer Beschaffenheit und Leistungsfähigkeit ausreichend beurtheilt werden. — Eben so wenig hat der Bekl. eine ihm zur Seite stehende usuelle Behandlung des fragl. Punkts zu behaupten vermocht, und auch das geltende Landesrecht bietet seiner Auffassung keine Stütze. Dieses — das bürgerl. GB für das Königreich Sachsen — kennt die sofortige Untersuchungs- und Monitur-Pflicht des Käufers überhaupt nicht. Der bezügliche Theil desselben (der „von der Gewähr der Fehler" handelnde Abschnitt, §§ 899 bis 923 räumt dem Käufer ohne Restriktion eine vom Tage der Uebergabe an zu berechnende sechsmonatige Frist* zur Geltendmachung jener Gewähr-Ansprüche ein.

Nr. 16.

Plenum. — Erkenntniß v. 2. März 71. (B.)

J. A. Pfaff's Konkurskurator ./. Hopf und Merkel (Nr. 91 v. 71).

Königreich Sachsen. **Weitere Berufung.**

I. Instanz: Gerichtsamt Reichenbach,
II. Instanz: Appellationsgericht Zwickau.

* Ebenso das ALR I. 5 § 343 bei beweglichen Sachen, abgesehen vom Viehkauf. Der Code civil Art. 1648 gestattet nur un bref délai, suivant la nature des vices redhibitoires et l'usage du lieu où la vente a été faite.

Kaufmännisches Zurückbehaltungsrecht. Ausübung der Retention beim Konkurse des Schuldners.

1. Das kaufmännische Zurückbehaltungsrecht — wie solches vom HGB als ein eigenthümliches Rechtsinstitut neu hingestellt worden — gewährt im Wesentlichen ein generelles gesetzliches Pfandrecht, welches nach Handelsrecht zu beurtheilen und insoweit von dem territorialen Pfandrecht wesentlich zu unterscheiden ist.

HGB Art. 313—315.

2. Dieses kaufmännische Zurückbehaltungsrecht besteht auch gegenüber der Konkursmasse des Schuldners dergestalt, daß der Retentionsberechtigte bei seinem persönlichen Richter, ohne Rücksicht auf das Konkursverfahren, den Verkauf der betr. Gegenstände zu seiner Befriedigung klagend fordern darf.

HGB Art. 314, 315.

3. Wenn unter Kaufleuten für eine Handelsschuld Deckung in Waaren gegeben, also ein Faustpfand an Handelsgütern durch Vereinbarung bestellt wird: so ist als das Mindeste, was hierdurch dem Gläubiger nach dem Willen der Kontrahenten hat gewährt werden sollen, der gesetzliche Inhalt des kaufmännischen Zurückbehaltungsrechts vorauszusetzen. Deshalb ist auch ein solches unter Kaufleuten vereinbarte Pfand beim Konkurse des Schuldners mit voller Wirkung geltend zu machen und nicht (falls das Landesrecht dies im Allgemeinen von Faustpfändern fordert) zur Konkursmasse abzuliefern.

HGB Art. 1, 278.

Diese wichtigen, in der Praxis bisher nicht selten verkannten Sätze hat das OHG in einer sächsischen Konkurssache angenommen aus folgenden

Gründen:

Zu den dem Handelsverkehr nothwendigen Deckungen gehört das Pfandrecht und das Retentionsrecht. In Ansehung des Pfandrechts sind die territorialen Verschiedenheiten durch das HGB direkt nur wenig berührt. Dasselbe hat sich — abgesehen von der Anerkennung oder Einführung mehrerer gesetzlicher Pfandrechte — in Ansehung des konventionellen Faustpfands im Wesentlichen begnügt, dessen Bestellung und dessen Realisirung zu vereinfachen, bzw. zu erleichtern.

HGB Art. 309—312 (vgl. 306);
vgl. Goldschmidt, Handbuch I. 2 S. 874, 878, 890 ff.

Anders in Ansehung des Retentionsrechts. Dasselbe hat im HGB seine gemeinrechtliche Natur verändert und ist zu einem eigenthümlichen Rechtsinstitut umgewandelt. Bei der Berathung des HGB wurde es öfter als ein besonderes, kaufmännisches gesetzliches **Pfandrecht** bezeichnet. Der Art. 262 des Entwurfs erster Lesung nahm diese Bezeichnung auf. Man ließ diese Qualifizirung später fallen, weil man die aus der territorialen Verschiedenheit der Pfandrechtswirkungen entspringende Rechtsungleichheit nicht übernehmen, sondern überwinden wollte.

Protokolle S. 467, 454, 458, 461, 462, 1348, 1349, 1355, 1357, 1421,
vgl. v. Hahn Komm. II. S. 124, 125;
Goldschmidt a. a. O. S. 1029 (vgl. 1016, 981);
Busch, Archiv III. S. 251 ff., 266 (Wolff).

In dritter Lesung hielt man deshalb den Ausdruck „Zurückbehaltungsrecht (Retentionsrecht)" fest. Aber im Wesentlichen gewährt dasselbe gesetzliches Pfandrecht, — in einzelnen Wirkungen abgeschwächt nach Art eines gemeinen Retentionsrechts, in anderen ähnlich einem Kompensationsrecht ausgerüstet.

vgl. Goldschmidt a. a. O. 1032, 1048, 1057;
Busch a. a. O. 267; v. Hahn a. a. O. S. 123;
Goldschmidt, Ztschr. IX. 226 ff., 425 ff. (Laband).

Soweit ihm der Charakter eines eigenthümlichen Pfandrechts zukommt, derogirt es als neue handelsrechtliche Schöpfung dem abweichenden territorialen Pfandrecht.

Goldschmidt, Handbuch S. 874, 876.

Gewährt letzteres dem Retentions- oder Pfandgläubiger minderen Schutz, so erweist sich das Retentionsrecht des HGB als das stärkere Handelspfand.

Nach königl. sächsischem Recht muß der Pfandinhaber nach ausgebrochenem Konkurse des Pfandschuldners das Pfand zur Konkursmasse abliefern und dort seine Befriedigung aus dem Pfanderlöse abwarten.

Erl. Proz.Ordn. ad tit. 41 § 1 und Rescript v. 26. Juli 1764; vgl. Haubold, Lehrbuch des sächs. Privatrechts, 3. Ausgabe S. 207.

Nach dem HGB (Art. 314, 315) besteht das kaufmännische Retentionsrecht auch gegenüber dem Konkurse über das Vermögen des Schuldners dergestalt, daß der Retentionsberechtigte bei seinem persönlichen Richter ohne Rücksicht auf den Konkurs den Verkauf der Retentionsobjekte zu seiner Befriedigung klagend fordern kann.

Steht also der Bekl. das kaufmännische Retentionsrecht zu, so ist die Klage unbegründet. Denn sie begehrt Einziehung des Retentionsobjekts zur Konkursmasse, Realisirung desselben für deren Rechnung und will der Bekl. nur Vorbehalt etwaiger pfandrechtlicher Befriedigung aus dem Erlöse gestatten.

Mit Recht hält der Appellrichter dafür, daß das Retentionsrecht des HGB der Bekl. zustehe.

Bedingung desselben ist (nach Art. 313):

1) die Forderung, welche gedeckt werden soll, muß aus beiderseitigen Handelsgeschäften zwischen zwei Kaufleuten originiren. Die Bekl. und der Kridar sind Kaufleute und die zu deckende Forderung ist aus Wechselaccepten entstanden, welche der Kridar im beiderseitigen Handelsverkehr der Bekl. gegeben hat.

2) Das Retentionsobjekt muß auf Grund von Handelsgeschäften mit dem Willen des Schuldners in den Besitz des Retinirenden gelangt sein. Die Waaren, um welche es sich handelt, hat der Kridar für seine eben erwähnte Wechselschuld der Bekl. als Pfand zugestellt. Daß solche Pfandbestellung im Sinne des HGB Handelsgeschäft ist, kann kaum zweifelhaft sein, zumal Handelsobjekte verpfändet sind.

Goldschmidt a. a. O. S. 498 I, 1; S. 877 I, 2; v. Hahn a. a. O., B. II S. 129 § 11; HGB Art. 273.

3) Der Ausübung des Retentionsrechts darf nicht eine Vorschrift des Schuldners und eine Verpflichtung des Gläubigers, in einer die Retention ausschließenden Weise mit dem Objekt zu verfahren, entgegenstehen. Ob solche Vorschriften ertheilt worden, kann in casu dahingestellt bleiben, weil nach Zustellung der verpfändeten Waaren über das Vermögen des Kridars Konkurs eröffnet ist.

HGB Art. 314, letzter Absatz.

Es kann deshalb in dieser Richtung ununtersucht bleiben, ob die Bestellung der Waaren als Faustpfand implicite die Vorschrift enthält, die Waaren zurückzugeben, wenn das Pfand als solches aufhörte die Zurückhaltung zu rechtfertigen.

Aber in anderer Beziehung bedarf diese Frage der Erörterung.

Es ist behauptet worden, die Bestellung eines Faustpfands verleihe an dem Pfande nicht zugleich kaufmännisches Retentionsrecht; werde der Gläubiger durch konventionelles Pfand gesichert, so könne er damit nicht zugleich die Sicherung durch besonderes gesetzliches Pfand, d. h. Retentionsrecht erwerben; die gesetzliche Sicherung trete nur ein, wo die vertragsmäßige fehle; gewährten zwar

Pfand- wie Retentionsrecht Zurückbehaltung, so seien beide doch verschieden, mithin nicht gegen vertragsmäßigen Willen zu identifiziren.

vgl. Erk. d. OAppGer. Dresden vom 24. Juni 69, Ztschr. für Rechtspflege 2c. B. 33 S. 413.

Das Letztere ist einzuräumen, vorausgesetzt, daß die Vereinbarung klar und ausdrücklich ist.

HGB Art. 316.

Aber von vereinbarter Ausnahme abgesehen, ist die Aufstellung irrthümlich.

Wenn ein Kaufmann einem anderen Kaufmann wegen einer Handelsschuld in Waaren „Deckung" giebt, so kann nicht angenommen werden, daß er ihm in Ansehung der Befugniß zur Zurückhaltung geringere Sicherheit habe gewähren wollen, als auch ohne ausdrückliche Einräumung das eigenthümlich-kaufmännische gesetzliche, Retentionsrecht genannte, Pfandrecht verleihen würde. Diese besonderen gesetzlichen Retentionsbefugnisse müssen vielmehr bei derartiger Bestellung eines Faustpfands als das Mindeste vorausgesetzt werden, was nach dem Willen der Kontrahenten hat gewährt werden sollen. Es ist deshalb unannehmbar, daß ein solches unter Kaufleuten vereinbarte Pfand ungleich dem gesetzlichen, Retentionsrecht genannten, nach der Absicht der Paciscenten dann seine sichernde Wirksamkeit einbüßen sollte, wenn der Gläubiger derselben am meisten benöthigt ist, nämlich im Konkurse des Schuldners und gegenüber seinen anderen Kreditoren, falls nach territorialem Recht das gewöhnliche Pfand zur Konkursmasse abzuliefern wäre. Hat ein Kaufmann auf eine zur Begründung des Retentionsrechts geeignete Weise den Besitz von Waaren seines Schuldners erlangt, kündigt er Letzterem an, daß er diese Waaren retiniren werde, und kommen nun Beide überein, daß der Gläubiger die Deckung behalten solle: so verwandelt sich um dieser Einigung willen die kaufmännische Retention, auch wenn sie bei den Unterhandlungen Pfand genannt wird, nach dem Willen Beider sicherlich nicht in ein schwächeres Recht, als die kaufmännische Retention ohnehin gewährte. Es ist aber in dieser Beziehung rechtlich gleich, ob die Vereinbarung über pfandweise Deckung dem Besitz der Waaren folgt oder vorangeht.

Der Einwurf, daß das HGB das Retentionsrecht nur demjenigen Gläubiger gewähre, der nicht anderweit gesichert sei, ist an sich richtig; Art. 315. Aber er trifft in vorliegendem Falle nicht zu. Denn es handelt sich um Retention nicht eines anderen, sondern desselben Objekts, das zur Deckung gegeben wurde.

Ist hiernach die Bekl. zur Ausübung des durch das HGB begründeten Retentionsrechts an der verpfändeten Waare befugt: so muß — abweichend von der Auffassung des Appellrichters — dafür gehalten werden, daß sie dasselbe auch in Anspruch genommen hat...

Deutlich hat also die Bekl. auch auf das HGB, als den Grund ihres Anspruchs, hingewiesen. Selbst aber, wenn sie dies nicht gethan hätte, wäre der Richter, wie im Appellurtel zutreffend ausgeführt worden, nicht behindert, das thatsächlich vermöge des Gesetzes in Anspruch genommene Retentionsrecht auf den wahren gesetzlichen Grund zurückzuführen. [Vgl. Rspr. B. I S. 317].

Daß die Bekl. die Absicht, das Retentionsrecht auszuüben, zu spät angekündigt hätte (Art. 315, erster Satz), ist nicht eingewendet, würde auch nicht mit Grund excipirt werden können, da die Bekl. auf die erste Abforderung abseiten des Konkursgerichts, wie in diesem Prozeß die Verabfolgung der Pfandstücke verweigert hat;

vgl. Goldschmidt a. a. O. S. 1055 und
Ztschr. B. 9 S. 173.

...Es ist auch nicht ersichtlich, daß eine Versilberung

der Pfandwaaren in der durch Art. 315 vorgesehenen Weise und zu dem dort bestimmten Zweck von der Bekl. abgelehnt, für den Kläger also in dieser Richtung ein Grund zur Klage vorhanden wäre. Es kommt hinzu, daß das Pfandstück, soweit sein Werth die dadurch ursprünglich gesicherte Forderung übersteigt, auch zur Deckung anderer Forderungen retinirt werden kann (vgl. Goldschmidt, Handbuch I. 2 S. 980 n. 37, S. 981 ff.), daß die Bekl. die Existenz solcher anderweiten, zum Theil anerkannten Forderungen behauptet hat und in gegenwärtigem Prozeß der Streit hierüber, also auch über diesen Umfang des Retentionsrechts nicht entschieden werden kann.

Sonach war die Entscheidung des Appellrichters allenthalben zu bestätigen.

Nr. 17.

Plenum. — Erkenntniß v. 14. März 71. (B.)

H. Pontoppidan ./. S. Egholdt (Nr. . 71).

Hamburg. v. Oberappellation.

I. Instanz: Handelsgericht Hamburg.

II. Instanz: Obergericht daselbst.

Verkaufskommission; Anzeige des Kommissionärs, Billigung etwaiger Auftragswidrigkeit durch den Kommittenten.

1. Der eine (gewisse) Auftragsüberschreitung bei der Einkaufskommission vorsehende Art. 364 HGB leidet auf Verkaufskommissionen keine (analoge) Anwendung.

Vgl. Rspr. B. I S. 136, 323.

2. Wo im HGB das Präjudiz der Annahme oder Genehmigung in Bezug auf Anerbieten, bzw. Anfrage, Antrag oder Anzeige nicht vorgeschrieben worden ist, sind die bezüglichen Fälle auch in der Korrespondenz unter Kaufleuten mit Rücksicht auf die konkreten Umstände zu beurtheilen.

Kläger hatte einer Londoner Firma eine Ladung Hafer in Konsignation gegeben. In Folge eines Mißverstehens der erhaltenen Instruktion veräußerte der Kommissionär auftragswidrig. Der abgeschlossene Verkauf wurde dem Kläger mittelst Briefs v. 4. Juli, eingegangen am 6., gemeldet; Kläger antwortete erst am 12. Juli, ohne eine bestimmte Erklärung zu geben, und forderte nur „in Betracht der ertheilten Instruktionen" eine Erläuterung der getroffenen Disposition. Am 15. empfing er Verkaufsrechnung, am 17. ein Schreiben, durch welches der Kommissionär sein Verfahren zu rechtfertigen suchte. Mittelst Briefs v. 18. behielt Kläger sich „Anerkennung der Verkaufsrechnung" vor, und ließ am 22. Juli die Meldung folgen, daß er den Verkauf nicht anerkenne und die Sachlage so ansehe, als sei der Hafer noch unverkauft.

Ein in Hamburg wohnender Kaufmann wird nun, als Theilhaber des Londoner Hauses, auf Schadenersatz belangt, und hat präjudiziell eingewendet, daß Kläger durch Schweigen auf die erhaltene Verkaufsanzeige das Geschehene gutgeheißen habe. Diese Einrede ward in I. Instanz für durchgreifend erachtet — namentlich auch wegen der Möglichkeit, daß der Kommittent durch Verzögerung seiner Erklärung auf Kosten des Kommissionärs spekulire, — in II. u. III. aber verworfen.

Das OHG erwog dabei:

Der Bekl. beruft sich dafür, daß das Verhalten des Klägers — indem derselbe nicht sofort nach Empfang des Schreibens vom 4. Juli den Verkauf als für ihn unverbindlich zurückwies und selbst noch später eine Zeitlang mit einer bestimmten Erklärung zurückhielt — ihn des Rechts der Ablehnung verlustig gemacht habe, daß also jenes Verhalten in der Wirkung einer Genehmigung des Verkaufs gleichgekommen sei, auf Art. 364 Abs. 2 HGB. Dieser Artikel betrifft indessen die Einkaufs-Kommission und enthält in dem angezogenen Theile nur die Bestimmung, daß wenn der Einkaufs-Kommissionär ein ihm gesetztes Limito überschritten und dies dem Kommittenten gemeldet, eine

Genehmigung des Einkaufs seitens des Letzteren darin gefunden werden solle, wenn dieser nicht ohne Verzug dem Kommissionär zu erkennen gebe, daß er den Einkauf als für seine Rechnung geschehen nicht gelten lasse. — Daß diese Bestimmung auf den vorliegenden Fall, in welchem dem Bekl. ein Verkauf seiner Waare — immerhin ein Verkauf, welcher nach Maaßgabe der vorangegangenen Instruktionen nicht hätte abgeschlossen werden sollen — gemeldet worden ist, keine unmittelbare Anwendung finden könne, leuchtet ohne Weiteres ein. Allein sie bietet auch keinen Grund zu analoger Anwendung, da die bei ihr vorausgesetzten Umstände von den hier vorliegenden wesentlich verschieden sind. — Der Einkaufs-Kommissionär, welcher das ihm gesetzte Limito überschreitet, kann hiezu vernünftiger Weise nur durch die vermuthliche Annahme veranlaßt werden, daß er den Umständen nach durch die Bewilligung des höheren Preises dem Interesse des Kommittenten diene und folglich dessen nunmehriger Willensmeinung entspreche; und zwar geht er in der Fürsorge für das Interesse des Kommittenten so weit, daß er für den Fall, wenn jene Annahme sich nicht bewähren sollte, sich persönlich der Verbindlichkeit aussetzt, die Waare für eigene Rechnung übernehmen zu müssen. Unter solchen Voraussetzungen erscheint es als eine dringliche und nicht abzuweisende Forderung der Billigkeit, daß der Kommissionär in kürzester Frist darüber Gewißheit erhalte, ob er der im Interesse des Kommittenten übernommenen Verbindlichkeit enthoben werde oder nicht, um nicht in letzterem Falle durch Verzögerung der Erklärung des Kommittenten an der Vornahme der in eigenem Interesse angemessenen Dispositionen über die Waare verhindert zu werden. Ueberdies würde der Kommittent, wenn er mit seiner Erklärung nicht alsbald hervortreten müßte, in die Lage kommen, sogar auf Kosten des Kommissionärs spekuliren zu können.

Keine dieser Betrachtungen findet Anwendung auf den Fall, wenn der Verkaufs-Kommissionär unter Nichtberücksichtigung wesentlicher Bestimmungen des Verkaufsauftrags (etwa zu einem das Limito, falls ein solches gesetzt sein sollte, nicht erreichenden Preise oder unter Umständen, unter welchen er überhaupt nicht hätte verkaufen dürfen) einen Verkauf abgeschlossen und dessen Abschluß gemeldet hat. In solchem Falle ist eine Verschiedenheit der Lage des Kommissionärs, je nachdem der Kommittent den Verkauf genehmigt oder nicht genehmigt, nicht vorhanden. Mag das Eine oder das Andere eintreten, so ist er, wenn er die Waare dem Käufer nicht etwa schon geliefert hat, diesem zu deren Lieferung verbunden, und im Verhältniß zum Kommittenten liegt ihm, falls dieser die Genehmigung versagt, ohne Weiteres Schadenersatzpflicht ob. Bestand ein Limito und lag die Ungehörigkeit des Verfahrens des Kommissionärs nur in der Nichteinhaltung desselben, so bildet dieses — wenigstens der Regel nach — die Grenze der Schadenvergütung (Art. 363 HGB); bestand keines, oder hätte der Kommissionär überhaupt nicht verkaufen dürfen, so ist der Schade nach allgemeinen Grundsätzen, unter Berücksichtigung der maaßgebenden Umstände, festzustellen. Auch kann es dem Kommissionär keinen wesentlichen Nachtheil bringen, wenn der Kommittent sich veranlaßt sehen sollte, längere Zeit mit seiner genehmigenden oder den Verkauf als für ihn verbindlich zurückweisenden Erklärung zu verziehen; denn selbstverständlich ist der Kommittent nicht berechtigt, durch beliebige Wahl des Zeitpunkts der vorgedachten Erklärung das Evaluationsmaaß der Schadenaufstellung willkürlich zu bestimmen.

Daß es unrichtig sein würde, in der besprochenen Bestimmung des Art. 364 die mittelbare Sanktionirung einer Regel des Inhalts zu erblicken: in der Korrespondenz zwischen Kaufleuten habe die Unterlassung sofortiger Erklärung auf Anfrage, Anzeige oder Antrag allgemein als Annahme oder Genehmigung zu gelten, ist vom OHG bereits ausgesprochen worden:

Plen. Erk. i. S. Mieses ./. Bodek v. 29. Okt. 70, [Rspr. 1. S. 136, vgl. S. 321.]

Wo das Präjudiz der Annahme oder der Genehmigung nicht gesetzlich vorgeschrieben ist, sind die bezüglichen Fälle unter Berücksichtigung der konkreten Umstände zu beurtheilen.

Nr. 18.

Plenum. — Erkenntniß v. 24. März 71. (Ref.)

Rosenthal ./. Köhler (Nr. 151 v. 71).

Hessen. **Oberappellation.**

I. Instanz: Landgericht Hungen,

II. Instanz: Hofgericht Gießen.

Fixgeschäft. Bedingung, Beweislast.

1. Nicht jeder Handelskauf, bei welchem für die Lieferung der Waare eine bestimmte Zeit verabredet worden, ist als Fixgeschäft (im Sinne des Art. 357 HGB) anzusehen,

unsere Rspr. B. I S. 110, 397;

vielmehr haben im Art. 357 die Ausnahmefälle vorgesehen werden sollen, in welchen die bedungene Erfüllungszeit nach dem — entweder

a) ausdrücklich und unzweideutig (genau, präcis, fix oder durch Beifügung der kassatorischen Klausel) ausgesprochenen, oder

b) aus den Umständen sich zweifellos ergebenden —

Vertragswillen der Kontrahenten etwas so Wesentliches sein soll, daß mit dieser Zeit das Geschäft stehen und fallen, eine spätere Leistung nicht mehr als Vertragserfüllung angesehen werden soll.

HGB Art. 278, 357.
Makower Komm. S. 266, n. 41a.
Feste Praxis des HAppGer. Nürnberg (Grünewald, Repertorium zum ADHGB S. 388 Nr. 2).

2. Die Behauptung des Bekl., das streitige Geschäft sei unter einer nicht eingetroffenen Suspensivbedingung geschlossen, legt, als verneinende Einlassung, dem Gegner den Beweis des einfachen Geschäfts auf.

Sic: Plen. Erk. d. OHG v. 13. Januar 71 in der Hamburger Sache Benzihn ·/. Brückmann, Nr. 15 v. 71*.
Windscheid Pandekten B. I § 86 n. 4, S. 212.

3. Die Behauptung einer Resolutivbedingung (und ihres Eintritts) ist als Einrede einer (bedingten) Wiederaufhebung des unbedingt geschlossenen Geschäfts vom Behauptenden zu beweisen.

Aus einem Weizenlieferungs-Vertrage fordert Kläger, welcher ohne Zeitbestimmung gekauft haben will, Erfüllung nebst Schadenersatz wegen Verzugs. Bekl. behauptet, es sei verabredet worden, daß ihm Kläger an einem bestimmten Tage 50 Säcke zusenden und er dann diese Säcke, mit Weizen gefüllt, sofort zurückgeben solle. Kläger hat die Säcke erst 3 Wochen später gewährt und Bekl. nun, nachdem inzwischen die Preise erheblich gestiegen waren, die Lieferung verweigert.

Der Appellrichter legte dem Kläger den Beweis auf, daß ohne Zeitbestimmung kontrahirt worden, und behielt dem Bekl. hinsichtlich der eingewendeten Verpflichtung des Klägers, die Säcke am bezeichneten Tage herzugeben, den

* Aus den Gründen dieses Urtels: „Wie völlig feststeht, muß der Kläger, welcher eine vom Bekl. pure übernommene Verbindlichkeit behauptet, während der Bekl. diese Uebernahme leugnet, und nur unter einer, nicht eingetretenen, Bedingung dem Kläger Rechte eingeräumt zu haben zugiebt, den Beweis seines Klagegrundes — des pure zu Stande gekommenen Geschäfts — liefern. Der dem Bekl. unter solchen Umständen freizulassende Beweis des Abschlusses unter einer Bedingung ist direkter Gegenbeweis, nicht Beweis einer Einrede. . . Kläger glaubt freilich die Beantwortung der vorliegenden Frage dadurch zu einem anderen Ergebniß führen zu können, daß er die in Rede stehende Erklärung des Bekl. ein qualifizirtes Geständniß nennt; allein auf den für jene Erklärung gebrauchten Namen kommt, wie von selbst einleuchtet, nichts an."

Gegenbeweis vor. Falls letzteres festgestellt würde, hielt der II. Richter ein Fixgeschäft für vorliegend.

Das OHG erkannte reformirend, verwarf die Annahme eines Fixgeschäfts und machte die Entscheidung von dem — durch den Bekl. zu erbringenden — Beweise der Bedingung abhängig, an welche (nach dessen Anführungen) die Weizenlieferung geknüpft worden. Wenn nämlich Bekl. nur nach Empfang der Säcke zu liefern und Kläger diese zu bestimmter Zeit herzugeben hatte, so würde Kläger bei Lage der Sache Erfüllung nicht fordern dürfen; entgegengesetzten Falles aber stände dem Kläger, obschon er die Säcke erst nach mehreren Wochen geschickt*, immer noch der Anspruch auf Vertragserfüllung nebst Schadenersatz zu.

Diese Entscheidung ist ergangen

in Erwägung:

1) daß nicht jedes Geschäft, bei welchem eine bestimmte Erfüllungszeit verabredet worden, als Fixgeschäft (im Sinne des Art. 357) angesehen werden darf, vielmehr nicht nur die Worte des Art. 357: „ist bedungen, daß die Waare genau zu einer fest bestimmten Zeit oder binnen einer fest bestimmten Frist geliefert werden soll 2c.", sondern auch die der Emanation des HGB vorhergegangenen Verhandlungen ergeben, daß im Art. 357 diejenigen Ausnahme-Fälle haben vorgesehen werden sollen, in welchen die verabredete Erfüllungszeit nach der — entweder ausdrücklich und mit unzweideutigen Worten (genau, präcis, fix oder Beifügung der kassatorischen Klausel) ausgesprochenen oder sich aus den vorliegenden Umständen zweifellos ergebenden — Intention der Paciscenten etwas dergestalt Wesentliches sein soll, daß mit dieser Zeit der Vertrag stehen und fallen, eine spätere Leistung nicht mehr als Vertragserfüllung angesehen werden, nach

* Vgl. Rspr. I. S. 126, Nr. 2.

Ablauf der Zeit oder Frist auf Annahme späterer Lieferung nicht mehr gerechnet werden soll;

daß aber in vorliegendem Falle (abgesehen davon, ob die Stipulation, daß Kläger die Säcke am nächstfolgenden Montag zusenden solle, der Stipulation, daß die Waare, der Weizen nämlich, am nächsten Montag geliefert werden solle, gleichgestellt werden darf) die Intention der Paciscenten, ein Fixgeschäft im angegebenen Sinne zu schließen, weder aus der Qualität der Waare, aus der Stipulation der Lieferung von Frucht, deren Preise zu schwanken pflegen, noch aus der Abrede, daß die Frucht sofort nach Zusendung der Säcke geliefert werden solle, zu folgern ist, da selbstverständlich nicht alle Fruchtgeschäfte ohne Weiteres Fixgeschäfte sind, die Pflicht sofortiger Erfüllung auch bei allen nicht befristeten Obligationen vermöge des Gesetzes besteht, in vorliegendem Falle auch das Wort „sofort" nicht einmal in wörtlichem Sinne zu verstehen ist, da die Sendung der Säcke von Gießen nach Langsdorf, die Einfüllung der Frucht in dieselben und die mittelst der Eisenbahn zu bewirkende Sendung der mit Frucht gefüllten Säcke von Langsdorf nach Gießen immerhin einigen, der Dauer nach nicht mit Sicherheit im Voraus zu berechnenden Zeitaufwand erforderte;

daß da ein Fixgeschäft nicht vorliegt, Bekl. nicht wegen Verzugs des Klägers in der Uebersendung der Säcke von dem geschlossenen Vertrage abgehen durfte, daß der Fall des Art. 354 HGB („wenn der Käufer mit der Zahlung des Kaufgeldes im Verzuge und die Waare noch nicht übergeben ist") nicht vorliegt, der fragl. Verzug des Klägers vielmehr nur unter die Bestimmung des Art. 343 HGB. fallen würde; daß ferner wenn ein Verzug des Klägers im Sinne des Art. 354 vorläge, Bekl. nach Art. 356 dem Kläger nicht bloß seine Absicht, vom Vertrage abzugehen, hätte anzeigen, sondern, was nach des

Bekl. eigener Behauptung nicht geschehen ist, dem Kläger noch eine den Umständen angemessene Frist zur Nachholung des Versäumten hätte gewähren müssen ...

2) daß Bekl. sich nicht ausdrücklich darüber ausgesprochen hat, ob er eine Suspensiv- oder eine Resolutiv-Bedingung hat behaupten wollen, daß hiervon aber die Normirung der Beweislast abhängig ist, indem der klägerischen Behauptung, daß das Geschäft einfach und unbedingt abgeschlossen worden, gegenüber die Behauptung des Bekl., daß das Geschäft unter einer* Suspensiv-Bedingung abgeschlossen worden, als eine verneinende Einlassung aufzufassen, und dem Kläger der Beweis des einfachen Geschäfts aufzulegen, dem Bekl. nur der direkte Gegenbeweis vorzubehalten sein würde; während die Behauptung einer Resolutiv-Bedingung, die, in der Abrede der bedingten Wiederaufhebung des unbedingt abgeschlossenen Geschäfts, eine vom Bekl. zu beweisende Einrede enthalten würde;

3) daß eine Suspensiv-Bedingung der vorliegenden Art etwas im Handelsverkehr Ungewöhnliches enthalten würde, auch die Ausdrücke des Bekl. „er habe sein Lieferungs-Versprechen an die Bedingung geknüpft ꝛc." darauf hinführen, daß nicht etwa der Abschluß des Lieferungs-Vertrags bedingt sein, vielmehr die Erfüllung des unbedingten Vertrags cessiren sollte, wenn die Säcke vom Kläger nicht zur verabredeten Zeit geliefert würden, daß Bekl. jedenfalls durch deutlichere Ausdrücke den fragl. Zweifel hätte heben können und sich nicht beschweren kann, wenn seine, verschiedener Auffassung fähige, Behauptung in der angegebenen Art interpretirt wird.

* nicht eingetroffenen!

Nr. 19.

Plenum. — Erkenntniß v. 4. April 71. (B.)

Borchardt ./. Zinn (Nr. 98 v. 71).

Preußen. Wechselsache. Richtigkeitsbeschwerde.

I. Instanz: Stadtgericht Berlin,
II. Instanz: Kammergericht daselbst.

Wechselfähigkeit, Hebung des Mangels. Haussohn, väterliche Einwilligung.

1. Wenn dem Aussteller, Acceptanten ꝛc. die Wechselfähigkeit fehlt und dieser Mangel aus der Wechselurkunde erkennbar ist, so müssen zur Herstellung einer giltigen Wechselverpflichtung die den Mangel der Wechselfähigkeit hebenden Gründe auch aus dem Wechsel sich ergeben.

DWO Art. 1, 4, 7.

2. Wenn ein Haussohn einen an eigene Ordre gestellten Wechsel auf den Vater, ohne dessen Einwilligung er sich rechtlich nicht verpflichten kann, gezogen und der Vater diesen Wechsel acceptirt: so hat der Vater nicht nur den Wechselzug genehmigt, sondern zugleich den Sohn zu eigenmächtiger Begebung des Wechsels befähigt.

ALR II. 18 § 29 trifft in solchem Falle nicht zu.

Als Aussteller und Girant eines auf seinen Vater gezogenen, von Letzterem acceptirten Wechsels belangt, wendete Bekl. ein, daß er minderjährig und unter väterlicher Gewalt stehend. Demgemäß ward Kläger in II. Instanz abgewiesen. Auf seine NktBschw. hat das OHG das I., verurtheilende Erk. hergestellt.

Gründe:

Der Appellrichter verwirft die Behauptung des Imploranten, daß der Bekl. den Klagewechsel mit Genehmigung seines Vaters ausgestellt und girirt habe, zuvörderst aus dem Grunde: weil „diese Einwilligung bei einer Wechselverpflichtung, die ihr ganzes Fundament lediglich in dem Wechsel hat, aus dieser Urkunde selbst, bzw. aus deren Unterschrift hervorgehen müsse, weil die gesetzlichen Erfordernisse des Wechselvertrags aus dem

Wechsel selbst sich ergeben müssen"; und beruft sich dabei auf die Entscheidung des OTr. zu Berlin vom 6. Okt. 53 (Strieth. Arch. B. 10 S. 182 ff.)*.

Der Grund kann in dieser Allgemeinheit als richtig nicht anerkannt werden. Richtig mag es sein, daß die den Mangel der Wechselfähigkeit hebenden Gründe alsdann aus dem Wechsel selbst sich ergeben müssen, wenn der Mangel selbst in demselben hervortritt.

Es wird nirgend bezweifelt, daß der als Aussteller, Acceptant oder Indossant in Anspruch genommene Wechselschuldner den Einwand erheben darf (aber auch erweisen muß, wenn dies nicht schon aus dem Wechsel selbst hervorgeht), daß er zur Zeit seiner darauf gesetzten Namensschrift nicht wechselfähig gewesen sei, und schon hieraus läßt sich folgern, daß auch der Kläger in solchem Falle berechtigt sein muß, diesen Einwand aus Gründen, welche außerhalb des Wechsels liegen, zu widerlegen; z. B. wenn Bekl. durch Taufschein seine zur Zeit der Wechselunterschrift bestandene Minorennität und Kläger dagegen durch vormundschaftsgerichtliches Attest nachweist, daß der Bekl. zu jener Zeit bereits veniam aetatis erlangt habe. Anders hat das preuß. OTr. den Grundsatz auch nicht gemeint. In dem bei der allegirten Entscheidung vorliegenden Falle hatte eine in getrennten Gütern mit ihrem Ehemann lebende Ehefrau mit ihrem Ehemann zwei Wechsel ausgestellt, war also darin als Ehefrau aufgetreten und bedurfte hiernach der Einwilligung ihres Ehemanns, ohne welche sie Schulden nicht kontrahiren konnte; hier nahm das OTr. mit Recht an, daß diese Einwilligung aus dem Wechsel selbst hervorgehen müsse, weil die gesetzlichen Erfordernisse, also namentlich die Wechselfähigkeit der Ehefrau, deren Mangel in dem Wechsel zunächst hervortrat, ebenfalls aus dem Wechsel hervorgehen müssen.

* Vgl. Rspr. I. Fall Nr. 6, S. 49; auch S. 63.

Ja, es führt ferner das OTr. im Erk. v. 16. Okt. 66 (Entsch. B. 57 S. 336) — wo eine mit Generalvollmacht ihres Ehemanns zur Besorgung aller ihrer Angelegenheiten ohne seinen Beistand und Konsens versehene und aus ihrem Wechselaccept in Anspruch genommene Ehefrau eingewendet hatte, daß die Genehmigung ihres Ehemanns nicht auf dem Wechsel selbst vermerkt sei — aus, daß es dessen in solchem Falle nicht bedürfe, und das in der obigen Entscheidung aufgestellte Desiderat sich nur auf den dortigen konkreten Fall beziehe.

Im hier vorliegenden Falle hat sich nun der Bekl. in seinem Wechsel in keiner Weise als minorenner oder in väterlicher Gewalt stehender Sohn dokumentirt, und wenn er also auf Grund dessen den Einwand des Mangels der Wechselfähigkeit geltend machte: so war Kläger berechtigt, zu erweisen, daß derselbe mit Konsens seines Vaters gehandelt habe, und der Appellrichter, welcher diesen Beweis abschneidet, verletzt, wie Implorant mit Recht rügt, Art. 1 und 4 DWO durch unrichtige Anwendung. Der Appellrichter verwirft zwar ferner die rechtliche Wirksamkeit dieses Konsenses unter Berufung auf ALR Th. II Tit. 18 § 29, weil es sich bei der Ausstellung des Wechsels um einen Vertrag zwischen Vater und Sohn handelte, und es also der Zuziehung eines besonders bestellten Kurators bedurft haben würde. Allein auch dies erscheint nicht richtig und der § 29 a. a. O. verletzt; denn dort ist nur von Verträgen zwischen Vater und Sohn die Rede, durch welche der Sohn sich seinem Vater verpflichtet oder Rechte gegen ihn aufgiebt. Durch den auf seinen Vater gezogenen Wechsel und das Accept des Vaters erwarb der Bekl. aber nur ein Recht gegen den Vater und durch sein Giro übernahm er zwar eine Verpflichtung, aber nicht gegen den Vater, sondern gegen den Giratar.

Hiernach unterliegt das angefochtene Urtel der Vernichtung, und bei der damit eröffneten freien Beurtheilung* muß — abgesehen von der, wie auch der Appellrichter annimmt, . . . festgestellten mündlichen Genehmigung — sogar in der Wechselurkunde selbst die ausdrückliche Einwilligung des Vaters in den Wechselzug des Sohns, insbesondere auch in die Girirung des Wechsels deshalb gefunden werden, weil Ersterer den vom Bekl. an eigene Ordre auf ihn gezogenen Wechsel acceptirte und dadurch zugleich den Bekl. zu eigenmächtiger Disposition über den Wechsel autorisirte und in den Stand setzte. Es liegt sonach ein giltiger und giltig girirter Wechsel vor, aus dessen Giro der Bekl. wechselmäßig verpflichtet ist.

Der Bekl. hat zwar noch die Geschichte der Entstehung des Wechsels dahin darzulegen versucht, daß dem Vater dadurch die anderweite Beschaffung eines gekündigten Hypothekenkapitals ermöglicht, also Kredit verschafft werden sollte, indem seitens des Bekl. dem Vermittler wegen Courtage und eines sechsten Prozents Zinsen Sicherheit bestellt werden sollte. Auf diesen Hergang und den mit dem Wechsel beabsichtigten Zweck kann es indessen nicht ankommen, wenn der Bekl., wie gezeigt, sich wechselmäßig rechtsgiltig verpflichtet hat, da jener Zweck ganz außerhalb des Wechselgeschäfts liegt, und der Bekl. namentlich eine exceptio doli gegen den Kläger nicht daraus erhoben hat. Auch sind die betreffenden Thatsachen und die daraus gefolgerte Interzession nicht geeignet, die Verbindlichkeit des die Interzession realisirenden Giro von der Befolgung des § 29 Tit. 18 Th. II ALR abhängig zu machen. Denn die Girirung selbst hat einleuchtend für den Bekl. nur dem Indossatar gegenüber Verpflichtungen erzeugt. Hiernach war das I. Urtel zu bestätigen.

* Vgl. Rspr. I. S. 195 n.; 293, 311, 364.

Nr. 20.

Plenum. — Erkenntniß v. 4. April 71. (V.)

Köhler ·/. Brunner & Sohn (Nr. 125 v. 71).

Preußen. **Richtigkeitsbeschwerde.**

I. Instanz: Stadtgericht Berlin,

II. Instanz: Kammergericht daselbst.

Beitritt zum Geschäft eines Einzelkaufmanns, Haftung für dessen Schulden. Analoge Gesetzesanwendung.

1. Dem Art. 113 HGB darf nicht eine analoge Anwendung auf den Fall gegeben werden, daß Jemand dem Geschäft eines Einzelkaufmanns als Theilhaber beitritt.

Vgl. unsere Rspr. B. I S. 127, 284, 365.

2. Zu analoger Anwendung eines Gesetzes ist erforderlich, daß das betreffende Gesetz (wenngleich nicht nach dem Wortlaut) nach seinem unzweifelhaften Grunde auf den zu entscheidenden Fall paßt.

ALR Einleitung § 46.

Windscheid Pandekten I. § 22 am Ende, § 23.

So erkannt vom OHG, bei Vernichtung eines Appellurtels.

Gründe:

Der Appellrichter nimmt an,

daß nach Analogie des Art. 113 HGB der [implorirende Bekl.] für die in Handelsgeschäften eingegangenen Schulden des Kaufmanns Franz E., in dessen Kommissions- und Speditionsgeschäft er zunächst als Gesellschafter, dann als Alleininhaber eingetreten sei, aufkommen müsse.

Es ist aber in dem Erk. v. 21. Okt. 70 [Rspr. I. Nr. 26 S. 127] bereits ausgeführt, daß der Art. 113 HGB ein allgemeines Prinzip für die Singularsuccession in ein Handelsgeschäft nicht zum Ausdruck bringt, daß vielmehr dieser Art. in wesentlicher Beziehung zu einer Reihe anderer Bestimmungen des HGB steht, welche dem Vermögen einer offenen Handelsgesellschaft eine gewisse rechtliche Selbständigkeit und Abgeschlossenheit gegenüber dem Vermögen der einzelnen Theilhaber zuerkennen, wodurch Eigenthümlichkeiten der Societät geschaffen werden, welche dem Einzelgeschäft fehlen; Art. 111, 119 bis 122, 126 bis 128, 131, 132. Diese Auffassung findet in der Entstehungsgeschichte des Art. 113 volle Bestätigung, da inhalts der Nürnberger Kommissions-Verhandlungen sämmtliche Kommissions-Mitglieder darin einig waren, daß der fragl. Art. nur für den darin bezeichneten Fall gelten könne, und da der wiederholte Antrag, für die übrigen Fälle des Eintritts in ein Handelsgeschäft ähnliche Bestimmungen zu geben, abgelehnt worden ist — und zwar nicht etwa deshalb, weil Art. 113 schon die allgemeine Bestimmung enthalte. Prot. S. 41, 279 bis 283, 1431 bis 1435.

Da nun die analoge Anwendung eines Gesetzes — wie für das preußische Recht im § 46 der Einleitung zum ALR ausdrücklich anerkannt ist — voraussetzt, daß das Gesetz nach seinem unzweifelhaften Grunde, wenngleich nicht nach seinem Wortlaut, auf den zu entscheidenden Fall paßt, und da hier diese Voraussetzung in Ansehung des Art. 113 HGB nicht zutrifft: so hat der Appellrichter diese Gesetzesvorschrift dadurch, daß er sie auf den vorliegenden Fall angewendet, verletzt, und seine Entscheidung muß mit Rücksicht darauf, daß sie wesentlich auf dieser Gesetzesanwendung beruht, vernichtet werden; § 4 Nr. 1 der preuß. Verordnung v. 14. Dezbr. 33.

Anlangend die Sache selbst, so bedarf es, nach dem Vorbemerkten, keiner weiteren Ausführung, daß die Passiva des von Franz E. geführten Handlungsgeschäfts durch die Vereinigung des E. und des Bekl. zu einer offenen Handelsgesellschaft auf diese nicht von selbst und ohne Weiteres übergegangen sind.

Daß der Uebergang durch Verabredung vermittelt worden, wird von der Klägerin selbst nicht behauptet.

Muß demgemäß aber angenommen werden, daß die Klageforderungen zu den Geschäftsschulden der in Rede stehenden Handelsgesellschaft nicht gehört haben: so fehlt es nach Lage der Sache an jedem Rechtsgrunde, aus welchem Bekl. als verhaftet für diese Forderungen betrachtet werden könnte, und die Bestätigung des I. Erkenntnisses erscheint um so zweifelloser geboten, als dasselbe den Klageantrag nur angebrachtermaaßen zurückweist. —

Nr. 21.

Plenum. — Erkenntniß v. 4. April 71. (B.)

M. Poppelauer ·/. F. Hertha (Nr. 126 v. 71).

Preußen. **Nichtigkeitsbeschwerde.**

I. Instanz: Stadtgericht Berlin,

II. Instanz: Kammergericht daselbst.

Kauf nach Probe, Vorauszahlung. Beweislast bezüglich gehöriger Erfüllung. Aufbewahrung beanstandeter Waare durch den Käufer.

1. Beim Kauf nach Probe ist Lieferung einer der Probe nicht entsprechenden Waare keine Erfüllung; Verkäufer hat daher, soweit ihm der Beweis der Vertragserfüllung obliegt, auch darzuthun, daß die dem Käufer angebotene Waare der Probe entspricht*.

HGB Art. 340.

2. Eine in Erwartung vertragsmäßiger Lieferung geleistete Vorauszahlung des Kaufpreises ändert die Beweislast bezüglich der Vertragserfüllung des Verkäufers nicht.

Vgl. oben Fall Nr. 5 S. 20.

3. Dem Käufer liegt die einstweilige Aufbewahrung einer ihm zugesendeten und von ihm beanstandeten Waare nur im Interesse des Verkäufers ob, also auf Kosten des Letzteren.

Sic: v. Hahn, Komm. B. II S. 244 § 3.

HAppGer. Nürnberg Erk. v. 23. Dez. 66, betr. Samml. I. S. 538.

* Der preuß. Entwurf zum HGB Art. 256 Abs. 2 legte hier die Beweislast dem Verkäufer ausdrücklich auf, vgl. v. Hahn Komm. B. II S. 200 n. 8.

Auch hat er nur die Befugniß, keineswegs die Verpflichtung, die Beschaffenheit solcher Waare durch Sachverständige feststellen zu lassen.

HGB Art. 348.

Der Bekl. ist, bei einem Handelskauf nach Probe, als Verkäufer zur Rückzahlung im Voraus empfangener Kaufgelder und zur Tragung der Kosten einstweiliger Aufbewahrung der dem Käufer übersendeten und von diesem als probewidrig beanstandeten Waare (Roggenmehl) in zwei Instanzen verurtheilt worden. Seine NktBschw. bleibt ohne Erfolg.

Gründe:

Der in der NktBschw. zuerst aufgestellte Satz,

daß jeder Kläger den Rechtsgrund seines Anspruchs darthun müsse*,

kann im Allgemeinen als richtig anerkannt werden.

Implorant gelangt aber zu einem unrichtigen Resultat, indem er seiner weiteren, an jenen Satz geknüpften Ausführung die Behauptung vorausschickt,

daß er dasjenige geleistet habe, was ihm nach dem mit Kläger geschlossenen Vertrage zu thun obgelegen,

und daraus folgert, daß nun Kläger darzuthun habe, daß jene Leistung des Bekl. nicht als Erfüllung angesehen werden könne.

Denn es steht keineswegs fest, ist auch vom Appellrichter nicht festgestellt, ob Bekl. wirklich seine Verpflichtung erfüllt und dasjenige geleistet hat, was ihm nach dem Vertrage zu thun oblag. Es ist das gerade vom Kläger sehr bestimmt geleugnet, und eben darum dreht sich der ganze Streit.

Implorant geht somit, indem er dies als feststehend

* Vgl. Rspr. B. I S. 280 Nr. 3 und AGO Einl. § 16.

annimmt, von einer unrichtigen Voraussetzung aus, und damit fällt der daran geknüpfte Angriff.

Derselbe ist indeß auch im Uebrigen unbegründet.

Nach der unangefochtenen Feststellung des Appellrichters und der eigenen Behauptung des Imploranten liegt ein Kauf nach Probe vor. Die Lieferung einer Waare, die der Probe nicht entspricht, ist keine Erfüllung. Daher muß der Verkäufer, soweit ihm überhaupt der Beweis der Erfüllung obliegt, auch den Beweis führen, daß die dem Käufer angebotene Waare der Probe entspricht. Inwiefern ein solcher Beweis auch dann noch vom Verkäufer zu führen ist, wenn der Käufer die Waare ohne Widerspruch angenommen hat, kann hier dahin gestellt bleiben; denn ganz unbestritten hat Kläger das vom Bekl. ihm Uebersandte nicht angenommen, vielmehr dem Bekl. zur Disposition gestellt. Implorant hat selbst auch gar nicht geleugnet, daß ihm in diesem Falle der Beweis der Probemäßigkeit des fragl. Mehls obliegen würde; es stimmt das mit dem Grundsatz überein, den er an die Spitze seiner NktBschw. stellt; er meint nur, daß dem Verkäufer der Beweis der Probemäßigkeit dann nicht obliege, wenn der Käufer das Kaufgeld bereits bezahlt habe und Zurückzahlung desselben verlange.

So liegt indeß der vorliegende Fall nicht, und darum ist denn auch der als verletzt bezeichnete Satz, seine Richtigkeit ganz dahingestellt, mindestens hier in jener Allgemeinheit nicht anwendbar.

Nach der Feststellung der vorigen Richter sollte das dem Kläger verkaufte Mehl vom Bekl. „frei Kahn Magdeburg" geliefert, das Kaufgeld vom Kläger aber schon bei Uebersendung der Schiffer-Konnossemente gezahlt werden, und ist diese Zahlung auch lange vor Ankunft des Mehls in Magdeburg unbestritten erfolgt. Diese Zahlung war somit eine Vorausbezahlung und in der Erwartung geleistet, daß auch der Bekl. als Verkäufer seiner Verpflichtung durch Ablieferung des probemäßigen Mehls in Magdeburg nachkommen werde.

Erst durch diese Erfüllung seinerseits erhielt Beklagter einen unbedingten Anspruch auf das im Voraus und nur bedingungsweise gezahlte Kaufgeld. Hat ein solcher Verkäufer einen unwiderruflichen Anspruch auf das Kaufgeld erst dann, wenn er die bedungene Waare liefert: so muß er nothwendig auch das in Erwartung der Lieferung gezahlte Kaufgeld zurückzahlen, sobald er die Waare nicht liefert, die Bedingung nicht erfüllt, unter welcher er das Kaufgeld nur behalten darf.

Er muß also entweder erfüllen oder das Kaufgeld zurückgeben. Setzt er dem hierauf gerichteten Anspruch des Käufers den Einwand der Erfüllung entgegen, so hat er auch den Beweis der Erfüllung und, im Falle eines Kaufs nach Probe, den Beweis probemäßiger Lieferung zu führen.

Dasselbe muß nothwendig auch gelten, wenn er den Käufer zu nachträglicher Annahme der Waare nicht mehr zwingen kann, der Käufer demgemäß auch nicht alternativ auf Erfüllung oder Zurückzahlung des Kaufgelds, sondern auf letztere allein klagt. Denn dadurch, daß der Verkäufer vielleicht die bedungene Zeit der Lieferung nicht inne hält, oder ganz probewidrige Waare anbietet, kann er nicht die Beweislast, die ihm von Anfang an oblag, nun dem Gegner aufbürden. Wenn in solchem Falle der Käufer auch nicht auf Lieferung der gekauften Waare, sondern allein auf Rückgabe des im Voraus und nur bedingungsweise gezahlten Kaufgelds klagt: so liegt darin doch immer nur ein Anspruch auf Vertragserfüllung durch den Verkäufer, und anderer Seits ist es Letzterer, der einen Anspruch auf das Kaufgeld damit zu begründen sucht, daß er durch probemäßige Lieferung seine Verpflichtung erfüllt habe.

Sowie jener zu beweisen hat, daß er selbst den Vertrag erfüllt hat, so liegt diese Beweislast auch dem Verkäufer hinsichtlich seiner eigenen Erfüllung ob.

Der Vorwurf des Imploranten, daß der Appellrichter die Grundsätze von der Beweislast verkannt habe, ist somit unbegründet.

Der I. Richter, welcher die Beweislast dem Kläger auferlegt hat, geht von der unrichtigen Voraussetzung aus, daß dieser auf Grund des § 285 ALR I. 5 Ersatz eines durch Vorsatz oder grobes Versehen des Bekl. ihm erwachsenen Schaden beanspruche. Kläger verlangt keineswegs einen solchen Schadenersatz, sondern, wie gezeigt und auch nicht streitig ist, nur Rückzahlung des dem Bekl. gezahlten Kaufgelds und daneben Erstattung für Aufwendungen zur Erhaltung des vom Bekl. ihm übersendeten Mehls, wozu er nach Art. 348 HGB verpflichtet war. Es legt diese Vorschrift die einstweilige Aufbewahrung der dem Käufer übersendeten, von diesem beanstandeten Waare dem Empfänger nur im Interesse des Verkäufers* auf, und kann es daher auch keinem Bedenken unterliegen, daß die dadurch entstandenen Kosten nicht unter die Bestimmung des § 285 ALR I. 5 fallen. Ebenso unzweifelhaft ist in dem zweiten Absatz des Art. 348 a. a. O. dem Käufer nur die Befugniß eingeräumt, keineswegs aber die Verpflichtung auferlegt, die Beschaffenheit der übersendeten Waaren durch Sachverständige festzustellen. Es ist in den Motiven zu jenem Art. 348 ausdrücklich darauf hingewiesen, daß dadurch dem Käufer keineswegs die Beweis-

* In dem Plen. Erk. v. 15. Dez. 70 (Leipziger Sache Spietschten c/. Koch, Nr. 75 v. 70) sagt das OHG: „Käufer soll soviel Rücksicht auf seinen Geschäftsfreund, den Verkäufer, nehmen, daß er sich nicht ohne Weiteres der Waare entschlägt und diese dem Zufall preisgiebt, sondern für deren Erhaltung so lange sorgt, als nicht Verkäufer selbst im Stande ist, diese Sorge übernehmen zu können. Versäumt Verkäufer, nachdem er von der Sachlage unterrichtet worden, die nöthigen Schritte zu thun, so ist Käufer seiner Verpflichtung entbunden; vgl. v. Hahn Komm. II S. 245."

last aufgebürdet werden solle, dem Verkäufer vielmehr zunächst obliege, die vertragsmäßige Beschaffenheit der Waare darzuthun.

Der § 285 ALR I. 5 findet keine Anwendung, kann somit auch vom Appellrichter, der sich auf ihn überhaupt gar nicht berufen hat, nicht verletzt sein.

Der vom Imploranten noch als verletzt bezeichnete § 165 ALR I. 16 nimmt dem Zahlenden die Einwendungen, welche er dem Empfänger hätte entgegensetzen können, in der Regel nur dann, wenn die Zahlung ohne Vorbehalt geleistet worden. Nach vorstehender Ausführung liegt diese Voraussetzung aber nicht vor, die Zahlung des Kaufgelds war von vornherein keine vorbehaltlose, sondern im Gegentheil eine bedingte, abhängig von der Lieferung des Mehls nach Probe.

Nr. 22.

Plenum. — Erkenntniß v. 4. April 71. (B.)

Lebens- u. Feuer-Versicherungs-Gesellschaft Royal zu Liverpool ./. Levin Bernstein (Nr. 147 v. 71).

Preußen. **Nichtigkeitsbeschwerde.**

I. Instanz: Stadtgericht Königsberg i. Pr.,
II. Instanz: Ostpreußisches Tribunal daselbst.

Feuerversicherung, nichtgehörige Anzeige des Brandfalls. Auslegung der sogen. Versicherungsbedingungen.

1. Eine lediglich den Wortlaut beachtende strenge Auslegung der sogen. Policebedingungen widerstreitet gleichmäßig dem Zweck der Versicherung wie dem vernünftigen Willen redlicher Kontrahenten.

HGB. Art. 1, 278 (vgl. 788).
ALR II. 8 § 2024 Prinzip von Treue und Glauben.
Vgl. Rspr. B. I S. 92, 160, 164 ff. u. oben Nr. 7 S. 32.

2. Hat nichtgehörige Anzeige des eingetretenen Versicherungsfalls den Verlust der Ansprüche des Versicherten zur nothwendigen Folge?

3. Ist im Versicherungsvertrage (wie geschäftsüblich)

die Feststellung des vom Versicherer zu vertretenden Schadenbetrags gewissen Arbitratoren, unter ausdrücklichem Ausschluß des Rechtswegs, übertragen: so tritt insoweit, als die vertragsmäßige Befugniß dieser Arbitratoren reicht, eine Beschränkung des ordentlichen Rechtswegs ein.

HGB Art. 1, 278, 279; vgl. Art. 886 Nr. 4, 888 Nr. 4, 889, 890.

Kläger beansprucht Ersatz eines Brandschaden von der bekl. Versicherungsgesellschaft. Vom I. Richter abgewiesen, weil er nach eingetretenem Versicherungsfall seiner policemäßigen Anzeigepflicht nicht zeitig und gehörig nachgekommen, erstreitet er in II. Instanz die Verurtheilung der Bekl. Der Letzteren NktBschw. wird vom OHG verworfen.

Gründe:

Da nach der AGO (Th. I Tit. 30 § 56 und Anhang § 213) in Assekuranzsachen die Revision schlechthin unstatthaft ist*, so kann das gegen das II. Urtel eingelegte Rechtsmittel lediglich als Nichtigkeitsbeschwerde behandelt werden. Diese greift das Urtel in zwei Richtungen an.

I. Der Appellrichter geht davon aus, daß folgende Vorschriften der der Police inserirten „Allgemeinen Bedingungen“:

§ 7. Im Falle eines Brandes ist der Versicherte verpflichtet, . . .

b) der Agentur binnen 24 Stunden nach dem Brande denselben anzuzeigen;

c) binnen drei Tagen sich über alle denselben betreffenden Umstände, bei beweglichen Gegenständen über die Art und ungefähre Höhe des Schaden, vor seiner Ortspolizeibehörde vernehmen zu lassen und und binnen 14 Tagen eine beglaubigte Abschrift

* Vgl. preuß. Kab.-Ordre v. 10. April 32 u. Verordnung v. 14. Dez. 33 § 3 Abs. 2. — In dem durch Verordnung v. 24. Juni 67 geregelten Verfahren für Hessen, Nassau und Schleswig-Holstein sind auch Assekuranzsachen revisibel, vgl. den Fall Nr. 18 unseres I. Bandes, dort S. 92.

der über den Brand aufgenommenen polizeilichen Verhandlungen der Agentur einzusenden, letzteres, gleich der Anzeige zu b, auf zuverlässigem Wege; die . . . vorstehend festgestellten Fristen beginnen mit Ausnahme des Falles unter b, vom Augenblick des Brandereignisses und im Falle erwiesener physischer Unmöglichkeit sie inne zu halten, da wo letztere aufhört.

§ 12. Präjudizfälle: Wenn der Versicherte . . . eine der dem Versicherten nach §§ 3, 4, 5, 6, 7, 9, 10 und 11 obliegenden Pflichten verletzt oder nicht vollständig erfüllt . . . so verliert der Versicherte jeden Anspruch auf Entschädigung —

nicht in dem Sinne zu verstehen seien, daß die nackte Thatsache der Versäumniß den angedroheten Rechtsverlust nach sich ziehe. Denn, sagt derselbe, nach § 12 der Policebedingungen „ist (wie dies die Policen der meisten Gesellschaften zu thun pflegen) auf so viele Versäumnisse des Versicherten die Strafe des Verlustes seiner Ansprüche gesetzt, daß nothwendigerweise angenommen werden muß, daß alle diese Verletzungen eine Schuld des Versicherten voraussetzen. Es entspricht diese Annahme auch den gesetzlichen Bestimmungen über lex commissoria, Konventionalstrafe und Verzug, von deren Nachtheilen der Schuldner durch die unverschuldete Nichterfüllung oder Verspätung befreit wird; ALR I. 16 § 17, 26. Ueberdies würde die Bekl. mit der entgegengesetzten Auslegung gegen § 2024 ALR II. 8 handeln; es würde die Treue und Redlichkeit, zu welcher auch der Versicherer verpflichtet ist, verletzen, wenn sie die Police so verstehen wollte, daß es schließlich fast ganz ihrem Belieben überlassen bliebe, ob sie die Entschädigung zahlen will. Denn auch der sorgfältige Versicherer wird kaum vermeiden können, in einen dieser Präjudizfälle des § 12 zu verfallen. Eine solche Auslegung würde übrigens auch dem § 267 ALR I. 5, sowie, da hier ein Handelsgeschäft vorliegt, dem Art. 278 HGB widersprechen."

Auf Grund dieser Annahme gelangt der Appellrichter zu dem Ergebniß, daß Kläger dem wahren Inhalt der „Policebedingungen" in ausreichendem Maaße genügt habe, und daß Bekl. sich eines dolus schuldig machen würde, wollte sie hiergegen sich auf die nackte Thatsache der nicht wörtlichen Innehaltung der Policebedingungen berufen.

Implorantin rügt Gesetzesverletzung und behauptet, daß der Appellrichter durch vorstehende Annahme die Natur und den wesentlichen Charakter der in gedachtem § 12 enthaltenen Vertragsbestimmung verkannt habe, durch welche vom Eintritt eines der Präjudizfälle als von einer Resolutivbedingung der Verlust jedes Anspruchs des Versicherten auf Entschädigung abhängig gemacht worden ist, da der Eintritt einer Resolutivbedingung seine Wirkung ohne alle Rücksicht darauf äußere, ob der dadurch benachtheiligte Kontrahent an dem Eintritt der Bedingung Schuld ist oder nicht. § 2024 ALR II. 8 beschränke die Giltigkeit solcher Resolutivbedingungen in keiner Weise, vielmehr seien nach § 2100, 2101 gerade die in der Police enthaltenen Bedingungen für das Rechtsverhältniß zwischen dem Versicherer und dem Versicherten maaßgebend. In vorliegendem Falle handle es sich nicht sowohl um Auslegung des an sich klaren § 12 der Policebedingungen, als vielmehr um eine Beurtheilung der rechtlichen Natur der darin enthaltenen Bestimmungen.

Dieser Angriff verkennt, daß der Appellrichter sich durchaus auf dem Gebiet der — ihm obliegenden und durch den behaupteten, an sich klaren Inhalt des § 12 der Policebedingungen keineswegs entbehrlich gewordenen — Vertragsauslegung bewegt,* indem er den Sinn der §§ 7

* Vgl. Rspr. B. I S. 8, 197, 396 unter c; Nordd. PO Entw. § 821.

u. 12 der Policebedingungen dahin feststellt, daß nicht schon die nackte Thatsache der Nichterfüllung der dem Versicherten dort auferlegten Verbindlichkeiten den daselbst angedrohten Rechtsverlust nach sich ziehen solle — eine Auslegung, welche in vorliegendem Falle überdies durch den Wortlaut des § 12 „eine der dem Versicherten ... obliegenden Pflichten verletzt oder nicht vollständig erfüllt", sowie durch den Schlußsatz des § 7 „im Falle erwiesener physischer Unmöglichkeit ꝛc." in hohem Maaße unterstützt wird. Wenn der Appellrichter diese Auslegung überdem auch auf das aus § 2024 ALR II. 8 entnommene leitende Prinzip des Versicherungsvertrags, sowie auf die aus § 267 ALR I, 5 und aus Art. 278 HGB erhellenden Auslegungsregeln der Verträge und der Handelsgeschäfte insbesondere stützt: so kann er diese Vorschriften durch unpassende Anwendung um so weniger verletzt haben, als in der That eine rigoristische und lediglich den Wortlaut beachtende Interpretation der sogen. Policebedingungen dem Zweck des Versicherungsinstituts, wie dem vernünftigen Willen redlicher Paciscenten gleichmäßig widerstreiten würde.

Vgl. auch Malß, Ztschr. f. d. ges. HR XIII. S. 52 ff. 449;

Plen. Erk. des OHG i. S. Resch ./. Allgemeine Eisenbahn-Versicherungs-Gesellschaft v. 24. Nov. 70 [Rspr. I. S. 160 ff.]

Ebenso wenig hat der Appellrichter gegen ALR II. 8 § 2100, 2101 verstoßen, wenn er seine Entscheidung gerade aus den Policebedingungen und selbstverständlich aus deren durch Auslegung gefundenem Inhalt entnimmt. Was endlich die als verletzt bezeichneten §§ 100, 114, 115 ALR I. 4 anlangt, so enthalten dieselben keine Andeutung, daß die vertragsmäßige Androhung eines Rechtsverlustes für den Fall verschuldeter Nichterfüllung einer Verpflichtung unstatthaft sein solle. Ob man aber eine Vereinbarung dieser Art als eine Resolutivbedingung bezeichnen dürfe, mag dahingestellt bleiben; der Appellrichter hat es nicht gethan, und kann daher nicht gegen die, in den gedachten Gesetzesstellen enthaltene, Theorie der Resolutivbedingungen verstoßen haben.

II. Nach § 12 der „Allgemeinen Bedingungen" sind „alle nicht innerhalb sechs Monaten nach dem Brandereigniß entweder rechtsgiltig von der Gesellschaft anerkannten oder mittelst vollständiger Klage vor den zuständigen Richter gebrachten Ansprüche auf Entschädigung . . . erloschen."

Die vorliegende Klage ist dahin gerichtet,

die Bekl. zu verurtheilen, den durch Brand am 23. Juli 67 . . . verursachten Schaden, welcher auf Grund der eingereichten Liquidation gemäß §§ 8, 9 u. 10 der Policebedingungen festzustellen ist, zu vergütigen.

Da nun hier die Police vom Vertreter des dazu bevollmächtigten General-Agenten der bekl. Gesellschaft zu Königsberg ausgestellt ist, somit das Stadtgericht Königsberg nach § 13 der „Allgemeinen Bedingungen" der zuständige Richter für alle Streitigkeiten aus diesem Versicherungsvertrage ist, und bei diesem die Klage am 20. Jan. 68, somit noch vor Ablauf der sechsmonatigen Frist, präsentirt ist: so kann nur in Frage stehen, ob diese Klage als eine „vollständige" im Sinne des § 12 der „Allgemeinen Bedingungen" erachtet werden darf.

Den auf Gegenstandslosigkeit, bzw. Unvollständigkeit der Klage gestützten Einwand der Bekl. hat der Appellrichter verworfen.

Implorantin ficht diese Entscheidung an, weil Kläger nicht einmal die Sachen bezeichnet habe, für welche er Entschädigung beanspruche, sondern nur auf nicht zu den Akten gekommene Verzeichnisse Bezug genommen, und so die nach der Police sehr erhebliche Frage, ob die ersetzt verlangten Sachen zur Zeit des Brandes in dem vom Brande betroffenen Gebäude vorhanden waren, für jetzt geflissentlich der richterlichen Entscheidung vorenthalten habe. Indem nun der Appellrichter davon ausgehe, daß nach den Policebedingungen der Betrag des Schaden nicht im Rechtswege, sondern durch Arbitratoren festgestellt werden solle, und daß um deswillen Kläger berechtigt sei, zunächst eine richterliche Entscheidung darüber zu verlangen, daß die Bekl. verbunden sei, sich auf das Ermittelungsverfahren durch Arbitratoren einzulassen, habe derselbe in doppelter Weise verstoßen:

1) gegen § 5 Nr. 10 lit. b der Verordnung v. 14. Dez. 33, weil die entscheidende Bestimmung des § 11 der Policebedingungen nur dahin laute, daß „im Falle eintretender Abschätzung" Arbitratoren entscheiden sollten; dagegen die Entscheidung der Frage, welche Sachen als verloren zu erachten und als verloren abzuschätzen seien, keineswegs den Arbitratoren überlassen sei;

2) gegen § 1 der Einleitung zur AGO, weil durch die Zuziehung der nicht als Schiedsrichter zu erachtenden Arbitratoren der Rechtsweg keineswegs ausgeschlossen sei.

Diese Angriffe sind gegenstandslos.

1) Als Verletzung einer wesentlichen Prozeßvorschrift bezeichnet jener § 5 Nr. 10 lit. b,

> „wenn der aus einer bestimmten Erklärung einer Partei entnommene Entscheidungsgrund dem wörtlichen Inhalt dieser Erklärung entgegen ist, oder wenn eine Thatsache, im Falle eine Beweisaufnahme stattfand, gegen den wörtlichen Inhalt der beigebrachten oder aufgenommenen Beweismittel festgestellt worden ist."

Die erste Alternative dieser Vorschrift trifft nicht zu, weil die im Prozeß vorgelegte Police nebst den ihr inserirten „Allgemeinen Bedingungen" nicht „Erklärung einer Partei", sondern lediglich Beweismittel ist. Die zweite Alternative liegt nicht vor, weil der Appellrichter aus § 10, 11 der Policebedingungen lediglich, und das mit Recht, folgert*, daß nach dem Versicherungsvertrage der Betrag des Schadens gar nicht im Rechtswege, sondern durch Arbitratoren festgestellt werden solle. Er schließt sich damit wörtlich dem nach § 11 der Policebedingungen auch für Mobilien maaßgebenden § 10 der Bedingungen an, welcher dahin lautet:

„Der nach den Grundsätzen des § 8 zu ermittelnde Betrag des Schaden wird, unter Ausschließung des Rechtswegs, durch Abschätzung von zwei Sachverständigen und ev. eines Obmanns mit verbindlicher Kraft für beide Parteien und auf gemeinschaftliche Kosten festgestellt ꝛc."

Daß dagegen auch darüber, welche der versicherten Gegenstände verbrannt, bzw. beschädigt seien, die Arbitratoren zu entscheiden hätten, folgert der Appellrichter aus § 10, 11 der Policebedingungen nicht, noch nimmt er dies überhaupt an, vielmehr stellt der Appellrichter im Eingang der den zweiten Einwand der Bekl. betreffenden Erörterung fest, daß nach der gegenwärtigen Prozeßlage als unstreitig erachtet werden müsse, daß die versicherten Mobilien zur Zeit des Brandes sich in dem abgebrannten Wohnhause

* Sic: OHG 3. Plen. Erk. v. 4. April 71 i. S. Graf Kospoth ·. F. Möbius (Nr. 124 v. 71): die angefochtene Annahme enthält eine [aus der Korrespondenz der Parteien entnommene] Schlußfolgerung, welche vielleicht unrichtig, worin aber eine „Wortwidrigkeit" immer nur gefunden werden könnte, wenn die Erklärung der Partei oder der Inhalt des Beweismittels, worauf die Schlußfolgerung gegründet wird, aktenwidrig hingestellt, unrichtig wiedergegeben wäre; vgl. auch Rspr. B. I S. 396. — Solche Schlußfolgerungen zu ziehen, liegt im Richteramt und erscheint nicht als eine unzulässige Suppeditirung im Sinne des Art. 3 Nr. 1 der Deklaration v. 6. April 39; 3. Plen. Erk. v. 16. Mai 71 i. S. Zeche Altendorf ·/. van Meeteren (Nr. 175 v. 71).

befunden haben. Aus seiner weiteren Erörterung ergiebt sich dann die Annahme, die (der Klage nicht beiliegende, aber doch daselbst in Bezug genommene und unstreitig) der bekl. Gesellschaft vom Kläger eingereichte Schadenliquidation enthalte ein ausreichendes Verzeichniß der beim Brande vernichteten bzw. beschädigten Mobilien, welches in Ermangelung spezieller Monirung für die allein noch in Frage stehende Abschätzung maaßgebend sei. Diese Feststellung des Appellrichters ist aber nicht angefochten worden.

2) Daß durch die vereinbarte Zuziehung von Arbitratoren der Rechtsweg in demselben Sinne wie durch einen Schiedsvertrag ausgeschlossen sei, hat der Appellrichter nicht behauptet, kann daher auch nicht durch solche Annahme gegen § 1 der Einleitung zur AGO verstoßen haben. Dagegen tritt allerdings insoweit, als die vertragsmäßige Befugniß der Arbitratoren reicht, eine Beschränkung des ordentlichen Rechtswegs ein, und nur dies hat der Appellrichter angenommen.

Nr. 23.

Plenum. — Erkenntniß v. 13. April 71. (Ref.)

Kgl. preuß. chemische Fabrik (Hermann) zu Schönebeck ·/. F. H. Mann (Nr. 130 v. 71).

Königreich Sachsen. **Weitere Berufung.**

I. Instanz: Handelsgericht im Bezirksgericht Leipzig,
II. Instanz: Appellationsgericht daselbst.

Marktpreis eines Handelsartikels.

1. Der Begriff und die Berücksichtigung eines „Marktpreises" ist nicht auf diejenigen Handelsartikel beschränkt, für welche die aus dem regelmäßigen Aufeinanderwirken von Angebot und Nachfrage sich ergebenden Durchschnittspreise örtlich unter amtlicher Autorität ermittelt und als eine für den Verkehr zum Anhalt dienende Norm veröffentlicht zu werden pflegen.

„Marktgängig" ist die zur Zeit insgemein verwerthbare Handelswaare. (Anwendung auf Chlorkalk.)

HGB Art. 1, 311, 343 Abs. 2, 353, 357, 376, 612, 713, 721.

2. Als Marktpreis eines gewissen Platzes ist (abgesehen von besonderen örtlichen Einrichtungen behufs amtlicher Feststellung) derjenige Durchschnittspreis zu betrachten, welcher sich bei Vergleichung einer erheblichen Zahl von an diesem Orte geschlossenen Geschäften als der von besonderen persönlichen Beziehungen und sonstigen speziellen Umständen des Geschäftsschlusses unabhängige gemeine Werth der Waare darstellt.

Kläger fordert Restkaufgeld für verschiedene Waaren, und Beklagte machen durch Kompensations-Einrede einen Schadenanspruch von 450 Thlrn. für vertragswidrig ihnen im Laufe des Jahres 66 nicht gelieferte 360 Centner Chlorkalk geltend. Abweichend von den Ansichten der (Leipziger) Vorderrichter, hat das OHG in einem am 5. Juni publizirten Erk. v. 13. April 71 zu Gunsten der Bekl. entschieden und dabei die viel erörterte, für Differenzpreis-Forderungen praktisch wichtige Frage über Begriff und Feststellung eines Marktpreises — in einer den heutigen Verkehrsverhältnissen gerecht werdenden Weise — zum Austrag gebracht.

Gründe:

Die [von den Bekl. geforderte] Summe bildet die Differenz zwischen dem auf 4 Thlr. per Centner bedungenen Kaufpreise und dem Betrage von 5¼ Thlr., welchen die Bekl. nicht nur als den am Ort und zur Zeit der Lieferung bestandenen Marktpreis des Chlorkalks, als einer marktgängigen Waare, sondern zugleich als denjenigen Preis bezeichnen, welchen Kläger zu der gedachten Zeit von seinen sämmtlichen Kunden gefordert und gezahlt erhalten, auch in den von ihm ausgegebenen Preislisten notirt habe.

Von den vorigen Instanzen ist die Bescheinigung der Bekl. wegen mangelnden Nachweises der Existenz eines Schaden für mißlungen und hierbei auf Grund der von den Sachverständigen und Zeugen erstatteten Aussagen hauptsächlich der Umstand für entscheidend erachtet worden, daß die Existenz eines Marktpreises für Chlorkalk und die Eigenschaft des letzteren als marktgängige Waare überhaupt unerwiesen geblieben sei, daß aber, wie die II. Instanz hervorhebt, die befriedigende Lösung der Beweisaufgabe gerade durch diesen Nachweis bedingt werde.

Prüft man die Begründung dieser Ansicht, so ist allerdings die Behauptung der Bekl.,

> Chlorkalk sei zu den sogenannten marktgängigen, d. h. zu denjenigen Waaren zu rechnen, die nach bestimmten, je nach Verschiedenheit der Konjunktur bald steigenden bald fallenden Preisen gekauft und verkauft werden,

von den Sachverständigen nicht bestätigt worden; diese versichern, daß Chlorkalk einen „Markt-“ oder Börsenpreis (wie z. B. Oel, Spiritus, Getreide) nicht habe, denn er habe keinen öffentlichen Markt oder Börse (wie jene Artikel), werde vielmehr im Allgemeinen nur durch Briefe oder durch Vermittelung von Agenten gehandelt)und der Preis jeder Lieferung nach den Verhältnissen des Einzelfalles und der einzelnen Kontrahenten in der Maaße, daß er unter diesen bis zu anderweiter Vereinbarung maaßgebend bleibt, bestimmt.

Zwar geben die Sachverständigen die Möglichkeit der Berechnung eines durch Vergleichung der verschiedenen Preise der einzelnen Fabriken zu ermittelnden Durchschnittspreises zu, allein ein „Marktpreis“ sei dies, wie sie hinzufügen, nicht; es würden ebensowenig allgemein maaßgebende Preiscourante für Chlorkalk von einem öffentlichen Makler aufgestellt, noch würde sich, wenn dies geschähe, nach jener Notiz Jemand richten; es existire gar nicht so unbedingt ein Markt für Chlorkalk, weil die Konsumenten in der Regel nur Produkte einer bestimmten Fabrik abnehmen und überhaupt in ganz Deutschland nur etwa 12 Fabriken für Chlorkalk, deren Fabrikate mehr oder minder beliebt seien, existiren, so daß auch hierauf wieder

der Begriff des Marktes beschränkt werde, wenn man dennoch von einem solchen reden wolle.

Auf diese Auslassung der Sachverständigen allein ist jedoch nach Ansicht jetziger Instanz ein für das Mißlingen der Bescheinigung entscheidendes Gewicht nicht zu setzen. Sie gehen unverkennbar von der Voraussetzung aus, daß der Begriff Marktpreis, beziehentlich Markt, nur da anwendbar sei, wo bestimmte örtliche Einrichtungen zu dem Zweck bestehen, um die aus dem regelmäßigen Aufeinanderwirken von Angebot und Nachfrage sich ergebenden Durchschnittspreise unter amtlicher Autorität zu ermitteln und als eine für den Verkehr zum Anhalt dienende Norm zu veröffentlichen. Diese Voraussetzung kann aber für das Gebiet des HGB als zutreffend nicht anerkannt werden.

Bei Abfassung des HGB (vgl. v. Hahn, Komm. B. I S. 202 ff., B. II S. 119 ff.; Goldschmidt Handbuch B. I Abth. 2 S. 587 n. 28, S. 591 n. 39) hat die Frage, ob der im Gesetz mehrfach vorkommende Begriff des Marktpreises eine amtliche, an gewisse örtliche Einrichtungen geknüpfte Feststellung des letzteren bedinge, nach Anleitung des preuß. Entwurfs vielseitiger Erörterung unterlegen und, nachdem sie in zweiter Lesung zur Aufnahme einer besonderen Bestimmung in bejahendem Sinne geführt hat, schließlich doch in dritter Lesung eine Beantwortung in entgegengesetztem Sinne gefunden. Die vorgedachte Bestimmung wurde bekämpft, weil sie den Begriff des Marktpreises an gewisse besondere Einrichtungen knüpfe, die weder überall beständen, noch, selbst wenn solches der Fall, für zahlreiche Artikel von unstreitig marktgängiger Waare in Geltung seien, häufig überdies in derjenigen Modalität, in welcher sie — ein Maximum und Minimum von weitestem Spielraum umfassend — wirklich stattfänden, zu einem sicheren und zuverlässigen Anhalt nicht benutzt werden könnten (vgl. Kommissions-Prot., Ausgabe von Lutz, Th. VIII no. D. L.

VII, S. 4571 ff.). In Folge der hierauf beschlossenen Beseitigung jener Bestimmung wird nun zwar die Geltung eines in Gemäßheit bestehender Einrichtung amtlich festgestellten Durchschnittspreises als Marktpreis immerhin nicht in Zweifel zu ziehen sein, zum mindesten derjenige, welcher sich auf die Existenz eines solchen zu berufen vermag, bis zum Nachweis des Gegentheils die Vermuthung der Richtigkeit für sich haben (vgl. HGB Art. 353). Allein eine Beschränkung des Begriffs Marktpreis auf die Fälle spezieller amtlicher Feststellung, wie sie bis zum Erscheinen des HGB denkbar war, kann nicht weiter zulässig erscheinen. Als Marktpreis eines gewissen Platzes ist vielmehr derjenige Durchschnittspreis zu betrachten, welcher sich bei Vergleichung einer erheblichen Zahl von an diesem Orte geschlossenen Geschäften als der von besonderen persönlichen Beziehungen und sonstigen speziellen Umständen des Geschäftsschlusses unabhängige gemeine Werth der Waare darstellt; und es bleibt lediglich Beweisfrage, ob die thatsächlichen Unterlagen dieser Vergleichung in dem konkreten Falle allererst dem Richter vorzuführen sind, oder ob sie der Beibringung nicht bedürfen, weil deren Ergebniß in der amtlich festgestellten und veröffentlichten Preisangabe bereits einen glaubhaften, präsumtiv richtigen Ausdruck gefunden hat. (Goldschmidt a. a. O. S. 581, 586).

Daß in einem anderen als diesem Sinne von den Bekl. auf die Existenz eines Marktpreises für Chlorkalk Bezug genommen oder von I. Instanz Beweis der vorgeschützten Ausflucht nachgelassen worden, dafür bieten die Akten keinerlei Anhalt. Soweit daher von II. Instanz für die Beurtheilung der Beweisergebnisse zwischen dem wirklichen und dem präsumtiven Interesse des durch Verkäufers Säumniß geschädigten Käufers unterschieden worden ist, je nachdem der Letztere auf besondere mit dem Verzuge des Mitkontrahenten im Kausalzusammenhang stehende Vorgänge, oder lediglich auf die Differenz zwischen dem vereinbarten Kaufpreise und dem Tageskurse oder Marktpreise der nicht gelieferten Waare sich berufen hat, kann wenigstens eine zu Ungunsten der beweisführenden Bekl. wirksame Rechtskraft nicht angenommen werden. Das OHG hat aber auch der II. Instanz in der Ansicht beizutreten nicht vermocht, daß an den Beweis entgangenen Gewinns andere und strengere Anforderungen in dem Falle zu stellen seien, wenn der die Differenz zwischen dem Kaufpreise und dem zur Zeit und am Ort der Erfüllung bestehenden gemeinen 'Werthe der Waare fordernde Käufer den Nachweis des letzteren durch offiziell festgestellten Tageskurs oder Marktpreis zu liefern nicht vermöge. Es würde dem Geist und der Tendenz der Vorschriften des HGB nicht entsprechen, wollte man das Recht auf Schadenersatz, welches Art. 283 dem Betheiligten in weitestem Umfange einräumt, nicht etwa blos da absprechen, wo von einem blos möglichen, durch keinerlei objektive Momente unterstützten, rein putativen Gewinn die Rede ist — ungerechtfertigte Bereicherung dieser Art soll durch die angezogenen Artikel keineswegs begünstigt werden (vgl. Prot. C. L. III, S. 1309), — sondern durch die Anforderung eines stringenten Beweises aller einzelnen, auch der ihrer subjektiven Beziehung halber schwer nachweisbaren thatsächlichen Momente des Zusammenhangs zwischen Schaden und Schadenursache der praktischen Bedeutung entkleiden, bzw. von dem zufälligen Umstand abhängig machen, ob dem im Unrecht befindlichen Gegner die Höhe des Schaden gerade durch offizielle Preisnotizen nachgewiesen werden kann. Nicht einmal dieser Nachweis würde bei strenger Normirung der Beweisaufgabe zur Begründung des Anspruchs auf entzogenen Gewinn genügen, wenn man nicht zugleich von der doppelten Voraussetzung ausginge, einmal: daß der durch Nichtlieferung geschädigte Käufer, wäre die Waare ihm geliefert worden, wirklich Gelegenheit gehabt hätte, sie zu dem notirten Preise wieder zu verkaufen, sodann aber: daß er sie in der That zu diesem Preise wieder verkauft haben würde. Die zuletztgedachte Voraussetzung ist aber völlig unbedenklich, wenn man erwägt, daß, wie in den Motiven des preuß. Entwurfs zum HGB S. 106 hervorgehoben ist, der Regel nach bei allen Handelsgeschäften ein daraus zu ziehender, den ordnungsmäßigen Erwerb des Handeltreibenden bildender Gewinn beabsichtigt und im Voraus nach Maaßgabe der bestehenden Konjunkturen in Berechnung gezogen wird, daß aber hiermit die Annahme, der Käufer werde die ihm günstige Konjunktur der Lieferzeit sowie die Gelegenheit zu gewinnbringender Wiederveräußerung der erkauften Waare unbenutzt vorübergehen lassen, ohne das Dazwischentreten besonderer in keinem Falle zu präsumirender Umstände, unvereinbar ist. Aber auch die Voraussetzung der Verkäuflichkeit der Waare, der Füglichkeit ihrer Verwerthung zu dem Marktpreise der Lieferungszeit erscheint durch die Betrachtung gerechtfertigt, daß schon die Existenz einer offiziellen Preisnotiz, als Produkts der Zusammenwirkung von Nachfrage und Angebot bei einer Mehrzahl von Geschäftsabschlüssen, auf die Gangbarkeit des betreffenden Artikels zu der in Rede stehenden Zeit hinweist, und daß unter solchen Umständen der erwiesen vertragsbrüchige Gegner nicht beschwert erscheint, wenn man auch hier ihm den Beweis des Gegentheils, die Darthuung der besonderen Umstände aufbürdet, welche der aus der konstatirten Marktgängigkeit der Waare zu Gunsten des Käufers zu ziehenden Schlußfolgerung entgegenstehen.

Wie man sich nun insoweit in Uebereinstimmung mit der II. Instanz befindet, so erhellt andererseits aus demjenigen, was oben über die Bedeutung des Marktpreises bemerkt worden ist, die Nothwendigkeit, in der Anwendung der im Vorstehenden berührten Grundsätze weiter zu gehen, als die vorigen Instanzen gethan haben, und ihre Konsequenzen auch dann eintreten zu lassen, wenn die in Rede stehende Handelswaare zwar keinen offiziell festgestellten Kurswerth oder Marktpreis hat, wohl aber den zur fraglichen Zeit erwiesenermaaßen stattgehabten Geschäftsabschlüssen zufolge als eine gemein verwerthbare, marktgängige unbedenklich bezeichnet werden darf. Es kommt dann nur darauf an, daß der den Ersatz des durch Nichtlieferung entgangenen Gewinns fordernde Kläger dies durch Verkäuflichkeit oder Marktgängigkeit der Waare in dem oben bezeichneten Sinne mit einem aus den erwiesenen Geschäftsabschlüssen sich ergebenden Durchschnittspreise nachzuweisen vermag.

Für die Prüfung des von den Bekl. unternommenen Beweises aus diesem Gesichtspunkt stellt sich nun aber das durch Zeugenaussagen beschaffte Beweismaterial als erheblich dar.

Bei seiner notorisch vielfachen Verwendung zu ökonomischen, industriellen und medizinischen Zwecken kann Chlorkalk schon an sich nicht zu den wenig gesuchten oder gebrauchten und deßhalb im Handelsverkehr nur selten oder unter ganz besonderen Umständen umzusetzenden Handelsartikeln gerechnet werden. Auch die oben ausgehobenen Auslassungen der Sachverständigen weisen nicht sowohl auf geringen oder seltenen Umsatz, sondern blos auf etwas hin, was bekanntlich nicht als Eigenthümlichkeit des Chlorkalks betrachtet werden kann, sondern in der Regel von jedem Handelsartikel gilt, daß der Absatz desselben eine von der Qualität, wie von der größeren oder geringeren Beliebtheit der Produkte der einzelnen Fabriken abhängige Richtung und Grenze habe. Ueberdies geht aus den Angaben der Zeugen ..., welche eine unverkennbar steigende Tendenz der Chlorkalkpreise bis gegen die Mitte des Jahres 67 bekunden, indirekt hervor, daß damals Chlorkalk kein ungangbarer, des Mißverhältnisses zwischen Angebot und Nachfrage halber nicht oder nur schwer abzusetzender Artikel gewesen ist. Direkte Bestätigung erhält dies aber durch die weiteren Angaben der Zeugen, welche als Großhändler während der in Rede stehenden Zeit Chlorkalk zu den dabei angegebenen Preisen bzw. gekauft und verkauft zu haben versichern, und welche auf in Magdeburg gemachte Geschäftsabschlüsse sich beziehen.

Die Glaubhaftigkeit ihrer Angaben wird selbstverständlich dadurch nicht beeinträchtigt, daß sie sich hierbei auf ihre Bücher oder die von ihnen gemachten Notizen beberufen ... Im Allgemeinen stehen ihre Aussagen im Einklang, differiren auch, soviel die Preisangaben anlangt, nicht in so auffallender, auf sogen. Gelegenheitskäufe oder eigenthümliche, spezielle Verhältnisse hindeutender Weise, daß es irgend bedenklich fallen könnte, auf Grund derselben die Existenz einer erheblichen Zahl von Geschäftsabschlüssen und die Füglichkeit der Ermittelung eines als gemeiner Werth oder Marktpreis zu betrachtenden Durchschnittspreises für konstatirt anzusehen. Die in Magdeburg bestandenen Preise als maaßgebend für den hier in Rede stehenden Erfüllungsort, Schönebeck, gelten zu lassen, rechtfertigt sich durch die Erwägung, daß einerseits Magdeburg notorisch der in der Nähe von Schönebeck gelegene größere Handelsplatz ist, andererseits durch die Behauptung der Bekl., daß sich in Schönebeck weder eine andere chemische Fabrik außer der klägerischen, noch sonst Jemand befinde, welcher Chlorkalk im Ganzen verkaufe, was seitens des Klägers offenbar ausweichend — nämlich mit Nichtwissen, ohne irgend welche Aussprache über den wahren Sachverhalt, dessen Bekanntschaft beim Kläger nach Lage der

Sache vorauszusetzen — beantwortet worden ist. Soviel aber den hier maaßgebenden Zeitpunkt anlangt, will Kläger selbst . . . als solchen nur „Ende Dezember 66 oder Anfang Januar 67" gelten lassen, was um so unbedenklicher festzuhalten ist, als der Eintritt des Verzugs in Gemäßheit der theils zugestandenen, theils durch anerkannte Urkunden bewiesenen Anführungen in den Anfang des Januar 67 zu setzen ist, übrigens eine wesentliche Differenz der in dem vorgedachten Monat und in den beiden nächstfolgenden Monaten geltenden Preise aus den Zeugenaussagen sich nicht ergiebt und deßhalb auch die Frage füglich dahingestellt bleiben kann, ob sich die seitens Klägers successiv zu bewirkende Lieferung auf den Monat Januar 67 zu concentriren gehabt hätte. Von den Zeugen wird aber für den vorgedachten Zeitpunkt der Centnerpreis von 100 % Chlorkalk . . . auf [durchschnittlich] 5 Thlr. $2\frac{1}{2}$ Sgr. angegeben. Nach der Differenz zwischen diesem Betrage und dem auf 4 Thlr. per Centner bedungenen Kaufpreise war deshalb der von den Bekl. verlangte Schädenanspruch für begründet und dargethan zu achten. In materieller Beziehung konnte nämlich weder auf . . . Transportaufwand Rücksicht genommen werden, da ein unumwundenes Geständniß der Bekl., sich den bezüglichen Betrag allfällig kürzen lassen zu müssen, [nicht vorliegt, noch auch in Betracht gelangen, daß, wie die I. Instanz hervorgehoben hat, von den Sachverständigen für die Höhe der Preisnorm nicht blos die schon oben berührte Beschaffenheit und Beliebtheit der Produkte einzelner Fabriken, sondern auch die Höhe des abgesetzten Quanti für mitbestimmend erklärt worden ist. Denn mag man die größere Quantität, bei deren Abnahme eine Ermäßigung des Preises üblich ist, mit einem Zeugen auf 1000 Centner oder mit den Sachverständigen auf 500 Centner bemessen, so bleibt die hier fragliche Quantität [v. etwa 360 Centnern] davon unberührt.

Im Uebrigen aber wäre es . . . Sache des Klägers gewesen, solche Thatumstände, welche er zu Elidirung der von den Bekl. vorgeführten Beweismomente, bzw. zum Nachweis des Gegentheils der diesen Beweis selbst stützenden Voraussetzungen oder faktischen Vermuthungen für geeignet erachtete, gebührend darzulegen und nachzuweisen. Da dies nicht geschehen ist, so hat auch für den erkennenden Richter kein Anlaß vorgelegen, in den Kreis seiner Erwägungen besondere Thatumstände oder eigenthümliche Verhältnisse zu ziehen, für deren Vorhandensein die Akten einen sicheren Anhalt nicht darboten. Man konnte deshalb auch vom formellen Standpunkt aus davon absehen, die Bekl. zu Vervollständigung des Beweises noch mit einem Eide zu beschweren, auf welchen sie in voriger Instanz, obschon unverkennbar nur eventuell, hingewiesen haben.

Nr. 24.

Plenum. — Erkenntniß v. 18. April 71. (B.)

P. J. Stahlberg ./. Beckmann & May (Nr. 21 v. 71).

Preußen. **Nichtigkeitsbeschwerde.**

I. Instanz: Kreisgericht Stettin,

II. Instanz: Appellationsgericht daselbst.

Schiedsrichter. Kompetenzfrage.

1. Bei einem Schiedsvertrage (Kompromiß) ist die Abrede, daß die berufenen Schiedsrichter zu eigener Entscheidung über ihre Kompetenz in entstehenden Streitfällen befugt sein sollen, giltig und wirksam.

AGO I. 2 § 167, 168, 173.

2. Rechtsgrundsätzlich sind Schiedsrichter, auch in Preußen, nicht unbedingt verpflichtet, bei sich erhebenden Kompetenzstreitigkeiten ihr Verfahren einzustellen und die Erledigung dieser prozessualen Vorfrage den Staatsgerichten zu überlassen.

AGO I. 2 § 171—176.

Der jetzige Kläger ist aus einem Stettiner Börsengeschäft (in Spiritus) durch dortiges, usancemäßig bestelltes kaufmännisches Schiedsgericht, welchem die Interessenten etwa entstehende Streitigkeiten ausdrücklich unterworfen hatten, zu einer Zahlung verurtheilt worden. Er erhebt nun eine die Vernichtung des Schiedsspruchs bezweckende Klage, weil er die Kompetenz der Schiedsrichter für den gegebenen Fall nicht anerkennen will und schon im schiedsrichterlichen Verfahren bestritten hatte. Der I. Richter erkannte, der in Preußen herrschenden Spruchpraxis* folgend, auf Vernichtung des ergangenen Schiedsspruchs; in II. Instanz aber ward Kläger abgewiesen, und seine RktBschw. blieb ohne Erfolg.

Entscheidungsgründe des OHG:

Das preuß. Recht enthält wenige Bestimmungen über den Schiedsvertrag und das schiedsrichterliche Verfahren**; die wichtigsten Vorschriften darüber finden sich in § 167 ff. Tit. 2 Th. I AGO. Hervorgehoben zu werden verdienen nur die Bestimmungen über die Anfechtungen des Schiedsspruchs. Gegen diesen wird die Appellation gestattet, für den Fall aber, daß der Kompromißvertrag die letztere ausschließt (was vorliegend zutrifft), nur die Nichtigkeitsklage, deren Zulässigkeit davon abhängt, daß entweder das Verfahren an unheilbaren Nullitäten leidet, oder gegen ein den vorliegenden Fall „ganz klar entscheidendes Landesgesetz" erkannt worden ist.

Die Frage, was Rechtens sei, wenn unter den Parteien streitig wird, ob ein rechtsgiltiger Schiedsvertrag bestehe, oder ob der Vertrag auf den zu entscheidenden Streit sich beziehe, wird nicht gelöst. Theorie

* Präjudiz des OTr. Nr. 2668 v. 17. Juni 56, Strieth. Arch. B. 21 S. 282; Entsch. B. 33 S. 168.
** Vgl. C. F. Koch, der preußische Civilprozeß (1848) § 4.

und Praxis, insbesondere die Judikatur des preuß. OTr. haben sich auf Grund allgemeiner Rechtsprinzipien überwiegend für die Ansicht ausgesprochen, ein solcher Streit gehöre stets zur Entscheidung der staatlichen Gerichte, welche denselben in dem gewöhnlichen prozessualen Verfahren zu erledigen haben. Eine nothwendige Konsequenz dieser Ansicht ist, daß

1) wenn ein Streit der bezeichneten Art sich erhebt, die Schiedsrichter oft am passendsten handeln werden, bis zur Erledigung desselben durch die staatlichen Gerichte das schiedsrichterliche Verfahren, weil dasselbe effektlos zu werden droht, einzustellen;

2) daß, wenn gleichwohl der Schiedsspruch erlassen ist, jede Partei das Recht hat, den Kompetenzstreit im ordentlichen Wege zum Austrag zu bringen, indem entweder der obsiegende, die Kompetenz bejahende Theil auf Anerkennung des Schiedsspruchs oder der Gegner dahin, daß das Laudum für unwirksam und unverbindlich erklärt werde, vor dem staatlichen Gericht Klage erhebt. Die Klage, welche in letzterem Falle anzustellen ist, kann aber nicht als „Nichtigkeitsklage" (im Sinne des § 172 ff. a. a. O.) gelten; sie ist eine gewöhnliche Klage, welche den allgemeinen Regeln und nicht den Beschränkungen der citirten Vorschriften unterliegt, wie dies auch der Fall sein würde, wenn der Kompetenzstreit sich nicht bereits vor dem Schiedsrichter erhoben hätte und von diesem entschieden wäre.

Vorliegend war der Streit, ob das schiedsrichterliche Verfahren zulässig sei, bereits in letzterem hervorgetreten. Die Schiedsrichter haben sich nicht bestimmt gefunden, bis zum Austrag des Inzidenzfalls durch die staatlichen Gerichte, ihre Funktionen einzustellen, vielmehr das Laudum erlassen, indem sie zugleich, gestützt auf eine Bestimmung des allgemeinen Kompromißvertrags „den Schiedsrichtern liege insbesondere auch ob, über die Kompetenz zu entscheiden" die Kompetenzfrage ihrer Würdigung unterzogen und bejaht haben.

Zugegeben nun, Kläger mache mit vollem Recht geltend, die Entscheidung der Kompetenzfrage sei ungeachtet jener Bestimmung des Kompromißvertrags unwirksam: so würde hieraus doch nur folgen, daß Kläger befugt sein muß, vor dem staatlichen Gericht im gewöhnlichen Prozeßverfahren durch Anstellung einer besonderen Klage auszuführen, daß das schiedsrichterliche Verfahren unzulässig war und dem Schiedsspruch daher keine verbindliche Kraft beiwohnt. Für diese Klage und deren Schicksal ist der Umstand, daß die Schiedsrichter über ihre Kompetenz entschieden haben, wie bereits erwähnt, völlig gleichgiltig. Der Fall ist, juristisch betrachtet, auch wenn man dem Kläger in seinen Anführungen wegen Ungiltigkeit der die Kompetenz betreffenden Bestimmungen des Kompromißvertrags vollkommen beitreten will, von demjenigen nicht verschieden, in welchem im schiedsrichterlichen Verfahren ein Kompetenzzweifel nicht angeregt und vom Schiedsrichter nicht entschieden ist. Von entscheidender Wichtigkeit ist, daß kein Gesetz vorschreibt: die Schiedsrichter seien verpflichtet, ihre Thätigkeit einzustellen, wenn die eine oder andere Partei ihre Zuständigkeit bekämpft, und das Laudum, welches im Falle des Gegentheils erlassen werde, schon aus dem Grunde nichtig, weil das Verfahren nicht eingestellt sei. Unhaltbar erscheint die Behauptung, eine solche Bestimmung sei überflüssig, da sie sich nothwendig schon aus dem Prinzip ergebe, daß über den Kompetenzstreit endgiltig nur die staatlichen Gerichte zu entscheiden haben.

Die Konsequenz kann nicht richtig sein; denn es ist völlig unerfindlich, weshalb die Einstellung des Verfahrens und eine Enthaltung von der Entscheidung über die Kompetenz eintreten müsse. Die Erlassung des Laudums unter Bejahung der Kompetenz benachtheiligt sichtbar keine der Parteien, erscheint eben im Interesse des obsiegenden Theils vollkommen am Platze, wenn die Kompetenz in der That begründet und die Voraussetzung gerechtfertigt ist, sie werde auch vom staatlichen Gericht anerkannt werden, sofern der eine oder andere Theil zur Klage schreite, um die Unzulässigkeit oder Zulässigkeit des schiedsrichterlichen Verfahrens im ordentlichen Rechtswege auszuführen. Insbesondere aber wird es sich rechtfertigen, in der bezeichneten Weise zu verfahren, wenn der Kompromißvertrag die Lösung der Kompetenzstreitigkeiten den Schiedsrichtern überweist. Doktrin und Praxis haben auch keineswegs sich für die erwähnte Konsequenz ausgesprochen. Dies ist, soviel bekannt, nur vom preuß. OTr. aus nicht befriedigenden Gründen geschehen;

Entsch. B. 33 S. 168; B. 63 S. 430.

Der aus § 176 AGO I. 2 hergeleitete Hauptgrund, worauf das Ober-Tribunal seine Ansicht stützt, erweist sich als unzureichend. § 176 a. a. O. schließt keineswegs aus, daß der um Vollstreckung angegangene Richter, falls er den Kompetenzstreit aus den Unterlagen des Exekutionsgesuchs ersieht, letzteres vorläufig zurückweist, oder, sofern die Vollstreckung angeordnet ist, auf Einspruch des die Zulässigkeit des schiedsrichterlichen Verfahrens bekämpfenden Exequendus bis zur Erledigung dieses Streits im ordentlichen Rechtswege sistirt und aufhebt. Anders könnte ja auch nicht verfahren werden im Falle unterbliebener Anregung des Kompetenzstreits vor den Schiedsrichtern; woraus klar hervorgeht, wie unerheblich es ist, ob die Einrede der Inkompetenz vor den Schiedsrichtern erhoben und von diesen verworfen ist. Nicht unerwähnt mag bleiben, daß bei Berathung der gemeinsamen Civil-Prozeßordnung für den Norddeutschen Bund die Ansicht des Obertribunals einer gründlichen und umfassenden Prüfung unterzogen und als unverträglich mit den allgemeinen Rechtsprinzipien und mit der gedeihlichen Entwickelung des schiedsrichterlichen Verfahrens verworfen ist (vgl. Nordd. PO Entw. § 1167).

Der Appellrichter hat nun die Klage durch reformatorisches Urtel zurückgewiesen. Dieselbe war, die Zulässigkeit des schiedsrichterlichen Verfahrens betreffend, auf die Behauptung gestützt: die Schiedsrichter seien zur Erledigung des Hauptstreits nicht kompetent gewesen. Kläger, welcher die Klage als Nullitätsklage bezeichnet hat, wird gewiß nicht benachtheiligt, wenn seine Klage als eine gewöhnliche, an die Schranken der Nullitätsklage nicht gebundene aufgefaßt wird.

Werden nun die Gründe geprüft, auf welche der Appellrichter sein Urtel gestützt hat, so ist allerdings richtig, daß er die Bestimmung des Kompromißvertrags, welche die Befugniß der Schiedsrichter, über ihre Kompetenz zu entscheiden, statuirt, für durchgreifend erklärt. Gegen diesen Entscheidungsgrund kämpft die NktBschw. an, indem sie den Rechtsgrundsatz als verletzt bezeichnet, daß auch im Falle solcher kontraktlichen Vereinbarung die Entscheidung des Kompetentsstreits den staatlichen Gerichten im ordentlichen Prozeßwege gebühre.

Sollte in der That dieser Rechtsgrundsatz anerkannt werden müssen, so würde gleichwohl die Beschwerde ohne Erfolg bleiben müssen. Denn in den Gründen des Appellurtels wird außerdem ausführlich, und ohne daß die NktBschw. in dieser Hinsicht einen Angriff versucht hat, deduzirt: die Kompetenz der Schiedsrichter sei in der That begründet gewesen. Dieser nicht angefochtene selbständige Entscheidungsgrund führt zur Verwerfung der NktBschw., die bei der Enge des Angriffs nur von Effekt sein könnte, wenn der Rechtsgrundsatz bestände:

das Laudum fällt, wenn die Schiedsrichter bei Kompetenzstreitigkeiten nicht das Verfahren einstellen, sondern vor Erledigung des Streits durch die Gerichte des Staats das Laudum erlassen.

Ein solcher Rechtsgrundsatz besteht nicht und ist auch in der Nkt-Bschw. nicht ausdrücklich behauptet.

Nr. 25.

Plenum. — Erkenntniß v. 18. April 71. (B.)

Löwenherz ⁄. Brasch (Nr. 174 v. 71).

Preußen. Wechsel-Exekutionssache. Nichtigkeitsbeschwerde.

I. Instanz: Kreisgericht Posen,

II. Instanz: Appellationsgericht daselbst.

Prozessuale Nichtigkeitsgründe in Preußen. Vorentscheidung des Strafrichters.

1. Nach altpreußischem Prozeßrecht begründen Verstöße gegen Prozeßvorschriften nur dann eine Nichtigkeit des ergangenen Erkenntnisses, wenn die nicht beachteten Vorschriften zu den speziell vom Gesetz aufgeführten wesentlichen Prozeßnormen gehören*.

B. v. 14. Dez. 33 § 4 Nr. 2, § 5.
Deklaration v. 6. April 39 Art. 3, 8.
Instruktion v. 7. April 39 Nr. 11.
Vgl. Rspr. B. I S. 398.

2. Ist eine Vorentscheidung des Strafrichters maaßgebend für die Beurtheilung derselben Verhältnisse im Civilverfahren?

Vgl. Norddt. PO Entw. § 437.

Das OHG giebt hier als Nichtigkeitsrichter folgende

Entscheidungsgründe:

Verstöße gegen Vorschriften der Prozeß-Ordnung können nach § 4 Nr. 2 und § 5 der [preuß.] Verordnung v. 14. Dez. 33 nur dann zur Vernichtung des angefochtenen Erk. führen, wenn jene Prozeßvorschriften zu den dort und im Art. 3 der Deklaration vom 6. April 39 speziell

* Anders in Hessen, Nassau und Schleswig-Holstein nach der Verordnung v. 24. Juni 67 § 68, sowie nach Norddt. PO Entw. § 808, 814 und im preußischen Strafverfahren.

aufgeführten wesentlichen gehören. Daß einer dieser Fälle vorliegt, ist in der NktBschw. bestimmt gar nicht einmal behauptet, letztere somit nicht derart begründet, wie Art. 8 der Deklaration v. 6. April 39 vorschreibt.

Die als verletzt bezeichneten §§ 251, 284 Titel 10 sowie §§ 9, 11, 24 Titel 13 und § 29 Titel 27 der AGO enthalten aber auch nicht solche wesentliche Prozeßvorschriften [im Sinne des vorgedachten § 4 Nr. 2), vielmehr nur Anweisungen für den prozeßleitenden und erkennenden Richter über das Verfahren bei Aufnahme der Beweise und die Beurtheilung ihrer größeren oder minderen Erheblichkeit.]

Der Satz zunächst, daß Erkenntnisse im Strafverfahren unmaaßgeblich für die Entscheidung im summarischen und Wechsel-Prozeß seien, kann in dieser Allgemeinheit als ein Rechtsgrundsatz überhaupt nicht anerkannt werden. Der Plenarbeschluß des preuß. OTr. v. 15. Dez. 56 [Entsch. B. 34 S. 19] erklärt nach preußischem Recht die Entscheidung des Strafrichters über eine zur Untersuchung gekommene strafbare Handlung für den Civilrichter, welcher über einen Entschädigungsanspruch zu entscheiden hat, bei Beurtheilung der Beweisfrage hinsichtlich der zur Begründung dieses Anspruchs dienenden Thatsachen insoweit für nicht maaßgebend, als besondere gesetzliche Bestimmungen nicht das Gegentheil rechtfertigen. Es würde ein Verstoß gegen diesen Satz vielleicht als eine Verletzung der Grundsätze über die Wirkung rechtskräftiger Entscheidungen aufgefaßt werden können — der übrigens hier nicht gerügt ist —; indeß hat sich der Appellrichter mit jenem Satze gar nicht in Widerspruch gesetzt, er hat vielmehr im Gegentheil demselben entsprechend dem wider Imploranten im Strafverfahren ergangenen Straf-Erk. eine entscheidende Bedeutung nicht beigelegt und dann weiter nur erklärt, daß die Beweisaufnahme und die Feststellung im Strafverfahren dennoch nicht ganz unberücksichtigt zu lassen sei.

Freilich ist demnächst vom Appellrichter auf jene Beweisaufnahme im Strafverfahren speziell nicht weiter eingegangen und auch nicht gesagt, welches Beweismittel für den vorliegenden Rechtsstreit als entscheidend anzusehen. Implorant hat darauf indeß einen bestimmten Angriff nicht gestützt, auch kaum gründen können; denn nach § 5 Nr. 9 der Verordnung v. 14. Dez. 33 begründet es nur eine Nichtigkeit, wenn der Appellrichter gar keine Entscheidungsgründe angegeben hat. Dieser Fall liegt nicht vor, der Appellrichter hat Entscheidungsgründe gegeben; daß dieselben in der angedeuteten Richtung nicht vollständig und erschöpfend sind, macht das Erk. aus § 5 Nr. 9 noch keineswegs zu einem nichtigen.

Implorant rügt weiter, daß die Feststellung im Strafverfahren allein auf der Aussage der verehelichten Brasch — Ehefrau des Bekl. — beruhe, und daß der Appellrichter dies verschwiegen habe; es wird deshalb Verletzung des § 228 Nr. 6 AGO Th. 1 Tit. 10 gerügt.

Einmal ist aber nicht ersichtlich, worauf jene Voraussetzung beruht, eine dahin gehende Behauptung ist von keiner Partei aufgestellt, Implorant scheint sie jetzt nur aus dem Straferkenntniß herzuleiten; einer Omission (im Sinne des § 5 Nr. 10, a der Verordnung v. 14. Dezbr. 33) könnte der Appellrichter sich somit nicht einmal schuldig gemacht haben, denn eine Omission ist nur dann vorhanden, wenn eine von Parteien angeführte Thatsache ganz unerwähnt gelassen. [Vgl. Rspr. I S. 97.]

Dann hat aber der Appellrichter auch jener Feststellung des Strafrichters, daß Implorant sich hinsichtlich des hier fraglichen Wechsels eines Betrugs schuldig gemacht, keine entscheidende Bedeutung beigelegt; er hat selbständig geprüft und ist zu dem Endresultat gelangt, daß dem Kläger ein Erfüllungseid nicht anzuvertrauen sei. Nirgend hat er dabei der in jenem Untersuchungsverfahren abgegebenen Aussage der Ehefrau des Bekl. Beweiskraft beigelegt, die ihr allerdings in jetzigem Prozeß nach § 228 Nr. 6 AGO Th. 1 Titel 10 mangeln würde*; ein Verstoß gegen § 5 Nr. 10, c der Verordnung v. 14. Dezbr. 33 und Nr. 19 der Instruktion v. 7. April 39, der nicht einmal gerügt worden, läge somit auch nicht vor.

Gegenstandslos ist der Vorwurf, daß der Appellrichter die Natur der Eidesdelation verkannt und durch Nichtbeachtung des § 284 AGO I, 10 sich einer Nichtigkeit schuldig gemacht habe. Bekl. hat dem Kläger den Eid nur für den Fall zugeschoben, daß er selbst nicht zum Erfüllungseide verstattet werden sollte, und der Appellrichter erklärt keineswegs diese Eidesdelation für unstatthaft, weil Kläger wegen Betrugs bestraft worden, sondern er spricht ganz ausdrücklich von dem nothwendigen Eide und erklärt, daß Kläger zu diesem nicht verstattet werden könne, weil er in dem Strafverfahren wegen Betrugs im Rückfall bestraft worden. Ganz abgesehen von der letzten Verurtheilung ist Kläger schon früher wegen Betrugs bestraft, und der Appellrichter verstößt nicht gegen jenen § 284, wenn er deshalb Bedenken trägt, dem Kläger einen nothwendigen Eid anzuvertrauen.

* Vgl. Rspr. I. Nr. 15, S. 82 ff. — Voraussetzung des oben angeführten § 5 Nr. 10, c ist: völliger Mangel aller Beweiskraft; diese trifft bezüglich der Ehefrau einer Partei selbst dann nicht zu, wenn sie in Gütergemeinschaft mit dem Manne lebt. Es ist dem erkennenden preuß. Richter unbenommen, u. a. auf die unbeeidete Aussage einer solchen Auskunftsperson die Entscheidung zu gründen, welcher Partei ein nothwendiger Eid anzuvertrauen; Z. Plen. Erk. v. 18. April 71 i. S. Spiegel ·/. Schulte-Evert, Nr. 197 v. 71.

Nr. 26.

Plenum. — Erkenntniß v. 18. April 71. (B.)

A. Merzbach ./. J. L. Seligmann Söhne (Nr. 201 v. 71).

Preußen (Frankfurt). **Oberappellation.**

I. Instanz: Stadtgericht Frankfurt a. M.
II. Instanz: Appellationsgericht daselbst.

Benachtheiligung der Ausländer, Bundesindigenat. Prozeßrecht von Frankfurt a. M. in Arrestsachen.

1. Für Angehörige des Großherzogthums Baden ist schon auf Grund des Vertrages v. 14. Januar 70 eine gleiche — jetzt aus dem gemeinsamen Indigenat und dem gleichen Rechtsschutz aller deutschen Staatsbürger folgende — prozeßrechtliche Behandlung derselben mit den Angehörigen des Norddeutschen Bundes (namentlich in Arrestsachen, soweit dabei landesgesetzlich Ausländer benachtheiligt erscheinen) geboten.

Staatsvertrag v. 14. Januar 70 (BdGesBl. S. 67).
Deutsche Reichsverfassung v. 16. April 71 Art. 3 Abs. 1.
Rechtshilfegesetz v. 21. Juni 69 Art. 39, BdGesBl. S. 302.
Vgl. Rspr. B. I Nr. 58 S. 331.

2. Frankfurter Arrestrecht nach der provisorischen Prozeßordnung von 1819, Art. 51, 53, 56.

Durch Realarrestschlag hat Kläger (ein Frankfurter Bürger) gegen die zu Karlsruhe wohnende Bekl. (Badener) im November 70 einen Gerichtsstand in Frankfurt a. M. begründet und hier eine Geschäftsforderung geltend gemacht. Beklagte beantragt Aufhebung des Arrestes und Verfahrens sowie Entschädigung, auf Grund des zwischen dem Großherzogthum Baden und dem Norddeutschen Bunde geschlossenen Vertrages vom 14. Januar 70 (BdGesBl. S. 67). Der I. Richter verwarf diesen Antrag, in II. Instanz wurde ihm stattgegeben, nachdem Baden inzwischen dem Bunde beigetreten war.

Ueber die Bedeutung dieser staatsrechtlichen Vorgänge, sowie über die Frankfurter Arrestprozeßvorschriften entschied das OHG bestätigend in folgenden

Urtelsgründen:

Wenn man davon absieht, daß in Folge der Aufnahme des Großherzogthums Baden in den zum Deutschen Reiche erweiterten Norddeutschen Bund die Verfassung des Letzteren mit ihren auf das gemeinsame Indigenat und den gleichen Rechtsschutz aller Bundesangehörigen bezüglichen Bestimmungen (Art. 3) auch im Großherzogthum Baden seit 1. Januar 71 Gesetz geworden ist (BdGesBl. v. 70, Nr. 57), und [wenn man] lediglich den Rechtszustand, wie er beim Beginn dieses Rechtsstreits existirte, ins Auge faßt: so waltet darüber kein Zweifel ob, daß der Staatsvertrag vom 14. Januar 70, Art. 39 auf dem Gebiet, welches er zu regeln bestimmt war, in Betreff des Rechtsschutzes und der Rechtsverfolgung eine gleiche Behandlung der Angehörigen des Großherzogthums mit denen des Norddeutschen Bundes herbeizuführen beabsichtigt und danach solche Prozeßgesetze, durch welche die Ersteren als Ausländer im Gebiet des Bundes nachtheiliger als die Bundesangehörigen zu behandeln gewesen wären, in Betreff ihrer außer Kraft gesetzt hat.

Es ist demnach zu untersuchen, ob die Frankfurter Prozeßgesetze, auf Grund deren der Arrest wider die bekl. Handlung verhängt worden ist, als „Vorschriften zum Nachtheil der Ausländer" enthaltend zu betrachten und diesem ihren Charakter gemäß zur Anwendung gekommen sind.

Der Art. 51 der provisorischen PO erklärt die Frankfurter Bürger, die Beisassen und Nachbarn der Ortschaften, die jüdischen Schutzgenossen und die mit liegenden Gütern in Frankfurt angesessenen Fremden berechtigt, gegen „fremde Schuldner" zur Begründung des Gerichtsstandes und zur Sicherung des Streitgegenstandes auf bloße Bescheinigung einer begründeten und fälligen Forderung hin Personal- oder Realarrest zu erwirken. Der Sinn dieser Bestimmung ist nicht unklar: als die Berechtigten erscheinen einerseits alle Kategorien der dem Frankfurter politischen

Gemeinwesen Angehörigen, der der Territorialhoheit (wenn auch nur realirter durch den Grundbesitz) Unterworfenen, andererseits als dem Arrest ausgesetzt die dem Gemeinwesen Fremden, die Ausländer. Also nicht der Wohnsitz, der ordentliche Gerichtsstand, sondern die staatsrechtliche Eigenschaft der betreffenden Personen ist es, worauf der Schwerpunkt ruht. Daß insbesondere auch nach dem allgemeinen gesetzlichen Sprachgebrauch der Ausdruck: „fremd" gleichbedeutend ist mit: „ausländisch", der Territorialhoheit nicht untergeben, und den Gegensatz gegen: „Bürger, Beisassen und Unterthanen" — „heimische Bürger und Angesessene" bildet, wird durch den Inhalt der Reformation (vgl. die bei Bender, Handbuch des Frankfurter Privatrechts S. 128 citirten Stellen) außer Zweifel gesetzt.

Gegenüber der Vorschrift des Art. 51 bestimmen nun die Art. 53 und 56 daselbst, inwieweit umgekehrt gegen die im Art. 51 als die Berechtigten aufgeführten, gegen die Frankfurter Bürger, Beisassen, jüdischen Schutzgenossen und angegessenen Fremden der Arrest zulässig ist. Diese Bestimmungen gehen dahin:

Personalarrest findet (vorbehaltlich einer im Art. 56 ad 1 bezüglich der „Ausbürger" gemachten Beschränkung) überall nicht, weder zur Begründung des Gerichtsstandes, noch zur Sicherung des Streitgegenstandes statt;

Realarrest findet statt, aber nur zur Sicherung des Streitgegenstandes und nicht — wie gegen Ausländer — lediglich auf Grund einer bescheinigten Forderung, sondern nur unter den im Art. 56 unter Nr. 1 bis 4 festgestellten Voraussetzungen.

Augenscheinlich ist hiernach, daß die Gesetzgebung generell den Ausländer dem Nichtausländer gegenüber hinsichtlich des Arrestverfahrens benachtheiligt. Die Versuche, dieses aus der einfachen Zusammenstellung der gesetzlichen Vorschriften sich ergebende Resultat zu beseitigen oder abzuschwächen, können auf Billigung nicht Anspruch machen....

[Namentlich ist es] ein bedenklicher Schluß, das, was in Betreff des Instituts der Ausbürger (worüber das Nähere bei Bender, Frankfurter Privatrecht S. 122 zu ersehen) ausnahmsweise bestimmt ist, auf alle anderen auswärts sich aufhaltenden Frankfurter anwenden zu wollen. In den eigenthümlichen Verhältnissen der Ausbürger konnten besondere Gründe für den ihretwegen gemachten Vorbehalt liegen. Jedenfalls muß es gewagt erscheinen, diesen mit antiquirten geschichtlichen Verhältnissen in Verband stehenden Vorbehalt in der Art zu generalisiren, daß dadurch das, wogegen das Gesetz den Frankfurter Bürger ꝛc. so positiv in Schutz nehmen wollte, auf einem Umwege wieder hergestellt würde.

Wenn angedeutet wird, daß dem durch Schlußfolgerungen aus Art. 56 Nr. 1 erzielten Resultat, daß auch Realarrest gegen auswärts domizilirte Frankfurter Bürger zur Begründung des Gerichtsstandes wenigstens zulässig sei, Art. 53 in keiner Weise entgegenstehe, da derselbe nur vom Arrest zur Sicherung des Streitgegenstandes handle: so ist dem entgegenzusetzen, daß wenn Art. 53 Realarrest nur zur Sicherung des Streitgegenstandes gegen Frankfurter Bürger zuläßt, dies doch sehr stark gegen die anderwärts hergeleitete Annahme, daß Realarrest zur Begründung der Gerichtsbarkeit dennoch zulässig sein könne, zu sprechen scheint.

Die versuchte Auslegung des Art. 53 in dem Sinne, daß die dort aufgezählten Bedingungen als mit der bloßen Domizilverlegung von selbst gegeben zu betrachten seien, kann keinen Beifall finden. Sie thut dem einfachen Wortsinne Gewalt an. Das Resultat, wohin sie führt, ist mit der Absicht und dem Gedanken des Gesetzes nicht in Einklang zu bringen, welches mit den betreffenden Bestimmungen etwas anderes, als einen einfachen Wohnungswechsel vor Augen gehabt hat, vielmehr gegen arglistige Handlungen des Schuldners Schutz hat gewähren wollen.

Verfehlt ist es auch, wenn die Klägerin für ihre Ansicht einen Anhalt in Art. 57 der provisorischen Prozeß-Ordnung hat suchen wollen. Derselbe steht zu der vorliegenden Frage an sich außer Beziehung. Er ist bestimmt die Objekte zu bezeichnen, die ihrer Natur nach einem Arrest nicht unterworfen sind. Als solche brauchte er die Vermögensstücke eines Frankfurter Bürgers nicht aufzuführen, wenn die Frage, inwiefern gegen einen solchen Personal- oder Realarrest überall zulässig ist, auf einem anderen Gebiet ihre Lösung gefunden hat.

Inwieweit mit der bisherigen Ausführung die mehrfach citirte Entscheidung des OAppG Lübeck v. 21. Januar 56 (Vereinssammlung B. II S. 287 ff.) übereinstimmt, kann auf sich beruhen bleiben. Es darf aber nicht übersehen werden, daß jene Entscheidung sich auf einen Fall bezog, wo Jemand sich der Erfüllung seiner Pflichten als Frankfurter Bürger zu entziehen und aus dem Frankfurter Bürgerrecht entlassen zu werden strebte, und von dem angenommen wurde, daß er durch sein Verhalten das Recht, in Beziehung auf den Gerichtsstand und namentlich in Beziehung auf gegen ihn nachzusuchende Arreste als Frankfurter Bürger behandelt zu werden, verloren habe. Wenn in diesem Falle angenommen wurde, daß nichts übrig bleibe, als den Art. 51 der provisorischen PO analog zur Anwendung zu bringen: so ist damit dem nicht widersprochen, was als das aus der Interpretation der Frankfurter Gesetzgebung gewonnene Resultat festgehalten werden muß, nämlich, daß die Vorschrift des Art. 51 ihrem wesentlichen Charakter nach als eine zum Nachtheil der Ausländer gereichende betrachtet werden muß, und daß somit, wenn in vorliegendem

Falle gegen die Bekl., als dem Norddeutschen Bunde fremde Ausländerin, ein Arrest zur Sicherheit des Streitgegenstandes und zur weiteren Begründung des Gerichtsstandes ausgebracht worden, etwas geschehen ist, was nach Maaßgabe des Staatsvertrages vom 14. Januar 70 nicht mehr geschehen durfte.

Findet hierin die Entscheidung des AppGer. schon ihre Rechtfertigung, so spricht für dieselbe außerdem und wenn man dem klägerischerseits festgehaltenen Gesichtspunkt näher treten will, auch noch folgende Erwägung:

Nach der Auffassung der Klägerin würde das Frankfurter Prozeßrecht den Grundsatz adoptirt haben:

> die Eigenschaft eines Ausländers ist Arrestgrund; als Ausländer gilt aber auch der Inländer, welcher ausnahmsweise im Inlande keinen allgemeinen Gerichtsstand hat.

Wenn das Prinzip „die Eigenschaft eines Ausländers ist Arrestgrund" nur auf der ratio beruhen kann, die Rechtsverfolgung im Auslande ist für den Gläubiger immer bedenklich: so erklärt sich zugleich seine Ausdehnung auf die Inländer, welche im Inlande kein forum generale haben. Andererseits ist aber nicht minder klar, daß die Tragweite des gedachten Grundsatzes eine wichtige Modifikation erleiden mußte, als die vormals freie Stadt Frankfurt der preußischen Monarchie einverleibt wurde. Die Modifikation bestand darin, daß der Grundsatz sich dahin präzisirte:

> die Eigenschaft eines Nichtpreußen ist Arrestgrund; als Nichtpreuße gilt auch der Preuße, welcher in Preußen keinen allgemeinen Gerichtsstand hat.

Hieran kann umsoweniger gezweifelt werden, als in demselben Staat ein Grundsatz unmöglich geduldet werden kann, dessen ratio die Voraussetzung wäre, in dem größeren Theil des Staats sei die Rechtsverfolgung ungebührlich erschwert und behindert. Hieraus folgt zugleich, daß der Art. 39 des mit Baden abgeschlossenen Vertrages über die Rechtshilfe zu Gunsten der Bekl. ausgelegt werden muß. Zunächst ist unleugbar, daß der Grundsatz des Frankfurter Prozeßrechts:

die Eigenschaft eines Ausländers (oder genauer eines Nichtpreußen) ist Arrestgrund,

auf Angehörige des Großherzogthums Baden keine Anwendung mehr findet. Dasselbe muß aber auch von der Erweiterung des Grundsatzes gelten:

als Nichtpreuße gilt auch der Preuße, welcher in Preußen kein forum generale hat, —

eine Erweiterung, die allerdings nach dem Wortlaut des Art. 39 noch fortdauern könnte, indem sich annehmen ließe, ein Badener, welcher in Preußen kein forum generale habe, unterliege in gleicher Art dem Arrest, wie ein Preuße, welchem ein solches forum in Preußen mangele.

Denn einestheils muß mit dem Prinzip auch dessen Erweiterung fallen, die lediglich darauf beruht, die ratio desselben durchzuführen. Und andrentheils erscheint die Festhaltung der Erweiterung mit dem Zweck des Vertrages unvereinbar. Daß ein Preuße in Preußen kein forum generale hat, ist ein Ausnahmefall, während es umgekehrt eine Ausnahme ist, daß ein Badener ein solches forum in Preußen hat. Wenn die Erweiterung anerkannt würde, so wäre also der Grundsatz: die Eigenschaft eines Nichtpreußen ist Arrestgrund, zum Nachtheil der Badener thatsächlich bestehen geblieben. Dies kann aber nicht beabsichtigt sein. Der Vertrag schließt sich eng an das für den norddeutschen Bund erlassene Rechtshilfegesetz vom 21. Juli 69 (BdGesBl. S. 302) an, insbesondere entspricht der Art. 39 genau dem § 39 des Gesetzes. Letzterer ist aber eben nach Ausweis der Entstehungsgeschichte gerade aus der Erwägung hervorgegangen, der partikularrechtliche Grundsatz: die Eigenschaft eines Ausländers ist Arrestgrund, müsse allen Bundesangehörigen gegenüber außer Wirksamkeit treten, weil seine Anwendung gegen Bundesangehörige mit dem Art. 3 der Bundesverfassung in Widerspruch trete, weil ferner seine Aufhebung eine nothwendige Konsequenz des Hauptprinzips des neuen Gesetzes sei, daß Rechtshilfe unbeschränkt und in vollem Umfange gewährt werde; ein Prinzip, welches, wie bei der Berathung des neuen Gesetzes nachdrücklich geltend gemacht wurde, die Voraussetzung zur Grundlage hatte, die Rechtshilfe sei zu gewähren, wie sie nach den Grundsätzen des modernen Staatsrechts in einem einheitlichen Staat gewährt werden müsse, weil die Rechtspflege innerhalb des ganzen Bundesgebiets nach jeder Richtung allen Anforderungen entspreche und volles Vertrauen verdiene. Hieraus würde folgen, daß der Grundsatz des Frankfurter Prozeßrechts, auch in seiner supponirten Ausdehnung, nur auf solche Badener, die auch in Baden keine forum generale haben, noch anzuwenden wäre.

Anlangend schließlich die im II. Erk. ausgesprochene Schadenersatzpflichtigkeit des Klägers, so ist der im Art. 61 der provisorischen PO gebrauchte Ausdruck „frevelhaft" nicht in dem Sinne zu betonen, daß daraus die Nothwendigkeit einer subjektiven Böswilligkeit als Bedingung der Schadenersatzpflicht herzuleiten wäre. Insofern aber neben der objektiven Rechtswidrigkeit des Arrests in der Fassung des Art. auf einen gewissen Grad von Verschuldung des Impetranten bei Nachsuchung und Erlangung des Arrests hingewiesen ist, erscheint es nicht bedenklich, daß in den Umständen des vorliegenden Falles — der Stellung der Parteien, des erheblichen Betrages der Arrestsumme, der durch das an sich gesetzlich nicht gerechtfertigte Verfahren dem Kredit des Bekl. widerfahrenen Gefährdung — ausreichende Gründe für die Annahme eines die Schadenersatzverbindlichkeit begründenden Verschuldens zu finden sind.

Nr. 27.

Plenum. — Erkenntniß v. 25. April 71. (Ref.)

G. Scheller ./. F. Kurth's Erben (Nr. 140 v. 71).

Preußen. Wechselsache. Revision.

I. Instanz: Gerichtsdeputation Driesen,

II. Instanz: Appellationsgericht Frankfurt a. O.

Domizilwechsel, Zahlungsort. Wohnort eines preußischen Stromschiffers. Erbanfall und rechtzeitige Entsagung.

1. Zu einem Domizilwechsel gehört wesentlich die Angabe eines vom Wohnort des Bezogenen verschiedenen Zahlungsorts.

DWO Art. 4 Nr. 8, Art. 24; vgl. unten Fall Nr. 66.

Der Vermerk: „zahlbar im Kassenlokal der Driesener Spar- und Vorschußkasse" besagt nicht, daß die Zahlung im Orte „Driesen" geschehen soll.

2. Wie bestimmt sich nach ALR beim Erbschaftsanfall die dem Erben für eine Entsagung offenstehende Frist und die Beweislast bezüglich rechtzeitiger Erbschaftsentsagung?

ALR I. 9 § 367, 383 ff., 412, 421, 424.

3. Die Stromschifffahrt gehört in Preußen zu den stehenden Gewerben.

Preuß. Gewerbesteuer-Ges. v. 30. Mai 20 § 17, 19;
Hausir-Regulativ v. 28. April 24 §§ 1 bis 6, § 11 Nr. 4;
Gewerbe-Ordnung v. 17. Januar 45, § 14, 16, 22;
preuß. Gesetz v. 22. Juni 61 § 22.

Revisionsurtel des OHG, **Entscheidungsgründe:**

... Der Mangel der Protestirung des Wechsels steht der Klage [gegen die Erben des Acceptanten] nicht entgegen. Denn der Wechsel ist nicht domizilirt.

Als Wohnort des Bezogenen Franz K. ist darin Vordamm angegeben; dieser Wohnort gilt als Zahlungsort (DWO Art. 4 Nr. 8). Um domizilirt zu sein, müßte der Wechsel selber einen anderen Zahlungsort angeben (Art. 24 a. a. O.). Für eine solche Angabe kann der bloße Zusatz: „zahlbar im Kassenlokal der Driesener Spar- und Vorschußkasse" nicht gelten; denn er besagt nicht, daß die Zahlung im Orte Driesen (und nicht in dem dicht dabeiliegenden Orte Vordamm) geschehen solle. „Driesener Spar- und Vorschußkasse" kann Namensbezeichnung, Firma, sein, und genannte Kasse kann ein Kassenlokal, eine Zahlstelle, in Vordamm haben.

Vgl. Borchardt ADWO (5. Aufl.) Zusatz 291, 292, S. 183;
Wächter, Wechselrecht des Nordd. Bundes S. 168;
Hoffmann, Erläuterung der ADWO (2. Ausg.) S. 205, 206;
Archiv für WR B. 5 S. 436, B. 6 S. 267.

Es kann daher unentschieden bleiben, ob dieser Zusatz erst nach der Ausstellung und ohne Willen des Klägers geschehen ist, und welche Bedeutung dem Vermerk „ohne Protest" betreffs des Acceptanten zukommt. —

Im Uebrigen steht fest, daß der mitbekl. Karl K. am 26. März 67 für sich, seine Ehefrau und seine beiden Söhne der Erbschaft des Franz K. in gehöriger Form entsagt hat. Seine Söhne leben (nach der Klage) im elterlichen Hause; daß sie aus der väterlichen Gewalt entlassen seien, ist nicht behauptet. Betreffs ihrer also ist die Entsagung an sich rechtsgiltig*.

Bornemann, System (2. Ausg.) B. 5 S. 291;
Justiz-Min.-Bl. v. 1839 S. 334 (Rescr. v. 4. Okt. 39);
Arndts u. Leonhardt, Vormundschaftsrecht S. 132;
Gruchot, preuß. Erbrecht Th. I S. 89.

In Ansehung der mitbekl. Ehefrau aber — mag der Ehemann mit oder ohne ihren Auftrag gehandelt haben — hat die Entsagung an sich gleichfalls Giltigkeit, weil sie

* Die Deliberationsfristen laufen nicht gegen unbevormundete Minderjährige (vgl. Rspr. I S 167). Ist ihnen ein Vormund bestellt (ALR II. 18 § 225), so entscheidet dessen Thun und Lassen; ALR I. 9 § 390. Die obervormundschaftlich gebilligte Berufung eines zweiten Vormunds mit dessen Hinzutreten bei noch offener Frist die §§ 113, 115 bis 118 ALR II. 18 eingreifen — ist hier solange ohne Bedeutung, als nicht auch dieser (gleichberechtigte) Mitvormund gerichtlich verpflichtet und mit Bestallung versehen worden. OHG. Plen. Erk. v. 10. Juni 71 in Wechselsachen Horn ·/. v Kamecke'sche Erben, Nr. 260 v. 71.

dieselbe genehmigt hat. Es kommt aber darauf an, ob diese Entsagung rechtzeitig geschehen ist.

Der Appellrichter spricht aus, daß weil der Erbschaftserwerb ipso iure geschehe (ALR I. 9 § 367, 368), die Bekl. den Nachweis rechtzeitiger Entsagung zu führen hätten. Er übersieht jedoch, daß die Erklärungsfristen keinen feststehenden Anfang haben. — Sie beginnen nicht mit dem Tode des Erblassers, sondern mit der Kenntniß vom Erbanfall (ALR I. 9 § 384 ff., 412, 424).

Für den Zeitpunkt des Eintritts dieser Kenntniß besteht keine Präsumtion. Jene Erklärungsfristen unterscheiden sich auch in dieser Beziehung von der Verjährung. Die Verjährung beginnt der Regel nach mit dem rechtsverletzenden Ereigniß; denn präsumirt wird, daß der Verletzte dieses Ereigniß erfahren oder doch nur in Folge seiner Negligenz nicht erfahren hat. Kann er aber darthun, daß er dasselbe ausnahmsweise erst zu einem späteren Termin erfahren hat (oder hat in Erfahrung bringen können): so beginnt die Verjährung gegen ihn erst mit diesem nachgewiesenen Zeitpunkt der Kenntniß (ALR I. 9 § 512, 513; v. Savigny System B. III S. 410).

Aber „Niemand hat den Beruf, den Erbschaften nachzuspüren, die ihm etwa zufallen möchten." Es kommt deshalb für den Anfang der Erklärungsfristen nur auf die Kenntniß vom Erbanfall an; v. Savigny System II. S. 435, III. S. 411.

Beruft sich also der angebliche Erbe auf Entsagung, so genügt dazu, daß er den Tag der erlangten Kenntniß angiebt, und daß die formell tadellose Entsagungserklärung nach dieser Zeitangabe rechtzeitig ist. Behauptet der Gegner Verspätung, so muß er den Beweis führen daß der Erbe den Anfall schon früher erfahren.

Diesen Beweis hat Kläger auch angetreten . . .; aber der versuchte Zeugenbeweis ist mißglückt . . .

Es bleibt zu erörtern, auf welche Frist der [in beiden Vorinstanzen den Bekl. zuerkannte] Eid [über die erlangte Kenntniß vom Erbanfall] zu stellen.

Die Deliberationsfrist beträgt (nach ALR I. 9 § 384) in der Regel 6 Wochen. Nach § 385 aber hat der Erbe eine dreimonatige Frist, wenn sein Aufenthalt über 40 Meilen vom letzten Wohnort des Erblassers entfernt ist. — Das Gesetz spricht vom Wohnort des Erblassers, nicht vom Ort des Ablebens, also nicht von seinem zufälligen letzten Aufenthalt. Der Ausdruck „Wohnort" ist aus dem Erbschaftsedikt v. 30. April 1765 übernommen (v. Rabe Sammlung I. Abth. 3 S. 102; Bornemann System, I. Ausgabe B. 6 S. 450). Es ist damit das Domizil, also der Mittelpunkt des bürgerlichen und geschäftlichen Lebens einer Person, gemeint. In der Regel bezeichnen die preuß. Gesetzbücher das Domizil mit dem Wort „Wohnsitz".

ALR Einleitung § 23 ff., 31 ff.; II. 1 § 142, 350 ff.; II. 11 § 260 ff.; II. 18 § 70.

AGO I. 2 § 9 ff., 20 ff.

Aber gleichbedeutend wird bisweilen der Ausdruck „Wohnort" gebraucht.

ALR II. 1 § 141, II. 11 § 276, 283, 290.

AGO I. 2 § 16; II. 5 § 15 Abs. 3.

Und „Wohnsitz [wie Wohnort" bilden den Gegensatz zum bloßen Aufenthalt.

ALR Einleitung § 28, 31; II. 1 § 141 ff.; II. 18 § 65, 66.

AGO I. 2 § 26, § 12 u. 14 2c.

Es muß deshalb dafür gehalten werden, daß im § 385 (ALR I. 9) mit dem „Wohnort" nicht der letzte Aufenthalt, sondern das Domizil gemeint ist. Das Gesetz geht nämlich davon aus, daß im Domizil des Erblassers in der Regel die zur Erforschung des Standes seiner Verlassenschaft nöthigen Materialien beisammen oder am besten zu beschaffen sind, und daß es deshalb auf die Entfernung des Aufenthalts des Erben von diesem Domizil ankommt.

Die Bekl. leugnen, daß Franz Kurth sein Domizil in Vordamm bei Driesen gehabt habe; aber sie sagen nicht, wo anders er domizilirt gewesen. Ihr Verlangen, Berlin (den Sterbeort) als letzten Wohnort anzusehen, läuft darauf hinaus, daß Franz K. im gesetzlichen Sinne Vagabund gewesen. Aber es steht fest, daß er das Gewerbe eines Stromschiffers selbständig betrieb. Die Stromschifffahrt gehört in Preußen zu den stehenden Gewerben (vgl. Gewerbe-Steuer-Ges. v. 30. Mai 20 § 17, 19; Hausir-Regulativ v. 28. April 1824, §§ 1 bis 6).

Franz K. konnte, ohne einen festen Wohnsitz in Preußen zu haben, das Schiffergewerbe nicht betreiben; Gewerbe-Ordnung v. 17. Januar 45 § 16, 22; Gesetz v. 22. Juni 61 § 22. — Durch dieses Gesetz hat die Kab.-O. v. 25. Juli 39 — welche, davon ausgehend, daß die Stromschifffahrt auch ohne festen Wohnsitz des Schiffers betrieben werden könne, die Stromschiffer deshalb in Ansehung des Gerichtsstandes ähnlich wie Vagabunden behandelt — in Ansehung der preußischen Schiffer ihre Hauptbedeutung verloren.

Auch wenn man die Stromschifffahrt zu den „Gewerben im Umherziehen" zählen wollte, hätte Franz K. zuvor festes Domizil nehmen müssen (Hausir-Reg. § 11 Nr. 4; Gewerbe-O. v. 17. Jan. 45 § 14). Diese Erwägung wird um so wichtiger, als er . . die Acquisition seines Oderkahns IV. 269 als „Schiffer Franz K. zu Vordamm" steuerlich an- und nach dem Verkauf am 1. Juli 65 wieder abgemeldet hatte. . . Diese steuerliche Anmeldung gewinnt dadurch an Bedeutung, daß der vom Erblasser acceptirte, von dessen Schwiegervater ausgestellte Klagewechsel auf den Schiffseigenthümer „F. K. in Vordamm" gezogen worden, daß ferner die Administration des katholischen Krankenhauses in Berlin die Todesanzeige und die Kostenrechnung an den Schulzen von Vordamm gesendet hat (was dahin weis't, daß von Franz K. auch dieser Administration Vordamm als sein Domizil angegeben worden, oder daß aus seinen Legitimationspapieren dieser Wohnort ersichtlich gewesen), endlich dadurch, daß die Bekl. selber Inventar und Erbentsagung der Gerichtsdeputation Driesen, d. h. dem Gericht über Vordamm, eingereicht haben (vgl. ALR I. 9 § 392; wonach die Bekl. also dieses Domizilgericht vor dem Prozeß anerkannt haben) . . .

Nach dem allen muß als dargethan erachtet werden, daß Vordamm das Domizil des Erblassers zur Zeit seines Todes war.

Ob die Bekl. beim Empfang der Todesnachricht in Thorn oder Bromberg waren, ist unerheblich, denn beide Städte sind von Vordamm nur 30 Meilen entfernt. Die Deliberationsfrist betrug also nur 6 Wochen.

Den Bekl. ist (geständlich) die briefliche Mittheilung des Ortsschulzen vom Tode des Erblassers in den letzten Tagen des Jahres 1866 zugegangen. Diese Mittheilung muß beim Mangel besonderer Ausstellungen für eine glaubhafte erachtet werden, wenn ihr auch der Todtenschein nicht beigelegen haben mag. Um also den Gläubigern des Franz K. als dessen Erben nicht verhaftet zu sein, hätten die Bekl. seiner Erbschaft binnen 6 Wochen, d. h. gegen Mitte Februar 67, entsagen müssen. Sie haben ihr aber erst am 26. März 67 entsagt. Folglich ist es sachwidrig, daß der I. Richter den Kläger abgewiesen hat, wenn die Bekl. beschwören würden, erst innerhalb 6 Wochen, vom 26. März 67 zurückgerechnet, den Tod des Franz K. erfahren zu haben. Es muß jedoch bei diesem Eide bleiben, da Kläger gegen das I. Urtel nicht appellirt, diesen Verstoß überhaupt nicht einmal gerügt hat.

Als Erben ohne Vorbehalt haften die Bekl. jedoch nur, wenn auch das Inventar zu spät eingereicht ist. Vorgelegt ist dasselbe am 26. März 67, [mithin] verspätet, wenn die Bekl. länger als 6 Monate (26. Sept. 66) und 6 Wochen vor diesem Tage vom Tode des Franz K. Kenntniß erlangt haben (ALR I. 9 § 384, 427). Der hierüber angetragene Eid ist also entscheidend und im I. Urtel richtig normirt. Es war sonach das I. Urtel wieder herzustellen.

Nr. 28.

Plenum. — Erkenntniß v. 25. April 71. (Ref.)

Lochner & Horckheimer ·/. Rohling & Schmitz (Nr. 148 v. 71).

Preußen (Frankfurt). **Oberappellation.**

I. Instanz: Stadtgericht Frankfurt a. M.,
II. Instanz: Appellationsgericht daselbst.

Handelskauf, zeitiges Beanstanden übersendeter Waare.

1. Der Käufer darf die ihm obliegende Untersuchung erhaltener Waare einem Dritten überlassen und von dessen Ausspruch seine Erklärung abhängig machen, sofern dadurch eine unzulässige Verzögerung nicht veranlaßt wird.

2. Der „ordnungsmäßige Geschäftsgang" ist hierbei (im Allgemeinen) nach objektiven Regeln, nicht nach Beziehungen, welche beim Käufer allein obwalten, zu beurtheilen. Gleichwohl kann, da überhaupt eine genau begrenzte Frist sich nicht angeben läßt, im Einzelfalle der zu berücksichtigende Geschäftsgang sich nach der Eigenthümlichkeit der Verhältnisse gestalten und der beiden Theilen bekannten (ihren Vereinbarungen stillschweigend zu Grunde liegenden) Sachlage anpassen.

HGB Art. 347; Prinzip von Treue und Glauben.

So erkannt vom OHG, bei eingehender Würdigung konkreter Verhältnisse.

Gründe:

Bei Beurtheilung der den Gegenstand der Entscheidung bildenden Frage, ob Beklagte die in Redestehende Waare rechtzeitig zur Disposition der Klägerin gestellt oder sich damit verspätet und sich dadurch ihrer Einwendungen nach Art. 347 HGB verlustig gemacht hat, — ist davon auszugehen, daß feststeht, daß die ursprüngliche Frist, innerhalb welcher der Nessel geliefert werden sollte, von der Klägerin nicht eingehalten,

daß von der Militairkommission, für welche, wie dies der Klägerin bekannt war, die Waare bestimmt war, eine bis Mitte Januar reichende Nachfrist bewilligt,

daß ein Theil der Waare bis dahin, der andere Theil mit der Faktur aber erst nach Ablauf der Frist (am 5. Febr.) geliefert worden ist;

daß Beklagte am 8. Februar der Klägerin angezeigt hat, daß sie die Waare sofort an die betr. Kommission abgeliefert habe und, da die Lieferung sich so bedeutend verzögert, sie die Beurtheilung und den Richtigbefund der Kommission anheimgeben müsse, daß sie deren Entscheidung täglich erwarte und dieselbe der Klägerin sogleich mittheilen werde;

daß unterm 22. Februar diese Entscheidung dahin erfolgt ist, daß die gelieferte Waare wegen zu geringer Qualität gegen das Muster verworfen worden, und daß Beklagte am 23. Febr. dies der Klägerin mitgetheilt und die Waare zu deren Disposition gestellt hat. —

Der I. Richter hat bei dieser Sachlage entschieden, daß Bekl. sich einer Versäumniß der nach Art. 347 HGB ihr obliegenden Pflichten nicht schuldig gemacht habe. Der II. hat das Entgegengesetzte angenommen; es sei denn, daß Beklagte den Beweis führe,

daß Klägerin auf die Untersuchung der Waare durch die Bekl. verzichtet und eingewilligt habe, daß die Billigung derselben durch die Bekl. von der Entscheidung der Militair-Kommission zu Wiesbaden abhängen solle.

Es ist der Ansicht des Appellrichters nicht beizupflichten, daher — unter Abänderung seiner diesfälligen Entscheidung — die des I. Richters wieder herzustellen gewesen.

Klägerin wußte, daß die fragliche Nessellieferung für die Nassauische Militair-Oekonomie-Verwaltung bestimmt war, deren Bedürfnisse und Anforderungen also schließlich auch in Betreff der Beschaffenheit der Waare maaßgebend sein mußten. Dies vorausgesetzt, war es naturgemäß, daß Bekl. ihr eigenes Urtheil über die Beschaffenheit der gelieferten Waare dem der Militair-Kommission unterordnete. Es muß angenommen werden, daß, indem sie dies that, sie sich bewußt war, auch ohne ausdrückliche Ermächtigung der Klägerin, der stillschweigenden Intention derselben gemäß zu handeln. Es kam hinzu, daß in Folge des säumigen Verhaltens der Klägerin, welche die erste Frist hatte verstreichen lassen und auch die Nachfrist, da sie die ganze Lieferung nicht vor Ablauf derselben bewerkstelligte, nicht inne gehalten hatte, der Bekl. die möglichste Beschleunigung geboten und für sie alles daran gelegen war, die Militairverwaltung zufrieden zu stellen und zur Annahme der verspäteten Lieferung zu disponiren und daher vor allem die Waare ungesäumt in deren Hände zu bringen.

Wenn sie dies nun auch sofort der Klägerin anzeigte, diese hierauf nichts erwiderte, und die Bekl., nachdem der Ausspruch der Militairbehörde erfolgt war, dieselbe auch hiervon schon am folgenden Tage in Kenntniß setzte und darauf hin die Waare zur Disposition der Klägerin stellte: so ist eine Verschleppung oder Verzögerung der Sache in diesem Verfahren an sich nicht erkennbar. Mag es auch für die Beurtheilung der Verpflichtungen zwischen den Parteien nur auf das, was zwischen ihnen, nicht auf das, was zwischen der Bekl. und Dritten (der Militairverwaltung) vertragsmäßig war, ankommen: so schließt dies nicht aus, daß Bekl. die Untersuchung, zu der sie ihrer Mitkontrahentin gegenüber verpflichtet war, einem Dritten überlassen und von deren Ausfall ihre Erklärung, wofern dadurch nur keine unzulässige Verzögerung veranlaßt wurde, abhängig machen konnte. Auf den Einwand daß durch die Nichtinnehaltung der Lieferungsfristen seitens der Klägerin die Bekl. nur die im Art. 355 HGB angezeigten Rechte erlangt habe, die mora der Klägerin aber durch die vorbehaltlose Annahme der Waare purgirt sei, ist zu erwidern, daß es sich keineswegs darum handelt, die Klägerin als Verkäuferin für den Verzug in der Lieferung des Kaufobjekts aus Art. 355 verantwortlich zu machen, daß darum aber die Thatsache der verspäteten Lieferung unter einem anderen Gesichtspunkt und insoweit ihre Bedeutung nicht verliert, als sie der Bekl. ein Motiv für die sofortige Uebersendung der zu untersuchenden Waare an die Militair-Kommission gewähren mußte.

Es rechtfertigt sich hiernach die Annahme, daß der Zwischenraum zwischen der mit dem 5. Febr. 66 erst vollendeten Uebersendung und der Dispositionsstellung der Waare — unter Berücksichtigung der konkreten Umstände — nicht auf eine der Bekl. zur Last fallende Versäumniß, vielmehr auf den ordnungsmäßigen Geschäftsgang zurückzuführen ist.

Es ist hier der Grundsatz maaßgebend, daß nach dem dem Art. 347 HGB zu Grunde liegenden Prinzip eine genau begrenzte Frist für die Reklamation sich nicht angeben läßt, und der Satz, daß der Käufer seine Reklamation ohne Verzug zu erheben habe, nicht dahin, daß nothwendig bei der ersten Gelegenheit reklamirt werden müsse, sondern nur dahin zu verstehen, daß keine Zeit verstreichen darf, die bei ordnungsmäßigem Geschäftsgange als unmotivirter Verzug von Seiten des Käufers erscheint. Der Begriff des ordnungsmäßigen Geschäftsganges ist allerdings im Allgemeinen nach objektiven Regeln, nicht nach Beziehungen des Geschäftsganges, wie er etwa beim Käufer allein hergebracht ist, zu beurtheilen. Gleichwohl kann sich mit Rücksicht auf die Eigenthümlichkeit des Vertragsverhältnisses, die Bestimmung der Waare 2c. jene Beurtheilung im Einzelfalle doch verschiedenartig gestalten und die Frage, was ordnungsmäßiger Geschäftsgang ist, nach Verschiedenheit der Umstände sich modifiziren.

Dies findet Anwendung, wenn in vorliegendem Falle angenommen wird, daß nach der beiden Theilen bekannten und ihren Vereinbarungen stillschweigend zu Grunde liegenden Sachlage das von der Bekl. in Betreff der Untersuchung der gelieferten Waare eingeschlagene Verfahren — auch wenn dazu von der Klägerin nicht eine ausdrückliche Genehmigung ertheilt war — als eine Abweichung von dem ordnungsmäßigen Geschäftsgange sich nicht darstellt.

Nr. 29.

Plenum. — Erkenntniß v. 25. April 71. (V.)

Calm et Ahlfeld ./. H. C. Salomons (Nr. 168 v. 71).

Preußen. **Wechselsache.** **Revision.**

I. Instanz: Stadtgericht Berlin,
II. Instanz: Kammergericht daselbst.

Wechselklage, Einrede des Contocurrentverhältnisses. Exekution bei gegebenem Unterpfand.

1. Aus einem unter den Parteien bestehenden kaufmännischen Contocurrent-Verhältniß hat der Schuldner die Einrede, daß besondere Geltendmachung einzelner Forderungen unstatthaft, regelmäßig auch einer (an sich begründeten) Wechselklage gegenüber.

HGB Art. 291; DWO Art. 82.
Vgl. Rspr. I Nr. 66 S. 373.

2. Welche Bedeutung hat, nach altpreußischem Recht, eine dem Wechselgläubiger durch Unterpfand oder Hypothek gegebene Deckung für das Exekutionsverfahren?

AGO Anhangs § 188 (zu Th. I Tit. 27 § 45);
preuß. Gesetz v. 11. Mai 39, Ges. Samml. S. 173;
preuß. Gesetz v. 27. Mai 63 Art. 1 Nr. 1, Ges. Samml. S. 357.

3. Der wechselmäßige Anspruch eines Gläubigers löst sich, vermöge seiner Selbständigkeit, schon im Entstehen von dem die Wechselausstellung veranlassenden Rechtsgeschäft ab. Aus letzterem herrührende Rechte und der Wechselanspruch verhalten sich nicht wie Leistung und Gegenleistung zu einander.

Eine Nichterfüllung etwaiger Verpflichtungen aus dem unterliegenden Geschäft hindert daher die Geltendmachung des formellen Wechselrechts nur, wenn der beklagte Wechselschuldner die persönliche Einrede der Arglist zu begründen vermag.

DWO Art. 82.

Aus zwei fälligen Wechseln als Aussteller im Regreßwege belangt, erhebt Beklagter, ohne seine Haftung an sich zu bestreiten, in II. Instanz die Einrede, daß er mit der Klägerin in einem Contocurrentverhältniß stehe und derselben auf Grund dessen die Wechsel zur Diskontirung übergeben habe, daß daher Klägerin nicht befugt sei, ihre Ansprüche aus der Wechseleinlösung als selbständige Forderungen geltend zu machen.

Das Contocurrentverhältniß der Parteien war in einer gleichliegenden Wechselsache (vgl. Rspr. I Fall Nr. 66) erörtert und festgestellt worden. Jetzt nahm der Appellrichter an, daß — die Existenz solcher Rechtsbeziehungen vorausgesetzt — Klägerin nur befugt sein würde, die eingeklagten Posten dem Bekl. in's Debet zu stellen; gleichwohl verwarf er obigen Einwand, weil (thatsächlich) Klägerin für die von ihr diskontirten Wechsel habe Deckung erhalten sollen, auch die Wechselbeträge in das Credit des Bekl. eingetragen habe.

Uebrigens wurde bezüglich des einen Klagewechsels (von 4000 Thlrn.) festgestellt, daß Klägerin die Verpflichtung eingegangen war, 3 Tage nach (unstreitig) erfolgter Diskontirung dem Bekl. die erzielte Valuta einzusenden. Das hatte Klägerin unterlassen; deshalb wurde sie bezüglich dieses Wechsels abgewiesen.

Von beiden Theilen angerufen, bestätigte das OHG als Revisionsrichter das Appellurtel, soweit es dem Bekl. günstig, hob dasselbe aber sonst auf und wies die Sache zu näherer Aufklärung in die Vorinstanz zurück.

Aus den Gründen:

[Ob die streitigen Summen dem Bekl. in's Credit gestellt worden], kann auf sich beruhen bleiben, da wenn Klägerin die Wechsel nicht gebucht hätte, obwohl sie dazu nach dem Contocurrentvertrage verpflichtet gewesen, hieraus nur [ihre] Verbindlichkeit zu nachträglicher Buchung, bzw. entsprechender Berichtigung der Contocurrentrechnung folgen würde...

1) Beklagter trägt.. vor, getroffener Verabredung gemäß habe Klägerin ihm einen laufenden Kredit eröffnen, Darlehne in laufender Rechnung geben und seine Wechsel diskontiren, dagegen von ihm Deckungen erhalten sollen. Klägerin hatte demnach die Beträge der ihr vom Bekl. zur Diskontirung übergebenen Wechsel im Credit zu buchen, die Wechsel im Falle deren Rücklaufs für den Bekl. einzulösen und denselben mit der Einlösungssumme zu belasten. Von ihrem Wechselregreßrecht durfte Klägerin dem Bekl. gegenüber keinen Gebrauch machen.

In dieser Beziehung wird auf die nähere Begründung in dem diesseitigen Erk. v. 21. März 71 mit Rücksicht darauf verwiesen, daß der betreffende Prozeß auch zwischen den jetzigen Parteien geschwebt und in demselben der Bekl. sich ebenfalls auf das hier in Streit befangene Contocurrentverhältniß berufen hat.

Wenn der Appellrichter — abweichend von seiner Rechtsansicht in jenem früheren Prozeß — in gegenwärtigem Rechtsstreit vermeint, es sei darauf, daß der Bekl. bei Anführung der, seitens der Klägerin gegen ihn übernommenen, Verpflichtungen zugleich bemerkt hat, daß dieselbe „dagegen von ihm Deckung erhalten sollte", Gewicht zu legen: so könnte ihm hierin beizutreten sein, wenn das fragliche Deckungsversprechen als ein, speziell für die Diskontirung von Wechseln stipulirte Gegenleistung — also dahin aufzufassen wäre, daß sich Bekl. durch das Versprechen verbindlich gemacht habe, der Klägerin vor dem Verfall jedes einzelnen, ihr zur Diskontirung übergebenen und von ihr demzufolge diskontirten Wechsels eine dem Betrage desselben entsprechende Deckung zu gewähren. Ein solches Zugeständniß hat aber der Bekl. keineswegs abgegeben. Seine obgedachte Bemerkung kann nur auf die in dem Satze, welchem sie beigefügt ist, aufgeführten Verpflichtungen der Klägerin in ihrer Gesammtheit bezogen werden. Dies ergiebt sich klar aus dem Wortlaut und Zusammenhang. Bekl. drückt sich nur ganz allgemein aus; er sagt nur, daß er „dagegen", d. h. gegenüber den Leistungen der Klägerin, „Deckungen" versprochen habe. Hiermit hat er sich nur einer solchen Deckungsverpflichtung unterworfen, welche regelmäßig bei Eingehung eines Contocurrentverhältnisses ausbedungen und von dem Kreditnehmer eingegangen zu werden pflegt. Gerade die Stipulation solcher Verpflichtung trägt dazu bei, einem dauernden Kredit den Charakter eines Contocurrentverhältnisses aufzuprägen.

Hiermit steht es im Einklang, daß die Parteien unterm 11. Juni 70 eine Vereinbarung getroffen haben, wonach Beklagter 70000 Thlr. in Hypothekenforderungen bei der Klägerin als Pfand und Kaution hinterlegt, derselben also für alle ihre Forderungen Deckung verschafft hat. Und überdies erscheint eine Auslegung, welche dem fraglichen Deckungsversprechen eine die Klagewechsel aus dem angeblichen Contocurrentverhältniß der Parteien ausschließende Bedeutung vindizirеn ließe, um so weniger berechtigt, als solche von der Klägerin selbst nicht in Anspruch genommen worden ist.

Sonach sind die Gründe, aus welchen der Appellrichter den Einwand des Contocurrentverhältnisses verworfen hat, hinfällig.

Seine Entscheidung mußte daher auf die Beschwerde des Bekl. in dem denselben kondemnirenden Theile . . . aufgehoben werden.

In dem, schon in Bezug genommenen, anderen Prozeß der Parteien ist das fragliche Contocurrentverhältniß bereits zur Feststellung gelangt; dieser kann aber in gegenwärtigem Prozeß, da sie in ihm bis jetzt nicht zum Gegenstand der Verhandlungen gemacht ist, nicht ohne Weiteres Geltung beigelegt werden. . .

2. Für den Fall, daß der Bekl. als beweisfällig erachtet werden sollte, hat derselbe eine Beschränkung seiner Verurtheilung auf Grund dessen beantragt, daß er . . . der Klägerin wegen aller Forderungen derselben aus ihrer Geschäftsverbindung mit ihm durch Hypothekenkapitalien Pfand, bzw. Kaution bestellt hat. Deshalb soll es sich eventuell rechtfertigen, ausdrücklich auszusprechen, daß Klägerin sich zu ihrer Befriedigung nur an die ihr verpfändeten Hypothekenforderungen halten dürfe. Vom Appellrichter ist dieses Verlangen zurückgewiesen worden, weil neben dem § 46 Tit. 20 Thl. I ALR — auf welchen dasselbe sich stützt — auch der § 47 ebendaselbst in Betracht komme und danach sich erst in der Exekutions-Instanz herausstelle, ob der Gläubiger auf die ihm verpfändeten Vermögensstücke seinen Befriedigungs-Antrag zu beschränken

habe, und weil, hiervon abgesehen, die fragliche Bestimmung nach §§ 3 und 4 des Gesetzes v. 11. Mai 39 bei Wechselschulden überhaupt nicht Platz greife. Die Gegenausführung des Bekl. erscheint insoweit zutreffend, als aus der Berechtigung des Schuldners, den Gläubiger noch in der Exekutions-Instanz auf das Pfand zu verweisen, so wenig wie aus der Befugniß des Gläubigers, solche Verweisung durch Entsagung seines Pfandrechts abzuwenden, gefolgert werden kann, daß nicht schon in dem Rechtsstreit über die, durch Pfand oder Kaution gesicherte, Forderung für den Fall von deren Feststellung über das Vorhandensein der Requisite des § 46 ALR I. 20 mitentschieden und, wenn diese Requisite als vorliegend angenommen werden, über die Wirkung hiervon auf die Realisirung des Klageanspruchs Bestimmung getroffen werden dürfe. Die Vorschrift des § 47 aber vermag es nur zu rechtfertigen, dabei das in ihr dem Gläubiger verliehene Recht demselben bedingungsweise vorzubehalten. — Dagegen ist dem Appellrichter in der Annahme beizutreten, daß jener § 46 bei Wechselschulden überhaupt keine Anwendung finde.

Bezüglich der Exekution in Wechselsachen verordnete der § 188 des Anhangs zu § 45 Tit. 27 Thl. I der AGO:

> „hat der Wechselgläubiger auch ein Pfand in Händen, so kann, in Ermangelung einer entgegenstehenden ausdrücklichen Verabredung, der Personalarrest nicht anders verhängt werden, als wenn das Pfand herausgegeben worden."

Hierdurch ist nur der Personalarrest ohne Rückgabe des Pfandes für unzulässig erklärt. Es kann jedoch dahingestellt bleiben, ob daraus in Verbindung mit § 51 Tit. 27 a. a. O. sich folgern läßt, daß der Wechselgläubiger die übrigen Exekutions-Arten in Antrag bringen durfte, ohne sich zugleich des Pfandbesitzes und Pfandrechts zu entäußern.

Das Gesetz vom 11. Mai 39 (preuß. Ges.-Sammlung S. 173), auf welches sich der Appellrichter bezieht, disponirt:

> § 3. Dem Wechselgläubiger ist gestattet, neben der Exekution gegen die Person seines Schuldners gleichzeitig die Exekution in dessen Vermögen zu suchen.

Durch diese Bestimmung ist die Beschränkung, welche der Anhangs-Paragraph dem Exekutionsrecht des Wechselgläubigers auferlegte, wieder aufgehoben. Ihr gemäß kann sich der Wechselschuldner gegen die Personalhaft durch keine Einreden, betreffend die Vorschriften über die Exekution gegen das Vermögen, also auch nicht durch Berufung auf den § 46 ALR I. 20 schützen. Daraus aber, daß diese Berufung vom Gesetz der härtesten Exekutions-Maaßregel gegenüber dem Wechselschuldner entzogen worden ist, läßt sich der Schluß ziehen, daß es auch in der Absicht des Gesetzgebers gelegen hat, die fragliche Berufung dann nicht mehr zuzulassen, wenn es sich nur um Exekutions-Vollstreckung in das Vermögen handelt, — welcher Absicht genügender Ausdruck im Gesetz dadurch gegeben ist, daß dieses neben Zulassung der Exekution gegen die Person keine Beschränkung der Exekution in das Vermögen des Wechselschuldners auferlegt. Alle etwaigen Zweifel in dieser Beziehung finden darin ihre Erledigung, daß der Inhalt des citirten § 3 wörtlich in das Gesetz v. 27. Mai 63, betreffend die Ergänzung und Erläuterung der DWO, Art. 1 Nr. 1 aufgenommen worden, daß dieses Gesetz aus einer zwischen den Regierungen der deutschen Bundesstaaten, in welchen schon die DWO galt, stattgefundenen Berathung hervorgegangen ist, die zum Zweck hatte, die in den betreffenden Landestheilen in Ansehung des Wechselrechts und Verfahrens bestehenden Kontroversen und Verschiedenheiten möglichst zu beseitigen und auszugleichen (vgl. die Entstehungsgeschichte des Gesetzes in Koch's Kommentar zum ALR, 3. Aufl. B. IV Abth. 2 S. 356 ff. und in Goldschmidt's Ztschr. für HR B. I S. 540), demgemäß aber anzunehmen ist, daß die Aufhebung des § 46 ALR I. 20 in dem neuen Gesetz besonders ausgesprochen wäre, wenn man sie nicht bereits in der aus dem Gesetz v. 11. Mai 39 entnommenen Bestimmung ausgedrückt gefunden hätte. Denn die Vorschrift des § 46 ist eine Singularität des preuß. Rechts; sie findet sich weder im gemeinen Recht, noch in anderen Partikularrechten wieder und führt zu einer Ungleichheit in der Realisation der wechselmäßigen Ansprüche, welche der internationalen Natur des Wechselrechts und daher auch dem obgedachten, durch das Gesetz v. 27. Mai 63 erstrebten, Zweck widerspricht. Daß der Personalarrest als Exekutionsmittel inzwischen durch Bundesgesetz vom 29. Mai 68 § 1 (BdGesBl. S. 237) für unstatthaft erklärt worden ist, hat selbstverständlich auf die Gesetzesauslegung um welche es sich hier allein handelt, keinen Einfluß.

Hieraus ergiebt sich die Grundlosigkeit des eventuellen Antrags des Beklagten.

3. Anlangend die Beschwerde der Klägerin über ihre Abweisung mit dem Regreßanspruch aus dem Wechsel über 4000 Thlr., so erledigt sich dieselbe für den Fall, daß sich durch die zu 1 veranlaßte anderweite Verhandlung das Contocurrentverhältniß als existent ergiebt.

Allein auch für den entgegengesetzten Fall muß die Beschwerde als unbegründet erachtet werden.

Die von dieser betroffene Argumentation des Appellrichters geht dahin: da Klägerin die [bezüglich des fragl. Wechsels übernommene] Verpflichtung nicht erfüllt habe, könne sie auch nicht für berechtigt erachtet werden, ihrerseits vom Bekl. Erfüllung zu verlangen, sondern müsse sich nach Art. 82 DWO den, aus § 271 Tit. 5 Thl. I ALR hergeleiteten, Einwand mangelnder Vorleistung entgegensetzen lassen.

Diese Rechtsfolgerung kann jedoch als richtig nicht anerkannt werden. Denn der Wechselberechtigte wird dadurch allein, daß er eine Vorleistung, zu welcher er aus der, dem Wechselgeschäft zu Grunde liegenden, Vereinbarung mit dem Wechselschuldner verpflichtet ist, diesem nicht gewährt hat, noch keineswegs seines Wechselrechts verlustig. Abgesehen davon, daß der § 271 a. a. O. überhaupt nur die Erfüllungspflicht des anderen Kontrahenten zu suspendiren, nicht aber zu tilgen vermag, paßt diese Gesetzesbestimmung nicht auf die Beziehung eines Wechselanspruchs zu dem ihm unterliegenden Rechtsgeschäft. Die Rechte aus dem letzteren und aus dem Wechsel können nicht als Ansprüche auf Leistung und Gegenleistung betrachtet werden, weil jeder wechselrechtliche Anspruch schon mit seiner Entstehung zur Selbständigkeit gelangt, indem er sich von dem Rechtsgeschäft, das ihn veranlaßt hat, vermöge seiner eigenthümlichen rechtlichen Natur loslöst.

Allein die Berufung des Bekl. auf die Verpflichtung der Klägerin zur Einsendung ihres Erlöses aus dem fragl. Wechsel erscheint von einem anderen Gesichtspunkt aus allerdings erheblich.

Die bezügliche Abrede der Parteien — inhalts deren Klägerin verpflichtet war, den Erlös aus der Diskontirung des streitigen Wechsels binnen 3 Tagen dem Bekl. einzusenden — kann gar nicht anders als dahin verstanden werden, daß Klägerin, wenn sie den Wechsel weiter begab, die erhaltene Valuta jedenfalls vor Verfall des Wechsels auszahlen sollte. Auf die Zeitbestimmung kommt es hier nur insofern an, als sie es eben zweifellos macht, daß die Valutazahlung vor dem Verfall des Wechsels geschehen sollte. Klägerin war sonach, als sie den Wechsel über 4000 Thlr. im Regreßwege einlöste, Schuldnerin der Valuta und sie hatte diese Schuld nicht durch Buchung im Conto-Credit des Bekl. — darein war der Betrag des Wechsels schon bei dessen Empfang einzutragen — zu berichtigen, sondern durch Zahlungsleistung an den Bekl. zu tilgen und die Ausgleichung in der laufenden Rechnung zu bewirken. Wenn Klägerin nach Einlösung des Wechsels, anstatt dieser Ausgleichung des Conto und trotzdem sie die Valuta dem Bekl. verschuldet, den Ersatz der Einlösungskosten, also die valuta cum accessoriis vom Bekl. fordert: so handelt sie unredlich, kann daher für ihre Forderung die Hilfe des Gesetzes nicht in Anspruch nehmen.

Von diesem Gesichtspunkt aus charakterisirt sich der Einwand des Bekl. — wie von diesem auch hervorgehoben wird — als exceptio doli, und seine Zulässigkeit und Wirksamkeit unterliegt keinem Bedenken. Namentlich kann sich Klägerin auf Art. 82 DWO nicht berufen, weil der fragl. Einwand dem Bekl. unmittelbar ihr gegenüber zusteht. Auch ihre Berufung auf die, in den §§ 70, 82 und 83 Tit. 13 Thl. I ALR dem Bevollmächtigten eingeräumten Rechte:

> „Vorschuß oder Vergütung für Auslagen vor Beendigung des aufgetragenen Geschäfts, sowie Befreiung von allen bei dessen Ausrichtung übernommenen Verbindlichkeiten zu fordern und in dieser Richtung ein Zurückbehaltungsrecht auszuüben“,

erscheint völlig unzutreffend, weil nur in Frage steht, ob Klägerin die Einlösungs-Valuta des streitigen Wechsels gezahlt verlangen kann, obwohl sie die Diskontirungs-Valuta an den Bekl. zu zahlen verpflichtet war, aber nicht gezahlt hat. Es fragt sich nicht, ob Klägerin auf Grund der citirten Gesetzesbestimmungen den Erlös aus der Diskontirung des Wechsels dem Bekl. vorenthalten durfte; Klägerin hat auch solche Befugniß in keinerlei Weise thatsächlich begründet. Es handelt sich ebensowenig um die Verpflichtung der Klägerin, den gedachten Erlös an den Bekl. noch jetzt auszuzahlen; sondern es handelt sich um eine vom Beklagten an Klägerin zu leistende Zahlung, und es fragt sich lediglich: ob Bekl. von dieser wegen der korrespondirenden Schuld der Klägerin für dispensirt zu erachten? Die Berufung der Klägerin auf jene Bestimmungen des ALR erscheint um so unzutreffender, als davon abzusehen ist, ob dem Bekl. ein Kompensationsrecht zustehe. Es bedarf einer Erörterung in dieser Beziehung nicht, weil der Einwand in Rede — wie gezeigt — als exceptio doli durchgreift.

Dies vorausgeschickt, kann nur noch in Frage kommen: ob nicht Klägerin befugt ist, ihr Wechselregreßrecht in Bezug auf denjenigen Betrag, um welchen die Summe, welche sie zur Einlösung des Wechsels über 4000 Thlr. aufgewendet hat, den Erlös aus der Diskontirung des Wechsels übersteigt, gegen den Bekl. auszuüben. Von einer Verurtheilung des Bekl. zur Zahlung dieser Differenz kann schon deshalb, weil Klägerin nicht einmal die Höhe der letzteren angegeben hat, keine Rede sein. — Aber auch dazu, der in II. Instanz erkannten Abweisung des Klageanspruchs aus dem Wechsel über 4000 Thlr. eine Maaßgabe dahin lautend beizufügen, daß die Klage in Ansehung jener Differenz nur in der angebrachten Art abzuweisen — worauf bezüglich des ganzen Klageanspruchs am Schluß des Revisionsberichts eventuell angetragen ist — liegt keine Veranlassung vor; denn es bleibt — und das hat schon der Appellrichter hervorgehoben — der Klägerin ohnehin vorbehalten, die Ausgleichung des Conto auf das fragliche Wechselgeschäft auszudehnen und somit ihre Befriedigung wegen eines bezüglichen Guthabens durch die Saldirung herbeizuführen.

Demgemäß war das Vorerkenntniß insoweit, als es die Klage zurückweis't, lediglich zu bestätigen.

Nr. 30.

Plenum. — Erkenntniß v. 25. April 71. (Z.)

Kraspèr ./. Schumann (Nr. 198 v. 71).

Preußen. **Nichtigkeitsbeschwerde.**

I. Instanz: Kreisgericht Halberstadt,
II. Instanz: Appellationsgericht daselbst.

Interzession für eine Wechselschuld.

Wenn von zwei Wechselausstellern nach dem Grundvertrage des Wechselzuges Einer Hauptschuldner und der Andere dessen Bürge ist: so ist es rechtlich als eine Interzession anzusehen, wenn ein Dritter sich dem zweiten, nur Garantie leistenden Wechselunterzeichner gegenüber verbindlich macht, den Wechselgläubiger, unter Vorbehalt des Regresses an den ersten Wechselaussteller, zu befriedigen.

Windscheid Pandekten B. II § 476 S. 729 ff.
Vgl. Rspr. I Fall 13 S. 74 und unten Nr. 48 S.

Kläger hat, um unter seiner Garantie dem Günther ein Darlehn von Hirsch zu verschaffen, einen von Günther dem Hirsch ausgestellten Wechsel mit unterschrieben. Günther bezahlte einen Theil der Wechselsumme und gerieth dann in Vermögensverfall. Den Rest, welchen er als Wechselschuldner hat decken müssen, fordert Kläger jetzt vom Bekl. erstattet, weil dieser (ein Schwager des Günther) ihm fest zugesagt hatte, auf den laufenden Wechsel die ausstehende Zahlung zu leisten und so die Wechselschuld zu beseitigen. Das Versprechen des Bekl. ist in Zerbst (Herzogthum Anhalt, wo das gemeine Recht gilt) gegeben worden, war also an keine Form gebunden. Bekl. hält aber seine Interzession für rechtlich ungiltig, weil eine solche nur dem Gläubiger gegenüber möglich sei und Kläger durch Einlösung des Wechsels nur seine eigene Schuld getilgt habe. Beklagter wird in zwei Instanzen verurtheilt; seine Nkt.-Bschw. bleibt erfolglos.

Gründe:

Die Beschwerde über Verletzung [verschiedener] Art. der DWO ist ... unzutreffend, weil es sich jetzt nicht darum handelt, ob und inwieweit eine Verpflichtung aus dem Wechsel v. 19. Mai 69 begründet sei, die Wechselschuld vielmehr unbestritten bezahlt ist, und es sich in vorliegendem Prozeß nur darum handelt, ob eine civilrechtliche Verpflichtung des Bekl. dem Kläger gegenüber vorliegt, bei deren Prüfung jener Wechsel nur allenfalls als ein adminikulirendes Beweismittel in Betracht kommen könnte.

Die weitere Beschwerde über Verkennung der Natur und des Wesens der Interzession ist gleichfalls zu verwerfen. Der Appellrichter nimmt thatsächlich an, daß Günther der Empfänger des Darlehns, also alleiniger Darlehnsschuldner des Hirsch gewesen, und daß Kläger sich nur für diese Schuld des Günther dem Hirsch gegenüber wechselmäßig mit verpflichtet habe. Bei dieser thatsächlichen Annahme hatte aber Kläger dem Günther, welcher am Verfalltage nicht zahlte, gegenüber einen civilrechtlichen Anspruch darauf, daß Günther ihn gegen einen Angriff des Wechselinhabers schütze, (Windscheid, Pandekten § 480 Nr. 3 S. 747), und durch Bezahlung der Schuld an Hirsch erlangte er gegen Günther einen weiteren Anspruch auf Ersatz der gezahlten Summe seitens des Günther. Wenn nun Beklagter vor der vom Kläger geleisteten Wechselrestzahlung, dem Kläger versprach, den Wechselgläubiger, unter Vorbehalt seines Regresses an Günther, zu befriedigen: so lag hierin eine Interzession dem Kläger gegenüber, welcher zwar Wechsel-Schuldner des Hirsch, aber civilrechtlicher Gläubiger des Günther zunächst auf Befreiung, eventuell auf Erstattung des an Hirsch zu zahlenden war. Der Bekl. verpflichtete sich durch jenes Versprechen dem Kläger gegenüber, die dem Günther dem Kläger gegenüber obliegende Verpflichtung zu erfüllen, also den Kläger gegen einen Angriff seitens des Hirsch dadurch zu schützen, daß er, Bekl., den Hirsch wegen seiner Restforderung befriedigt. Dieses Versprechen enthält alle Erfordernisse einer Interzession, deren Begriff keineswegs dadurch ausgeschlossen wird, daß Kläger dem Hirsch wechselmäßig mit verhaftet war.

Nr. 31.

Plenum. — Erkenntniß v. 2. Mai 71. (V.)

Lindner ·/. Colonia (Nr. 196 v. 71).

Preußen. **Nichtigkeitsbeschwerde.**

I. Instanz: Stadtgericht Breslau,
II. Instanz: Appellationsgericht daselbst.

Befugnisse der Spezialagenten einer Versicherungsgesellschaft.

1. Der zur Entgegennahme von Versicherungsanträgen ermächtigte Spezialagent einer Versicherungsgesellschaft darf, regelmäßig und im Zweifel, auch die den Versicherten obliegenden oder von Versicherungsnehmern gemachten Anzeigen über Thatsachen, Umstände ꝛc., welche das bestehende, bzw. beabsichtigte Versicherungsverhältniß angehen, Namens seiner Gesellschaft annehmen und bezügliche Anträge giltig ablehnen.

HGB Art. 1, 279.

2. Dritten Personen stehen die einer Vollmacht nicht ausdrücklich beigefügten Einschränkungen, sowie besondere, in der Vollmacht nicht in Bezug genommene Instruktionen des Bevollmächtigten nicht entgegen.

HGB Art. 1, 52, 298; ALR I. 13 § 98.

Kläger hat seit Jahren seine Gebäude bei der Bekl. (Kölnischen Feuerversicherungsgesellschaft Colonia) gegen feste Jahresprämie versichert. § 11 der in die Police aufgenommenen „Allgemeinen Versicherungsbedingungen" bestimmt: „ist der Inhalt der Gebäude anderweitig versichert, oder wird eine solche Versicherung beabsichtigt: so sind die Versicherten, bei Verlust des Entschädigungsanspruchs, verpflichtet, solches der Colonia anzuzeigen und bei gleichen Bedingungen nach Ablauf ihr die Versicherung zu überlassen." § 2 verbietet das Ausschließen einzelner Gebäude oder Grundstücke von der Versicherung. — Nach einem Hausbrande vom Mai 69 erhebt Kläger Schadenforderung; Beklagte weigert Zahlung, weil des Klägers Mobiliar in Gotha versichert gewesen und ihr davon nicht Mittheilung gemacht, auch gegen § 2 gefehlt sei. In zwei Instanzen abgewiesen, ergreift Kläger die NktBschw.; das OHG vernichtet das II. Urtel und weist die Sache in die Appellinstanz zurück.

Gründe:

Der Appellrichter hat weder thatsächlich festgestellt, daß der Spezialagent der bekl. Gesellschaft, Kaufmann Z. nicht ermächtigt gewesen sei, die Anzeige des Klägers, daß er die Versicherung auch seines Mobiliars gegen Feuergefahr beabsichtige, entgegenzunehmen und die angetragenen Versicherungen abzulehnen; noch hat er festgestellt, daß die fragliche Anzeige den Charakter einer gelegentlichen Aeußerung und die Erklärung des Z. den Charakter eines „bloßen Raths" getragen habe. Ja er erachtet sogar eine nur „gelegentliche Aeußerung" des Klägers und einen bloßen „Rath" des Z. nicht für schlechthin irrelevant, sofern nur die erwähnte „Ermächtigung" dargethan sei. Indem er aber den Nachweis einer solchen Ermächtigung in vorliegendem Falle verlangt und lediglich wegen dieser mangelnden Nachweisung das die Klage abweisende I. Urtel bestätigt, hat er, wie Kläger mit Grund rügt, gegen den Rechtsgrundsatz verstoßen, daß dritten Personen die der Vollmacht nicht ausdrücklich beigefügten Einschränkungen oder in der Vollmacht in Bezug genommenen Instruktionen des Bevollmächtigten nicht entgegenstehen.

ALR I. 13 § 98, vgl §§ 93, 97.

Denn der Appellrichter geht davon aus, daß Z. „Spezialagent" der Bekl. gewesen ist. Er nimmt demzufolge auch an, daß — wie Bekl. ausdrücklich anerkannt hat, und der notorischen Stellung der Spezialagenten der Feuerversicherungsgesellschaften entspricht — Z. ermächtigt war, Versicherungsanträge zur Uebermittelung an die Hauptagentur, bzw. an die Direktion der Gesellschaft entgegenzunehmen. In den Kreis dieser Versicherungsanträge aber gehören, soweit nicht eine Einschränkung gewollt und erkennbar ist, selbstverständlich auch diejenigen „Anzeigen", welche nach § 11 der Versicherungsbedingungen der Versicherungsnehmer oder bereits Versicherte der Versicherungsgesellschaft zu dem Zweck zu machen hat, um dieselbe zur Ausübung ihres Vorversicherungsrechts in den Stand zu setzen; sie sind entweder wahre Versicherungsanträge, oder eine Vorbereitung zu solchen, gleichviel ob vom Versicherten freiwillig gestellten oder von der Versicherungsgesellschaft kraft ihres Vorversicherungsrechts veranlaßten. Dies kann um so weniger bezweifelt werden, als nach § 11 der „Versicherungsbedingungen" die Anzeige an die „Colonia" in zwei Fällen zu geschehen hat:

1. falls die Mobiliar-Versicherung bei Eingehung der Immobiliar-Versicherung bereits besteht,
2. falls erst im Lauf der letzteren die Mobiliar-Versicherung bezweckt wird.

Hat nun im ersten Falle die Anzeige von der bestehenden Mobiliarversicherung unzweifelhaft an denjenigen Agenten zu geschehen, welcher die beabsichtigte Immobiliar-Versicherung vermittelt: so darf, da § 11 der Bedingungen nicht unterscheidet, die Anzeige auch der beabsichtigten Mobiliar-Versicherung an denjenigen Agenten geschehen, welcher die Immobiliar-Versicherung vermittelt hat, bzw. zur Zeit zu vermitteln hatte. Hatte somit eine an den Spezialagenten des betreffenden Distrikts, welcher den Verkehr zwischen dem Versicherten und der Versicherungsgesellschaft vermittelte, gerichtete Anzeige der gedachten Art die gleiche

Wirkung, als wäre sie an die Versicherungsgesellschaft selber gerichtet gewesen:

ALR I. 13 § 85 —

so ist es völlig unerheblich, ob Z. die Uebermittelung dieser Anzeige an die Gesellschaft, bzw. an deren für die weiter erforderlichen Schritte berechtigten Vertreter unterlassen oder ob er ausdrücklich die Aufnahme der Mobiliar-Versicherung abgelehnt hat. Denn einestheils würde sogar ein wirklicher Versicherungsantrag durch Nichterklärung der Versicherungsgesellschaft innerhalb der den Umständen angemessenen Frist für den Antragsteller seine verbindliche Kraft verloren haben, und ist über diese hinaus auch der nur Anzeigepflichtige zu warten nicht verbunden;

argum. ALR I. 20 § 609, vgl. ALR I. 5 § 96 ff. HGB Art. 319 —

andererseits bedurfte der Agent zu dem in der Ablehnung des Antrags etwa zu findenden „Verzicht" keineswegs einer Spezialvollmacht, da mit der Ermächtigung des Spezialagenten, Versicherungs-Anträge entgegenzunehmen, mindestens im Zweifel auch die Ermächtigung verbunden ist, gestellte Versicherungsanträge abzulehnen, diese Ermächtigung aber von den Betheiligten um so mehr vorausgesetzt werden darf, als der Spezialagent für das zur Vermittelung zwischen der Versicherungsgesellschaft und dem Publikum bestimmte, mit den vermuthlichen Intentionen der Gesellschaft vertraute, daher zur Auskunftsertheilung über diese Intentionen recht eigentlich bestellte Organ der Gesellschaft angesehen werden muß;

ALR I. 13 § 104.

Die dem Agenten hierbei etwa zur Last fallende Verletzung seiner Instruktionen kann selbstverständlich nur der Gesellschaft, nicht dem redlichen Dritten nachtheilig sein.

Unterliegt somit das Urtel des Appellrichters der Vernichtung, so ist über die... Behauptung, daß Kläger bereits im Jahre 67 und 68 — somit während des Laufs der Immobiliar-Versicherung und vor [der am 28. Nov. 68 erfolgten] Erneuerung derselben —, als er in Absicht stand, sein Mobiliar gegen Feuergefahr zu versichern, diese Absicht dem Kaufmann Z. ausgesprochen, Letzterer aber die Versicherung abgelehnt und dem Kläger die Gothaer Versicherungs-Gesellschaft zur Aufnahme der Versicherung empfohlen habe, der angetretene Beweis zu erheben. Denn wenn überall Kläger gegen Z. die betreffende Absicht ernstlich erklärt hat, so war der Pflicht zur „Anzeige" gemäß § 11 der Versicherungsbedingungen Genüge geschehen, da eine bestimmte Form solcher Anzeige durch die Versicherungsbedingungen nicht vorgeschrieben ist, und da es nunmehr Sache des Agenten war, die nöthigen Schritte zur Uebermittelung der Anzeige an die Versicherungsgesellschaft zu thun. Bei Unterlassung solcher Uebermittelung oder gar bei der Ablehnung des Spezialagenten durfte Kläger sich lediglich beruhigen; er war keineswegs verbunden, lediglich im Interesse der Versicherungsgesellschaft*) gegen eine derselben möglicherweise nachtheilige Unterlassung oder Handlung ihres Agenten an die Versicherungsgesellschaft selber zu rekurriren. — Dagegen würde eine nur gegen den Buchhalter oder Commis des Agenten Z. ausgesprochene Versicherungsabsicht des Klägers und eine von diesem Buchhalter oder Commis ausgegangene Ablehnung nicht genügt haben, sollte auch Letzterer von Z. mit der Bearbeitung der Versicherungsgeschäfte betraut gewesen sein; denn es ist nicht behauptet und im Zweifel nicht anzunehmen, daß Z. zu solcher Substitution mit verbindlicher Wirkung gegenüber der Versicherungsgesellschaft befugt war.

ALR I. 13 § 37 ff.; HGB Art. 53.

Die Beweispflicht aber der ernstlich erklärten Ab-

*) Vgl. oben Rechtsfall Nr. 7 S. 34, 35.

sicht trifft den Kläger. Denn da ihm durch den Versicherungsvertrag, bzw. durch die dem Feuerkassenbuch für seine Besitzung ... beigefügten und als integrirende Theile desselben zu betrachtenden „Allgemeinen Versicherungsbedingungen" die betreffende Anzeigepflicht bei Verlust seines Entschädigungsanspruchs auferlegt war, diese Anzeige somit zu den ihm vertragsmäßig gegen den Versicherer obliegenden Leistungen gehört: so ist es, wie beim kommissorischen Vertrage, an ihm, den Nachweis zu führen, daß er seiner Verbindlichkeit nachgekommen sei.

ALR I. 5 § 271;

Plen. Erk. des OHG v. 24. Nov. 70 [Rspr. I. Nr. 31 S. 160];

Förster, Theorie und Praxis des preuß. Privatrechts I. § 126.

Erbringt Kläger diesen Nachweis, so wird es nur noch auf die Höhe des zu ersetzenden Brandschaden ankommen, und da das Taxprotokoll v. 15. Juni 69 nicht anerkannt worden, auch darüber zu befinden sein, inwieweit die vom Kläger gegen die Richtigkeit der Schätzung erhobenen Einwendungen nach § 8 der Versicherungsbedingungen zulässig und erheblich erscheinen.

Dagegen reicht die Einrede der Bekl., daß Kläger [durch Nichtmitversicherung eines Viehstalls, sowie des Backhauses] auch gegen § 2 der Versicherungsbedingungen verstoßen habe, nicht aus, dieselbe gegen die Klage auf Zahlung der Versicherungssumme zu schützen. Denn wenn auch die vom Kläger behauptete Kenntniß des Agenten um die Nichtversicherung der betreffenden Baulichkeiteu der bekl. Gesellschaft nicht präjudiziren sollte: so ist doch durch die Versicherungsbedingungen an den Ausschluß gewisser Objekte von der Versicherung nirgend der Verlust der Entschädigungsansprüche geknüpft und versteht sich nach allgemeinen Grundsätzen keineswegs von selber.

Nr. 32.

Plenum. — Erkenntniß v. 2. Mai 71. (V.)

Buchmann ./. Meubleshalle der Breslauer Innungstischlermstr. (Nr. 214 v. 71).

Preußen. **Nichtigkeitsbeschwerde.**

I. Instanz: Stadtgericht Breslau.

Purifikation eines bedingten Urtels. Nothwendiger Eid einer offenen Handelsgesellschaft.

1. Ist im Prozeß einer Partei die eidliche Bestärkung oder Ablehnung einer streitigen Thatsache rechtskräftig zuerkannt worden, und es erheben sich nun Zweifel über die Tragweite dieser bedingten Entscheidung: so muß der neue Streitpunkt nachträglich zur Verhandlung gestellt und durch ein ergänzendes, in Preußen dem Angriff mittelst der gewöhnlichen Rechtsmittel zugängliches, Erkenntniß erledigt werden.

Nordd. PO Entw. § 599, 600, 603, 610.
AGO Th. I Tit. 10 § 377, Tit. 15 § 25;
Ministerial-Instruktion v. 7. April 39 Nr. 23.
Sic: OHG Plen. Erk. v. 2. Mai 71 i. S. Preiß ./. Hammerstein u. Lindenthal, unten S. 162, n. Vgl. auch Fall Nr. 62;
preuß. OTr. I. Sen. Erk. v. 5. Jan. 66, Strieth. Arch. B. 63 S. 42, u. IV. Sen. Erk. v. 18. Juni 67, das. B. 67 S. 284;
C. F. Koch, preuß. PO. nach heutiger Geltung (6. Auflage) S. 348 n. 106, 107.

2. Wie ist festzustellen, wer die einer offenen Handelsgesellschaft zugesprochenen Parteieide zu leisten habe?

Nordd. PO Entw. § 584, 585, 589, 590, 604 ff. Vgl. HGB Art. 117.

Die Innungstischlermeister von Breslau haben behufs Errichtung einer Meubleshalle sich zu einer offenen Handelsgesellschaft vereinigt, welche im Oktober 65 gegen den Bekl. verschiedene, seitdem weitläufig erörterte Ansprüche erhob. Für den Fall der Ableistung mehrerer Eide hat Klägerin bei einigen Posten die Verurtheilung des Bekl. rechtskräftig erstritten, und im Nov. 70 haben die derzeitigen Mitglieder der klagenden Gesellschaft die Eide geleistet. Der Prozeßrichter sprach nun durch „Purifikations-Resolution" eine unbedingte Verurtheilung aus.

Die NktBschw. des Bekl. rügte Nichtleistung der betreffenden Eide durch die seit dem maaßgebenden Erkenntniß ausgeschiedenen Gesellschaftsmitglieder. Demzufolge ist vom OHG der angefochtene Urtelsbescheid vernichtet und die Sache zur Entscheidung darüber, welche Personen die feststehenden Eide zu leisten haben, in die I. Instanz zurückgewiesen worden.

Gründe:

Das [in zweiter Instanz bestätigte und rechtskräftig gewordene] Erkenntniß v. 26. Nov. 68 bestimmt nur, daß die darin normirten Eide von „sämmtlichen Gesellschaftern der Klägerin" zu leisten. Welche Gesellschafter damit gemeint sind, ob diejenigen, welche am Tage der Klage vom 13. Okt. 65, oder aber am Tage des gedachten Urtels oder am Tage der Rechtskraft desselben, oder endlich am Tage des Prozeßakts der Eidesleistung [5. Nov. 70] Gesellschafter waren, dies hat das Urtel unentschieden gelassen.

Der Zweifel darüber ist aber um so mehr gerechtfertigt, und der diesfalls entstandene Streit der Parteien erklärlich und erheblich, als der Bekl. in II. Instanz die Legitimation der Klägerin und ihr Successionsverhältniß zu der im Jahre 1848 unter gleicher Firma errichteten Gesellschaft bestritt, während die Defekte die Zeit von 1850 bis 61 umfassen; worauf Klägerin selbst angab, daß im Lauf der Jahre einzelne Mitglieder gestorben und neue hinzugetreten sind, und als der Appellrichter diesen Einwand der mangelnden Legitimation für begründet erachtete, und eben deshalb, ohne auf die Sache selbst einzugehen, auf Bestätigung erkannte, weil nur Klägerin allein appellirt hatte.

Nun geht aber die Natur und Bestimmung der Purifikationsresolution nur dahin, das voraufgegangene hypothetische Urtel, jenachdem der darin erkannte Eid von demjenigen, welchem er anvertraut worden, geleistet ist oder nicht, als nunmehr unbedingtes hinzustellen. Entstehen aber inzwischen Zweifel und Streitigkeiten darüber, von welcher Person der Eid zu leisten ist, falls dies im hypothetischen Urtel unbestimmt gelassen, oder solcher Zweifel überhaupt darin unentschieden geblieben ist: so fehlt es eben für die Purificatoria an einer diesfälligen hypothetischen Entscheidung, die alsdann also mit Vorbehalt der Rechtsmittel nachzuholen ist; wie dies z. B. im § 1 Tit. 22 Th. I AGO für den Fall vorgeschrieben ist, wenn die betreffende Person vor der Eidesleistung gestorben ist und ihr Erbe den erkannten Veritätseid nur de ignorantia würde schwören können.

Der Richter also, welcher in vorliegendem Falle das voraufgegangene Urtel in der Annahme purifizirte, als sei darin der entstandene Streit bereits entschieden, während dies doch nicht der Fall ist, verletzte insofern allerdings die Grundsätze von der res judicata, daher seine Resolution der Vernichtung unterliegt. Derselbe beruft sich zwar auf eine Entscheidung des OTr. v. 28. Juni 59 (Strieth. Arch. B. 34 S. 111), die ihm aber nicht zur Seite steht, weil dort persönlich benannte Mitglieder des Verwaltungsraths einer ähnlichen Gesellschaft als Vertreter derselben zum Eide verstattet waren und gewechselt hatten. Vielmehr steht dem Richter das Urtel des OTr. v. 18. Juni 67 (daselbst B. 67 S. 284) entgegen, in welchem der oben dargelegte richtige Grundsatz ebenfalls anerkannt ist. Hiernach muß über die obige Streitfrage nachträglich in I. Instanz mit Vorbehalt der Rechtsmittel* erkannt werden.

* OHG Plen. B. Erk. v. 2. Mai 71 in der ostpreußischen Sache Nr. 172 v. 71: „Von dem Eide der . . „Gesellschaft“ ist die Entscheidung abhängig gemacht. Fand sich nun, daß diese Gesellschaft schon vor der [in ihrem Namen erfolgten] Klageerhebung nicht mehr existirte, Einer der beiden früheren Gesellschafter vielmehr schon da-

Nr. 33.

Plenum. — Erkenntniß v. 4. Mai 71. (Ref.)

Menshausen & Co. ./. C. F. A. Sieland u. dessen Litisdenunziaten (Nr. 179 v. 71).

Königreich Sachsen. **Weitere Berufung.**

I. Handelsgericht im Bezirksgericht Leipzig,
II. Appellationsgericht Leipzig.

Transportunternehmen. Haftung des Frachtführers. Aushändigung des Frachtguts nach beendetem Transport. Feuerschade.

1. Ein Transportunternehmen (im Sinne des HGB Art. 384) wird durch das Ausbedingen eines festen Pauschbetrags für sämmtliche Kosten des zu besorgenden Transports charakterisirt.

HGB. Art. 379, 384.
Makower Komm. zu Art. 384 n. 10, S. 288.
v. Hahn Komm. B. II S. 396 § 1.

2. Die dem Frachtführer nach beendetem Transport obliegende „Aushändigung" (Ausantwortung, Auslieferung ꝛc.) des beförderten Guts bestimmt sich nach dem HGB, sofern dieses am Orte der Ablieferung gilt, nicht nach dem (nur subsidiären) allgemeinen bürgerlichen Recht.

HGB Art. 1, 390, 403.

3. Zu dieser „Aushändigung" (Nr. 2.) genügt weder einerseits ein Bereitstellen des Frachtguts zur Abnahme durch den bezeichneten Empfänger, noch ist andrerseits dazu eine eigentliche Uebergabe (Tradition in civilrechtlichem Sinne, sei es eine symbolische oder eine Naturalübergabe) an Letzteren erforderlich.

Vielmehr ist darunter derjenige Akt thatsächlicher Verabfolgung zu verstehen, durch welchen der Frachtführer

mals das Geschäft übernommen hatte: so lag die Frage, wer nun an Stelle der Gesellschaft den Eid zu leisten habe und ob der Gesellschaft ein früherer Gesellschafter als Prozeßpartei substituirt werden dürfe, außerhalb der Tragweite der rechtskräftigen, auf den Eid gestellten Entscheidung. Es bedurfte vielmehr über die Zulässigkeit dieser Substitution eines ergänzenden, dem Angriff mittelst der gewöhnlichen Rechtsmittel zugänglichen Erkenntnisses."

die erhaltene Gewahrsam der (beförderten) Sache mit (ausdrücklicher oder stillschweigender) Einwilligung des ihm bezeichneten Empfängers wieder aufgiebt, — gleichviel an wen gerade, und ob dadurch jener Empfänger Besitz oder Gewahrsam der Sache erlangt.

HGB Art. 390, 395, 403, 405, 423.

Anwendung dieser Grundsätze auf Ablieferung von Eisenbahngut an das kaiserliche Zollmagazin in Triest; vgl. Reglement für den Vereinsgüterverkehr auf den Bahnen des Vereins deutscher Eisenbahnverwaltungen v. 1. März 65 § 19 und Betriebsreglement für die Eisenbahnen im Nordd. Bunde v. 10. Juni 70, BdGesBl. Nr. 23, § 14, 19.

4. Gilt Verbrennen des Frachtguts als „höhere Gewalt" im Sinne des Art. 395 HGB?

Im Januar 69 ersuchte Klägerin den Bekl., einen Leipziger Spediteur, brieflich, 15 Ballen Tuchwaaren, mindestens 7000 Thlr. werth, zum Transport nach Triest zu übernehmen und franco, unter Assekuranz, dorthin an den österreichischen Lloyd gelangen zu lassen, hiefür aber die Klägerin zu belasten. Demzufolge hat Beklagter die 15 Ballen durch seine Leute abholen und wiegen lassen, dieselben auf Höhe von 7000 Thlrn. versichert und der Westlichen Staatsbahn in Leipzig zur Beförderung nach Triest und an den Lloyd übergeben, der Klägerin aber außer der Assekuranzgebühr einen Frachtsatz von 2 Thlrn. pro Centner abgefordert, welche Beträge Klägerin in ihren Handelsbüchern jenem gutgeschrieben haben will.

Unter der Behauptung, daß die Ballen weder an den österr. Lloyd in Triest gelangt, noch anderweitig der Klägerin ausgeliefert worden seien, fordert Klägerin Vertragserfüllung durch gehörige Ausantwortung der 15 Ballen, eventuell Ersatz eines auf etwa 7622 Thlr. berechneten Sachwerths.

Beklagter bestreitet den Klageanspruch, weil die fraglichen Ballen am 26. Januar 69 auf der Südbahn in Triest angelangt und sofort in das dortige kaiserliche Zollmagazin und zwar in die dem österr. Lloyd überlassenen Räume, gebracht worden seien (zur Aufbewahrung bis zu zollamtlicher Abfertigung und Weiterverschiffung). Der Bekl. suchte hierbei darzulegen, daß diese Räume dem Lloyd als eigene Lagerräume gedient haben; der Lloyd soll zugleich den Frachtbrief über die 15 Ballen empfangen und der Bahn Quittung darüber sowie über den Empfang der 15 Ballen ertheilt haben.

Am 28. Januar brach Feuer aus, welches den Bahnhof der Südbahn und die Zollmagazine, insbesondere auch jene Räumlichkeiten des Lloyd und dessen dort befindliches Bureau nebst Papieren zerstörte. Unter den geretteten Gütern sollen sich die 15 Ballen nicht befunden haben, vielmehr mit dem Frachtbrief verbrannt sein.

Ev. bemängelt Bekl. die Ersatzforderung, weil nur der gemeine Handelswerth am Ablieferungsort (HGB Art. 396 Abs. 2) zu vergüten, nach dieser Richtung hin aber die Klageforderung nicht substantiirt sei.

Der I. Richter zog nur das prinzipale Klageverlangen in Betracht und verstattete in dieser Richtung die Parteien zum Beweise ihrer Behauptungen bezüglich der geschehenen oder unterbliebenen Vertragserfüllung, ev. der Unmöglichkeit derselben. Auf Appellation beider Theile wies der II. Richter die Klägerin angebrachter Maaßen ab, weil Bekl. als Spediteur nur die B e s o r g u n g einer Versendung, nicht den Transport selbst übernommen und dem durch Abholung und Absendung der Ballen in Leipzig genügt, Weiteres aber nicht zu vertreten habe.

Auf Anrufen der Klägerin hob das OHG das II. Erk. auf und änderte das I. in mehreren Punkten zu Gunsten des Bekl. ab.

Entscheidungsgründe:

I. Präjudiziell für die Entscheidung der vorliegenden Streitsache ist, ob Bekl. als gewöhnlicher Spediteur oder als Transportunternehmer (im Sinne des Art. 384 HGB) anzusehen ist. In ersterem Falle würde er der erhobenen Klage nicht haften, da er die übernommene Versendung unstreitig ordnungsmäßig besorgt hat und ihn in der Wahl der Zwischenspediteure und Frachtführer kein Vorwurf trifft. Dies hat das App.-Gericht, im Widerspruch mit dem I. Richter, angenommen. Die dagegen erhobene Appellation der Klägerin erscheint indessen begründet.

Denn die mit der Klage überreichte, vom Bekl. anerkannte Rechnung enthält, in dem Satze von 2 Thlrn. pro Centner von Leipzig bis Triest, ein Pauschquantum für sämmtliche Transportkosten, incl. Provision. Daß Klägerin auf den Beklagterseits durch Ueberreichung dieser Rechnung gemachten Vorschlag dieses Pauschquantums stillschweigend eingegangen, vermag Bekl. nur frivoler Weise zu bestreiten, auch wenn Klägerin den Betrag der Rechnung dem Bekl. nicht gutgeschrieben haben sollte. Mehr aber als die Vereinbarung über ein solches Pauschquantum der Transportkosten wird nach HGB Art. 384 nicht erfordert, um den Spediteur, auch wenn er nicht selber den Transport ausführt, für diese Ausführung durch Zwischenspediteure und Frachtführer insoweit verantwortlich zu machen, als diese Letzteren selbst haften. Weshalb dies in vorliegendem Falle sich anders verhalten sollte, ist vom Bekl. in keiner Weise zu begründen versucht worden, vielmehr ist derselbe bis zum II. Urtel offenbar selber davon ausgegangen, daß er für den ganzen Transport bis zur Auslieferung des Guts an den Empfänger in Triest einzustehen habe. Ob Bekl. zur Berechnung eines solchen Pauschquantums dadurch veranlaßt worden ist, daß ihm aufgegeben war, die Waare franco zu versenden, ist irrelevant, da er auch in diesem Falle in der Lage war, der Klägerin die wirklichen Transportkosten, incl. Provision, in deren feststehendem Betrage zu berechnen oder erforderlichen Falles diese Berechnung bis nach definitiver Feststellung der Transportkosten auszusetzen. Von einem nur vorläufigen Anschlage aber ist in der, unmittelbar nach empfangenem Speditionsauftrage, der Klägerin überreichten Rechnung überall nicht die Rede, vielmehr ist daselbst definitiv ein fixes Pauschquantum ausgeworfen.

Ob daher im Zweifel ein einfacher Speditionsauftrag als gewollt anzunehmen, kann dahingestellt bleiben, zumal die durch Art. 384 HGB geregelte Transportunternehmung nicht nur nach dem Recht vieler handeltreibenden Staaten den einfachen Speditionsvertrag sogar völlig absorbirt hat, sondern auch nach der thatsächlichen Gestaltung des deutschen Landtransportwesens sich nicht mehr als singuläre Ausnahme gegenüber dem einfachen Speditionsvertrage verhält.

Wird hiernach der Prozeß in die Lage versetzt, in welcher er sich zur Zeit des I. Urtels befand, so leben die wider letzteres von beiden Theilen erhobenen Beschwerden wieder auf, und kommen hiernach folgende weiteren Punkte in Betracht.

II. Die Klage ist auf Ausführung des Speditionsvertrags durch Auslieferung der zum Transport übernommenen 15 Ballen an den österreichischen Lloyd zu Triest — eventuell auf Schadenersatz, unter Zugrundelegung des angeblichen Fakturawerths der Güter — gerichtet. Der Bekl. hat diesen Werth geleugnet, auch verschiedene Einreden entgegengestellt, welche nicht sowohl das prinzipale, als das eventuelle Petitum treffen. Der I. Richter hat dem Bekl. nur die gegen das prinzipale Petitum gerichteten Exceptionen zur Bescheinigung nachgelassen... Hiergegen haben beide Theile appellirt, Klägerin, weil die eventuelle Kumulation des Schadenersatzanspruchs mit dem Anspruch auf Erfüllung nicht oder doch nicht deutlich gestattet worden;...

(und es war nun) der Berufung der Klägerin zu entsprechen.

Geht nämlich der Sinn des I. Urtels dahin, daß der eventuelle Schadenersatzanspruch aus diesem Prozeß gänzlich auszuscheiden habe: so hat dasselbe gegen die Prinzipien auch des sächsischen Prozeßrechts, welches die zur Vermeidung mehrfacher Prozesse zweckmäßige eventuelle Verbindung des Schadenersatzanspruchs für den Fall der Nichterfüllung mit dem prinzipalen Anspruch auf Erfüllung durchaus gestattet, verstoßen, und den § 761 des [kgl. sächs.] bürgerl. GB unrichtig angewendet...

Hat dagegen das Gericht — was nach sächs. R., vgl. Exekutionsgesetz v. 28. Febr. 38 § 73, an sich statthaft ist — die eventuell erforderliche Ermittelung der Schadenhöhe der Exekutions-Instanz überweisen wollen: so wäre dadurch Bekl. in der Geltendmachung seiner gegen den Schadenersatzanspruch schon jetzt erhobenen Einreden beschränkt worden. Muß hiernach auch der eventuelle Schadenersatzanspruch schon jetzt zur richterlichen Kognition verstellt werden, so kommt dabei in Betracht:

Vermag Beklagter den Nachweis zu führen, daß er erfüllt habe, oder aber, daß er durch höhere Gewalt von der Verbindlichkeit zur Erfüllung befreit worden: so ist damit auch der Schadenersatzanspruch als ungegründet dargethan. Vermag er nur den Nachweis zu führen, daß die fragl. 15 Ballen verbrannt, bzw. aus dem Brande des Zollmagazins nicht gerettet worden sind, nicht dagegen auch, daß dieser Brand sich als höhere Gewalt im Sinne des Art. 395 HGB darstelle: so wäre er zwar von dem Anspruch auf Erfüllung, nicht aber von dem Anspruch auf Schadenersatz frei. Für diesen Fall käme es somit noch auf den Eid der Inhaber der klagenden Firma über den Werth der 15 Ballen Tuch an...

III. Dem prinzipalen wie dem eventuellen Anspruch hat Bekl. die beiden Einwendungen entgegengestellt, daß er erfüllt habe, oder aber doch, daß die Erfüllung durch höhere Gewalt unmöglich geworden sei. Hier war das I. Urtel in einigen Punkten zu Gunsten des Bkl. zu reformiren.

Nach Art. 384 HGB haftet Bekl. für die von ihm angenommenen Zwischenspediteure und Frachtführer, steht somit für die Ausführung des Transports insoweit ein, als der Frachtführer und von mehreren successiven Frachtführern jeder einzelne derselben oder doch mindestens der erste und der letzte gemäß HGB Art 401, 429 aus dem Frachtvertrage dem Absender, bzw. Empfänger haftet. Diese Haftung, soweit hier relevant, ist eine zweifache:

1. der Frachtführer ist verbunden, am Orte der Ablieferung dem durch den Frachtbrief bezeichneten Empfänger das Frachtgut auszuhändigen, HGB Art. 403;
2. er haftet für den Schaden, welcher durch Verlust oder Beschädigung des Frachtguts seit der Empfangnahme bis zur Ablieferung entstanden ist, sofern er nicht beweist, daß Verlust oder Beschädigung durch höhere Gewalt entstanden, HGB Art. 395.

Beklagter behauptet nun, der ersten Verpflichtung genügt zu haben, eventuell, von der zweiten durch höhere Gewalt befreit zu sein. In beiden Beziehungen trifft ihn die Beweislast, wobei es ohne Einfluß ist, daß an seiner Stelle die von ihm zu vertretende österreichische Südbahnverwaltung die Gewahrsam des Guts als letzter Frachtführer gehabt hat.

Zu 1.

Die Aushändigung der in Rede stehenden 15 Ballen soll durch die genannte Bahn an den im Frachtbrief bezeichneten Empfänger, den österr. Lloyd zu Triest, erfolgt sein. Was als „Aushändigung" zu erachten, bestimmt sich

— in Ermangelung einer etwa abweichenden giltigen Uebereinkunft — lediglich nach den Grundsätzen des, am Orte der Vertragsschließung wie am Orte der Ablieferung (österr. Ges. v. 17. Dez. 62, Reichsges.-Bl. 1863, Stück I) geltenden, ADHGB, da der Rechtsbegriff der „Aushändigung“ im Frachtgeschäft aus dem HGB selbst zu entnehmen und nicht nach den Bestimmungen des nur subsidiären allgemeinen bürgerlichen Rechts der einzelnen Länder zu bemessen ist, es daher dahingestellt bleiben kann, ob nach dem in Triest geltenden bürgerlichen Recht zur Aushändigung seitens des Frachtführers eine sogenannte symbolische Tradition im Sinne des österr. bürgerl. GB § 427 genügen oder erforderlich sein würde.

Unter „Aushändigung“ (im Sinne des Art. 403) kann nun zwar die bloße Bereitstellung des Guts zur Abnahme seitens des Frachtführers nicht verstanden werden, andererseits aber auch nicht etwa die sogenannte reelle Tradition oder Naturalübergabe im engsten Sinne, das Hingeben von Hand zu Hand. Vielmehr wird damit, wie mit den Ausdrücken: „Ablieferung, Auslieferung, Lieferung Ausantwortung“ derjenige Akt bezeichnet, durch welchen der Frachtführer die zum Zweck des Transports durch Auflieferung (Uebergabe, Aufgabe, Lieferung, Einlieferung) erhaltene Gewahrsam nach beendigtem Transport **mit ausdrücklicher oder stillschweigender Einwilligung des Empfängers** wieder aufgiebt — gleichviel an wen, und ohne Unterschied, ob dadurch der Empfänger die Gewahrsam oder gar den juristischen Besitz erlangt. Das Gut kann somit ausgehändigt sein, ohne tradirt zu sein, zumal der Frachtführer, welcher nicht juristischer Besitzer ist, zu einem „Tradiren“ im Rechtssinne an sich weder verpflichtet, noch berechtigt ist, vielmehr nur zum rein thatsächlichen Verabfolgen (restituere).

Der I. Richter aber hat die „Auslieferung“ mit der „Uebergabe“ identifizirt und damit, den Begriff der ersteren verkennend, das Beweisthema zum Nachtheil des Bekl. beschränkt. Beklagter hat nämlich seinen Einwand in dreifacher Richtung begründet:

a) die 15 Ballen seien nach ihrer Ankunft in Triest von den Beamten der Südbahn in die kaiserlichen Zollmagazine gebracht worden, welche die Südbahn als ihr faktisches Abgabemagazin benutzt und von wo aus die Waaren seitens der Adressaten abgeholt zu werden pflegen; — nach § 19 des Reglements für den Vereinsgüterverkehr und nach § 46, 48 des Betriebsreglements der Südbahn sei mit der Ablieferung an das Zollmagazin Auslieferung erfolgt und die Verantwortlichkeit der Südbahn erloschen;

b) dem österr. Lloyd sei im Zollmagazin einfürallemal ein besonderer Raum angewiesen gewesen, wo derselbe die für ihn (namentlich nur zum Durchgang und behufs Weiterbeförderung zur See) angekommenen Güter so lange lagern durfte, bis sich Zeit und Gelegenheit zur Einschiffung ergab; erst dann ward auf Antrag des Lloyd die Zollabfertigung bewirkt, und die Abladung der Güter zum Transport geschah unmittelbar aus dem Zollmagazin in die dicht dabei ankernden Fahrzeuge; — auch hielt sich der Lloyd auf dem ihm überlassenen Platze des Zollmagazins ein eigenes Bureau, wo er die empfangenen Frachtbriefe aufbewahrte und mehrere seiner Gehilfen während der Geschäftsstunden stationirt hielt; auf diesem Raume des Zollmagazins sollen die 15 Ballen von den Bahnbeamten abgegeben worden und dadurch „körperliche Uebergabe" an den Lloyd erfolgt sein;

c) die Südbahn habe den Lloyd, nachdem die Ballen in vorgedachte Räume gebracht worden, davon durch Ausantwortung des Frachtbriefs avisirt, der Lloyd habe die Spesen gezahlt und der Südbahn über den Frachtbrief und den Empfang der Ballen eine Quittung (Abgaberezepisse) ausgestellt; nach § 43 ihres Reglements aber habe die Südbahn, wenn nach Ankunft des Guts am Bestimmungsort der Frachtbrief übergeben ist, nur noch die Anweisungen des Empfängers zu beachten und stelle diesem nach Lösung des saldirten Frachtbriefs das Gut zur Abnahme zur Verfügung; hierdurch sei „symbolische Uebergabe“ erfolgt.

Indem nun der I. Richter davon ausgeht, daß der „Uebergabe“ des Frachtführers eine „Uebernahme“ zu entsprechen habe, hat er die Behauptungen zu c für sich als irrelevant, dagegen die zu a und b nur insofern für beachtlich erklärt, als zugleich dargethan werde, daß eine „Uebernahme“ der Ballen seitens der Beamten des Zollamts oder des Lloyd stattgefunden habe. Diese Beschränkung erscheint unstatthaft.

Zu a muß der Nachweis genügen, daß die österr. Südbahn die 15 Ballen an das kaiserl. Zollmagazin zu Triest ausgeliefert hat. Ob diese Ablieferung in der, anscheinend vom I. Richter vorausgesetzten, Weise zu erfolgen hatte, daß eine „Uebernahme“ der Ballen seitens der Zollbeamten stattfand, ist eine thatsächliche, nur nach näherer Kenntniß der Lokaleinrichtungen zu entscheidende Frage. Beklagter wird daher nachzuweisen haben, daß die behauptete Abgabe der 15 Ballen an das Zollmagazin, den in Triest bestandenen Einrichtungen entsprechend, ordnungsmäßig erfolgt ist. War dies geschehen, so hatte die Südbahn ihrer Auslieferungspflicht genügt. Denn es bestimmt (abgesehen von dem im Prozeß bisher nicht vorgelegten Reglement der österr. Südbahn) § 19 des Reglements für den Vereinsgüterverkehr auf den Bahnen des Vereins deutscher Eisenbahn-Verwaltungen v. 1. März 65 notorisch:

> der Ablieferung an den Adressaten steht die Ablieferung an Packhöfe, Lagerhäuser, Revisionsschuppen ꝛc. gleich.

Nach den Bestimmungen dieses Reglements erfolgt der direkte Güterverkehr auf den Bahnen des Vereins deutscher

Eisenbahn-Verwaltungen — welchem notorisch sämmtliche Bahnen auf der Route Leipzig-Triest, insbesondere die kgl. sächs. Westliche Staatsbahn und die österr. Südbahn, angehören — und ist, wie das von Klägerin produzirte Frachtbriefsformular ergiebt, auch in vorliegendem Falle geschehen. Somit bestimmen sich die Rechtsverhältnisse zwischen der Klägerin einerseits und den sämmtlichen Eisenbahn-Frachtführern auf dieser Route, insbesondere der österr. Südbahn — daher auch dem Bekl., welcher für diese Frachtführer in Anspruch genommen wird — andrerseits zunächst nach der durch jenen § 19 als vereinbart zu erachtenden Norm.

Die Behauptung der Klägerin, daß diese Bestimmung gegen Art. 395, 403 HGB verstoße, demgemäß nach § 423 daselbst für unwirksam erachtet werden müsse, ist nicht begründet. Denn die Absicht der Verfasser des HGB — indem sie, behufs höherer Sicherung des Verkehrs, die Vertragsfreiheit der Bahnverwaltungen erheblich beschränkt haben, ist keineswegs dahin gegangen, an sich zweckmäßige Einrichtungen, welche im öffentlichen Interesse oder im Interesse der Betheiligten selber geboten erscheinen, auszuschließen. Müssen nun selbstverständlich nach den maaßgebenden Zollgesetzen alle aus dem Zollauslande kommenden Güter mindestens nach beendetem Transport bei der Endzollstelle verzollt werden und die zum bloßen Transit bestimmten, auch zollfreien Güter bis zur Wiederausfuhr in dem betr. Zollmagazin oder einer entsprechenden Niederlage verbleiben: so kann es verständigerweise dem Frachtführer nicht zugemuthet werden, ungeachtet er nach dem Zollgesetz nicht direkt an den Empfänger hat ausliefern können, vielmehr genöthigt war, die Güter an das Zollmagazin abzugeben, die weitere Verantwortlichkeit zu tragen.

Wenngleich daher während der Dauer des Transports die Verantwortlichkeit des Frachtführers nicht ohne

Weiteres und absolut dadurch ausgeschlossen wird, daß er die Güter zeitweise an die Zoll- oder Steuerbehörde abgeliefert hat (Protokolle S. 4730 ff.): so erscheint es doch völlig sachentsprechend, die Auslieferungspflicht des Frachtführers nach dessen Ankunft am Ablieferungsort dahin zu präzisiren, daß die Zollstätte als der Ablieferungsort oder die Abladestelle zu erachten sei, und mit der Ablieferung an diese die weitere Verantwortlichkeit des Frachtführers mindestens dann erlösche, wenn der Frachtführer den Empfänger durch Anzeige von der Ankunft des Guts und durch Zustellung der erforderlichen Papiere in den Stand gesetzt hat, sowohl über das Gut zu verfügen, wie selber die weitere Sorge für dasselbe zu übernehmen.

Daß übrigens die fragl. Reglementsbestimmung gegen das HGB nicht verstößt, hat auch der Bundesrath des norddeutschen Bundes durch wörtliche Aufnahme des § 19 in das gemäß Art. 45 der Bundesverfassung als Gesetz erlassene Betriebsreglement für die Eisenbahnen im nordd. Bunde v. 10. Juni 70 (BdGesBl. Nr. 23) sowie durch die damit in Verbindung stehende Vorschrift § 14 Abs. 8 daselbst: „ausgeschlossen von der Selbstabholung sind diejenigen Güter, welche nach steueramtlichen Vorschriften oder aus anderen Gründen nach Packhöfen oder Niederlagen der Steuerverwaltung gefahren werden müssen", unzweideutig anerkannt...

Zu b. Befand sich im Zollmagazin oder auch nur in Bahnhofsräumen der Südbahn ein besonderes, dem österr. Lloyd einfürallemal zur Aufnahme der per Südbahn anlangenden Güter zugewiesener Raum, und sind die 15 Ballen in diesen gelangt: so hat die Verwaltung ihrer Verpflichtung, an den Lloyd auszuhändigen, vollkommen Genüge gethan, ohne daß es darauf ankäme, ob diese Ballen durch Beamte oder Angestellte des Lloyd auch wirklich entgegengenommen sind. Denn es würde dadurch die Verwaltung der Südbahn nicht allein mit Willen des Lloyd die Gewahrsam des Guts aufgegeben, sondern es würde sogar der Llyod gleichzeitig und ohne Weiteres diese Gewahrsam erlangt haben.

Kgl. sächs. bürgerl. GB § 194, 196, 199; österr. bürgerl. GB § 309; L. 18 § 2 Dig. 41, 2; L. 9 § 3 Dig. 23, 3; L. 1 § 21, L. 51 Dig. 41, 2; L. 79 Dig. 46, 3.

Führt Beklagter diesen Nachweis, so würde ihm auch das nicht entgegenstehen, daß diese Räume nicht unter ausschließlichem Verschluß und Verfügungsrecht des Lloyd gestanden haben; es genügt, daß dieselben nach Uebereinkunft Abladeplatz der per Südbahn für den Lloyd ankommenden Güter waren, und daß die Güter dort thatsächlich abgeladen worden sind.

Zu c. Ist dem Lloyd der Frachtbrief über die 15 Ballen nach deren Ankunft in Triest ausgehändigt worden, und hat der Lloyd das behauptete Aviso und Abgaberezepisse von der Südbahn empfangen und unterzeichnet: so erscheint der Klageanspruch unbegründet. Die Aushändigung des Frachtbriefs allein wäre freilich irrelevant, da dadurch zwar unter Umständen der Frachtführer aufhört, für den Absender zu detiniren, seiner Auslieferungspflicht gegen den Empfänger aber keineswegs Genüge geleistet hat, HGB Art. 402, vgl. Art. 403, 405. — Dagegen ist die andere vorgedachte Beifuge von entscheidender Bedeutung; sie enthält:

1) ein dreifaches Aviso, daß das Gut angelangt ist, daß es bei dem kaiserl. Zollamte lagert, endlich daß der Frachtbrief, mittelst dessen das Gut bezogen werden kann, gegen Beibringung des unterzeichneten Abgaberezepisse und gegen Zahlung der Spesen von der Verwaltung der Südbahn zu erheben ist,

2) ein Abgaberezepisse über die „Fracht-Eilgut-Sendung", enthaltend die Weisung der Südbahn „auszu-

folgen" und einen Vermerk des Empfängers lautend: „bezogen, Triest am 26/1. 69, Empfangsbestätigung des Adressaten . . . pro österr. Lloyd." — Es kann dahingestellt bleiben, ob diese Quittung sich auf den Frachtbrief oder auf das Gut bezieht, obwohl die Bezeichnung der Urkunde als Abgaberezepisse über die „Eilgutsendung" offenbar der letzteren Annahme zur Seite steht. Denn ganz entscheidend ist der Passus: „obige Sendung liegt beim k. k. Zollamt." Damit erklärte, auch wenn man die Frage vom Uebergang des Besitzes auf sich beruhen lassen will, die Südbahn-Verwaltung, daß nicht sie die Güter detinire, sondern ein Dritter, und daß sie von diesem gegen Beibringung des Frachtbriefs zu beziehen seien. Sie wollte also, mindestens nach Aushändigung des Frachtbriefs, durch Abgabe der Waare an das Zollamt ihrer Lieferungspflicht Genüge geleistet haben. Durch seine Quittung auf dem Aviso und Abgaberezepisse aber hat der Lloyd sich damit einverstanden erklärt, und diese Erklärung des Empfängers, welcher nach Aushändigung des Frachtbriefs ausschließlich zur Disposition über das Gut befugt ist, muß Klägerin gegen sich gelten lassen, mag der Lloyd in den Besitz der Waare gelangt sein oder nicht.

Vermag somit Beklagter seinen Einwand in einer der vorstehend gedachten drei Richtungen zu beweisen, so ist er von der erhobenen Klage zu entbinden und loszuzählen.

Zu 2.

Die 15 Ballen sollen bei dem Brande der Gebäulichkeiten der Südbahn sich unter den geretteten Gütern nicht befunden haben, sondern verbrannt sein.

Der I. Richter hat dem Bekl. die Bescheinigung dieses Einwands nachgelassen, spricht aber in den Entscheidungsgründen nur vom Verbrennen des Speditionsguts. Klägerin hat gegen diese Beweisnachlassung appellirt, weil Zerstörung durch Feuer an sich nicht „höhere Gewalt" im Sinne des

HGB Art. 395 sei und Beklagter seinen Einwand nicht gehörig substantiirt habe; Beklagter dagegen verlangt, daß ihm der Beweis alternativ dahin gestattet werde, daß entweder die 15 Ballen bei gedachtem Brande verbrannt seien oder sich unter den aus jenem Brande geretteten Gütern nicht befunden haben.

a. Anlangend die nur dem eventuellen Petitum gegenüber in Betracht kommende Appellation der Klägerin, so ist zwar richtig, daß nicht jede Vernichtung durch Feuer als „höhere Gewalt", d. h. als ein unter den gegebenen Umständen auch durch die äußerste, diesen Umständen angemessene und vernünftigerweise zu erwartende Sorgfalt weder abzuwehrendes, noch in seinen schädlichen Folgen vermeidliches Ereigniß angesehen werden kann. Indessen reicht, jedenfalls nach den Grundsätzen des sächsischen Prozeßrechts, zur Substantiirung des fragl. Einwands die Behauptung aus, daß ein großer Brand, welcher die Magazine der Südbahn, bzw. das Zollmagazin zerstört hat, die Ursache des Verlusts der 15 Ballen gewesen sei, und genügt es, wenn durch ein Bescheinigungsverfahren diejenigen Umstände, unter welchen der Brand überhaupt und insbesondere desjenigen Theils der Südbahnbaulichkeiten, in welchem sich die 15 Ballen befunden haben sollen, stattgehabt hat, näher dargelegt werden. Zur Gegenbescheinigung der Klägerin wird gehören, die Schuld der Südbahn an dem Verbrennen der 15 Ballen, soweit dafür die vom Bekl. darzulegenden Umstände des Brandes keinen Anhalt gewähren, darzulegen.

b. Dagegen erscheint das Verlangen des Bekl. allerdings gegründet. Denn es genügt schon der Nachweis des Verbrennens oder der Nichtrettung der Güter aus dem Brande, um die Verwaltung der Südbahn und mit ihr den Bekl. von der Restitutionspflicht zu befreien. Ob die 15 Ballen durch das Feuer vernichtet oder bei Gelegenheit dieses Brandes anderweitig zu Grunde gegangen oder auch nur abhanden gekommen sind, ist irrelevant, sofern nur die Umstände im ersten Falle eine Rettung vor Vernichtung durch Feuer, im zweiten Falle eine Rettung vor anderweitigem Verlust ausgeschlossen haben. Sind aber die 15 Ballen nicht unter den aus dem Brande geretteten Gütern gewesen, so ist, bis zum Erweise des Gegentheils, verständigerweise anzunehmen, daß dieselben durch den Brand oder bei Gelegenheit desselben verloren gegangen sind. Es wäre ungerecht und unbillig und widerspräche aller Erfahrung, wollte man in Fällen dieser Art dem Frachtführer den strikten Beweis gerade des Verbrennens anmuthen.

Nr. 34.

Plenum. — Erkenntniß v. 5. Mai 71. (Ref.)

Sieland & Co. ·/. die k. k. privilegirte Azienda Assicuratrice in Triest (Nr. 190 v. 1871).

Königreich Sachsen. **Weitere Berufung.**

I. Instanz: Handelsgericht im Bezirksgericht Leipzig,
II. Instanz: Appellationsgericht daselbst.

Transportversicherung, Ende der zu vertretenden Gefahren. Beweislast.

1. Bei einer gegen die Gefahren des Bahntransports genommenen Versicherung, die vertragsmäßig bis zur „Auslieferung der Sachen auf der Ankunftsstation" läuft, ist (in Ermangelung besonderer Abmachungen) unter Auslieferung des Transportguts der Akt zu verstehen, durch welchen die betreffende Bahnverwaltung ihrer Verpflichtung aus dem Frachtvertrage abschließend genügt.

HGB Art. 278, 403; vgl. 828, 831.

2. Den Versicherten trifft die Beweislast dafür, daß der Unfall, dessen Gefahr der Versicherer übernommen hat, im Laufe der Versicherung (in vorgedachtem Falle somit vor Auslieferung des Bahnguts) eingetreten ist.

HGB Art. 1, 271 Nr. 3, vgl. Art. 822, 824, 886.

Die 15 Ballen Eisenbahnfrachtgut, um deren Beförderung und Ausantwortung es sich in dem vorstehend unter Nr. 33 S. 163 ff. mitgetheilten Rechtsfalle handelte, waren gegen alle Transportgefahr bei der bekl. Gesellschaft versichert gewesen. Diese wurde auf Ersatz des in Triest dem Gute widerfahrenen Brandschadens bei dem Handelsgericht Leipzig belangt und erreichte, daß das OHG — unter Verwerfung der vorgeschützten Einrede der Inkompetenz — die in II. Instanz zugelassene Klage angebrachter Maaßen abwies.

Entscheidungsgründe:

I. Beklagte hat die Einrede der Unzuständigkeit des Handelsgerichts Leipzig auf drei Gründe gestützt:

1) weil nur das See- und Handelsgericht Triest kompetent sei,
2) weil die Klage nicht gegen einen Agenten der Gesellschaft habe gerichtet werden dürfen,
3) weil Klägerin nur vor einem Schiedsgericht Klage habe erheben dürfen.

In der ersten Richtung ist die Einrede, wie schon die Vorderrichter ausgeführt haben, — nach § 9 der kgl. sächs. Ausführungs-Verordnung zum HGB v. 30. Dez. 61, verbunden mit § 1 der Verordnung v. 16. Sept. 56 über den Geschäftsbetrieb ausländischer Versicherungsanstalten im Königreich Sachsen und § 6 der Ausführungs-Verordnung v. 20. Okt. 62 zu Abschnitt VI des das Immobiliar-Brandversicherungswesen betr. kgl. sächs. Ges. — offenbar hinfällig, da Beklagte eine Zweigniederlassung in Leipzig hat und der in Frage stehende Versicherungsvertrag von der Klägerin mit dem Vertreter dieser Zweigniederlassung geschlossen worden ist.

Nicht minder ungegründet ist die Einrede in der zweiten Richtung, da die Klage gegen die Versicherungsgesellschaft selber gerichtet und nur die Ladung an den zur

Vertretung derselben legitimirten und nach § 4 der Verordnung v. 16. Sept. 56, verbunden mit § 6 der Verordnung v. 20. Okt. 62, verpflichteten Hauptagenten geschehen ist.

Anlangend endlich die Inkompetenzeinrede in ihrer dritten Richtung, so ist dem Appellrichter darin beizutreten, daß dieselbe als [prozessualisch] versäumt erachtet werden muß. Denn nach konstanter sächsischer Praxis ist der Einwand der Inkompetenz schon vor dem rechtlichen Verfahren im Verhörstermin vorzubringen. Ist nun gleich die nähere Substantiirung der rechtzeitig, wenngleich nur generell vorgeschützten Einrede nicht schlechthin unstatthaft: so ist doch eine spätere Substantiirung in derjenigen Richtung ausgeschlossen, in welcher die Einrede ursprünglich ersichtlich nicht vorgeschützt worden ist. Nun hat Bekl. im Verhörstermin die Einrede der Inkompetenz lediglich in der Richtung erhoben, daß sie nur vor dem Handels- und Seegericht in Triest Recht zu nehmen verbunden sei, somit nur in der Richtung, daß nicht das sächsische Staatsgericht in Leipzig, sondern das österreichische Staatsgericht zu Triest kompetent sei. Dies aber bildet nur einen der drei im Verfahren vorgeschützten Inkompetenzgründe, die beiden anderen haben somit gar nicht vorgeschützt werden sollen. Wollte man indessen auch eine etwaige Unbestimmtheit des ursprünglichen Vorbringens zu Gunsten der Bekl. interpretiren: so ergeben doch die Umstände deutlich, daß in der dritten Richtung die Einrede ursprünglich gar nicht hat erhoben werden wollen. Denn Bekl. hat gar nicht einmal in Abrede gestellt, daß sie auf den Einwand der Inkompetenz in dieser Richtung durch Uebereinkommen mit der Klägerin verzichtet habe, und erscheint — gegenüber sonstigen, überall bestimmt bejahenden oder verneinenden Erklärungen — ihr hier einschlägiges Vorbringen in der Duplik derartig unbestimmt, daß angenommen werden darf, sie habe mit Vorbedacht und gutem Grunde es unterlassen, den Einwand in dieser Richtung vorzuschützen.

II. In der Sache selbst hat die Bekl. sich mit Grund darüber beschwert,

daß nicht ohne weitere Beweiserhebung die Klage schon jetzt gänzlich abgewiesen worden ist,

und erledigen sich damit die anderweitigen prinzipalen und eventuellen Beschwerden beider Theile.

Der zwischen den Parteien geschlossene Versicherungsvertrag ist eine Transportversicherung für auf der Eisenbahn reisende Waaren. Die Generalpolice trägt die Ueberschrift: „Versicherung Nr. 12681 auf reisende Waaren per Eisenbahn" und bezieht sich auf „für den Eisenbahntransport versicherte Güter." Der Vertrag ist geschlossen unter den von der bekl. Gesellschaft aufgestellten „Bedingungen" für „Versicherung der Frachtgüter auf Eisenbahnen", und nach Art. 1 dieser Bedingungen läuft die Versicherung der Güter „von der Einlieferung auf der Abgangsstation einer Bahn an bis zur Auslieferug auf der Ankunftsstation, sie mögen sich in Lagerungsräumen oder im Freien, auf Stationen oder daselbst in den Eisenbahnwagen auf der Bahn, oder auch in den Zügen unterwegs befinden, wo sie wollen. Jedoch darf die Lagerung auf den Abgangs- sowie auf den Ankunftsstationen höchstens 8 Tage dauern, nach deren Ablauf hört die Versicherung auf." In diesem letzten, hier nicht vorliegenden, Falle erlischt somit die Versicherung, ungeachtet das Gut von der Bahnverwaltung nicht ausgeliefert ist. Endlich ist in der Police die Garantie der Versicherungsgesellschaft auf Feuerschaden ausgedehnt, welcher die versicherten Güter auf dem Transport „am Bestimmungsort von den Bahnhöfen nach dem Niederlagsort des Empfängers durch anderes Fuhrgeschirr als das der Eisenbahn betrifft", und es darf hieraus gefolgert werden, daß schon nach den Allgemeinen Transport-Versicherungs-Bedingungen für „Frachtgüter auf Eisenbahnen" die Versicherung sich auf denjenigen Schaden erstreckt, welcher das Gut auf dem Transport vom Bahnhof der Ankunftsstation zum Niederlagsort des Empfängers betrifft, sofern nur solcher Transport durch Fuhrgeschirr der Bahnverwaltung geschieht.

Daraus ergiebt sich, daß, wenngleich weder die Police noch die „Versicherungs-Bedingungen" feststellen, was unter „Auslieferung" im Sinne des Versicherungsvertrags zu verstehen sei, darunter nur derjenige Akt gemeint sein kann, durch welchen die Bahnverwaltung ihrer Verpflichtung aus dem Frachtvertrage Genüge geleistet hat. Nicht schon mit der „Ankunft" der Güter am Bestimmungsort (wie Art. 3 der nicht speziell die Versicherung von Frachtgütern „auf Eisenbahnen" betreffenden Allg. Versicherungs-Bedingungen bestimmt), sondern mit Auslieferung der Güter durch die Bahnverwaltung nach Beendigung des der Bahnverwaltung obliegenden Transports erlischt die Versicherung, — nicht später, aber auch (von oben erwähntem Ausnahmefalle des Art. 1 der Bedingungen abgesehen) nicht früher. „Auslieferung" im Sinne des Eisenbahn-Frachtvertrags und im Sinne des Versicherungsvertrags fallen daher, wie auch unter den Parteien unstreitig ist, in diesem Falle zusammen.

Es fragt sich somit nur, ob die Verwaltung der Oesterreichischen Südbahn in Triest die zum Transport übernommenen 15 Ballen Tuch ausgeliefert hat; im Augenblick der Auslieferung hatte auch die Versicherung „der auf der Eisenbahn reisenden Waare" ihr Ende erreicht, und war es Sache der Klägerin, bzw. des von ihr mit der Weiterspedition unter Assekuranz betrauten Spediteurs, des Oesterreichischen Lloyd, für weitere Versicherung zu sorgen.

Unzweifelhaft trifft Klägerin (sowohl nach Art. 7

der Bedingungen für die „Versicherung auf Eisenbahnen“, Satz: „er ist ferner verbunden ꝛc.“ und nach Art. 6 am Ende der „Allg. Versicherungsbedingungen“, wie nach allgemeinen Rechtsgrundsätzen) die Beweislast, daß der Unfall, dessen Gefahr der Versicherer übernommen hatte, im Laufe der Versicherung, somit vor Auslieferung der Güter durch die Oesterreichische Südbahn eingetreten ist. Das Appellgericht hat angenommen, daß schon jetzt der Beweis des Gegentheils erbracht sei, sofern nicht Klägerin den Grund der erhobenen Klage, so viel ihr daran verneint worden, bescheinigt. Zur Beurtheilung dieser Entscheidung ist in Betracht zu ziehen, daß Beklagte vorgeschützt hat, die Oesterreichische Südbahn habe ihrer Auslieferungspflicht in dreifacher Weise Genüge geleistet:

1) durch die unstreitige Abgabe der 15 Ballen an das Oesterreichische Zollmagazin in Triest. In der That unterliegt dies — nach dem für den vorliegenden Fall in erster Linie maaßgebenden und nach Art. 423 des HGB keineswegs für unwirksam zu erachtenden § 35 Abs. 4, verbunden mit § 48 Abs. 1 am E., des Betriebsreglements der k. k. privilegirten Südbahngesellschaft, sowie § 19 des Betriebsreglements für den mitteldeutschen Eisenbahnverband und dem gleichlautenden § 19 des Reglements für den Vereinsgüterverkehr auf den Bahnen des Vereins deutscher Eisenbahnverwaltungen, vgl. § 19 des Betriebsreglements für die Eisenbahnen im Norddeutschen Bunde v. 10. Juni 1870, verbunden mit § 14 Abs. 8 das. (BGBl. Nr. 23) — keinem Zweifel. — Hiervon ausgehend hat das Appellgericht mit Recht der Klägerin nur den Beweis der antizipirten Replik freigelassen, daß vermöge besonderer lokaler Verhältnisse die Verwaltung der Oesterreichischen Südbahn trotz Ablieferung in das Zollmagazin die Detention jener Güter nicht aufgegeben, vielmehr zunächst nur in ihrem eigenen Interesse behufs Einleitung der Ablieferung

an den Empfänger die gedachte Translokation bewerkstelligt habe.

2) Das Zollmagazin, bzw. ein Theil desselben, sei Magazin des Oesterreichischen Lloyd gewesen, und in diesen Raum seien die 15 Ballen gebracht worden. Diese Behauptung ist streitig; wäre sie erwiesen, so würde ... die Klage zurückzuweisen sein.

3) Dem Lloyd seien die 15 Ballen durch Uebergabe des Frachtbriefs einerseits und seinerseitige Quittirung des Aviso und Abgaberezepisse andererseits unter den vorliegenden Umständen ausgeliefert worden. Die Thatsachen, auf welche sich die Behauptung stützt, sind unstreitig, insbesondere ist das Aviso und Abgaberezepisse von Klägerin selbst beigebracht. Das Appellgericht geht nun davon aus, daß aus diesen Thatsachen sich eine „Auslieferung“ im Sinne des Versicherungsvertrags nicht ergebe, weil das Aviso und Abgaberezepisse zunächst nur bestimmt gewesen sei, den Adressaten davon in Kenntniß zu setzen, daß und auf welche Weise er sich in Besitz des Frachtbriefs zu setzen vermöge, und daß die Annahme dieses letzteren Dokuments seitens des Adressaten für sich allein einer Auslieferung der versicherten Gegenstände nicht gleichgeachtet werden dürfe.

Diese Auslegung deckt jedoch den deutlichen Inhalt des Aviso und Abgaberezepisse nicht. Die Aushändigung des Frachtbriefs allein freilich wäre irrelevant ... [Gründe, wörtlich wie oben S. 175]; dagegen ist unbegründet, daß das s. g. Aviso und Abgaberezepisse sich lediglich auf den Frachtbrief bezieht. Vielmehr enthält dasselbe ein dreifaches Aviso und ein Rezepisse [Darlegung wie oben S. 175, 176], namentlich aber den entscheidenden Passus, daß die Sendung beim k. k. Zollamt liege. Damit erklärte die Südbahnverwaltung, daß .. [nunmehr] ein Dritter detinire, und daß von diesem gegen Beibringung des Frachtbriefs die fraglichen Waaren zu beziehen seien. Sie wollte also, mindestens nach Aushändigung des Frachtbriefs, durch Abgabe der Waare an das k. k. Zollamt ihrer Lieferungspflicht Genüge geleistet haben. Durch seine Quittung auf Aviso und Abgaberezepisse hat aber der Lloyd sich damit einverstanden erklärt, und diese Erklärung des Empfängers, welcher zugleich ihr Zwischenspediteur war, muß Klägerin sowohl im Verhältniß zur Südbahn und zu sonstigen Frachtführern, wie auch in ihrem Verhältniß zur bekl. Gesellschaft gegen sich gelten lassen, mag der Lloyd durch dieselbe in den Besitz der Waaren gelangt sein oder nicht; denn zur „Auslieferung" oder „Ablieferung," „Lieferung," „Ausantwortung," „Aushändigung" — im Sinne des HGB Art. 403, vgl. Art. 393, 395, 396, 398, 399, 401, 402, 404, 405, 410, 412, 413, 416, 417, 418, 430, 431 — ist keineswegs schlechthin erforderlich, daß der Empfänger die Gewahrsam des Guts erlange. Vielmehr wird darunter derjenige Akt verstanden, durch welchen der Frachtführer die zum Zweck des Transports durch Auflieferung (Uebergabe, Aufgabe, Lieferung, Einlieferung) erhaltene Gewahrsam nach beendigtem Transport **mit ausdrücklicher oder stillschweigender Einwilligung des Empfängers** wieder aufgiebt, gleichviel an wen und ohne Unterschied, ob dadurch der Empfänger die Gewahrsam oder gar den juristischen Besitz erlangt. „Aushändigung" im Sinne des Frachtvertrags und Tradition fallen nicht nothwendig zusammen.

Erscheint hiernach der klägerische Anspruch schon aus diesem Grunde durchaus hinfällig: so bedurfte es der Beweiserhebung über die vorerwähnten noch streitigen Punkte Nr. 1 u. 2 nicht, auch wenn man darauf kein Gewicht legen will, daß Klägerin eben diese Behauptungen der Bekl., welche sie hier bestreitet, in dem von Menshausen & Co. gegen sie [Sieland & Co.] angestrengten Prozeß einredeweise vorgeschützt hat. Doch hat die Abweisung nur „angebrachter Maaßen" geschehen können, weil andernfalls das I. Urtel, gegen welches Beklagter nicht appellirt hat, zum Nachtheil der Klägerin abgeändert worden wäre.

Nr. 35.

Plenum. — Erkenntniß v. 9. Mai 71. (B.)

F. Wohlgemuth ·/. B. Rötzel (Nr. 185 v. 71).

Preußen. Wechselsache. Nichtigkeitsbeschwerde.

I. Instanz: Kreisgericht Heydekrug,
II. Instanz: Appellationsgericht Insterburg.

Falsches Giro, Legitimirung des Wechseleigenthümers.

1. Art. 36 DWO unterscheidet nicht zwischen echten und unechten Indossamenten. An sich wird daher zur Legitimation des Wechseleigenthümers die Echtheit der in Betracht kommenden Indossamente nicht erfordert.

DWO Art. 36, 76.
Brauer ADWO S. 84 n. 1.
Hoffmann Erläuterung der DWO S. 359 ff.

2. Doch kann der Wechselkläger im Streitfalle seinen Anspruch nicht auf ein unechtes (oder sonst ungiltiges) Indossament stützen, dessen Ungiltigkeit ihm von vornherein bekannt gewesen ist.

DWO Art. 74, 82.
Vgl. Borchardt ADWO Zusatz 240 nebst Noten, S. 212 ff.

3. Cession und Wechselbegebung sind wesentlich verschiedene Rechtsakte; die Vollmacht zur Abtretung von Forderungsrechten schließt daher eine Ermächtigung zur Wechselindossirung nicht in sich.

DWO Art. 9 ff., 75, 76.
HGB Art. 1, 2, 47 Abs. 2, 52, 298.
Vgl. Rspr. I Fall Nr. 15 S. 81, auch I S. 78.

Diese Grundsätze hat das OHG in einer ostpreußischen Wechselsache ausgesprochen, indem es die vom abgewiesenen

Kläger eingelegte Nichtigkeitsbeschwerde zwar an sich für begründet erachtete, aber aus anderen, der Sachlage entnommenen Gründen das Appellurtel seinem ganzen Inhalt nach aufrecht erhielt.

Entscheidungsgründe:

Die beiden Klagewechsel sind vom Bekl. an die Ordre des Gottlieb S. ausgestellt; die auf ihnen befindlichen Indossamente, welche an die Ordre des Klägers lauten und „Gottlieb S." unterzeichnet sind, hat jedoch nicht dieser, sondern ein gewisser Vogelsang ge- und unterschrieben. Deshalb erachtet der Appellrichter diese Indossamente — auch wenn, nach Behauptung des Klägers, Vogelsang im Auftrage der, durch Vollmacht ihres Ehemannes legitimirten, Ehefrau S. gehandelt habe — für ungiltig, weil ein Bevollmächtigter keinenfalls mit dem Namen seines Machtgebers, sondern nur mit seinem eigenen Namen unter Erkennbarmachung des Vollmachtsverhältnisses unterzeichnen dürfe. Und hieraus folgert der Appellrichter weiter:

> daß die in Rede stehenden Indossamente so wenig geeignet seien, wechselrechtliche Verpflichtungen des angeblichen Indossanten zu begründen, als dessen Wechselrecht auf den Indossatar zu übertragen, und daß daher dem Kläger die *Legitimation* zur *Einklagung* der *fraglichen Wechsel fehle.*

Es mag dahingestellt bleiben, ob die Ansicht des Appellrichters von dem *Grunde* der Ungiltigkeit der Indossamente richtig ist; auch wenn dies zugegeben wird, kann die *Folgerung* als richtig nicht anerkannt werden. Mit ihr spricht der Appellrichter als einen Rechtssatz aus: daß *unbedingt* der Wechselinhaber, wenn ein zu seiner Legitimation erforderliches Indossament sich als unecht erweiset, für legitimirt nicht zu erachten ist. Es verordnet aber Art. 36 DWO (im ersten Satze) ausdrücklich: „der Inhaber eines indossirten Wechsels wird durch eine zusammenhängende, bis auf ihn hinuntergehende Reihe von Indossamenten als Eigenthümer des Wechsels legitimirt." Zwischen echten und unechten Indossamenten wird dabei nicht unterschieden, und daß keineswegs die Echtheit der Indossamente vorausgesetzt ist, folgt aus der Schlußbestimmung des Art.: „die Echtheit der Indossamente zu prüfen, ist der Zahlende nicht verpflichtet." Im Einklang hiermit disponirt Art. 76:

> „aus einem mit einem falschen oder verfälschten Accept oder Indossament versehenen Wechsel bleiben sämmtliche Indossanten und der Aussteller, deren Unterschriften echt sind, wechselmäßig verpflichtet."

Der vermeintliche Rechtssatz steht sonach in seiner generellen Fassung mit dem Gesetz in offenbarem Widerspruch, durch seine Anwendung hat der Appellrichter sich einer Verletzung der citirten Artikel der Wechselordnung, von denen Art. 36 in der NktBschw. als verletzt bezeichnet ist, schuldig gemacht.

Wenn es zweifelhaft erscheinen könnte, ob der Appellrichter sich nur einer zu allgemeinen Ausdrucksweise bei der der Unechtheit eines Indossaments beigelegten Bedeutung bedient und dabei ein unredliches Verhalten auf Seiten des Wechselinhabers, bzw. dessen Kenntniß von der Nichtberechtigung seines Indossanten zur Indossirung des Wechsels stillschweigend vorausgesetzt habe: so würde solcher Zweifel in der weiteren Ausführung des Richters seine Erledigung finden. Obgleich nämlich der Appellrichter die Legitimation des Wechselinhabers als durch die Echtheit der Indossamente bedingt ansieht, scheint er die Erhebung eines hierauf gerichteten Einwands von Seiten des Wechselschuldners zur Abweisung des klagenden Wechselinhabers für geboten zu erachten, indem er die Befugniß des Bekl. zur Berufung auf die vermeintliche Ungiltigkeit des S'schen Giro seiner Prüfung unterwirft. In dieser Beziehung führt der Appellrichter aus:

Die fragliche Befugniß ergebe sich nach der Fassung des Art. 36 DWO — abgesehen von anderen, dem Bekl. die Abweisung der Klageansprüche wünschenswerth machenden Umständen — aus der in des Bekl. Wissenschaft von der Nichtberechtigung des Klägers begründeten Gefahr doppelter Bezahlung; ein Streit im Falle des Art. 74 könne nicht zwischen dem Wechselinhaber und dem Wechselschuldner ausgemacht werden; für Letzteren müsse der Nachweis, daß das letzte Indossament weder vom angeblichen Indossanten, noch von dessen Bevollmächtigtem in gehöriger Weise ausgestellt sei, genügen, um die Klage des Indossatars zurückzuweisen.

Hiermit spricht der Appellrichter unzweideutig aus, daß durch das bloße Factum der Unechtheit des (letzten) Indossaments die Abweisung des Wechselklägers nach Art. 36 DWO begründet werde.

Da sich auf diese unrichtige Gesetzesauffassung die Vorentscheidung gründet, so ist diese der Vernichtung ausgesetzt.

§ 4 Nr. 1 der [preuß.] Verordnung v. 14. Dez. 33. Es konnte jedoch die Vernichtung nach Lage der Sache nicht ausgesprochen werden … Zwar hat die auf Antrag des Klägers vernommene Ehefrau des Remittenten der Klagewechsel eidlich bekundet, daß sie von ihrem Ehemann [Gottlieb S.] General- und Spezialvollmacht, welche sie u. A. zur Abtretung von Forderungen berechtigte, erhalten und auf Grund derselben ihre Genehmigung dazu ertheilt habe, daß Vogelsang die Indossamente auf die Wechsel setze. Mit der Ermächtigung zur Abtretung von Forderungen überträgt jedoch der Vollmachtgeber noch nicht die Befugniß zur Wechselindossirung, da die Rechtsakte der Cession und der Wechselbegebung ihrem Wesen nach verschieden sind. Ob etwa die Gottlieb S'sche Vollmacht nach Sinn und Wortlaut eine Auslegung gestatte, wonach sie sich auf Wechselgeschäfte erstreckt, läßt sich ohne ihre Einsicht — wie Bekl. richtig bemerkt — nicht beurtheilen. Kläger hat aber weder die Vollmacht vorgelegt, noch einen Antrag auf Edition derselben gestellt.

Demgemäß ist Kläger bezüglich seiner, lediglich unter Berufung auf das Zeugniß der verehel. S. vorgebrachten Behauptung: daß die Indossirung der Klagewechsel auf einer dazu vom Remittenten ertheilten Vollmacht beruhe, als beweisfällig anzusehen. Auf die behauptete Thatsache kann daher bei Prüfung der Klage keine weitere Rücksicht genommen werden. Es sind die Wechselindossamente also selbst dann als unechte zu behandeln, wenn sie im Falle der Richtigkeit dieser Thatsache als vollgiltige anzuerkennen wären.

Nach jenem Zeugniß und den eigenen Angaben des Klägers hatte derselbe die Klagewechsel ursprünglich ohne Indossament übergeben erhalten. Erst nach der Auswanderung des Remittenten, dessen Namen die Indossamente tragen, sind dieselben von einem Dritten ausgestellt worden und zwar in Gegenwart des Klägers. Dieser wußte daher von vornherein, daß sie nicht von dem wechselmäßig Berechtigten herrührten. Ohne Hinzutritt besonderer Umstände konnte Kläger den Aussteller der Indossamente nicht für berechtigt, beziehentlich diese unechten Indossamente nicht für giltige, d. h. solche erachten, welche ihm die Rechte aus den Wechseln übereigneten. Dergleichen Umstände sind nicht angeführt. Kläger selbst hat sich nicht darauf berufen, daß, wenn seine obgedachte Behauptung — wie geschehen — keine Bestätigung finden sollte, ihm doch der gute Glaube beim Erwerb der Wechsel zur Seite stehe, indem er sich in entschuldbarem Irrthum befunden habe. Mit jener Behauptung hat er nicht einmal die Angabe verbunden: wann und woher ihm eine Mittheilung über die angebliche Ermächtigung der Ehefrau S. zur Begebung der Wechsel zugegangen sei. Vielmehr hat er die in Rede stehende Behauptung für sich allein — gegenüber seinem Zugeständniß, daß er beim Erwerb gewußt, daß die Wechselindossamente nicht vom Remittenten ausgestellt seien — zum Stützpunkt seiner Klage gemacht und somit deren Erfolg lediglich dem Ausfall des für die fragliche Behauptung angetretenen Beweises unterworfen.

Von dem hiernach maaßgebenden Gesichtspunkt aus müssen die streitigen Indossamente als wissentlich falsche betrachtet werden. Als solche haben sie keine Rechte aus den Wechseln auf den Kläger übertragen, und es muß daher dem Appellrichter in dem Resultat der Ausführung: daß Kläger zur Geltendmachung der eingeklagten Wechselansprüche nicht legitimirt sei, auch dann beigetreten werden, wenn die oben hervorgehobene Streitfrage zu bejahen sein sollte.

Aus vorstehenden Gründen war das AppErk., welches die Klage nur in der angebrachten Art zurückweist, aufrecht zu erhalten und dem entsprechend der Kostenpunkt zu bestimmen.

Deklaration v. 6. April 39 Art. 11 und
Instruktion v. 7. desselben Monats Nr. 35.
[Vgl. Nordd. PO Entw. § 824.]

Nr. 36.

Plenum. — Erkenntniß v. 9. Mai 71. (V.)

M. u. L. Borchardt ./. H. Hirschfeld (Nr. 212 v. 71).

Preußen. Wechselsache. Nichtigkeitsbeschwerde.

I. Instanz: Kreisgericht Neu-Stettin,
II. Instanz: Appellationsgericht Cöslin.

Prozeßverhandlung mit einem nichtbevollmächtigten Sachwalter: Nichtigkeit, Heilung derselben.

1. Die mit einem nicht bevollmächtigten Partei-

vertreter und Sachwalter gepflogenen Prozeßverhandlungen, sowie die darauf ergangenen Entscheidungen sind nichtig.

AGO Th. I Tit. 3 § 68; Tit. 16 § 2 Nr. 5, § 3 ff., § 11; preuß. Verordnung v. 14. Dezbr. 33 § 28.

Nordd. PO Entw. § 120, 122, 129, 131 ff.

2. **Wird die Echtheit der Privatvollmacht eines Sachwalters von der vertretenen Partei (unter dem Erbieten zu eidlicher Diffession) bestritten, vom Gegner aber behauptet: so trifft Letzteren die Beweislast.**

AGO Th. I Tit. 3 § 70; Tit 10 § 134, 135.

Vgl. Nordd. PO Entw. § 124, 578 ff., 585.

3. **Welche Wege stehen nach altpreußischem Prozeßrecht der Partei, für welche ein gar nicht oder nicht giltig bevollmächtigter Vertreter aufgetreten ist, zur Wahrung ihrer Rechte offen?**

AGO I. 16 § 2 Nr. 5, § 3 ff.

Bei Vernichtung des Appellurtels giebt das OHG als

Gründe:

Der Rechtsanwalt K. hat auf Grund einer Prozeßvollmacht, welche unterschrieben ist: „L. Borchardt
M. Borchardt
J. Borchardt
zur Vollmacht"

in I. Instanz [die drei Beklagten] auch die jetzigen Imploranten L. und M. Borchardt vertreten und in dieser Eigenschaft die Namensunterschriften derselben auf dem Klagewechsel als von ihnen ertheilt recognoscirt. Gegen das dieselben verurtheilende I. Erkenntniß appellirte er auf Grund einer ihm nach diesem Erk. von L. und M. Borchardt ertheilten Prozeßvollmacht, nunmehr behauptend, jene erstinstanzliche Vollmacht sei weder von L. und M. Borchardt selbst, noch mit ihrem Wissen und Willen von einem Anderen, sondern (wie in der Audienz hinzugefügt wurde) heimlich von dem dritten Bekl. Isidor B. ausgestellt und mit ihren Namen unterschrieben. In der Appellationsschrift erboten sich L. und M. Borchardt zu eidlicher Diffession der Namensunterschriften, sowohl auf der erstinstanzlichen Vollmacht als auf dem Wechsel, und verlangten sachverständige Vergleichung derselben mit ihren nun echten Vollmachtsunterschriften; sie forderten Abweisung der Klage, indem sie sich eventuell auf Einreden zur Sache selbst stützten.

Kläger hielt die angebliche Nullität dadurch für geheilt, daß die Appellanten, statt der Restitution, das ordentliche Rechtsmittel ergriffen hätten.

Der Appellrichter, welcher das erste Urtel bestätigte, erklärte jene „einfache" Behauptung der Fälschung der erstinstanzlichen Vollmacht für nicht „beachtenswerth", die Diffession der Vollmachts- und der vom Mandatar recognoscirten Wechsel-Unterschriften aber für ebenso unstatthaft, als die begehrte Handschriftenvergleichung.

Die von den beiden Bekl. erhobene NktBeschw. rügt unberechtigte Vermuthung für die Echtheit der erstinstanzlichen Vollmacht, also rechtsgrundsätzlichen Verstoß gegen § 28 Tit. 13 Th. I und gegen § 16 der Einleitung der AGO, in Verbindung mit einer Verletzung der Vorschriften der §§ 133, 134 Tit. 10 Th. I daselbst.

Die Beschwerde würde zur Beseitigung des II. Erkenntnisses nicht führen können, wenn die Ansicht des Klägers, daß durch die Ergreifung des ordentlichen Rechtsmittels, nämlich der Appellation gegen das I. Erk. die behauptete Nullität geheilt sei, begründet wäre. Es erscheint daher angemessen, diese Vorfrage, über welche der Appellrichter sich nicht ausgesprochen hat, vorweg zu erörtern.

Anscheinend steht § 2 Nr. 5 AGO I, 16 der Ansicht des Klägers zur Seite.

In dieser Nr. 5 ist zunächst gesagt, ein auf Verhandlung mit dem falsus procurator [einem Sachwalter, der gar nicht bevollmächtigt gewesen oder eine falsche, bzw. ungiltige Vollmacht beigebracht hat] ergangenes Urtel sei nichtig;

werde es aber der angeblich vertretenen Partei selbst publizirt (oder sonst gehörig insinuirt), so dürfe diese, falls sie es nicht gelten lassen wolle, nicht dazu schweigen; sie müsse vielmehr unter der Anzeige, daß der angebliche Mandatar von ihr nicht bevollmächtigt gewesen, binnen 4 Wochen Wiedereinsetzung in den vorigen Stand beantragen. Geschieht dies nicht — heißt es dort weiter —, sondern beruhigt sich die Partei bei dem ergangenen Urtel oder bedient sie sich dagegen der gewöhnlichen Rechtsmittel: so wird angenommen, daß die Nullität gehoben sei.

Nach dieser Vorschrift also scheint die fragliche Nullität nur durch eine restitutio in integrum beseitigt werden zu können und die Einlegung des ordentlichen Rechtsmittels schlechthin als deren Heilung gelten zu müssen. Allein anders stellt sich die Sache durch die Einleitungsbestimmung des § 11 a. a. O., lautend:

> Uebrigens betreffen die obigen Vorschriften §§ 2 bis 10 nur den Fall, wenn das Erk., welches der Nullität beschuldigt wird, an sich die Rechtskraft beschritten hat. Wird aber ein in die Rechtskraft noch nicht übergegangenes Erk. als nichtig angefochten, so muß der Implorant sich dazu des ordentlichen Rechtsmittels bedienen.

Diese letztere Vorschrift ist allgemein, sie stimmt mit dem Gemeinen Prozeßrecht überein,

> Wetzell System (2. Auflage) S. 735, 740, 743, 744, 752;
> v. Bayer, Vorträge (10. Auflage) S. 1086—1088;
> Renaud, Lehrbuch S. 534—536, 549, 551, 553;
> Schmid, Handbuch III. S. 530 (529).

Mit ihr im Einklang muß der § 2 Nr. 5 verstanden werden. In dieser Verbindung besagt letzterer:

> Die benachtheiligte Partei, welcher das auf Verhand-

lungen mit dem falschen Procurator ergangene Erk. publizirt oder sonst gehörig insinuirt ist, kann nach ihrer Wahl entweder binnen 4 Wochen Restitution nachsuchen oder aber zeitig dasselbe mit der Appellation anfechten. Wird aber die Appellation nicht auch deshalb, weil der Mandatar keine Vollmacht gehabt, seine Erklärungen also unpräjudizirlich seien, sondern nur deshalb, weil in der Sache selbst unrichtig erkannt sei, eingelegt, mit anderen Worten: wird in der Appellation der Mangel der Vertretung nicht gerügt, so gilt durch solche Appellation die Nullität für gehoben. So verstanden, harmonirt die fragliche Bestimmung gleichfalls mit dem Gemeinen Prozeßrecht,

vgl. Wetzell a. a. O., S. 734, 735, 748;

im Sinne des Klägers ausgelegt, würde sie sich von diesem entfernen. Zur Annahme dieser Abweichung ist in der Sache selbst genügender Grund nicht erfindlich. Der benachtheiligten Partei kann daran liegen, das ganze mit dem falsus procurator gepflogene Verfahren beseitigt zu sehen und die Sache in erster Instanz von Anfang an, bzw. vom Auftreten des falsus procurator ab anderweit verhandeln zu lassen; alsdann ist die Restitution das geeignete Rechtsmittel. Es kann aber auch für sie von Wichtigkeit sein, mit Beseitigung der Auslassungen des angeblichen Mandatars und des I. Urtels die Sache sofort in II. Instanz zur Verhandlung und schnelleren Entscheidung zu bringen. Zu diesem Zweck steht ihr die Appellation offen. Wird dadurch dem Gegner in ungebührlicher Weise die I. Instanz entzogen, so ist dem Richter unbenommen, auf Verlangen des Gegners und nach Lage des Falles unter Aufhebung des I. Urtels die Hauptsache zu anderweiter Verhandlung und Entscheidung in die I. Instanz zurückzuweisen.

Vgl. Abs. 5 des § 11 a. a. O.

Die Bekl. L. und M. Borchardt haben hiernach zur

Beseitigung des I. Urtels in der Appellation das zulässige Rechtsmittel gewählt; denn sie rügten in derselben die mangelnde Bevollmächtigung des für sie aufgetretenen Anwalts, leugneten dessen Bevollmächtigung, reprobirten seine Auslassung und erboten sich zugleich in der Sache selbst zur Diffession des Wechsels. Es kann ihnen also nicht entgegengehalten werden, daß sie durch Einlegung der Appellation ihre erstinstanzliche Vertretung durch den Rechtsanwalt K. stillschweigend oder thatsächlich ratihabirt hätten.

Es kommt also darauf an, ob der Appellrichter jene Rüge aus zutreffenden Gründen verworfen hat.

Unter Verweisung auf den § 68 Tit. 3 Th. I AGO hat er die „einfache Behauptung", daß die erstinstanzliche Vollmacht gefälscht sei, für nicht beachtenswerth und das Erbieten zur Diffession derselben für unstatthaft erklärt. Er geht also davon aus, daß die an einer anderen Stelle des Urtels als „ordnungsmäßig" bezeichnete Vollmacht ungeachtet der Verneinung des Mandanten als echt präsumirt und von Letzterem die Unechtheit derselben dargethan werden müsse.

Diese Ansicht ist unrichtig.

Allerdings genügte die auch unbeglaubte Prozeßvollmacht zur *vorläufigen* Legitimation des Vertreters.

§ 36, 38, 54 Tit. 3; § 2 Nr. 5 Abs. 2 Tit. 16 Thl. I AGO; § 4b der Verord. v. 5. Mai 38; *Koch*, Pr. Civil-Prozeß (2. Aufl.) § 111 (S. 241).

Aber so wenig dem *Prozeßgegner* versagt ist, die Echtheit zu leugnen und den Beweis derselben zu fordern,

§ 70 AGO I, 3
(vgl. Renaud a. a. O. S. 154; Wetzell a. a. O. S. 64)

eben so wenig ist der angebliche *Konstituent* gehalten, die Vollmacht blos deshalb gegen sich gelten zu lassen, weil sein Name unter ihr steht. — Leugnet eine Person, daß eine schriftliche Vollmacht, kraft deren ein Dritter für sie ein Rechtsgeschäft geschlossen, von ihr ertheilt sei: so muß der Gegner, der sich auf diese Vollmacht beruft, deren Authentizität beweisen. Nicht anders steht es um eine Prozeßvollmacht. Sie ermächtigt den Mandatar zu den Rechtshandlungen namens des Mandanten, welche der Prozeß erfordert. Sie kann also nur dem Mandanten präjudiziren, der sie wirklich ertheilt hat. Sind auf Grund derselben vom Mandatar derartige Rechtshandlungen bewirkt, und behauptet der Gegner unter Berufung auf die Vollmacht die für den Mandanten verpflichtende Kraft dieser Handlungen, der angebliche Mandant aber leugnet die Echtheit der Vollmacht: so ist es nach allgemeinen Rechtsregeln — abgesehen von besonderen Umständen — nicht der Mandant, dem die Beweislast für die Unechtheit obliegt. Denn der Umstand, daß der Gegner und der Prozeßrichter der Echtheit getraut haben, ist offenbar für die Aufbürdung dieser Beweislast werthlos.

Man könnte indeß einwenden, die Garantie für die Echtheit der Prozeßvollmacht liege in der amtlichen Stellung und der Standesehre der Anwalte,

vgl. Motive zum Entwurf einer preuß. PO. von 1864, S. 30 Abs. 1 und 2;

gelte dies für den Mandanten (nämlich dem Gegner gegenüber), so müsse es auch gegen ihn gelten; deshalb müsse der Mandant die Echtheit widerlegen.

Allein der Vordersatz, daß die Echtheit dem Gegner gegenüber, also zu Gunsten des Mandanten oder Mandatars präsumirt werde, ist nicht zutreffend; der Gegner kann vielmehr, wie bemerkt, den Beweis der Echtheit fordern. Ferner versagt das aus der Amtsstellung des Anwalts entnommene Argument dann, wenn, wie in vorliegendem Falle, der Anwalt selbst mit seinem angeblichen Konstituenten erklärt, daß er durch falsche Vollmacht getäuscht sei; nicht minder dann, wenn ein Anderer als ein Rechtsanwalt (§ 25 AGO I, 3) auf Grund unbeglaubter Vollmacht als Prozeßvertreter zugelassen ist. — Ueberhaupt ist jenes Argument von geringem Werth. Denn der Rechtsanwalt, welchem die Vollmachten oft brieflich zugeschickt werden, ist kaum in der Lage, sich gegen absichtliche Täuschung zu schützen; selbst bei persönlicher Vollmachtsertheilung von Unbekannten entnimmt er die Identität des Vollmachtgebers mit der Prozeßpartei meist nur aus dem Besitz der bezüglichen Papiere, die sich der Täuscher natürlich zu verschaffen weiß.

Sonach befindet sich die Prozeßpartei, für welche nach ihrer Behauptung ein falsus procurator gehandelt hat, betreffs der Vollmacht und des Gegners in der Stellung eines Produkten, dem aus einer mit seinem Namen unterschriebenen Urkunde eine Verpflichtung angesonnen wird. Er hat, falls der Gegner auf der Echtheit der Urkunde besteht, diese zu diffitiren oder, falls ihn der Gegner zum Eide nicht verstatten will, dessen Beweis für die Echtheit zu gewärtigen.

§ 134, 135 AGO I, 10.

Dies hat der Appellrichter verkannt. Indem er ungeachtet der Verneinung der beiden Bekl. L. und M. Borchardt und ungeachtet ihres Erbietens zu eidlicher Diffession an der Präsumtion für die Echtheit der Vollmacht festgehalten, hat er — wie die NktBschw. mit Recht rügt — gegen die im § 13 Tit. 28 Thl. I und § 16 der Einleitung der AGO ausgesprochenen Rechtsgrundsätze verstoßen. Sein Erk. unterliegt daher in Ansehung der Bekl. L. und M. Borchardt der Vernichtung.

Die weitere Entscheidung ergiebt sich nach dem Bisherigen von selbst. Zunächst kommt es auf die Echtheit der Vollmacht an. Da es sich um einen Wechselprozeß handelt, so mußten die jetzigen Imploranten L. und M.

Borchardt sich in der Audienzverhandlung zur eidlichen Diffession der Vollmacht einfinden oder ihr Ausbleiben wegen Krankheit bescheinigen.

§ 21, 23, 39 AGO I, 27.

Diesem Erforderniß haben sie genügt. Es war daher der Diffessionseid ihnen im Gericht, bzw. in ihrer Behausung abzunehmen. Zunächst zu diesem Zweck also ist die Sache in die II. Instanz zurückzuweisen. Alsdann wird über die Echtheit, bzw. Diffession der Wechselunterschriften weiter zu verhandeln und zu befinden sein...

Selbstverständlich bleibt dem Appellrichter demnächstige anderweite Entscheidung über die Einreden vorbehalten.

Nr. 37.

Plenum. — Erkenntniß v. 12. Mai 71. (V.)

Küden & Schmidt ./. Röhrig & König (Nr. 171 v. 71).

Preußen. **Nichtigkeitsbeschwerde.**

I. Instanz: Kreisgericht Halberstadt,
II. Instanz: Appellationsgericht daselbst.

Handelskauf und Werkverdingung. Maschinen. Nichtigkeitsbeschwerde.

1. Die Rechtssätze vom Handelskauf (HGB Art. 337 ff.) beziehen sich nur auf solche Rechtsgeschäfte, die nach dem im Einzelfalle maaßgebenden Landesrecht den Charakter eines Kaufvertrages haben.

HGB Art. 1, 337 ff.

2. Die Grenze zwischen „Kauf" und „Werkverdingung" ist — sofern es sich nicht um vertretbare Sachen handelt und demzufolge eine (nach HGB Art. 338 zu beurtheilende) Lieferung von Handelswaare in Rede steht — nach dem allgemeinen bürgerlichen Recht zu bestimmen.

HGB Art. 1, 338.
Vgl. ALR I. 11 § 1, 869 ff., 925 ff., 981 ff.

3. Sind Maschinen als vertretbare Sachen anzusehen?

4. Eine Nichtigkeitsbeschwerde kann nur Erfolg haben, wenn sie alle selbständigen Entscheidungsgründe des angefochtenen Urtels mit Grund und richtig angreift.

Sic: Z. Plen. Erk. v. 3. Juni 71 i. S. Stengel ./. Schmitt u. Häuseler, Nr. 199 v. 71, und öfter;
feste Praxis des preuß. OTr. u. des OHG.
Nordd. PO Entw. § 821, 824.

Kläger verlangen den bedungenen Preis von Maschinen, welche sie 1865 nach bestimmten Vorschriften für die Zuckerfabrik der Bekl. angefertigt haben. Beklagte bemängelt das Gelieferte, welches sie alsbald in Gebrauch genommen, verschiedentlich und erhebt deshalb sowie wegen des durch Untauglichkeit der Maschinen angeblich erlittenen Schaden (theils einredeweise, theils wiederklagend) Gegenansprüche.

Die Vorinstanzen haben auf Grund des HGB im Wesentlichen gegen die Bekl. erkannt, das OHG entscheidet anders und weist die Sache zu weiterer Erörterung in die I. Instanz zurück.

Gründe:

Der Appellrichter motivirt die Anwendbarkeit der Vorschriften des HGB (insbesondere der Art. 347, 349) auf den vorliegenden Thatbestand damit, daß

1. Maschinen, wie sie Kläger an die Bekl. geliefert, vertretbare Sachen seien,
2. die Parteien Kaufleute sind,
3. zwischen ihnen ein Handelsgeschäft abgeschlossen worden.

So unzweifelhaft nun auch die beiden letzten Voraussetzungen zutreffen (HGB Art. 273 Abs. 2, Art. 274) und in dieser Beziehung Implorantin keinen Angriff erhoben hat: so erscheint doch die Annahme des Appellrichters in der ersten Beziehung keineswegs gerechtfertigt.

Denn wollte man auch annehmen, daß Sachen, welche an sich nicht vertretbar sind, denen vielmehr eine individuelle Bedeutung und Werthschätzung zukommt, durch

Uebereinkunft der Betheiligten als vertretbar behandelt werden können: so hat doch der Appellrichter nirgend festgestellt, daß dies in vorliegendem Falle wirklich geschehen sei, sondern nur ausgeführt, daß „bei dem Stande der jetzigen Industrie“ Maschinen als vertretbare Sachen zu betrachten sind. Diese Annahme erscheint jedoch in solcher Allgemeinheit unbegründet und verstößt wider den Rechtsbegriff der Vertretbarkeit. Denn als vertretbare (fungible) Sachen können Maschinen — wenn überhaupt, jedenfalls der vorliegenden Art —, welche zum Zweck eines bestimmten Fabrikbetriebs nach speziellem Anschlag und auf Grund besonderer Zeichnungen bestellt und angefertigt worden*, somit eine durchaus eigenartige Natur haben und in dieser Beschaffenheit vielleicht niemals wieder — weder vorher, noch nachher — fabrizirt worden sind, unmöglich erachtet werden; Goldschmidt, Handbuch des HR B. I, 2 S. 538 ff.

Sind aber die hier in Rede stehenden Maschinen und Maschinentheile nicht vertretbare Sachen, so hat der Appellrichter, wie Implorantin mit Grund rügt, die Art. 347, 349 HGB auf den vorliegenden Fall mit Unrecht angewendet. Denn die Rechtssätze vom Handelskauf (HGB Art. 337 ff.) beziehen sich selbstverständlich nur auf diejenigen Handelsgeschäfte, welche als Käufe anzusehen sind; so z. B. weder auch ein Darlehns- oder Pfandgeschäft, wenngleich es Handelsgeschäft ist, noch auch auf ein solches Rechtsgeschäft, welches zwar nach dem bürgerlichen Recht einzelner Länder, nicht aber nach dem im konkreten Falle maaßgebenden Landesrecht den Charakter eines Kaufvertrages trägt. Nun bestimmt zwar Art. 338 HGB, daß ein Handelsgeschäft, dessen Gegenstand in der Lieferung einer Quantität vertretbarer Sachen gegen einen bestimmten Preis besteht, nach den Grundsätzen über

* Vgl. Plen. Erk. v. 16. Dez. 70 i. S. Nr. 5 v. 71, Rspr. I S. 329, n.

den Kauf zu beurtheilen ist, und man hat hierunter auch Lieferungsgeschäfte über solche Gegenstände zu beziehen, welche der Lieferant erst anschafft oder anfertigt. Im Uebrigen dagegen enthält das HGB über die Voraussetzungen eines Kaufgeschäfts keine Bestimmungen, und kommen daher nach Art. 1 daselbst die Grundsätze des allgemeinen bürgerlichen Rechts zur Anwendung. Herrscht nun auch über diese Voraussetzungen unter den verschiedenen, im Geltungsbereich des HGB bestehenden Landesrechten wesentliche Uebereinstimmung: so differiren dieselben doch über die Grenze zwischen Werkverdingung (locatio conductio operis) und Kauf. Während nach gemeinem Recht die Werkverdingung dadurch den Rechtscharakter des Kaufgeschäfts anzunehmen pflegt, daß der Unternehmer den Stoff zur Ausführung des Werkes selber liefert*: unterscheidet das ALR zwar auch die beiden Fälle, daß der Unternehmer und daß der Besteller den Stoff hergiebt, behandelt aber in beiden Fällen den Vertrag nicht nach den Grundsätzen des Kaufs, sondern lediglich nach den, vielfach abweichenden Prinzipien der Werkverdingung.

ALR Th. I Tit. 11 § 925 ff., 956 ff., vgl. § 943 ff.
Gruchot, Beiträge zur Erläuterung des preuß. Rs. B. XIII S. 17, 18.

Diese Inkongruenz der Landesgesetze ist durch das HGB nur beseitigt, soweit es sich um vertretbare Sachen handelt. Im Uebrigen sind die Vorschriften des preußischen Rechts maaßgebend geblieben, und nach diesen ist ein Vertrag der vorliegenden Art nicht als Kauf, sondern als Werkverdingung zu erachten. Ob Kläger die Anfertigung der ganzen Maschinerie für die betreffende Fabrik übernommen haben und ob eine Kaufsumme für das Werk im Ganzen angesetzt war, ist um so unerheblicher, als schon die An-

* Windscheid, Pandekten-R. § 401, Schlußbemerkung Nr. 3; S. 467 f.

fertigung einer einzelnen Maschine unter die Grundsätze der Werkverdingung fällt, überdies aber Kläger nicht allein die Anfertigung, sondern auch die Aufstellung und Ingangsetzung zahlreicher und komplizirter Maschinen in den Fabrikräumen der Bekl. übernommen hatten.

Erscheinen sonach die im HGB für den Handelskauf gegebenen Vorschriften auf den vorliegenden Fall überhaupt unanwendbar: so kann es dahingestellt bleiben, ob bei einem wirklichen Maschinenkauf, zumal der hier vorliegenden Art, dem Käufer die Untersuchung „ohne Verzug“ nach Wortlaut und Tendenz des Art. 347 HGB angesonnen werden kann, ob ferner der „ordnungsmäßige Geschäftsgang“ eine solche ermöglicht, und endlich ob die seitens der Bekl. erfolgte Untersuchung und Anzeige der vorgefundenen Mängel nicht nach Art und Zeit den Vorschriften auch des Art. 347 HGB entsprochen hat. [Vgl. hierüber Rspr. I S. 147, 326, 370; auch oben Fall Nr. 28, S. 137]. Insoweit daher das Urtel des Appellgerichts auf unrichtiger Anwendung der Art. 347, 349 HGB, sowie auf Nichtanwendung der entsprechenden Vorschriften des ALR Th. I Tit. 5 und 11 beruht, unterliegt dasselbe der Vernichtung. Insoweit hingegen die Entscheidungen desselben auf anderweitigen, selbständigen, durch Implorantin nicht oder mit Unrecht angegriffenen Gründen beruhen, waren dieselben aufrecht zu erhalten; Instruktion v. 7. April 39 Nr. 35; Plen. Beschlüsse des ObTr. vom 17. Dez. 38 und 2. Sept. 39 (Justiz-Ministerial-Bl. v. 1839 S. 24, 316).

Die Angriffe der Implorantin beziehen sich auf folgende Hauptpositionen:

A. Einwendungen gegen die klägerische Rechnung, weil
   1) gewisse gelieferte Gegenstände unbrauchbar seien,
   2) andere (Ansteckriemen 2c.) überflüssig seien oder
   3) das anschlagsmäßige Gewicht überschritten haben;

B. auf einen den Gegenstand der Wiederklage, bzw.

Kompensationseinrede bildenden Schadenersatzanspruch von (über) 9300 Thlrn.

Zu A, 1. Die Einwendungen wegen Unbrauchbarkeit gewisser gelieferter Gegenstände hat der Appellrichter aus 3 Gründen verworfen:

a) Mangel rechtzeitiger und spezieller Rüge, in Gemäßheit HGB Art. 347,

b) weil die gedachten Maschinen während der ganzen Campagne benutzt worden, so könne nur ihr Minderwerth in Abrechnung gebracht werden,

c) nach § 3 des Vertrages (Bestellbriefs) sei die Bekl. nur zu dem Verlangen berechtigt gewesen, daß die als fehlerhaft gerügten Maschinentheile durch neue ersetzt würden, und nur während der Campagne 65/66 habe dieser Ersatz gefordert werden können. Jetzt, nachdem die Garantiezeit längst abgelaufen, sei mithin Bekl. nicht berechtigt, die Preise der angeblich fehlerhaften Maschinentheile in Abrechnung zu bringen.

Implorantin hat den zweiten Entscheidungsgrund (b) wegen unzulässiger Suppeditirung einer Thatsache angegriffen; .. hiervon kann abgesehen werden, da der dritte [was Implorantin vergeblich zu leugnen sucht] als selbständiger Entscheidungsgrund vom Appellrichter aufgestellt ist und durch die NktBschw. nicht beseitigt wird...

Zu A, 2, 3. Die Einwendungen wegen überflüssiger, bzw. den Gewichtsanschlag überschreitender Gegenstände... hat der Appellrichter lediglich wegen unterlassener rechtzeitiger Rüge auf Grund des Art. 347 HGB zurückgewiesen. Seine Entscheidung unterliegt daher in diesem Punkte der Vernichtung. Denn nach den hier maaßgebenden [landrechtlichen] Rechtsgrundsätzen braucht die unbestellte Waare gar nicht und das accordirte Werk, welches den anschlagsmäßigen Preis überschreitet, nur bis auf den Belauf des letzteren bezahlt zu werden. Aus der bloßen Annahme ohne Monitur ist nicht ohne Weiteres auf Billigung zu schließen, zumal wenn, wie Bekl. behauptet, die Annahme aller aus der klägerischen Fabrik gesendeten Gegenstände ohne Weiteres durch die Leute der Bekl.. sowie durch den Monteur und die Arbeiter der Kläger erfolgt ist, und sich den gewichtigen Maschinen weder ihr wirkliches Gewicht sogleich ansehen, noch hinsichtlich der Ansteckriemen deren Nothwendigkeit **sogleich** beurtheilen ließ. — In der Sache selbst konnte nicht sofort erkannt werden, vielmehr war dieser Punkt zur Beweisaufnahme in die I. Instanz zurückzuweisen...

Zu B. Die Schadenersatzforderung der Bekl. ist theils compensando, theils im Wege der Wiederklage geltend gemacht worden. Der Schade soll in Verlusten im Fabrikbetrieb bestehen, herbeigeführt durch grobes Versehen der Kläger in Konstruktion verschiedener Apparate und anderweitiger von ihnen hergestellter oder herzustellender Einrichtungen.

Der Appellrichter hat diesen Anspruch in seiner einredeweisen Richtung aus zwei Gründen zurückgewiesen: theils auf Grund des Art. 347 HGB, theils, weil nach § 3 des Vertrages (Bestellbriefs) Kläger überhaupt nicht zum Schadenersatz verpflichtet seien, sondern nur zum Ersetzen der fehlerhaften Stücke durch neue, bzw. zu Reparaturen. Er führt sodann weiter aus, daß aus verschiedenen Gründen auch ein Anspruch dieser letzten Art nicht anzuerkennen sei. — Unter diesen Umständen ist es irrelevant, daß der Appellrichter den Art. 347 HGB durch unrichtige Anwendung verletzt hat, da, soweit dieser Abweisungsgrund nicht durchgreift, der zweite auf Interpretation des § 3 des Vertrages gestützte, prozessualisch nicht angegriffene und [wie schon zu A, 1 ausgeführt wurde] auch anderweitig nicht erfolgreich angefochtene Abweisungsgrund maaßgebend ist und bleibt. . . .

Anders verhält es sich mit dem Schadenersatzanspruch, soweit derselbe im Wege der Wiederklage geltend gemacht ist. Der Appellrichter hat die Wiederklage lediglich auf Grund des Ablaufs der 6monatigen Verjährungsfrist nach HGB Art. 349 zurückgewiesen, und es ist (wie Implorantin mit Recht hervorhebt) die Vertragsinterpretation, auf Grund deren der Appellrichter zur Zurückweisung der Einwendungen gelangt, der Wiederklage gegenüber nirgend als Entscheidungsgrund geltend gemacht. Mag nun auch der Appellrichter diese Anführung nur um deswillen unterlassen haben, weil er es für selbstverständlich erachtete, daß der gleiche Grund auch der Wiederklage gegenüber durchgreife, so darf doch prozessualisch der fehlende Entscheidungsgrund nicht subintelligirt werden. Hiernach aber unterlag das Urtel hinsichtlich der Wiederklage der Vernichtung, weil der einzige Entscheidungsgrund, auf welchen dasselbe gestützt ist, (wie oben gezeigt worden) den Art. 349 HGB auf ein demselben nicht unterliegendes Verhältniß zur Anwendung gebracht hat.

In der Sache selbst war die Wiederklage zur Beweisaufnahme 2c. in die I. Instanz zurückzuweisen... Die Bekl. stützt ihren Schadenersatzanspruch auf ein bei Konstruktion der Maschinen und anderweitigen Vorrichtungen sowie durch Verhinderung vertragsmäßiger Anlagen begangenes grobes Verschulden der Kläger. Dieser Anspruch aber (ALR Th. I, Tit. 11 § 947 ff., 954; Tit. 5 § 285 ff.; Tit. 3 § 4 ff.; Tit. 6 § 7 ff.) unterliegt nicht der sechsmonatigen Verjährung der Gewährleistungsklage, darf vielmehr innerhalb der gewöhnlichen Verjährungszeit geltend gemacht werden. — Dem Anspruch steht auch § 3 des Bestellbriefs nicht entgegen. Denn wenn derselbe auch, weil von der Bekl. herrührend, gegen dieselbe auszulegen ist (ALR I. 5 § 266, 348) und mit dem

Appellrichter davon ausgegangen werden muß, daß nach dem Vertrage Kläger zu keinerlei Schadenersatz wegen Unbrauchbarkeit verpflichtet sein und überhaupt nur während der Garantiezeit haften sollten: so würden doch durch einen derartigen beschränkenden Vertrag Kläger bei erwiesenem grobem Verschulden gegen die Schadenersatzpflicht nicht geschützt sein, da auf Ersatz des durch Vorsatz oder grobes Verschulden entstandenen Schaden im Voraus nicht giltig verzichtet werden kann. (ALR I. 5 § 277, 285; vgl. I. 11 § 138, I. 3 § 19; I. 6 § 18. — L. 23 Dig. 50, 17; L. 27 § 3 Dig. 2, 14; L. 226 Dig. 50, 16; L. 32 Dig. 16, 3). — Ob bei Abwendung des fragl. Schadens Bekl. selber ein grobes Versehen begangen hat und dadurch des Schadenersatzanspruchs verlustig gegangen ist (ALR I. 6 § 19) hat die Beweisaufnahme zu ergeben. —

Nr. 38.

Plenum. — Erkenntniß v. 16. Mai 71. (Ref.)

A. E. M. Wagner's Konkursverwalter ./. H. Hennig (Nr. 224 v. 71).

Preußen. **Revision.**

I. Instanz: Kreisgericht Cottbus,

II. Instanz: Appellationsgericht Frankfurt a. O.

Stellung der Agenten, Annahme von Zahlungen. Widerruf von Zahlungen beim Konkurse.

1. Die Befugnisse eines Agenten sind handelsrechtlich nicht ein für alle Mal festgesetzt, vielmehr nach den Umständen des Einzelfalles zu bestimmen.

HGB Art. 1, 272 Nr. 4; vgl. 298, 360.

Vgl. oben Fall Nr. 31 S. 154.

2. Der zum Vertragsabschluß bevollmächtigte Agent ist ohne Weiteres nicht auch als zum Geldempfang ermächtigt anzusehen.

HGB Art. 1, 52, 278, 279, 298.

Vgl. Rspr. I Fall 37 S. 203.

3. Die den Konkursgläubigern (landesgesetzlich) zustehende Anfechtung einer vom Gemeinschuldner geleisteten

Zahlung ist gegen denjenigen zu richten, welcher das Gegebene erworben hat.

Preuß. Konkursordnung v. 8. Mai 55 § 101, 106.
L. 1 pr., L. 6 § 12, L. 10 § 5 u. 12, L. 17 § 2 Dig. 42, 8.

Als Konkursverwalter ficht Kläger (nach der preuß. Konkursordnung v. 8. Mai 55 § 101 Nr. 2) eine Zahlung an, welche der flüchtig gewordene Gemeinschuldner dem ihm nachgereisten Bekl. in Hamburg, einen Tag vor der gerichtlichen Konkurseröffnung, gemacht hat. Beklagter hatte selbst vom Gemeinschuldner nichts zu fordern; er ist aber Agent eines belgischen Hauses H. O. und hatte für letzteres die Geschäfte besorgt, aus welchen die vor Verfall getilgte Schuld hervorgegangen war.

Der I. Richter verurtheilte den Bekl., obschon dieser die fragl. Zahlung nicht für sich entgegengenommen und das Empfangene alsbald dem von ihm vertretenen Gläubiger eingesendet haben wollte. In II. Instanz wurde Kläger abgewiesen.

Als Revisionsrichter hob das OHG das Appellurtel auf und ordnete eine anderweitige Verhandlung und Entscheidung des Streitfalles in II. Instanz an —

in Erwägung,

daß es sich in jetziger Lage der Sache nur darum handelt, ob die Passivlegitimation des Bekl. bezüglich des Anspruchs der W'schen Konkursmasse auf Rückzahlung derjenigen Summe, welche der Gemeinschuldner dem Bekl. am 29. Sept. 69 (nach der Zahlungseinstellung und vor der Konkurseröffnung) in Hamburg durch Vermittelung der dortigen Polizeibehörde gezahlt hat, begründet ist, oder ob der Anspruch gegen die Handlung H. O. in Verviers zu richten gewesen wäre;

daß die Passivlegitimation des Bekl. sich nicht etwa aus dem Gesichtspunkt eines von demselben begangenen Delikts rechtfertigt, da die hier unbestritten zur Anwendung kommende Bestimmung der preuß. Konkursordnung, wonach jede nach dem Tage der Zahlungseinstellung erfolgte Zahlung einer noch nicht fälligen Schuld der Anfechtung unterliegt, nicht auf der Annahme eines dem Zahlungsempfänger zur Last fallenden Delikts beruht, die vorliegende Klage auch nicht auf die Behauptung eines vom Bekl. begangenen Delikts gegründet ist; nach § 106 der Konkursordnung vielmehr die Rückforderungsklage der Gläubigerschaft gegen den Erwerber desjenigen, was der Gemeinschuldner weggegeben oder veräußert hat, zu richten ist; die vorliegende Entscheidung also davon abhängt, ob Beklagter oder aber die Handlung H. O. als Erwerber des fraglichen Geldes anzusehen ist;

daß auf die Entscheidung der Umstand ohne Einfluß ist, daß Beklagter der Polizeibehörde in Hamburg gegenüber sich selbst als Gläubiger gerirt, und auch der Gemeinschulder gedachter Polizeibehörde gegenüber eingeräumt hat, Schuldner des Bekl. zu sein, da Bekl. unbestritten eine eigene Forderung an jenen nicht hatte, derselbe und Beklagter auch unbestritten bei den Vorgängen in Hamburg sich darüber einverstanden erklärt haben, daß die fragliche Zahlung zur Deckung der der Handlung H. O. an den Gemeinschuldner zustehenden Forderung erfolge; daß es hierbei auch gleichgiltig ist, daß Bekl. das fragliche Geld nicht direkt aus den Händen des Gemeinschuldners, sondern vielmehr von der Polizeibehörde erhielt, da Letztere eben nur als die angerufene Vermittlerin der Zahlung des Gemeinschuldners an den Beklagten erscheint;

daß es vielmehr entscheidend darauf ankommt, ob Bekl. die fragl. Zahlung als Bevollmächtigter der Handlung H. O. oder aber als negotiorum gestor in Empfang genommen hat, indem ersterenfalls Bekl. zweifellos die ihm gezahlte Geldsumme direkt seinem Machtgeber, der Handlung H. O. erwarb, letzterenfalls dagegen Bekl. zunächst so wenig genannter Handlung erwarb, als der Zahlende dieser gegenüber liberirt wurde, vielmehr beides — Erwerb seitens des Geschäftsherrn und Liberation des Schuldners dem Letzteren gegenüber — erst durch die Genehmigung des Geschäftsherrn bewirkt wurde (§ 229, 239 ALR I, 13); daß Bekl. bei den in Rede stehenden Rechtsgeschäften nicht als Kommissionär (in eigenem Namen für Rechnung der Handlung H. O., Art. 360 HGB), sondern (nach den übereinstimmenden Angaben beider Parteien) als Agent genannter Handlung sich gerirt hat; daß die Kaufgeldforderung für die an den Gemeinschuldner verkaufte Wolle unstreitig nicht dem Bekl., vielmehr der Handlung H. O. zustand;

daß die Befugnisse eines Agenten durch das HGB nicht generell normirt, sondern nach den Umständen des konkreten Falles zu bestimmen sind;

daß es hier nicht näher aufgeklärt ist, ob Bekl. zum Abschluß der fragl. Kaufverträge für die Handlung H. O. bevollmächtigt war und die Verträge wirklich als Bevollmächtigter abgeschlossen hat, oder aber, wie Bekl. behauptet, nur die Anknüpfung der Geschäftsverbindung zwischen H. O. und dem Gemeinschuldner vermittelt hat; daß dies aber auch dahingestellt bleiben kann, da auch der zum Vertragsabschluß bevollmächtigte Agent nicht unter allen Umständen und ohne Weiteres auch als zum Geldempfang ermächtigt zu erachten ist, in vorliegendem Falle aber weder eine besondere Bevollmächtigung des Bekl. zur Empfangnahme von Zahlungen erhellt, noch anderweite Umstände vorliegen, welche eine solche Ermächtigung als von der Handlung H. O. gewollt ergäben; daß insbesondere die fragl. Ermächtigung nicht daraus zu folgern ist, daß Bekl. (wie klägerischer Seits behauptet, vom Bekl. aber bestritten wird) der Handlung

H. D. gegenüber für die durch ihn vermittelten Wollverkäufe das del credere übernommen haben soll, da dies nur auf den Umfang der dem Bekl. seinem Machtgeber gegenüber obliegenden Vertretung von Einfluß sein würde; daß sich ferner auch daraus allein, daß Bekl. die Tratten, welche H. D. auf den Gemeinschuldner gezogen und Letzterer acceptirt, angeblich in Händen gehabt hat, ein sicherer Schluß nicht ziehen läßt; daß es daher dahingestellt bleiben kann, ob die schriftliche Form der Vollmacht zum Geldempfang unbedingt nöthig gewesen wäre; daß hiernach, da Bekl. die streitige Summe nur als negotiorum gestor für die Handlung H. D. in Empfang genommen, die Behauptung des Bekl., daß diese Handlung, welcher Bekl. das fragl. Geld übersendet haben will, dessen gestio genehmigt habe, von entscheidender Bedeutung, und da der [angetretene] Beweis darüber noch nicht erhoben worden, die Sache zu dem Ende an den Appellrichter zurückzuweisen ist; daß es dagegen auf den bestrittenen Umstand, ob Bekl. zur Zeit der Absendung des Geldes an H. D. von der erfolgten Konkurseröffnung Kenntniß hatte, um so weniger ankommt, da, wie ausgeführt worden, nicht die Absendung seitens des Bekl. sondern die Genehmigung seitens der Handlung H. D. das entscheidende Moment bildet. —

Nr. 39.

Plenum. — Erkenntniß v. 16. Mai 71. (Z. V.)

Debrunner & Co. ./. J. Bassano (Nr. 228 v. 71).

Preußen (Nassau). **Nichtigkeitsbeschwerde.**

I. Instanz: Kreisgericht Wiesbaden,

II. Instanz: Appellationsgericht daselbst.

Wesentliche Prozeßvorschriften. Schiedsvertrag.

1. Wenn das Landesprozeßrecht ohne nähere Bestimmung ein gleichzeitiges Vorbringen gewisser Einreden

vorschreibt, so kann die richterliche Beurtheilung darüber, ob diese Gleichzeitigkeit beobachtet worden, als ein wesentlicher prozessualer Verstoß mit der Nichtigkeitsbeschwerde nicht angefochten werden.

Preuß. Verordnung v. 24. Juni 67 § 13, 63.

Norbd. PO Entw. § 391, 393, 814; vgl. 314, 767, 771.

2. Zur Giltigkeit eines Schiedsvertrages (Kompromisses) gehört gemeinrechtlich nicht, daß die erwählten Schiedsrichter die Ausrichtung des Schiedsspruchs übernommen haben.

Windscheid Pandekten § 415, 416, 417, B. II S. 520 ff.

3. Ein Schiedsvertrag, welcher für den Fall der Nichteinigung der zunächst ernannten zwei Schiedsrichter die Berufung eines Obmanns vorsieht, ist gemeinrechtlich giltig.

Windscheid Pandekten § 416 n. 9, B. II S. 524.

Der in Venedig wohnende Kläger fordert den Kaufpreis gelieferter Perlen. Die Beklagte will im Gerichtsstande ihrer Handlungsniederlassung zu Niederwalluf nicht Recht nehmen, weil der Streitfall vertragsmäßig einem in Venedig zu bildenden Schiedsgericht zu unterbreiten sei. Nachträglich hat sie noch den Einwand erhoben, daß vorweg vom Kläger als Ausländer Prozeßkostenkaution zu bestellen sei.

Das in II. Instanz bestätigte erstrichterliche Erkenntniß verwirft beide Einreden der Bekl., und zwar die zweite als verspätet. Auf NktBschw. der Bekl. hat das OHG das Rechtsmittel, soweit es die Prozeßkostenkaution betrifft, als ungegründet verworfen, übrigens aber das Appellurtel vernichtet und die Sache zu anderweitiger Erörterung der Kompetenzfrage in die II. Instanz zurückgewiesen.

Gründe:

I. Der Appellrichter hat den Einwand der mangelnden Kautionsbestellung des Klägers für die Prozeßkosten um deswillen verworfen, weil dieser Einwand gleichzeitig mit der Inkompetenzeinrede im Klagebeantwortungstermin hätte vorgeschützt werden müssen, in Wahrheit aber erst später (in einer nach diesem Termin, wenngleich vor der mündlichen Verhandlung eingereichten Schrift) erhoben worden ist. Die hiegegen wegen Verletzung des § 13, a der [preuß.] Verordnung v. 24. Juni 67 erhobene NktBschw. war zurückzuweisen. Denn nach § 63 Nr. 2 daselbst ist die NktBschw. wegen Verletzung einer Prozeßvorschrift nur in sofern zulässig, als solche „nach dem in den betreffenden Landestheilen geltenden Recht, einschließlich dieser Verordnung, als wesentlich" zu betrachten ist*. Unter welchen Umständen aber eine Vorschützung mehrerer Einreden als „gleichzeitig" zu erachten sei — und nur in dieser Richtung wird dem Appellrichter unrichtige Anwendung des § 13, a jener Verordnung vorgeworfen — hat weder die gedachte Verordnung noch auch die nassauische Prozeßgesetzgebung festgestellt, daher der Appellrichter gegen eine wesentliche Prozeßvorschrift nicht gefehlt haben kann. Dazu kommt, daß weder die der Verordnung v. 24. Juni 67 zu Grunde liegende preußische Verordnung v. 14. Dez. 33 § 5, verbunden mit Art. 3 der Deklaration v. 6. April 39, die schon in der AGO I. 21 § 13 enthaltene und durch § 5 der Verordnung v. 21. Juli 46 nur schärfer formulirte, die Einrede der mangelnden Kostenkaution betreffende Vorschrift zu den wesentlichen Prozeßvorschriften zählt, noch auch für diese Annahme das nassauische Prozeßrecht einen Anhalt gewährt, da zwar wegen anderer prozeßhindernder Einreden, nicht aber wegen dieser Einrede eine besondere Appellation gestattet ist;

nassauische Civilprozeßordnung v. 23. April 22 §§ 10, 12, 98, 99.

II. Die Einrede der Inkompetenz wegen des zwischen den Parteien angeblich geschlossenen Schiedsvertrages hat der Appellrichter aus zwei Gründen verworfen:

1) weil Bekl. nicht zugleich behauptet habe, daß die

* Vgl. Rspr. I S. 395, 398.

erwählten Schiedsrichter das Amt angenommen hätten,

2) weil jede Angabe über die Person des von den gewählten Schiedsrichtern für den Fall, daß sie sich nicht einigen würden, zu ernennenden Obmanns und dessen Annahme dieses Amts fehle.

Der gegen den ersten Satz gerichtete Vorwurf der Aktenwidrigkeit* ist ungegründet. Denn Beklagte hat erst im Audienztermin II. Instanz, somit verspätet, die Behauptung aufgestellt, daß einer der Schiedsrichter, F. Levi das Amt angenommen habe; wogegen ihre früheren Prozeßerklärungen lediglich die Behauptung enthalten, daß die Parteien einen Schiedsvertrag geschlossen und ihrerseits einen Schiedsrichter erwählt hätten.

Begründet dagegen ist die NktBschw. in so fern, als sie dem Appellrichter vorwirft, die seiner Entscheidung zu Grunde gelegten Vorschriften des gemeinen Rechts verletzt zu haben.

Denn anlangend den ersten Entscheidungsgrund, so gehört zu einem giltigen Schiedsvertrage weder nach römischem, noch nach heutigem gemeinem Rechte, daß (der oder) die erwählten Schiedsrichter die Ausrichtung des Schiedsspruchs übernommen haben. Das Kompromiß zwischen den Parteien und das von diesen mit (dem oder) den Schiedsrichtern geschlossene receptum arbitrii sind zwei selbständige Verträge, welche nur in der Wechselbeziehung zu einander stehen, daß ein Erlöschen des Kompromisses das receptum arbitrii und eine Nichtannahme des Auftrags von Seiten der gewählten Schiedsrichter das Kompromiß hinfällig macht. Es war somit nach gemeinem Recht nicht Sache der Bekl., die Annahme des Schiedsamts seitens der erwählten Schiedsrichter, vielmehr Sache des Klägers, wie

* Vgl. Rspr. I S. 69, 282, 396.

derselbe auch hinsichtlich des F. Levi in II. Instanz gethan hat, die Nichtannahme des Schiedsamts zu behaupten.

Anlangend den zweiten Entscheidungsgrund, so geht der Appellrichter zu weit, wenn er die Verbindlichkeit des Schiedsvertrages von der Ernennung eines Obmanns für den Fall, daß die zunächst erwählten Schiedsrichter sich nicht einigen würden, und von der Annahme des Schiedsauftrages durch diesen Obmann abhängig macht. In letzterer Beziehung gilt die vorstehende Ausführung. In ersterer aber steht zwar der Auffassung des Appellrichters anscheinend L. 17 § 5 Dig. 4, 8 zur Seite:

> Si in duos fuerit sic compromissum, ut si dissentirent tertium assumant, puto tale compromissum non valere, nam in assumendo possunt dissentire; vgl. c. 12 X. 1, 43;

und gerade ein solcher Fall liegt, nach Behauptung der Bekl. vor, da ausgemacht worden, daß, wenn die zwei erwählten Schiedsrichter sich nicht einigen können, dieselben nach Handelsbrauch berechtigt sein sollen, ausschließlich nach ihrem Ermessen einen dritten Schiedsrichter zu wählen, welcher alsdann allein zu entscheiden hat. Indessen bestehen über die wortgetreue, aus inneren Gründen sehr bedenkliche Auslegung dieser Stelle gegründete Zweifel, und die deutsche Praxis hat von jeher, mit kaum nenneswerthen Ausnahmen, dieselbe dahin verstanden, daß der Schiedsvertrag nicht von vorn herein unwirksam sei, sondern erst nachträglich, falls die Schiedsrichter dissentiren und sich über einen Obmann nicht vereinigen können, hinfällig werde, oder gar, daß in letzterem Falle durch die Parteien oder den Richter ein Obmann zu bestellen sei.

> Vgl. z. B. Glück, Pandekten-Kommentar VI, S. 82 ff.; Sintenis, Civilrecht § 107 n. 124 ff.; Göschen, Vorlesungen II, § 548 a. E.; von Keller, Pandekten § 285 n. 18; Windscheid,

Pandekten § 416 n. 9; vgl. auch Seuffert's Archiv II Nr. 47.

Von dieser milderen Auslegung abzugehen, liegt um so weniger Grund vor, als einestheils in dem kaum verschiedenen Falle, daß die Kompromittenten über den Obmann gar nichts vereinbart haben, schon nach römischem Recht die dissentirenden Schiedsrichter zur Wahl eines Obmanns gezwungen werden können (L. 17 § 6 Dig. 4, 8), andererseits die heutige Rechtsauffassung in allen Beziehungen der Wirksamkeit der Kompromisse günstiger ist als die römische.

Vgl. Plenar-Urtel des OHG v. 28. März 71 [Rspr. I S. 383 ff.].

Unterliegt somit das Appellurtel der Vernichtung, so konnte in der Sache selbst noch nicht entschieden werden...

Denn es bleibt zu untersuchen, ob ein giltiger Schiedsvertrag zu Stande gekommen ist, und zwar giltig nicht nach dem gemeinen, in Wiesbaden geltenden Recht, sondern nach dem zur Zeit des behaupteten Abschlusses und seither in Venedig geltenden Recht. Denn nach dem Vortrage der Bekl. selber soll das Schiedsgericht in Venedig aus venetianischen Kaufleuten gebildet worden sein, sollte dort seine Entscheidung fällen und zwar in einem Streit zwischen dem Bekl. und dem in Venedig wohnhaften Kläger; dieser Letztere aber konnte durch den so geschlossenen Schiedsvertrag nur unter der Voraussetzung verbunden sein, sich dem Ausspruch des Schiedsgerichts mit Ausschluß der ordentlichen Gerichte zu unterwerfen, daß der Schiedsvertrag nach dem in Venedig geltenden Recht den ordentlichen Rechtsweg ausschloß.

Anlangend nun das weitere Verfahren, so wird es bei dem Streit der Parteien über den Inhalt des in Venedig geltenden Rechts angemessen sein, daß der II. Richter, sofern seine Kenntniß von demselben nicht eine vollkommen sichere sein sollte, dem Beklagten, welcher einen nach venetianischem Recht giltigen Schiedsvertrag behauptet, den Beweis dieser Behauptung, unter Zulassung des klägerischen Gegenbeweises, auferlegt*. Soweit es sich dabei um die Geltung von Rechtssätzen, gleichviel ob Gesetzen oder auch etwa maaßgebenden Gewohnheitsrechtssätzen handelt, bleibt den Parteien unbenommen, die bereits namhaft gemachten Beweismittel durch anderweitige zu ergänzen, bzw. zu ersetzen;

Goldschmidt, Handbuch des Handesrechts I § 38 n. 13 ff.,

Seuffert's Archiv XVIII Nr. 1.

Anlangend hingegen die thatsächliche Frage von dem Inhalt der zwischen den Parteien abgeschlossenen Uebereinkunft, sind selbstverständlich nur die bisher prozessualisch rechtzeitig aufgestellten Behauptungen und bezeichneten Beweismittel, — soweit in letzterer Beziehung nicht gesetzliche Ausnahmen begründet sind — zu berücksichtigen.

Verordnung v. 24. Juni 67 § 17, 28, 50, 52, 57.

Nr. 40.

Plenum. — Erkenntniß v. 16. Mai 71. (V.)

Fr. Vigelius ./. Herber & Stühlen (Nr. 267 v. 71).

Preußen. **Nichtigkeitsbeschwerde.**

I. Instanz: Amtsgericht Limburg (an der Lahn),

II. Instanz: Appellationsgericht Wiesbaden.

Wechsel, Remittent. Nichtigkeitsrichter.

1. Es unterliegt der freien rechtlichen Beurtheilung des Nichtigkeitsrichters, ob der Wechsel, dessen Wortlaut im Appellurtel gegeben worden, eine gehörige Bezeichnung des Remittenten enthält.

Nordd. PO Entw. § 821—823.

Vgl. Rspr. B. I S. 188, 195 n., 198 oben, 317.

2. Der auf einem Wechsel bei der Bezeichnung einer Person oder bei deren Namensunterschrift gemachte, dem

* Vgl. Rspr. I Fall 49 S. 279.

richtigen Namen vorangehende oder nachfolgende, Zusatz: „für den Vorschußverein“ beeinträchtigt (regelmäßig) die Bestimmtheit der betreffenden Person nicht, begründet daher nicht die Annahme des Mangels eines wechselrechtlich wesentlichen Moments.

DWO Art. 4 Nr. 3 u. 5, Art. 7, 12, 21, 81, 96 Nr. 3 u. 5.

Der Klagewechsel ist „an die Ordre d. Herrn A. Schlitt f. d. Vorschuß-Verein“ gestellt und trägt auf der Rückseite als erstes Giro den Vermerk:

„für mich an die Ordre d. Herrn F. B. [Klägers].
Werth in Rechnung.
L. 15. Sept. 70. f. d. Vorsch.-Verein
And. Schlitt.“

Die beklagte Firma wird als Wechselbürgin des Ausstellers in Anspruch genommen und bestreitet die Giltigkeit des Wechsels, sowie des Giro, weil A. Schlitt Kassirer des Vorschußvereins und nicht genau erkennbar, ob er selbst oder der Verein Remittent, bzw. Indossant sei.

Der I. Richter verurtheilt die Bekl., der zweite weist den klagenden Indossatar ab. Das OHG hat das Appell-Urtel vernichtet und die Sache in die II. Instanz zurückgewiesen:

in Erwägung,

1) daß die Ausführung des Appellrichters, daß die Worte „an die Ordre d. Herrn A. Schlitt f. d. Vorschuß-Verein“ nicht erkennen ließen, wer als Remittent bezeichnet sei, ob A. Schlitt oder der Vorschuß-Verein zu Limburg, zumal das Domizil des genannten Vorschuß-Vereins nicht einmal angegeben sei,“ nicht etwa als eine thatsächliche, in der Nichtigkeitsinstanz nicht anzufechtende anzusehen ist; daß es vielmehr der freien rechtlichen Beurtheilung des Nichtigkeitsrichters unterliegt, ob der Wechsel, dessen Wortlaut in die Entscheidungsgründe des Appellurtels aufgenommen ist, bezüglich der Bezeichnung des Remit-

tenten der gesetzlichen Vorschrift im Art. 96 Nr. 3 der DWO entspricht;

daß die Beschwerde des Kläger über Verletzung des Art. 96 Nr. 3 auch begründet erscheint, da der vorliegende Wechsel den A. Schlitt mit voller Deutlichkeit als Remittenten bezeichnet, und die hinzugefügten Worte „f. d. Vorschuß-Verein", deren rechtliche Bedeutung im Uebrigen dahingestellt bleiben mag, für den Wechselprozeß die Annahme des Mangels eines Essentiale des Wechsels zu begründen nicht geeignet erscheint;

2) daß der weitere eventuelle Erwägungsgrund des Appellrichters, welcher von der Annahme ausgeht, daß der Vorschuß-Verein zu Limburg Remittent sein solle, hinfällig ist, da diese Voraussetzung unzutreffend, vielmehr A. Schlitt Remittent ist;

daß aber auch dieser Erwägungsgrund des Appellrichters mit Art. 36 DWO nicht im Einklang steht, indem And. Schlitt, dessen Identität mit dem Remittenten A. Schlitt nicht in Frage gestellt ist, das auf den Kläger lautende Indossament vollzogen hat, Kläger also in der That als nach Art. 36 legitimirter Wechsel-Inhaber anzuerkennen und die über der Unterschrift des Indossaments stehenden Worte „f. d. Vorsch.-Verein" die wechselrechtliche Legitimation des Klägers an sich eben so wenig beeinträchtigen, wie dieselben im Kontext des Wechsels vorkommenden Worte die genügende Bezeichnung des Remittenten alteriren; daß es daher auch bezüglich der Legitimation des Klägers keiner Erörterung bedarf, ob And. Schlitt nach Gesetz und Statut berechtigt gewesen sei, mit rechtsverbindlicher Kraft für den Vorschuß-Verein zu indossiren;

3) daß hiernach das angefochtene Urtel zu vernichten und die erhobene Wechselklage an sich für begründet zu erachten ist, daß jedoch zwar die Einrede der Simula-

tion, daß nämlich das Indossament nur die Bedeutung eines Inkasso-Giro habe, für sich allein unerheblich ist, wie in den Gründen des hiesigen Urtels v. 20. Dez. 70 in Sachen Jeß ·/. Glävecke [Rspr. I Nr. 20 S. 99] bereits ausgeführt ist, die Einrede einer Arglist des Klägers jedoch, welche in dem angefochtenen Urtel nicht erwähnt, und über deren thatsächliche Grundlagen der Eid deferirt ist, in der II. Instanz noch weiter zu erörtern ist.

Nr. 41.

Plenum. — Erkenntniß v. 23. Mai 71. (Ref.)

A. Geißel ·/. G. Vorsteher (Nr. 195 v. 71).

Preußen. **Beiderseitige Revision.**

I. Instanz: Kreisgericht Bielefeld,
II. Instanz: Appellationsgericht Paderborn.

Reformatio in peius. Handelskauf über Waldbäume. Abweichen der Vertragsurkunde von dem mündlich Vereinbarten.

1. Der Appellrichter darf, wenn nur von einer Partei angerufen, die erstrichterliche Entscheidung nicht zum Nachtheil des Appellanten ändern.

AGO I. 14 § 11; vgl. Rspr. I Fall 33 S. 179 u. II S. 186 oben.
Nordd. PO Entw. § 753, 760, 769, 773.

2. Im Walde stehende Bäume, welche an einen Holzhändler zum Abholzen verkauft werden, sind als bewegliche Sachen, mithin als Gegenstände eines Handelsgeschäfts anzusehen.

HGB Art. 271 Nr. 1, 273, 274, 275, 277.

3. Bei Handelsgeschäften* ist der Beweis, daß der schriftlich abgefaßte (bzw. notariell aufgenommene) Vertrag die mündlich getroffene, verpflichtende Vereinbarung nicht richtig giebt, zulässig; die Beweislast trifft aber den solches Behauptenden.

HGB Art. 1, 271, 278, 317.

* Es genügt, nach HGB Art. 277, daß das Geschäft nur auf einer Seite ein Handelsgeschäft ist. So in obigem Falle; vgl. die Nr. 38 u. 54 unseres I. Bandes, dort S. 207, 312.

Mittelst notariellen Vertrages v. 29. Okt. 68 hat der (Wieder-) Kläger G. zu seinem Gute Bockel gehöriges, stehendes Waldholz an den Beklagten verkauft. Ueber die Gutsparzellen, aus denen die, durch eine gewisse Stärke bestimmten Baumstämme zu entnehmen seien, entstand mit Rücksicht auf die mündlichen Vereinbarungen der Parteien Streit, welcher durch drei Instanzen verfolgt ward. Der I. Richter hatte auf einen Eid für den Bekl. erkannt, daß nach dem mündlich getroffenen Abkommen die westlich vom Gutshofe stehenden Waldbäume Gegenstand des Ankaufs gewesen waren, dieser Vertrag aber notariell verlautbart werden sollte. Für den Fall der Ableistung dieses Eides wurde Kläger abgewiesen, sonst sollte Beklagter für 1500 aus den im notariellen Vertrage genannten Waldparzellen zu entnehmende Bäume je 20 Sgr. zahlen. Auf Berufung des Klägers hielt der II. Richter, nach ALR I. 5 § 117*, den vorgedachten Eid für entbehrlich und wies den Appellanten ohne Weiteres, jedoch nur angebrachter Maaßen ab. Beide Theile legten Revision ein, und das OHG entschied für Aufhebung des Appellurtels nebst Zurückweisung der Sache in die Vorinstanz.

Gründe:

Beide Parteien beschweren sich über einen und denselben Entscheidungspunkt des Vorurtels, wiewohl nur Eine von ihnen gegen das I. Erk. appellirt hatte. Diese abnorme Sachlage hat darin ihren Grund, daß der Appellrichter die in I. Instanz nur bedingt erkannte Abweisung der Klage in eine unbedingte umgewandelt. Zwar bezeichnet er dieselbe als eine nur „in angebrachter Art" erfolgende und ist der Meinung, daß durch sie der Appellant

* „In allen Fällen, wo die Parteien den Vertrag schriftlich zu schließen verabredet haben, wird vermuthet, daß nicht blos der Beweis, sondern selbst die verbindliche Kraft des Vertrages von der schriftlichen Abfassung desselben abhängen solle." — Vgl. den sächsischen Rechtsfall Nr. 9, oben S. 39.

nicht nur nicht schlechter, sondern günstiger gestellt sei, als in I. Instanz, weil er in dieser für den Fall der Ableistung des dem Gegner auferlegten Eides definitiv abgewiesen worden. Abgesehen aber davon, daß der Appellrichter den Zusatz „in der angebrachten Art“ seiner Abweisung des Klageantrages, den er für formell und materiell ungerechtfertigt erklärt, nur deshalb beifügt, um nicht formell gegen das Prinzip der Unzulässigkeit einer reformatio in pejus zu verstoßen, und daß deshalb in Frage kommen kann, ob hier der Maaßgabe „in der angebrachten Art“ eine rechtliche Wirkung beizumessen sei: so ist doch jedenfalls durch die Entscheidung des Appellrichters eine, in I. Instanz für den Fall der Nichtleistung jenes Eides erfolgte, rechtskräftige Feststellung des Klageanspruchs aufgehoben. Hierzu aber war der Appellrichter nach § 11 Tit. 14 Th. I AGO nicht befugt. Allerdings ist Kläger bei Einlegung der Appellation davon ausgegangen, daß der Bekl. den fragl. Eid leisten werde; keineswegs jedoch kann vermuthet werden, daß er dabei auf sein erworbenes Recht aus der Nichtleistung des Eides habe verzichten wollen. Daraus, daß Beklagter seinerseits nicht appellirt hat, läßt sich wohl auf seine Absicht, den ihm anvertrauten Eid zu leisten, schließen, aber keine faktische, und noch weniger eine rechtliche, Präsumtion dafür herleiten, daß er im künftigen Schwurtermin den Eid wirklich abgeleistet haben würde. Weder jener Verzicht, noch diese Präsumtion finden im Gesetz einen Haltpunkt. Ueber die Bestimmung des I. Richters für den Fall der Nichtleistung des Eides durfte der Appellrichter keinerlei Verfügung treffen, da nur Kläger die Appellation eingelegt und gegen die vom I. Richter auf die Ableistung des Eides gesetzten Folgen gerichtet hatte. Demgemäß mußte der Appellrichter bei Verwerfung der Berufung das angegriffene Erk. lediglich bestätigen. Da er dies nicht gethan, sondern auf eine Abänderung erkannt hat, die, wenngleich nur hypothetisch, dem Kläger zum Nachtheil gereicht, und da letzterer zum Betrage des Klage objekts zu veranschlagen ist: so muß nach § 2 der [preuß. Verordnung v. 14. Dez. 33 die Revision des Klägers... für das zulässige Rechtsmittel erachtet werden.

Allein auch die Revision des Beklagten ist zuzulassen. Von seinem Standpunkt aus muß bei der bezüglichen Beurtheilung der Appell-Entscheidung angenommen werden, daß die fragl. Eidesleistung, indem sie lediglich von seinem Willen abhing, stattgefunden haben würde, wenn nicht der Appellrichter den Eid aufgehoben hätte, und daß daher Beklagter dadurch, daß das Appellurtel die Klage nur in der angebrachten Art abgewiesen hat, insofern benachtheiligt ist, als er in I. Instanz unter der Bedingung der Eidesleistung die definitive Abweisung des Klägers erzielt hatte. Für die Werthschätzung des Gegenstands der Differenz der beiden Vorurtel muß auch hier das ganze Objekt der Klage als maaßgebend betrachtet werden.

Sonach liegen in Ansehung des Bekl. ebenfalls die Erfordernisse des eingelegten Rechtsmittels vor. —

Die Sache selbst betreffend, so folgt schon aus obiger Ausführung bezüglich des Rechtsmittels des Klägers, daß das angefochtene Urtel nicht aufrecht erhalten werden kann.

Zu einer definitiven anderen Entscheidung erscheint jedoch die Sache noch nicht reif.

In dem notariellen Vertrage v. 29. Okt. 68 erklären die Parteien:

> „Zum Gute... [des jetzigen Klägers] gehören zwei Parzellen: der sogen. Lohbusch und die Vorderste Heide, welche mit Eichen und Nadelhölzern bestanden sind... — — Besitzer verkauft hiermit dem B. [jetzt Beklagten] die in diesen Holzungen aufstehenden Bäume, welche ꝛc....“

Nach Behauptung des Bekl. ist die Bezeichnung „Lohbusch und Vorderste Heide" — welche sich auf die südlich und östlich vom Hofe des Klägers gelegenen Parzellen bezieht — eine unrichtige, indem die Kaufsunterhandlungen und der mündliche Vertragsabschluß den Holzbestand eines westlich vom Gutshofe belegenen Terrains zum Gegenstand gehabt haben sollen. Kläger, welcher jene Behauptung in Abrede stellt, verlangt (theilweise) Erfüllung des notariellen Vertrages, nämlich Zahlung des Kaufpreises für 1500 der im Lohbusch und der Vordersten Heide stehenden Bäume gegen deren Uebergabe.

Hiernach betrifft der Streit die Identität des Vertragsobjekts. — Von den Parteien wird nicht behauptet, daß der notarielle Vertrag eine andere Vereinbarung, als die mündlich getroffene, hat zum Ausdruck bringen sollen*, daß also eine Willensänderung zwischen dem mündlichen und dem notariellen Vertrage eingetreten sei. Allein auch hiervon abgesehen, irrt der Appellrichter in der Anwendung des § 117 ALR I. 5, weil — mit Rücksicht darauf, daß Bäume, welche zum Abholzen verkauft sind, zweifellos zu den beweglichen Sachen gehören — der vorliegende Vertrag als Handelsgeschäft (HGB Art. 271 Nr. 1, Art. 273 Abs. 1, Art. 274 Abs. 1, Art. 277) beurtheilt werden, der wahre Wille der Kontrahenten daher erforscht und, ohne Rücksicht auf die Form seiner Aeußerung, zur Geltung gebracht werden muß; Art. 278, 317 ebendaselbst.

Demgemäß handelt es sich, da mit der Klage Kontraktserfüllung gefordert wird, hauptsächlich darum:

* In einer Berliner Handelssache (H. Heymann & Co. ·/. Schachtel, Nr. 279 v. 71) hat das OHG im Plen. Erk. v. 17. Juni 71 erwogen: „gegen den Inhalt des Reverses .. hat Beklagter den unbestritten an sich zulässigen und auch erheblichen Einwand erhoben, daß das Geschäft in einem wesentlichen Punkte anders verabredet, jener Revers der Abrede zuwider von der Klägerin entworfen und von ihm ohne nähere Durchsicht unterschrieben worden. Es kommt sonach darauf an, wieweit jener Einwand erwiesen ist 2c."

ob die Bäume des Lohbusches und der Vordersten Heide oder die Bäume des westlichen Waldkomplexes den Gegenstand der Uebereinkunft der Parteien gebildet haben?

Die Aussagen des Heinrich B. und des Kaufmanns L. sprechen für die erste Alternative; weniger zuverlässig sind die Zeugnisse eines Exkolons K. und des Knechts A. Letzterem kann auch wegen seiner dienstlichen und geschäftlichen Verbindung mit dem Bekl. nur ein geringer Grad von Glaubwürdigkeit beigelegt werden. Die Aussage des Heinrich B. hat gar keine Beweiskraft, weil sie nicht beeidet ist. Die Vereidung hat jedoch, wiewohl Zeuge ein Bruder des Bekl. ist, zu Unrecht nicht stattgefunden*, da sich Kläger seinerseits auch auf das Zeugniß des Heinrich B. — gleich wie auf das des Kaufmanns L. — berufen; AGO I, 10 § 229. Aus demselben Grunde ist über die Nichterhebung des vom Kläger für die Unglaubwürdigkeit des L. angetretenen Beweises hinwegzusehen, zumal Kläger seine Berufung auf L. noch im Revisionsbericht wiederholt hat.

Anlangend den Sachverständigen-Beweis, so ... fällt zu Gunsten des Klägers erheblich in die Wagschale, daß nach Zahl, Art und Stärke der Bäume auf dem westlichen Waldkomplex es inhalts der vorliegenden Gutachten kaum glaublich erscheint, daß Kläger sich veranlaßt gefunden haben sollte, auf den Verkauf zu dem bedungenen Preise einzugehen.

Bei dieser Sachlage kann es nicht für gerechtfertigt erachtet werden, auf Revision des Klägers die Beantwortung der oben aufgeworfenen Frage von dem in I. Instanz auferlegten Eide abhängig zu machen.

Was die bezüglichen anderweiten Beweise anbelangt, so müssen die neuen Anführungen im Revisionsbericht des Klägers nach §§ 10 ff. AGO I, 15 unberücksichtigt bleiben.

* Die Vereidung des Zeugen wurde vom OHG weiterhin ausdrücklich angeordnet.

Dagegen scheint die Verwerthung des vom Bekl. in II. Instanz offerirten Beweismaterials geboten...

Bei der Prüfung des Beweisresultats ist davon auszugehen gewesen und muß nach der anderweiten Beweisaufnahme davon ausgegangen werden, daß dem Beklagten, da er den Wortlaut des notariellen Vertrages gegen sich hat, die Beweisführung obliegt.

Sollte sich durch das Resultat der anderweiten Beweisaufnahme die Zuerkennung des Erfüllungseides für den Beklagten rechtfertigen, so folgt hieraus von selbst, daß das I. Erkenntniß lediglich zu bestätigen ist, da Beklagter nicht appellirt hat.

In diesem Falle muß auch von einem Bedenken abgesehen werden, zu welchem die vom I. Richter festgestellte Eidesnorm Anlaß giebt... Denn die Aenderung der Eidesnorm würde sich als eine Abänderung der Entscheidung zum Nachtheil des Appellanten darstellen.

Muß nach dem neuen Beweisresultat, unter Berücksichtigung obiger Andeutungen über die gegenwärtige Beweislage, auf einen Eid für den Kläger erkannt werden — ein dritter Fall erscheint nicht denkbar —: so steht einer sachgemäßen, selbständigen Eidesnormirung nichts entgegen. — Auf die Erwägungen, welche den Appellrichter dazu geführt haben, die Klage in angebrachter Art abzuweisen, kommt es auch in diesem Falle nicht an, da Beklagter sich darüber, daß er für den Fall, wenn festgestellt wird, daß die Bäume des Lohbusches und der Vordersten Heide den Kaufgegenstand gebildet haben, in I. Instanz nach dem Klageantrage verurtheilt worden ist, nicht beschwert, seine entsprechende Verpflichtung für diesen Fall überhaupt nicht bestritten hat.

Andererseits kann Kläger, wenn er die Bäume auf dem westlichen Waldkomplex verkauft hat, nicht in Ansehung der Bäume in dem Lohbusch und der Vordersten Heide das Kaufgeld fordern, sondern muß mit der hierauf gerichteten Klage definitiv abgewiesen werden.

Aus diesen Gründen war, in Anwendung des § 3 des Ges. v. 20. März 54, auf die beiderseitigen Rechtsmittel die Sache zur Beweiserhebung und anderweiten Verhandlung und Entscheidung, einschließlich der Kosten I. und II. Instanz, in letztere zurückzuweisen.

Nr. 42.

Plenum. — Erkenntniß v. 23. Mai 71. (V.)

L. v. Ende's Erben ·/. Lebensversicherungs-Gesellschaft Iduna (Nr. 209 v. 71).

Preußen. **Richtigkeitsbeschwerde.**

I. Instanz: Kreisgericht Halle a/S.,
II. Instanz: Appellationsgericht Naumburg.

Legitimation zur Erhebung einer Lebensversicherungssumme.

1. An wen darf bei einer Lebensversicherung, wenn die Police auf einen Namen lautet und besondere (statutarische) Bestimmungen über die Legimation des Zahlungsnehmers nicht enthält, die Versicherungssumme eintretenden Falles ausgezahlt werden?

2. Darf nach ALR der Schuldner einem Cessionar, welcher nur auf eine Privatcession des Berechtigten sich beruft, Zahlung leisten?

ALR Th. I Tit. 11 § 393—398, 402, 413—419; Tit. 16 § 30.

Bei der bekl. Gesellschaft hatte L. v. E. sein Leben versichert. Die Police lautete auf den Namen des Versicherungsnehmers. Nach seinem Tode zahlte die Bekl. die bedungene Summe an Scholz aus, welcher die Police mit einer auf ihn lautenden, die Unterschrift L. v. E. tragenden Cession vorlegte. Jetzt treten die Erben des L. v. E. als Forderungsberechtigte auf, indem sie jene Cession als gefälscht bezeichnen. In II. Instanz abgewiesen, erwirken sie beim OHG eine Vernichtung des Appellurtels und die Anordnung einer näheren Aufklärung des Sachverhalts.

Gründe des OHG:

Der Appellrichter ist der Ansicht, daß die Cession v. 9. Nov. 62 die Bekl. gegen den Anspruch der Kläger sicherstelle, auch wenn sie vom klägerischen Erblasser nicht ertheilt, also unecht sein sollte. Er entnimmt diese Ansicht nicht aus besonderen Bestimmungen des Statuts der Bekl. Er findet vielmehr, daß das Statut — das ältere, wie das neuere — in dieser Beziehung auf das Gesetz verweise und sich von der gesetzlichen Regel nicht entferne. Als das entscheidende Gesetz aber bezeichnet er den § 415 ALR I, 11 und versteht diesen dahin:

daß ein Schuldner verpflichtet sei, den Cessionar als seinen nunmehrigen Gläubiger anzusehen, wenn der Cessionar den Schuldner von der Abtretung in Kenntniß setze und zugleich seine Angabe durch Vorzeigung des cedirten und gehörig überschriebenen Instruments bescheinige;

dieser Verpflichtung entspreche die Befugniß des Schuldners, dem Cessionar als neuem Gläubiger Zahlung zu leisten, ohne eine Beglaubigung der schriftlichen Cession oder eine anderweite Konstatirung ihrer Echtheit fordern zu müssen; nur ausnahmweise (namentlich wenn der Cedent oder dessen Erbe die Cession in Abrede stelle) könne es solcher Verifizirung bedürfen.

Diese Ansicht ist, wie die NktBschw. mit Recht rügt, eine rechtsirrthümliche. Sie vindizirt jenem § 415 einen Sinn, welcher ihm nicht zukommt.

Es handelt sich, wovon auch der Appellrichter ausgeht, um eine verbriefte, auf einen benannten Gläubiger gestellte Forderung. Gleich einer unverbrieften kann sie giltig nur dem Gläubiger oder dem, welchem das Recht desselben übertragen ist, gezahlt werden; ALR I, 16 § 30. Aber diese Uebertragung muß schriftlich erfolgen (ALR I, 11 § 394), und mit Sicherheit kann der Schuldner nur demjenigen Cessionar zahlen, welcher sich durch den Besitz des Instruments und zugleich der schriftlichen Cession legitimirt (das. § 395).

Jedoch muß der Cedent die Zahlung wider sich gelten lassen, wenn der Cessionar zwar das Instrument nicht hatte, aber die wirklich geleistete Cession dennoch erwiesen werden kann; 398 a. a. O. Denn durch die wirklich geleistete Cession tritt der Cessionar in alle abgetretenen Rechte des Cedenten; § 402 (376, 377) das. Dies sind die entscheidenden Regeln des ALR. Sie besagen, daß eine Zahlung, welche vom Schuldner auf Grund einer in Wahrheit und gehörig geschehenen Cession an den Cessionar geleistet ist, dem Cedenten präjudizirt. Nach der Natur der Sache aber besagen sie nicht, daß der Gläubiger auch eine Zahlung an einen Dritten anerkennen müsse, wenn diesem das Recht des Gläubigers nicht übertragen ist, der Dritte vielmehr den Schuldner durch eine vermeintliche oder gefälschte Cession getäuscht hat.

Auch § 415 enthält nicht eine derartige rechtswidrige Bestimmung. Er disponirt in einer anderen Richtung. Nachdem im § 414 angeordnet worden, daß jede vom Cedenten (oder von Gerichtswegen) geschehene Bekanntmachung der Cession den Schuldner verpflichtet, sich über die abgetretene Forderung mit dem Cedenten nicht weiter einzulassen, sagt § 415: „der Cessionar muß die Richtigkeit seiner Angabe durch Vorzeigung des cedirten und gehörig überschriebenen Instruments oder sonst innerhalb dreier Tage bescheinigen", und § 416 fügt hinzu: „wird diese Frist nicht inne gehalten und der ursprüngliche Inhaber der Forderung leugnet die Richtigkeit der vorgeblichen Cession: so kann der Schuldner giltige Verhandlungen über die Forderung mit Letzterem vornehmen".

Zusammengenommen sagen also diese drei Paragraphen:

die Bekanntmachung der Cession durch den Cedenten

hindert den Schuldner, den Cedenten dennoch als seinen Gläubiger anzusehen;

die Bekanntmachung der Cession durch den Cessionar genügt nur, wenn sie durch das Instrument und schriftliche Cession innerhalb dreier Tage bescheinigt ist, um den Schuldner an ferneren Verhandlungen mit dem Cedenten zu hindern.

In letzterem Falle also darf der Schuldner dem Cedenten nicht ohne Weiteres zahlen. Bezweifelt er die Echtheit der unbeglaubten Cession, so kann er seine Schuld deponiren; ist die Cession echt, so kann er dem Cessionar giltig zahlen; ist sie unecht, so kann er, ungeachtet jener Bescheinigung, dem Cedenten giltig Zahlung leisten. Aber nirgend ist angedeutet, daß eine Zahlung an den Cessionar dem angeblichen Cedenten auch dann entgegenstehe, wenn der Schuldner im Vertrauen auf die Echtheit einer gefälschten Cession den vermeintlichen Cessionar als Gläubiger angenommen und befriedigt hat.

Hauptsächlich um dieser Schwierigkeit der Legimationsprüfung und der Vertretungspflicht bei Versehen und Täuschungen zu entgehen, bedingen mancherlei Institute (z. B. Sparkassen, Versicherungsgesellschaften 2c.) ihre Freiheit von der Legitimationsprüfung und ihre Berechtigung, die Schuld an den Präsentanten der, wenn schon auf den Namen des Gläubigers gestellten, Urkunde zu bezahlen (Legitimationspapiere, im Unterschied von Inhaberpapieren),

vgl. preuß. Sparkassen-Reglement v. 12. Dez. 38, Nr. 14 (Ges.-Sammlung v. 39 S. 9);
Goldschmidt's Ztschr. III. 191;
Annalen des Ober-App.Ger. Dresden V. 51;
Gruchot II, 426; Busch XIII, 267;
Foerster, Theorie und Praxis des preuß. Privatrechts (2. Aufl.) I. S. 347 n. 8;
Malß, in Goldschmidt's Ztschr. I. S. 39, 82, 180.

Aber wo es an solcher Stipulation fehlt, verbleibt es bei der Regel, daß nur die Zahlung an den Gläubiger oder an den, welchem wirklich das Forderungsrecht cedirt worden, den Schuldner entlastet.

Diese Regel hat der Appellrichter verkannt. Seine Entscheidung unterliegt also wegen Verletzung des § 415 und der §§ 376, 377, 393, 398 ALR I. 11 der Vernichtung.

Denn was in den Erkenntnißgründen außerdem über die Beibringung beglaubter Legitimationsurkunden gesagt ist, soll nur darthun, daß die Bekl. statutenmäßig nicht verpflichtet war, nur auf beglaubte Dokumente Zahlung zu leisten, und daß ihr eine Verschuldung bei der Zahlung an Scholz nicht zur Last falle. — Aber diese Erwägungen sind für die Frage, ob die Zahlung auf Grund unechter Cession den Schuldner seinem Gläubiger gegenüber entlastet, ohne Werth.

In der Sache selbst ist dem Appellrichter darin beizustimmen, daß die Gesellschafts-Statuten die Bekl. in Ansehung der Legitimationsprüfung nicht erleichtern. Die Bekl. hat sich nicht das Recht stipulirt, an den Präsentanten der Police ohne Eruirung der Legitimation zahlen zu dürfen. Nach dem älteren Statut (§ 46) wird „der sich gehörig legitimirende" Inhaber der Police als deren Eigenthümer behandelt; nach dem neuen (§ 40) — soweit es hier in Frage kommt — erfolgt die Zahlung an den „ausreichend legitimirten" Präsentanten der Police. Nicht also dem Präsentanten als solchem, sondern dem gehörig oder ausreichend legitimirten Präsentanten kann giltig Zahlung geleistet werden. Welche Legitimation gehörig oder ausreichend sei, das allerdings mag die Bekl. in jedem Einzelfalle entscheiden, — aber nicht mit der Wirkung, daß ihre Entscheidung (möge sie auf Sorgfalt oder auf Unachtsamkeit, Verwechselung, Täuschung beruhen) dem Versicherten und seinem wahren Rechtsnachfolger präjudizirte.

Sonach kommt es zunächst darauf an, ob die Bekl. den ihr obliegenden Beweis der Echtheit der Cession vom 9. Nov. 62 geliefert hat; erst dann kommen die Einreden der Bekl. in Frage... Der Appellrichter hat sich weder über die Echtheit der Cession noch über die Einreden der Bekl. schlüssig gemacht...; es war daher die Sache zur anderweiten Verhandlung ꝛc. in die II. Instanz zurückzuweisen. —

Nr. 43.

Plenum. — Erkenntniß v. 23. Mai 71. (B.)

H. Hoppe ./. F. Wundermann (Nr. 222 v. 71).

Preußen. **Nichtigkeitsbeschwerde.**

I. Instanz: Kreisgericht Münster,
II. Instanz: Appellationsgericht daselbst.

Altpreußischer Prozeß, Wahrung der Revision bei Einlegung der Nichtigkeitsbeschwerde.

1. Nach altpreußischem Prozeßrecht ist zwar die Anmeldung der Rechtsmittel formlos, die Einführung einer Nichtigkeitsbeschwerde aber nicht geeignet, das (wirklich zuständige, nicht eingelegte) Rechtsmittel der Revision zu wahren. *

Preuß. Verordnung v. 14. Dez. 33 § 1, 2, 4 ff.
Deklaration v. 6. April 39 Art. 8, 16 Abs. 1.
Verordnung v. 21. Juli 46 § 16, 17, 18, 23.
Feste Praxis des preuß. Ober-Tribunals.

2. Die Schlüssigkeit und gehörige Begründung der Klage hat der erkennende Richter von Amts wegen zu prüfen.

Allgemein giltige Prozeßmaxime.
Vgl. AGO Einl. § 21, I. 13 § 7, 8, 31.

Kläger hat vor Jahren dem Bekl., seinem Geschäftsfreunde, als Sicherheit ein Wechselaccept gegeben, welches

* Für die Praxis ergiebt sich hieraus, daß in Zweifelsfällen beide Rechtsmittel formgerecht einzuführen sind.

er jetzt zurückfordert, weil die Bedingung nicht eingetroffen sei, unter welcher dasselbe habe in Kurs gesetzt werden dürfen. Eventuell verlangt er Anerkennung des Bekl. oder richterlichen Ausspruch, daß der (inzwischen verjährte) Wechselanspruch erloschen sei.

Die Sache fand in den Instanzen eine verschiedene Beurtheilung, und beide Theile legten die NktBschw. ein. Das OHG erkannte,

> daß die NktBeschw. des Bekl. als formell unzulässig zu verwerfen und auch als Revision nicht aufrecht zu erhalten, die vom Kläger erhobene NktBeschw. aber als unbegründet zurückzuweisen und die Kosten des Nichtigkeitsverfahrens zu theilen.

Gründe:

Das I. Urtel hat den Antrag des Klägers,

> den Wechselanspruch der 3000 Thlr. für erloschen zu erklären,

abgewiesen, der Appellrichter aber diesem Antrage gemäß erkannt.

Die Beschwerde des Bekl. über das II. Urtel geht dahin, daß das I., wie geschehen, geändert und nicht vielmehr bestätigt worden. Das dem Bekl. für diese Beschwerde offen stehende Rechtsmittel ist die Revision (Verordnung v. 14. Dez. 33 § 2; V. v. 21. Juli 43 § 1, Ges. Sammlung S. 292).

Denn es handelt sich um Validirung eines Anspruchs auf 3000 Thlr. Der Bekl. hat zwar eingeräumt, daß der Wechselanspruch verjährt sei; aber er hat nicht zugestanden, daß er erloschen ist. Er hat vielmehr den Wechsel nach Ablauf der Verjährungsfrist als validirend begeben und jedenfalls sich geweigert anzuerkennen, daß der Wechselanspruch erloschen sei.

Der Bekl. aber hat nicht die Revision, sondern die Nichtigkeits-Beschwerde eingelegt. Er hat auch das eingelegte Rechtsmittel nicht als Revision, sondern als NktBschw. gerechtfertigt. Zwar die Anmeldung des Rechtsmittels ist formlos; es genügt, daß sie nur Unzufriedenheit mit der ergangenen Entscheidung ausdrückt; insofern besteht für die Anmeldung der verschiedenen Rechtsmittel kein Unterschied, und deshalb kommt es auf den Namen, mit welchem das Rechtsmittel hierbei bezeichnet wird, nicht an (§ 16 Abs. 1 der Verordnung v. 21. Juli 46). Aber für die Einführung und Begründung der NktBschw. ist eine ihr eigenthümliche Art vorgeschieben (Art. 8 Dekl. v. 6. April 39, § 23 V. v. 21. Juli 46). Wenn ausdrücklich dieses eigenthümliche Rechtsmittel eingeführt, aber formell unzulässig ist, so fehlt es an der Einführung des nach der Lage der Sache zulässigen Rechtsmittels. Ohne diese Einführung aber ist der Partei letzteres verloren, wenn schon dasselbe in der Anmeldung der NktBschw. als eventuell angemeldet gelten muß.

§ 17 V. v. 21. Juli 46; vgl. Strieth. Arch. B. 23 S. 73.

Denn die im Art. 16 der Dekl. v. 6. April 39 vorgeschriebene Nachholung der Instruktion des zulässigen, kumulativ oder eventuell angemeldeten Rechtsmittels ist nach dem eben zitirten § 17 nicht mehr statthaft.

Die vom Bekl. erhobene NktBschw. war daher als formell unzulässig zu verwerfen und auch als Revision nicht aufrecht zu erhalten. —

Die Nichtigkeitsbeschwerde des Klägers aber ist materiell unbegründet.

Der Appellrichter hat die Forderung der „Herausgabe des vom Kläger nur acceptirten, vom Bekl. aber ausgestellten Wechsels" für nicht berechtigt erklärt, weil eine besondere, „dahin zielende Verabredung" nicht geschehen, im Uebrigen aber weder feststehe, noch behauptet sei, daß die Wechselurkunde jemals im Besitz oder Eigenthum des Klägers gewesen.

Der letztere Grund ist allerdings vom Bekl. nicht hervorgehoben. Aber von Amtswegen hat der Richter die Schlüssigkeit und gehörige Begründung der Klage zu prüfen, und wenn er hierbei ein ihm wesentlich scheinendes Glied vermißt, so ist das keine unzulässige Suppeditirung im Sinne des Art. 3 Nr. 1 der Deklaration v. 6. April 39 [vgl. Rspr. I S. 198, 317].

Ferner: im Eingang des App. Erk. ist auf die Sachdarstellung des ersten Richters verwiesen. Im I. Urtel aber ist erwähnt:

> Kläger habe nach seiner Behauptung dem Bekl. für die Geschäftsübertragung Wechselaccepte, insbesondere auch den Klagewechsel über 3000 Thlr. gegeben,

und weiterhin, es sei vereinbart worden (§ 9):

> die zur Sicherheit des [Bekl.] übergebenen Wechsel dürfen nur dann in Kurs gesetzt werden &c.

Eine Omission dieser Angaben (§ 5 Nr. 10, a der Verordnung v. 14. Dez. 33; Art. 3 Nr. 4 der Deklaration v. 6. Apr. 39) liegt daher nicht vor*, zumal jener Passus (des § 9) nicht zum Beweise der erfolgten Uebergabe der Wechsel an den Bekl., sondern dafür, daß jene Wechsel dem Bekl. vorläufig nur zur Sicherheit (nicht zur Begebung) dienen sollten, vom Kläger allegirt war. Aus demselben Grunde, aber auch weil der Ausdruck, daß ein Accept oder Wechsel gegeben sei, nicht nothwendig auf Eigenthum oder Besitz des Acceptanten an der Wechselurkunde führt, kann von einer Wortwidrigkeit [vgl. Rspr. I S. 396] nicht die Rede sein.

Endlich hat der Appellrichter den vom Kläger aufgestellten Rechtssatz:

> daß wer in Erfüllung eines Abkommens vom Gegenkontrahenten eine Leistung empfangen, im Falle

* Vgl. Rspr. I Nr. 19 S. 97 ff.

seines Rücktritts von diesem Abkommen (in der Regel) das Empfangene zurückgeben müsse,

gegen den Bekl. insofern zur Anwendung gebracht, als er denselben für verpflichtet erklärt hat anzuerkennen, daß sein Wechselanspruch gegen den Kläger erloschen sei. Nicht aber deshalb, weil dieser Rechtssatz auf einen ausgehändigten Wechsel nicht anwendbar wäre, sondern deshalb, weil der Appellrichter vermöge seiner obigen Auffassung von dem Zustandekommen der Wechselurkunde diese nicht als etwas dem Bekl. „Uebergebenes", also nicht als eine von diesem „empfangene Leistung" ansah, hat er den Anspruch auf Herausgabe dieses Wechsels versagt. Mithin entbehrt die Rüge, daß der Appellrichter unter Verkennung jenes Rechtssatzes und der rechtlichen Bedeutung des unter den Parteien bestandenen Rechtsverhältnisses die Art. 23 u. 82 DWO, die §§ 365, 373 Tit. 5 u. § 200 Tit. 16 ALR Th. I verletzt habe, der thatsächlichen Voraussetzung.

Nr. 44.

Plenum. — Erkenntniß v. 23. Mai 71. (Z.)

Müntel ./. Jacobi u. Sandmann (Nr. 255 v. 71).

Preußen. **Nichtigkeitsbeschwerde.**

I. Instanz: Gerichtsdeputation Fischhausen,

II. Instanz: Ostpreußisches Tribunal zu Königsberg.

Mengekauf, theilweise mangelhafte Erfüllung.

Wegen vertragswidriger Beschaffenheit eines Theils der Waare darf der Käufer — falls weder der Preis in einer Gesammtsumme bedungen, noch die Gegenstände des Kaufs untheilbar sind — nur die mangelhaften, nicht zugleich die empfangbaren Sachen zurückweisen.

HGB Art. 335, 347, 359.

L. 34—40 Dig. 21, 1; ALR I. 5 §§ 339—342.

Vgl. Rspr. I S. 110 Grundsatz 3, S. 320.

Beklagter hat als Käufer die ihm per Bahn zugegangenen Filzwaaren sofort dem, jetzt den Preis ein=

klagenden, Verkäufer zurückgesendet. Letzterer hat die Rücknahme verweigert, die Waare lagert seitdem und ist inzwischen durch Mottenfraß verdorben.

Beklagter bemängelt die Waaren, aber nur bei wenigen Stücken wird dies zutreffend befunden. Deshalb ist in zwei Instanzen angenommen worden, daß er an den Vertrag gebunden sei und nur das wirklich Schadhafte habe zurückweisen dürfen. Seine Nichtigkeitsbeschwerde wird vom OHG verworfen

in Erwägung:

daß der Bekl. von der Klägerin im September 68 laut Rechnung 11 Dutzend Filzschuhe, ferner Filzstiefel, Filzsohlen und Einlegepantoffeln käuflich erhalten...;

daß der Appellrichter thatsächlich anführt: „...[es] seien die fraglichen Waaren zwar jetzt durch Motten verdorben, jedoch die in der Klagerechnung angesetzten Preise für die, noch jetzt zu beurtheilende Qualität der Waaren angemessen, sogar billig; im September 68 seien die Waaren offenbar von guter, den beigesetzten Preisen würdiger Qualität, und nur nach Aussage zweier Zeugen bei einzelnen Filzschuhen (nach Aussage einer dritten Zeugin bei vielen) das Futter zerrissen gewesen";

daß der Appellrichter dann rechtlich ausführt: „der von den Zeugen bekundete Mangel rechtfertige es nicht, die ganze bedungene Waare der Klägerin zurückzuschicken; denn nach Art. 359 HGB sei die Erfüllung des Kaufvertrages von beiden Seiten theilbar gewesen, soweit also die Waaren der Verabredung und bei dem Mangel einer solchen in Betreff der Qualität dem Art. 335 HGB entsprochen, habe Beklagter sie behalten müssen...;

daß Beklagter diese Ausführung als den Art. 359 HGB verletzend angefochten hat, daß auch allerdings die Vorschrift dieses Art. zunächst nur den Fall der theilweisen Nicht-Erfüllung, nicht den Fall der bezüglich der Qualität eines Theils der Kaufsobjekte mangelhaften Erfüllung zum Gegenstande hat; daß jedoch die Zulässigkeit einer analogen Anwendung* des Art. 359 auf den zuletzt gedachten Fall dahingestellt bleiben kann, weil der rechtliche Grundsatz, welchen der Appellrichter unter Allegirung des Art. 359 angenommen hat, jedenfalls nach anderweiten gesetzlichen Bestimmungen richtig ist, und eine Vernichtung des angefochtenen Urtels nicht schon aus dem Grunde würde erfolgen können, weil ein richtiger Grundsatz durch ein unpassendes Allegat belegt worden;

daß nämlich bereits im hiesigen [Plenar-Erkenntniß] v. 18. April 71 in Sachen F. G. Jäger ./. J. J. Möhler [aus Frankfurt a. M.]** ausgeführt worden, daß nach den Vorschriften des gemeinen Rechts der Käufer wegen mangelhafter Beschaffenheit eines Theils der gekauften Gegenstände — falls weder der Kaufpreis in einer Gesammtsumme bedungen, noch die Kaufobjekte untrennbar seien (vgl. L. 34 bis 40 Dig. 21, 1) — nur die mangelhaften, nicht aber zugleich die kontraktmäßigen Sachen zu redhibiren berechtigt sei;

daß auch in dem hier zunächst maaßgebenden ALR (I. 5 § 339 bis 342) der Grundsatz anerkannt ist, daß wenn die gekaufte Waare nur theilweise der vorbedungenen oder gewöhnlich vorausgesetzten Eigenschaften entbehrt, dieserhalb ein Gewährleistungs-Anspruch des Käufers der Regel nach nur bezüglich der mangelhaften Sachen, nicht ohne Weiteres bezüglich des ganzen Kaufobjekts stattfinde, und daß der Käufer das Ganze nur dann zurück-

* Vgl. oben Nr. 20 S. 88.

** In jenem Falle wurden bei 79 Dutzend Fellen 25 Dutzend von schlechterer Qualität, als vertragsmäßig, befunden; der Preis war auf 30 Gulden per Dutzend verabredet. Die Zulässigkeit analoger Anwendung des Art. 359 HGB kam auch dort nicht zu ausdrücklicher Anerkennung (OHG Sache Nr. 177 v. 71).

weisen könne, wenn er ein spezielles Interesse, nur das Ganze anzunehmen, darlege, bzw. wenn Natur und Beschaffenheit des verkauften Objekts es mit sich bringe, daß letzteres als ein wirthschaftlich untrennbares Ganze anzusehen sei;

daß der Appellrichter in vorliegendem Falle ein „theilbares" Kaufobjekt angenommen hat, diese Annahme nicht in formell zulässiger Weise angefochten ist, ev. auch nach Einsicht der Klage-Rechnung und da Beklagter keine, die Untrennbarkeit begründenden Momente beigebracht hat, als richtig anzuerkennen sein würde;

daß die in der Beschwerdeschrift weiter als verletzt bezeichneten Art. 335, 347, 348, 354, 355, 357 HGB bei der Entscheidung überall nicht in Frage stehen, eine Verletzung derselben unerfindlich ist;

daß endlich, da die Nichtigkeitsbeschwerde unbegründet ist, es dahingestellt bleiben kann, ob der Appellrichter durch die Bezugnahme auf die Beischrift in der Rechnung: „Reklamationen werden nur sofort nach Empfang der Waare berücksichtigt" einen selbständigen Entscheidungsgrund* aufgestellt habe.

Nr. 45.

Plenum. — Erkenntniß v. 23. Mai 71. (Z. Ref.)

F. Lagenpusch u. A. Klein (Streitgenosse des Bekl.) ·/. A. Feinberg & Rosa (Nr. 256 v. 71).

Preußen. **Revision.**

I. Instanz: Kommerz- u. Admiralitäts-Collegium zu Königsberg,
II. Instanz: Ostpreußisches Tribunal daselbst.

Spediteur, Steuerzahlung. Verjährung der Anforderungen an den Spediteur.

1. Der Spediteur darf die auf Verlangen der Zollbehörde bezahlten Steuerbeträge, auch wenn diese mit Unrecht eingefordert worden, als nothwendige Ausgaben in Rechnung stellen.

HGB Art. 1, 371 Abs. 1, 387, 393, 401, 409, 410, 420.

* Vgl. Deklaration v. 6. April 39 Art. 11 Abs. 1; Nordd. PO Entw. § 824; oben Fall Nr. 37 S. 200 ff.

2. Die im Art. 386 HGB erwähnten Anforderungen an den Spediteur verjähren nur dann binnen Jahresfrist, wenn dem Spediteur nicht ein betrügliches Verfahren, bzw. eine Veruntreuung zur Last fällt.

HGB Art. 386.

So erkannt vom OHG aus folgenden

Gründen:

Die Beschwerde des Bekl., soweit sie die klägerische Hauptforderung... betrifft, erscheint unbegründet.

I. Es ist vom Appellrichter festgestellt und in der Revisions-Instanz nicht bestritten, daß die klägerische Handlung, als Zwischenspediteur des mit Spedition von Seide nach Rußland beauftragten Spediteurs Kr. zu Stallupöhnen, durch Verordnung des kaiserlich russischen Departements für Zollgefälle angehalten worden ist, für 74 Ballen Seide einen Nachzoll von 1102 Silberrubeln zu entrichten, und [daß sie] am 31. März 61 gezahlt hat. Ob das kaiserlich russische Departement für Zollgefälle mit Recht oder Unrecht den als rohe Seide deklarirten Inhalt der 74 Ballen für gesponnene Seide erklärt und um deswillen dem höheren Zollsatz unterworfen hat, macht keinen Unterschied. Der Importeur (hier Bekl.) mußte diesen höheren Zoll entrichten, wollte er sich nicht der Zurückweisung ,oder [gar Konfiskation der Waare aussetzen. Ob gegen die Entscheidung der vorgenannten Behörde ein Rekurs statthaft war, berührte den Spediteur oder Zwischenspediteur nicht. Diese hatten, was vorliegend geschehen ist, ihrer Pflicht vollkommen genügt, wenn sie ihre Machtgeber von der Sachlage in Kenntniß setzten und diesen die weiteren Schritte überließen.

Diese Ausgabe war somit seitens des Zwischenspediteurs, bzw. des Spediteurs eine nicht nur nützliche, sondern sogar nothwendige, demgemäß vom Kommittenten zu erstatten.

Es kann nun dahingestellt bleiben, ob der hiernach der Klägerin unmittelbar auf Grund der Geschäftsführung, bzw. nützlicher Verwendung — nach ALR I, 16 § 45, 46, vgl. I, 13 § 234—237, 258, 261, 268, 269, 270, 277 — gegen den Bekl. zustehende Anspruch durch vorliegende Klage hat geltend gemacht werden sollen. Denn nimmt man auch an, daß Klägerin den dem Bekl. günstigeren Weg hat einschlagen wollen, ihren Ersatzanspruch lediglich auf Grund der notariellen Cession des Kr. v. 12. Febr. 66 zu verfolgen: so steht doch der Wortlaut dieser Cessionsurkunde ihr nur scheinbar entgegen. Den Worten nach hat Kr. nur seine Forderung wegen „erlegten" Zolles der Klägerin cedirt, während in Wahrheit nicht Kr., sondern Klägerin selber den Zoll erlegt hat. Der Wille der Kontrahenten aber ging unzweifelhaft dahin, daß im Verhältniß zwischen Kr. und Klägerin es so angesehen werden solle, als hätte Kr. die Klägerin, deren Schuldner er auf den verauslagten Nachzoll war, wegen dieser Auslage befriedigt, und daß die hiernach dem Kr. gegen den Bekl. zustehende Forderung, abzüglich gewisser Gegenforderungen des Letzteren, an Klägerin cedirt sein solle. Diese Abmachungen zwischen Klägerin und Kr. muß der Bekl. gegen sich gelten lassen, da es für ihn rechtlich gleichgiltig ist, ob er Kr. von dessen Schuld gegen Klägerin zu liberiren oder aber dem Kr., bzw. der Klägerin als dessen Cessionarin, das von Kr. an Klägerin Gezahlte zu erstatten hat.

Erscheint so die Hauptforderung in dem noch streitigen Betrage an sich gegründet: so greift dagegen, wie schon der Appellrichter ausgeführt hat, die Einrede der Verjährung aus dem hier ganz grundlos angezogenen [preuß.] Gesetz v. 18. Juni 40 oder aus den Bestimmungen des russischen Rechts über die Verjährung der Steuerforderungen in keiner Weise durch.

II. Anlangend hingegen die vom Appellrichter aberkannte Gegenforderung des Bekl...: so wäre freilich, wie der Appellrichter ausführt, an sich der Anspruch in seiner einredeweisen Geltung verjährt (HGB Art. 386), da nicht einmal innerhalb des auf die Einführung des HGB folgenden Jahres, somit bis zum 28. Febr. 63, die erforderliche Anzeige erfolgt ist und nur durch solche Anzeige die Einrede gewahrt werden konnte. Auch wird die Verjährung des Art. 386 nicht dadurch ausgeschlossen, daß der Anspruch hier auf die Differenz zwischen den Transportsätzen der längeren und der kürzeren Spedition gerichtet ist, da diese, übrigens richtige, Art der Berechnung die Natur der Forderung, als Interesseanspruch wegen verspäteter Ablieferung des Guts, nicht berührt.

Der Appellrichter hat jedoch außer Acht gelassen, daß für den vorliegenden Fall der die einjährige Verjährung [in Betrugsfällen] ausschließende Absatz 4 des Art. 386 HGB maaßgebend erscheint. Denn der Bekl. hat schon in der Klagebeantwortung behauptet, daß Kr. den zur Ausführung in der kürzeren Frist vertragsmäßig übernommenen Transport nicht nur in der längeren Frist ausgeführt, sondern auch von vornherein die Verladung der Ballen nach Petersburg, bzw. Moskau in der längeren Lieferungszeit bewirkt, gleichwohl aber die vertragsmäßigen Speditionssätze für die kürzere Lieferungszeit berechnet und bezahlt erhalten habe. Ist diese Behauptung begründet, so muß angenommen werden, sowohl daß Kr. seinem Kommittenten die höheren, für den kürzeren Transport accordirten Spesen in der Absicht aufgegeben, denselben in einen für ihn nachtheiligen Irrthum zu versetzen, wie daß Letzterer in diesem Irrthum befangen die Zahlung bewirkt hat. Es würde somit der Thatbestand eines von Kr. gegen den Bekl. verübten Betruges vorliegen, und in diesem Falle das noch so unmotivirte Stillschweigen des Letzteren ihm unnachtheilig gewesen sein.

Zur Beweiserhebung hierüber rc. hat die Sache in die II. Instanz zurückgewiesen werden müssen.

Nr. 46.

Plenum. — Bescheid v. 26. Mai 71. (B.)

Lüders ./. Klöppel.

Königreich Sachsen. **Beschwerdesache.**

Vorlegung der Handelsbücher auf Antrag des Prozeßgegners. Richterliches Ermessen.

1. Ueber den Antrag auf Vorlegung der Handelsbücher des Gegners hat, sofern das Verlangen prozessualisch zulässig, der Richter unter Würdigung der Umstände des Einzelfalles zu entscheiden.

HGB Art. 1, 37, vgl. 79.

Kommissions-Prot. (Ausgabe v. Lutz) S. 945.

Code de commerce Art. 15.

2. Leitender Gesichtspunkt dabei ist, daß eine die geschäftlichen Interessen des Kaufmanns erheblich berührende, ihm mindestens beschwerliche Maaßregel nur eintreten darf, sobald ein prozessualer Erfolg mit Grund zu erwarten.

Anschütz und v. Völderndorf Komm. B. I S. 284.

In einer nach kgl. sächsischem Prozeßrecht verhandelten Streitsache beantragte Beklagter im ersten Verfahren Vorlegung der klägerischen Handelsbücher. Er ward abgewiesen, weil dem Landesrecht das Prinzip der Beweisverbindung fremd, mithin daran festzuhalten sei, daß der Beweis der streitig gebliebenen Parteibehauptungen nicht im ersten (nur zu thatsächlicher Begründung der Angriffs- und Vertheidigungs-Mittel dienenden) Verfahren, sondern erst im eigentlichen Beweisverfahren aufzunehmen sei. Eine Berufung an das OHG (vgl. Rspr. I S. 38 n.) hatte folgende zurückweisende „Verordnung" zur Folge:

„Beklagter hat behufs sofortiger Liquidestellung einer von ihm vorgeschützten Einrede auf die Handelsbücher des Klägers sich berufen und deren Vorlegung im Lauf des ersten Verfahrens nach Art. 37 HGB gefordert. Dem Bedenken der vorigen Instanzen, daß dieses

Verlangen auf den Antrag der Verstattung einer antizipirten Beweisführung hinauskomme, welchem in jetzigem Prozeßstadium . . nicht Folge gegeben werden könne, hat Beklagter zwar durch Hinweis auf die legislatorische Intention der im Art. 37 aufgestellten Rechtsnormen zu begegnen gesucht, indem er annimmt, daß dadurch ein von den Formen des Beweisverfahrens unabhängiges Mittel zur Aufklärung des Sachverhalts geschaffen worden.

Man [das OHG] hat jedoch die Ausführung des Bekl. für durchschlagend nicht anzuerkennen vermocht. Nach der konkreten Sachlage kann nämlich von näherem Eingehen auf die rechtliche Bedeutung des erwähnten Art. 37, sowie von jeder Erörterung der eventuellen Frage völlig abgesehen werden, in welcher Weise die eigenthümlichen Bestimmungen dieses Art. den Prozeßgesetzen derjenigen Länder einzuordnen seien, in denen das Verhandlungsprinzip gilt. Denn jedenfalls ist — wie schon das im Eingang des Art. 37 gebrauchte Wort „kann“ andeutet — in Betreff der Zulässigkeit der vom Gesetz geordneten Maaßregel das nach den Umständen jedes einzelnen Falles sich normirende richterliche Ermessen entscheidend. In dieser Beziehung aber wird der Richter sein Absehen vorzugsweise darauf zu richten haben, daß er einer Maaßregel, welche die geschäftlichen Interessen des Kaufmanns in hohem Grade berührt und mindestens beschwerlich für denselben ist, auch störend auf den Geschäftsgang einwirkt, nur in solchen Fällen Anwendung verstattet, in denen ein prozessualer Erfolg mit Grund in Aussicht genommen werden darf. Anderen Falles würde die Gefahr nahe liegen, daß das vom Gesetzgeber zum Rechtsschutz verstattete Rechtsmittel zu bloßer Chikane des Gegners oder wenigstens zu nutzloser Verschleppung des Prozeßverlaufs mißbraucht werde.“

Nr. 47.

Plenum. — Erkenntniß v. 3. Juni 71. (Ref.)

Dresdener Feuer-Versicherungsgesellschaft ./. Pagels (Nr. 157 v. 71).

Mecklenburg. **Appellation.**

I. Instanz: Obergericht Rostock.

Feuerversicherung. Verlust der Entschädigungsansprüche.

Dem klaren Sinne der bei Feuerversicherungen üblichen sogen. „Versicherungsbedingungen" gegenüber kann, auch wo dieselben Verlust eines jeden Anspruchs auf Entschädigung androhen, die anscheinende Härte der getroffenen Bestimmung nicht geltend gemacht werden.

HGB Art. 1, 271 Nr. 3, 278.
Vgl. Rspr. I Fall 1 S. 29.

In einer Mecklenburger Appellsache angenommen vom OHG, unter Aufhebung einer die bekl. Gesellschaft verurtheilenden erstrichterlichen Entscheidung, aus nachstehenden

Gründen:

1. In den „Versicherungsbedingungen," unter denen ursprünglich der Versicherungsvertrag zwischen den Betheiligten geschlossen war, heißt es im § 9:

„Der Versicherte ist verpflichtet, eine spezielle Schadenrechnung binnen 14 Tagen dem Agenten oder der Gesellschaft einzureichen... In dieser Schadenrechnung sind die speziellen Werthe nach den Grundsätzen des § 8 gewissenhaft anzugeben (nach § 8 wird der Schade nur nach dem Werth des versicherten Gegenstandes zur Zeit des Brandes vergütet), und darf darin weder ein nicht vorhanden gewesener Gegenstand als verbrannt oder abhanden gekommen angegeben, noch ein geretteter verschwiegen werden."

Es wird sodann weiter im § 14 gesagt:

„Wenn der Versicherte die ihm nach den §§ 5, 6, 7, 10, 12 obliegenden Pflichten nicht vollständig erfüllt, oder sich einer nach § 9 unerlaubten Angabe oder Verschweigung schuldig macht, so geht er seiner Entschädigungsansprüche verlustig".

Hiernach ist die Verletzung der Verpflichtung, die versicherten Gegenstände nicht über den wahren Werth anzugeben, mit Verlust des Entschädigungsanspruchs bedroht. In den beiden anderen Fällen, wo der Beschädigte Gegenstände als verbrannt angiebt, die nicht verbrannt oder gar nicht vorhanden gewesen sind, kann die Strafe nur im Verlust eines jeden Entschädigungsanspruchs aus der abgeschlossenen Versicherung bestehen; die Gleichstellung aller drei Fälle zeigt aber, daß auch der hier zur Frage stehende erste Fall — einer Uebersetzung in den Werthsangaben — von der gleichen Folge begleitet sein solle.

Bestimmter aber wird der Verlust eines jeden Anspruchs auf Entschädigung in den „Prolongationsbedingungen" hervorgehoben. Der § 7 derselben lautet:

„Im Falle eines Brandes ist der Versicherte verpflichtet, ...

d) bei Mobiliarbrandschaden innerhalb 10 Tagen nach dem Brande dem betreffenden Agenten ... eine spezielle Schadenrechnung einzureichen ... Es ist diese Schadenrechnung durchaus gewissenhaft und mit speziellen Werthsangaben nach den Grundsätzen des § 6 (wonach nur der Werth des versicherten Gegenstandes zur Zeit des Brandes entscheidet und die Versicherung nicht zu einem Gewinn führen darf) anzusetzen, und darf weder darin ein nicht vorhanden gewesener Gegenstand als verbrannt oder verloren angegeben, noch Gerettetes verschwiegen werden."

Der § 9 entspricht dem § 14 der ursprünglichen Bedingungen und knüpft an die Fälle,

„wenn der Versicherte gegen gesetzliche Vorschrift handelt, wenn er die durch die allgemeinen Versicherungsbedingungen ihm auferlegten besonderen Verpflichtungen nicht vollständig erfüllt", 2c.

den Verlust „eines jeden Anspruchs auf Entschädigung.“ Die Hervorhebung des Wortes „eines jeden Anspruchs“ läßt über den Sinn keinen begründeten Zweifel aufkommen.

2. Dem klaren Sinne der Worte gegenüber kann auch die anscheinende Härte dieser Bestimmung nicht geltend gemacht werden.

Zunächst nämlich tritt der Verlust eines jeden Entschädigungsanspruchs nur im Falle einer dolosen Ueber-setzung der Schadenrechnung ein. Eine Reihe von Feuerversicherungsgesellschaften hebt in den betreffenden §§ der Versicherungsbedingungen den Fall der dolosen Uebersetzung ausdrücklich hervor. So die Leipziger Feuerversicherungsgesellschaft mit den Worten:

„und hierbei unrichtiger und wahrheitswidriger Angaben wissentlich oder absichtlich sich schuldig macht“, § 13 der Bedingungen, am Ende;

die Westdeutsche Versicherungs-Aktien-Bank in Essen:

„wenn er gegen die Bank unredlich verfährt, indem er dieselbe oder deren Beauftragte durch unwahre Angaben zu täuschen versucht“, § 11;

die Gothaer Feuerversicherungsbank, § 55:

„wenn ein Versicherter seinen Schaden absichtlich zu hoch berechnet, ... oder eingebüßte Sachen über den wirklichen Werth berechnet, so verwirkt er durch den beabsichtigten Betrug den Anspruch auf Schadenersatz“;

die Preußische National-Versicherungs-Gesellschaft in Stettin, § 13:

„wenn der Versicherte eine der ihm nach den §§ 6, 9, 11 obliegenden Pflichten nicht vollständig erfüllt, ... oder sich einer nach § 11 unerlaubten Angabe oder Verschweigung schuldig macht, überhaupt die Gesellschaft oder deren regulirenden Vertreter hinsichtlich des Schaden zu täuschen versucht, so verliert er jeden Anspruch auf Entschädigung“;

die Oldenburger Versicherungs-Gesellschaft, § 16:

„derjenige Versicherte, welcher einer der Bestimmungen der §§ 6 bis 8 zuwiderhandelt, derjenige, welcher wissentlich die Angabe des Schadenbetrags übertreibt, ꝛc. ... verliert alle Ansprüche";

die Gesellschaft Phönix zu Frankfurt a. M. im Art. 12 (vgl. Saski, Jahrbücher für das Versicherungswesen, 2. Jahrg. S. 54):

„der Versicherte, welcher ... wissentlich die Angabe des Schadenbetrags übertreibt, ... verliert alle Ansprüche auf Entschädigung."

Andere Versicherungs-Gesellschaften deuten wenigstens an, daß nur der Fall einer dolosen Uebersetzung der Schadenrechnung bezielt ist, — wie z. B. die Franfurter Versicherungs-Gesellschaft „Providentia" mit den Worten:

„wenn der Versicherte die ihm nach den §§ 4, 6 a und b und § 9 obliegenden Pflichten nicht erfüllt, oder sich einer nach § 11 unerlaubten Angabe oder Verschweigung schuldig macht, so verliert er den Anspruch auf jede Entschädigung."

Ebenso die Berlinische Feuerversicherungsgesellschaft im § 13, die Kölnische im § 12, die Aachen-Münchener Gesellschaft § 13 (vgl. Saski I, S. 10 ff.), die Schlesische Gesellschaft zu Breslau (bei Saski, 3. Jahrg. S. 74) § 13 ꝛc. — Zur Zahl der letzteren gehört denn auch die beklagte Gesellschaft, und namentlich ist es das Wort „gewissenhaft" im § 7 der Prolongationsbedingungen, welches erkennen läßt, daß nicht die bloße, objektiv vorhandene Uebersetzung der Schadenrechnung den Versicherten jedes Entschädigungsanspruchs verlustig machen soll.

Vgl. Malß, Ztschr. für Versicherungsrecht, B. II S. 376 unter e.

Wird nun auf Grund einer dolosen Uebersetzung der Schadenrechnung Ersatz verlangt, so liegt es in der Natur der Sache, daß Werthsangaben, die nur in geringfügiger

Weise über den wahren Werth hinausgehen, nicht in Betracht kommen können. Einzelne Versicherungsgesellschaften heben dies ausdrücklich hervor, z. B. die Magdeburger Feuerversicherungsgesellschaft in den Versicherungsbedingungen für das Königreich Sachen § 13 dahin:

„wenn der Versicherte... den Beauftragten der Gesellschaft durch unwahre Angaben täuscht, wenn er den Werth eines beschädigten oder verlorenen Gegenstandes in übertrieber Höhe angiebt ꝛc.,"

und ebenso die „Thuringia", die im § 11 von der Verpflichtung zu gewissenhafter Anfertigung eines Verzeichnisses der verbrannten Gegenstände nebst speziellen Werthsangaben redet, und im § 12 mit Verlust jedes Anspruchs bei Werthsangaben in übertriebener Höhe droht. Es versteht sich dies aber auch von selbst, da bei einer geringfügigen Uebersetzung der dolus des Versicherten schwerlich wird bewiesen werden können.

So verliert denn die Bestimmung des § 9 der Prolongationsbedingungen wenigstens einen Theil der Härte, in welcher sie auf den ersten Blick erscheint. Dennoch aber ist das Auffallende nicht ganz gehoben, daß der dolus bei der Uebersetzung der Rechnung bezüglich eines Gegenstandes mit dem Verlust jedes Entschädigungsanspruchs aus der Versicherung bestraft werden soll.

3. Das Auffallende dieser Erscheinung findet aber in einem zweifachen Umstand seine Erklärung. Einestheils verpflichtet der Umstand, daß dem Versicherten der Beweis des erlittenen Schaden in jeder Weise erleichtet wird, ihn umsomehr, seinerseits bei der Aufmachung der Schadenrechnung mit der größten Gewissenhaftigkeit zu Werke zu gehen, und dieser Begünstigung gegenüber erscheint ein dolus des Versicherten doppelt strafwürdig. Was aber die Hauptsache ist, es liegt sowohl im Interesse des Staats als der einzelnen Feuerversicherungsgesellschaften, die mit der Ver-

sicherung verbundene Anregung zum Verbrechen der Brandlegung, so weit es möglich ist, aufzuheben. Polizeiliche Ueberwachung bei der Versicherung wird bei Mobiliarversicherungen wenig helfen, Kriminaluntersuchungen wegen Brandstiftung haben verhältnißmäßig selten ein Resultat. Die Hauptsache bleibt, dem Versicherten die Möglichkeit eines Gewinns aus dem Versicherungsgeschäft zu entziehen. Und hier hilft nichts anderes, als die dolose Uebersetzung in der Werthsangabe, wie die fälschliche Angabe von Sachen, die nicht verbrannt sind, als verbrannt, mit Verlust des ganzen Entschädigungsanspruchs zu bedrohen.

Damit ist nun freilich den Versicherungsgesellschaften eine Befugniß eingeräumt, die von ihrer Seite dem Mißbrauch ausgesetzt ist. Man denke an Fälle, wo dem Versicherten zwei Sachen derselben Art verbrannt sind, er aber nur das Vorhandensein der einen Sache darthun kann, und nun die andere Sache höher schätzt, — nicht um einen Vortheil zu ziehen, sondern um einigermaaßen den Schaden ersetzt zu erhalten. Indessen wird das eigene Interesse der Gesellschaften regelmäßig hier die Versicherten schützen, und wo Ausnahmen vorkommen, tritt ein mit dem Versicherungswesen nothwendig verbundener Uebelstand hervor. Ob dieses der Fall, entzieht sich natürlich regelmäßig der richterlichen Beurtheilung.

4. Selbst aber wenn die vermeintliche Härte der in Rede stehenden Bestimmung nicht ihre vollgenügende Erklärung gefunden haben sollte: so steht doch die Thatsache fest, daß wenigstens bei Weitem die meisten Feuerversicherungsgesellschaften — wenn nicht vielleicht alle — dieselbe Bestimmung treffen, daß bei einer dolosen Werthsübersetzung der Versicherte einen jeden Anspruch aus der Versicherung verliert, wie denn auch bereits in diesem Sinne mehrfache gerichtliche Entscheidungen vorliegen,

vgl. Malß, Ztschr. I S. 161, II S. 370 n. 79.

Nr. 48.

Plenum. — Erkenntniß v. 3. Juni 71. (V. Z.)

S. Cohnheim ./. R. Hurlin (Nr. 210 v. 71).

Preußen. **Nichtigkeitsbeschwerde.**

I. Instanz: Kreisgerichts-Deputation Labes,

II. Instanz: Appellationsgericht Stettin.

Verhältniß mehrerer Wechselaussteller unter einander. Aufrechterhaltung einer rechtlich nichtigen Entscheidung aus sachlichen Gründen.

1. Das Rechtsverhältniß mehrerer Wechselaussteller unter einander bestimmt sich — im Geltungsbereich des ALR — nach dem Grundvertrage des Wechselgeschäfts oder in Ermangelung eines solchen nach den unter ihnen obwaltenden Beziehungen und Verhältnissen. — Eventuell haften sie, unbeschadet solidarischer Verbindlichkeit gegen den Wechselgläubiger, unter sich selbst zu gleichen Theilen.

ALR I. 5 § 424, 443 ff.

Vgl. Rspr. I Fall Nr. 13 S. 74.]

Anwendung auf eine dem Wechselzuge zu Grunde liegende Bürgschaft Mehrerer; ALR I. 14 § 373 ff.

2. Der preußische Nichtigkeitsrichter muß ein in der Motivirung rechtsgrundsätzlich fehlgreifendes Erkenntniß, auch wenn er die dagegen eingelegte Nichtigkeitsbeschwerde für begründet erachtet, aufrecht erhalten, wenn und soweit dasselbe anderweitig bei der gegebenen Sachlage richtig erscheint.

(Vgl. Rechtsfälle Nr. 35 u. 63 dieses Bandes).

Deklaration v. 6. April 39 Art. 11 Abs. 1.

Ministerial-Instruktion v. 7. April 39 Nr. 35.

Der Gutsbesitzer Häse erhielt von X. ein Darlehn gegen wechselmäßige Garantie. Der dem Darlehnsgeber ausgestellte Wechsel lautete:

> Am 7. April dieses Jahres zahlen wir für diesen Solawechsel . .

und trug die Unterschriften des Häse sowie zweier von ihm als Bürgen gewonnenen Kaufleute. Häse ist in Konkurs verfallen, und Einer der Wechselgaranten hat dem Wechseleigenthümer nach Verfall volle Zahlung leisten müssen. Die Hälfte des Gezahlten beansprucht der Betreffende (jetzt seine Wittwe und Erbin) von dem Mitbürgen ersetzt.

Der I. Richter erkannte nach dem Klageantrage; der II. bestätigte, weil die drei, dem Gläubiger solidarisch verhafteten Wechselaussteller unter sich im Verhältniß einer Korrealverpflichtung ständen und gesetzlich zu gleichen Theilen hafteten, da ein anderes festsetzender Vertrag nicht geschlossen worden. Das Bürgschaftsverhältniß wurde hierbei für völlig einflußlos erachtet.

Bekl. legte NktBschw. ein, rechtsgrundsätzliche Irrthümer des Appellrichters rügend. Das OHG erklärte dieses Rechtsmittel zwar, soweit Verletzung der §§ 444, 445 ALR I. 5 behauptet worden, für begründet, hielt aber aus anderen Gründen das angefochtene Erkenntniß seinem ganzen Inhalt nach aufrecht und kompensirte die Kosten III. Instanz, unter Niederschlagung der (sonst den Gegner treffenden) Hälfte der Gerichtskosten.

Gründe:

Daß die drei Aussteller des fragl. Wechsels dem Wechselgläubiger solidarisch verhaftet sind, ist völlig klar und von keiner Seite geleugnet; es ergiebt sich das aus den Bestimmungen der §§ 424 ff. ALR I. 5, § 786 ALR II. 8 u. Art. 81 DWO. Gegenwärtig handelt es sich aber nicht um diese Verpflichtung der Wechselaussteller, sondern um das Rechtsverhältniß unter den Ausstellern selbst. Darüber enthält das ALR Th. I Tit. 5 in den §§ 443 ff. besondere Vorschriften. Es soll nach § 443 das Recht eines Verpflichteten, der die Verbindlichkeit gegen den Berechtigten erfüllt hat, sich an die übrigen Mitverpflichteten zu halten, nach dem Inhalt des unter ihnen bestehenden Vertrages beurtheilt werden. Ist aber ein solcher Vertrag nicht vorhanden, so soll die unter ihnen bestehende Verbindlichkeit nach ihren, in Ansehung des übernommenen Geschäfts oder des daraus gezogenen Vortheils obwaltenden besonderen Verhältnissen beurtheilt werden; § 444. Erst wenn auch hiernach die Entscheidung nicht getroffen werden kann, haften die mehreren Verpflichteten unter sich zu gleichen Theilen.

Aus der solidarischen Haftbarkeit der Aussteller des fragl. Wechsels dem W.-Gläubiger gegenüber läßt sich somit, für sich allein, noch nichts auf die Rechtsverhältnisse unter diesen Ausstellern selbst folgern; es kommt vielmehr zunächst auf die Vertrags-Verabredungen und sodann auf die zwischen ihnen bestehenden besonderen Verhältnisse an. Der Appellrichter durfte sich daher nicht darauf beschränken festzustellen, daß ein Vertrag über die gemeinschaftliche Verhaftung der Parteien nicht geschlossen worden; er mußte vielmehr auch untersuchen, ob und wie besondere Verhältnisse zwischen den Parteien und dem Gutsbesitzer Häse bestanden haben. Er mußte hierauf um so mehr eingehen, als die §§ 373 ff. ALR I. 14 gerade besondere Bestimmungen enthalten, sobald Mehrere sich für einen Hauptschuldner verbürgt haben. — Wenn er statt dessen die auf solche Bürgschaft sich beziehenden Behauptungen des Klägers für ganz unerheblich erklärt und jede Erörterung der hierauf sich beziehenden Anführungen der Parteien ablehnt, weil alle drei Aussteller des Wechsels auch unter sich korreal verpflichtet seien: so irrt er rechtsgrundsätzlich. Seine Deduktion würde dahin führen, daß der Hauptschuldner Häse jede der Parteien wegen Ersatz von 1/3 der Wechselsumme würde in Anspruch nehmen können, obschon sie nur Bürgen sind, und daß umgekehrt die Parteien von Häse nicht Erstattung der ganzen Summe beanspruchen könnten, sobald die Wechselverbindlichkeit von ihnen gelöst wäre. Es stände das in direktem Widerspruch mit § 444 ALR I. 5 und § 338, 351 daselbst Tit. 14.

Die NktBschw. erscheint daher an sich begründet.

Das angefochtene Erk. ist indeß in der Sache selbst gerechtfertigt und war daher seinem ganzen Inhalt nach aufrecht zu erhalten.

Wie oben gezeigt, haften nach ALR I. 5 §§ 443 bis 445 Mehrere, welche sich in einem und demselben Vertrage einem Dritten verbindlich gemacht haben, unter sich selbst zu gleichen Theilen, sobald der Inhalt des unter ihnen bestehenden Vertrages oder die besonderen obwaltenden Verhältnisse nicht etwas anderes bedingen.

In vorliegendem Falle haben die jetzt streitenden Parteien mit Häse . . . sich gemeinschaftlich zur Zahlung einer Wechselsumme verpflichtet. Ganz unbestritten ist der Wechsel [von ihnen] zur Erlangung eines Darlehns ausgestellt, es sind aber die jetzigen Parteien nicht die Empfänger dieses Darlehns gewesen, es hat vielmehr Häse dasselbe allein erhalten. Waren danach die Parteien mit dem Darlehnsempfänger als Wechselaussteller dem W.-Gläubiger gegenüber auch als Selbstschuldner, jeder für das Ganze, verhaftet: so folgt doch bezüglich des unter ihnen selbst bestehenden Rechtsverhältnisses aus jenen Thatsachen, selbst wenn ein eigentlicher Vertrag (§ 443) nicht geschlossen worden, doch mit Nothwendigkeit, daß Häse der Hauptschuldner, die jetzigen Parteien aber nur Bürgen sein sollten...

Stehen demnach die jetzigen Parteien unter sich nur in dem Verhältniß mehrerer Mitbürgen: so kommen zunächst die Vorschriften der §§ 371 ff. ALR I. 14 zur Anwendung. Hier wird unterschieden, ob die Bürgschaft von den mehreren Bürgen gemeinschaftlich oder von jedem besonders übernommen worden.

Nach § 378, 379 a. a. O. findet, wenn Mehrere, jeder besonders, Bürgschaft für Eine Verbindlichkeit übernehmen, unter ihnen eine gemeinsame Verbindlichkeit und somit auch eine gegenseitige Vertretung nicht statt; wogegen andernfalls nach § 374 die Vorschriften von

Korrealverbindlichkeiten (ALR I. 5 § 424 ff.) zur Anwendung kommen. Letzterer Fall liegt hier vor.

Kläger und Beklagter haben, zugleich mit dem eigentlichen Hauptschuldner, den Wechsel, lautend: wir zahlen 2c., gemeinschaftlich unterschrieben. Eine besondere Bürgschaftsurkunde ist nicht ausgestellt, ihre Unterschrift unter dem Wechsel galt nach ihrer Absicht, bezüglich des Rechtsverhältnisses unter ihnen selbst, als die Bürgschaftsurkunde. Beklagter behauptet zwar, den Wechsel erst einige Tage nach dem Kläger unterschrieben zu haben, und scheint damit ... eine gemeinsame Verpflichtung [der Parteien] bestreiten zu wollen. Es ist das indeß unerheblich. Der Zeitpunkt der Unterschrift kann einen Unterschied in der gegenseitigen Haftbarkeit jedenfalls dann nicht begründen, wenn sich die Unterschrift der mehreren Bürgen unter derselben Urkunde befindet, die in ihrer Fassung auf die gemeinsame Uebernahme derselben Verbindlichkeit hindeutet. Die Bürgschaft ist dann, auch im Sinne des § 374, eine gemeinschaftliche.

Zur Verbindlichkeit einer Bürgschaft erfordert das ALR I. 14 § 203 eine schriftliche Erklärung; wer aber den Schuldschein eines Anderen mit unterschreibt, wird, wenn das Instrument kein Wechsel ist, im zweifelhaften Falle nur für einen Zeugen angesehen. Bedarf es hiernach nicht nothwendig der Ausstellung eines besonderen Bürgschafts-Instruments, ist vielmehr unter Umständen durch die bloße Unterschrift unter dem Schuldschein des Hauptschuldners eine rechtsverbindliche Bürgschaftserklärung herzustellen: so wird in solcher Unterschrift mehrerer Bürgen auch eine gemeinschaftliche Bürgschaft gefunden werden müssen.

Kommen somit für das Rechtsverhältniß der Parteien als gemeinschaftlicher Bürgen wieder die Vorschriften der §§ 443 ff. ALR I. 5 zur Anwendung: so kann es auch keinem Bedenken unterliegen, daß die Parteien nach § 445 zu gleichen Theilen haften. Ein Vertrag ist zwischen ihnen ... nicht abgeschlossen; besondere Umstände, welche die gleiche Haftbarkeit ausschließen, liegen ebensowenig vor, mindestens sind solche von keinem Theile behauptet. Parteien haften daher (nach § 445) als Bürgen unter sich selbst für die verbürgte Schuld zu gleichen Theilen.

Beklagter hat in der NktBschw. noch den Vorwurf der Verletzung des § 447 ALR I. 5, des § 300 daselbst Tit. 14 sowie der §§ 4, 86 der Konkursordnung erhoben. Auf diesen Angriff konnte es zwar, soweit er die Vernichtung des angefochtenen Erk. bezweckt, nicht weiter ankommen, da der erste bereits zu freier Beurtheilung *, führt. Beklagter will damit aber anscheinend auch den Anspruch des Klägers selbst beseitigen, indem er auszuführen sucht, daß aus der Konkurseröffnung über das Vermögen des Hauptschuldners Häse noch nicht auf dessen völliges Unvermögen geschlossen werden könne.

Von diesem Gesichtspunkt aus ist zwar in den Vorinstanzen ein Einwand gegen den Anspruch des Klägers noch nicht erhoben; insofern er aber auf Thatsachen beruht, die schon früher zur Sprache gebracht sind, wird er bei freier Beurtheilung auch jetzt noch berücksichtigt werden müssen. Er ist indeß unbegründet.

Parteien haben sich, nach den Vorschriften des ALR, für die Wechselschuld des Häse als Bürgen in völlig gleicher Weise verbindlich gemacht. Unbestritten hat Kläger die Wechselschuld bezahlt und auch bezahlen müssen; ist damit aber der Fall eingetreten, für welchen Parteien sich gemeinsam verpflichtet hatten: so muß konsequent auch diese Verbindlichkeit von ihnen gemeinsam zu gleichen Theilen getragen werden, und es erscheint Keiner von ihnen befugt, den Anderen wegen seines eigenen Antheils zunächst

* Vgl. Band I S. 195 n. und hier § 36 der Ministerial-Instruktion v. 7. April 39, auch Band I unserer Rechtspr. S. 293, 311, 364.

an den Hauptschuldner oder gar an dessen Konkursmasse zu verweisen. § 300 ALR I. 14 gestattet denn auch dem Gläubiger, mit Uebergehung des Hauptschuldners sich sofort an den Bürgen zu halten, sofern Ersterer in Konkurs gerathen.

Damit erledigt sich auch der Einwand des Bekl., daß daß er nur $^1/_3$ der ganzen Wechselsumme zu erstatten brauche, weil der Hauptschuldner als der dritte Wechselaussteller ein Drittel beisteuern müsse. Beklagter übersieht, daß es gegenwärtig nur um die Rechtsverhältnisse zwischen den beiden Bürgen sich handelt.

Das Erk. II. Instanz mußte demgemäß als begründet aufrecht erhalten werden. —

Nr. 49.

Plenum. — Erkenntniß v. 3. Juni 71. (V.)

M. Karo ./. J. Lewinsohn (Nr. 213 v. 71).

Preußen. Wechselseparatum. Nichtigkeitsbeschwerde.

I. Instanz: Kreisgericht Osterode,

II. Instanz: Ostpreußisches Tribunal zu Königsberg in Pr.

Ignoranzeid im preuß. Wechselprozeß. Gegenbeweis im Wechselseparatum.

Nach altpreußischem Prozeßrecht gilt ein im Wechselverfahren durch Leistung eines zugeschobenen Eides (sei es auch nur de ignorantia) widerlegter und deshalb durch das Wechselprozeßurtel rechtskräftig verworfener Einwand als endgiltig beseitigt; derselbe darf daher im Wechselseparat-Verfahren nicht anderweitig, etwa unter Erbieten zum Gegenbeweise durch Zeugen, geltend gemacht werden.

AGO Th. I Tit. 13 § 10 Nr. 8, Tit. 27 § 26, 29, 52 ff.; Grundsätze von der Rechtskraft (AGO Einl. § 65, 66 u. L. Th. I Tit. 16 § 1).
Contra: preuß. OTr. IV. Sen. Erk. v. 28. Juni 64, Entsch. B. 52 S. 402.

Im Wechselprozeß machte der bekl. Acceptant dem damaligen Kläger, welcher sich durch ein ihm nach Verfall und erhobenem Protest ertheiltes Giro legitimirte (DWO Art. 16 Abs. 2), den Einwand, daß der Vormann des Klägers (Indossant und zugleich Wechselaussteller) vertragsmäßig verpflichtet sei, den Acceptanten nicht in Anspruch zu nehmen, vielmehr die Wechselzahlung selbst zu besorgen. Zum Beweise schob Beklagter dem Gegner einen Eid zu, welchen Letzterer nach der Norm für Ignoranzeide annahm und leistete, obwohl ihm eidesstattliche, jene Einrede bewahrheitende Zeugenerklärungen vorgelegt worden waren.

Der Appellrichter im Wechselprozeß schritt, auf Grund des § 298 AGO I. 10, zur Erhebung des Eides lediglich deshalb, weil er den angebotenen Gegenbeweis durch Zeugen nicht für liquid (im Sinne des preuß. Einf.-Ges. zur DWO v. 15. Febr. 50 § 7) erachtete. Die Ableistung des Eides durch den Wechselkläger hatte die wechselmäßige Verurtheilung des bekl. Acceptanten zur Folge.

Jetzt tritt der damalige Bekl. im Wechselseparatverfahren der AGO (I. 27 § 29, 52 ff.) als Kläger auf und verlangt vom Gegner das in Befolgung des Vorerkenntnisses Gezahlte erstattet. Seine Klage stützt sich auf die Behauptung, daß mit Rücksicht auf seinen vorerwähnten, im Wechselprozeß nur aus prozessualen Gründen erfolglos gebliebenen Einwand die Wechselzahlung als ihm unrechtmäßig abgenöthigt erscheine, und daß der für die abgelehnte Einrede wiederholt erbotene Zeugenbeweis nunmehr zuzulassen sei.

Diese anderweitige Beweiserhebung wurde auch in zwei Instanzen statthaft befunden und in Berücksichtigung ihrer Ergebnisse der jetzige Bekl. (frühere Wechselkläger) zur Herausgabe des Empfangenen verurtheilt. Auf dessen NktBschw. hat aber das OHG das Appellurtel vernichtet und unter Aenderung des I. Erk. den erhobenen Anspruch lediglich zurückgewiesen.

Gründe:

Es handelt sich [nach obigem Sachverhalt] nicht um eine negative Litiskontestation, sondern um einen Einwand im eigentlichen Sinne des Worts, welcher im Wechselprozeß als zulässig und erheblich anerkannt, aber als „widerlegt" verworfen worden ist... Im Vorprozeß hatte die Zurückweisung des Antrags auf Zeugenvernehmung ihren Grund lediglich in für das Wechselverfahren geltenden Vorschriften. Von dem — nach AGO I. 10 § 298 — maaßgebenden Gesichtspunkt aus muß daher die Sachlage des Wechselprozesses so aufgefaßt werden, wie wenn in der dortigen Appellinstanz vorweg auf Erhebung des Zeugenbeweises und nur für den Fall, daß dieser als formell unstatthaft angesehen werden möchte, auf die Abnahme des deferirten Eides angetragen worden wäre.

Für gegenwärtigen Prozeß ist vorgedachter Zeugenbeweis in beiden Instanzen für zuläßig erklärt. Zur Rechtfertigung dessen verweist der Appellrichter, ohne jede eigene Motivirung, lediglich auf ein Erk. des kgl. OTr. v. 28. Juni 64 (Entsch. B. 52 S. 402), welches allerdings einen wesentlich gleichen Rechtsfall behandelt.

Dem damaligen Separatverfahren war ebenfalls ein Wechselprozeß vorangegangen, in welchem der vom Wechselbekl. für seinen Einwand vorgeschlagene Zeugenbeweis aus § 7 des preuß. Einf.-Ges. zur DWO für unstatthaft erklärt, der hiernächst deferirte Eid de ignorantia erhoben und demzufolge der Bekl. verurtheilt worden. Um die Zuläßigkeit dieses Zeugenbeweises im Separatum darzuthun, führt das kgl. Ober-Tribunal aus:

„die Ansicht, daß durch Eidesleistung eine absolute Widerlegung der durch sie verneinten Thatsachen erfolge, sei unrichtig. Die Folgen der Eidesleistung im Wechselprozeß beträfen nur die Verurtheilung in diesem, welche gesetzlich — nämlich gemäß § 54 Tit. 27 Th. I AGO —

die Wiederholung der verworfenen Einrede im Seperatverfahren gestatte. Nur mit letzterer Modifikation beschränke das Gesetz die Freiheit des Wechselbekl. in der Vertheidigung rücksichtlich der Beweismittel. Die Eidesdelation gehöre zu den freigestellten, und wenn sich der Bekl. derselben bediene, weil der Zeugenbeweis ihm verschränkt sei: so könne seine Lage im Separatum nicht schlechter gestellt werden, als wenn er überhaupt keinen Beweis geführt habe. — Daß der Eidesleistung die Wirkung einer absoluten Feststellung der Wahrheit oder Unwahrheit der beschworenen Thatsache nicht beigelegt werden könne, folge daraus, daß nach § 23 (soll heißen „24") Tit. 16 a. a. O. die Restitution nur gegen eine auf der Leistung eines Veritäts-Eides beruhende Feststellung ausgeschlossen sei. Hieraus ergebe sich übrigens zugleich die Verschiedenheit des Eides de veritate und de ignorantia, sowie die Unzulässigkeit, diese Eide ohne Weiteres gleichzustellen. Sobald über die wirkliche Feststellung der Wahrheit aus dem Eide etwas geschlossen werden solle, sei der erhebliche Unterschied einleuchtend, daß durch den Ignoranzeid nur das Nichtwissen des Schwörenden festgestellt werde, die Richtigkeit dieses Eides mithin durch den direkten anderweitigen Beweis der Thatsache selbst durchaus nicht beeinträchtigt werde."

Nach dieser Argumentation — auf welche näher eingegangen werden muß, da sie den unmittelbaren Angriffspunkt der NktBschw. bildet — ist der Wechselbekl. befugt, einen im Wechselprozeß auf Grund der Ableistung des Delateides ohne Erfolg vorgebrachten Einwand im Separatverfahren (nach §§ 52 ff. Tit. 27 a. a. O.) abermals geltend zu machen, gleichviel ob jener Eid de veritate oder de ignorantia geschworen worden ist. Auf die rechtliche Bedeutung des Ignoranzeides wird dabei hauptsächlich nur, um zu zeigen, daß die Eidesleistung überhaupt nicht die Wirkung einer absoluten Feststellung der Wahrheit oder Unwahrheit der beschworenen oder abgeschworenen Thatsache haben könne, besonderes Gewicht gelegt, freilich aber auch deßhalb, weil aus ihr folgen soll, daß jedenfalls dann, wenn (nicht ein Veritäts-, sondern) ein Ignoranz-Eid im Wechselprozeß geleistet worden, der ihm unterstellt gewesene Einwand zum Fundament des Separatums gemacht werden könne.

In keinem wesentlichen Punkte jedoch ist der betreffenden Rechtsausführung beizustimmen gewesen.

Dieselbe geht davon aus:

daß die Eidesdelation und Annahme nicht als ein Vertrag aufzufassen sei, daß daher durch Ableistung des Schiedseides die verneinte Thatsache nicht widerlegt, sondern nur zu einer beweislosen gemacht werde.

Allerdings bezeichnet und behandelt die AGO den Eid als Beweismittel, ihre Anerkennung der Vertragsnatur tritt jedoch in vielen und besonders wichtigen Bestimmungen klar hervor. So in der Bezeichnung der Eideszuschiebung als eines Akts, durch welchen der Delat „zum Richter in seiner eigenen Sache gesetzt wird" (§ 255 Tit. 10 a. a. O.), in der Verstattung des Meineidigen zur Leistung des Schiedseides (§ 284), in der, als Regel aufgestellten, Unwiderruflichkeit der Delation und Zurückschiebung (§§ 298 bis 300, 303), in dem Erforderniß der Normirung des Eides mit Zuziehung der Rechtsbeistände der Parteien (§ 304 ebend.) 2c. Vom Gesichtspunkt des Vertrages (Kompromisses) aus betrachtet, besteht aber die Wirkung der Eidesleistung oder Weigerung nicht darin, daß die bezügliche Thatsache bloß formell als bewiesen oder nicht bewiesen zu erachten, sondern darin, daß die Wahrheit oder Unwahrheit der Thatsache als festgestellt anzunehmen. Und dies gerade erkennt die AGO mit ganz ausdrücklichen Worten an. Indem nämlich unter Nr. 1 bis 7 § 10 Tit. 13 Th. I Fälle, in welchen der Beweis als vollständig geführt anzusehen ist, aufgeführt werden und unter Nr. 8, als ferner dazu gehörig, der Fall bezeichnet wird:

„wenn die Parteien den Weg der Eidesdelation gewählt haben und ein deferirter oder zurückgeschobener Eid geschworen oder erlassen oder für geschworen angenommen oder dessen Ableistung verweigert worden",

ist hier noch besonders hinzugesetzt:

„da sodann, nach Verschiedenheit dieser Fälle, die streitig gewesene Thatsache für wahr oder falsch anzunehmen ist."

Dieser Wirkung steht keineswegs die Bestimmung im § 24 Tit. 16 ebendaselbst entgegen,

wonach, wenn im Prozeß ein Eid über eine Thatsache de veritate geschworen und auf Grund dessen die Thatsache für wahr angenommen oder als unwahr verworfen worden, dagegen keine Restitution stattfindet, sondern dem Imploranten bloß freisteht, den Gegentheil des Meineides zu überführen.

Zuzugeben ist, daß hieraus per argumentum e contrario geschlossen werden kann,

daß wenn der Eid de ignorantia geschworen ist, die Restitution zugelassen werden soll.

Offenbar aber ist die Bestimmung eine ganz singuläre, ausschließlich für die Restituton geltende. Bei der Eigenthümlichkeit dieses Rechtsinstituts überhaupt und seiner eigenartigen Gestaltung im Tit. 16 der preuß. Prozeßordnung insonderheit, kann von einer Ausdehnung oder analogen Anwendung der fraglichen Bestimmung nicht die Rede sein. Es fehlt jede Andeutung dafür, daß durch sie ein Rechtsgrundsatz, sei derselbe auch von der geringsten Tragweite, hat ausgesprochen werden sollen. Hat der Bestimmung etwa der Gedanke, daß nur der, über eine falsche Thatsache geschworene, Veritätseid ohne Weiteres und in allen Fällen den Verdacht des (wissentlichen oder fahrlässigen)

Meineides begründe, zu Grunde gelegen: so läßt sich doch derselbe, über die fragliche Bestimmung hinaus, zu einer Gesetzesinterpretation in keiner Weise verwenden, weil nicht anzunehmen ist, daß er in irgend einer anderen Gesetzesvorschrift hat zum Ausdruck gebracht werden sollen. Selbstredend namentlich haben alle Vorschriften über die Eides-Annahme und Wirkung gleichmäßige Geltung für den Veritäts- und Ignoranzeid.

Aber auch angenommen, daß sich die Wirkung des geleisteten Schiedseides darauf beschränkt:

daß die abgeschworene Thatsache nur als unbewiesen zu betrachten sei, und zwar auch dies nur in dem Prozeß, in welchem der Eid geleistet worden ist:

so würde hieraus noch nicht folgen, daß ein durch Ableistung des Delateides im Wechselprozeß beseitigter Einwand das Fundament des Separatverfahrens bilden könne.

Als unstreitig und zweifellos ist anzusehen, daß über eine abgeschworene Thatsache in demselben Prozeß kein weiterer Beweis erhoben werden kann. Es fragt sich nun:

ob das Wechsel-Separatum, trotz seiner Beziehung zu dem vorangegangenen Wechselprozeß, als ein selbständiger Prozeß zu betrachten ist?

In der That bildet die Bejahung dieser Frage eine Hauptgrundlage der in Rede stehenden Entscheidung des OTr. Dabei ist aber der Zusammenhang zwischen dem Wechselprozeß und dem, an diesen sich anschließenden, Separatverfahren nicht gehörig gewürdigt. Derselbe ist seiner Natur nach ein durchaus untrennbarer. Als ein solcher erscheint er vermöge der Indentität der Parteien und des eigentlichen Streitpunkts — nämlich der Frage: ob der Anspruch des Wechselklägers begründet ist oder nicht? Außerdem erkennt ihn das Gesetz insofern ausdrücklich an, als es dem Richter des Wechselprozesses vorschreibt, das Separatum von Amtswegen einzuleiten und zum Austrag zu bringen. Denn von den einschlagenden Vorschriften verordnen § 29 und § 52, Abs. 1, Tit. 27 a. a. O., daß der Deputirte des Wechselprozesses, wenn vom Bekl. Einwendungen vorgebracht werden, welche nicht sofort liquide gemacht werden können, sondern einer näheren Erörterung bedürfen, dieselben zu Protokoll vermerken soll; und § 52, Abs. 2: daß der Richter, welcher auf dieses Protokoll das wechselmäßige Erkenntniß abzufassen hat, zugleich in einer besonderen Resolution dasjenige verfügen soll, was erforderlich ist, um die Sache zur weiteren rechtlichen Verhandlung . . . einzuleiten, und daß mit dieser Instruktion alsdann sofort, auch während der Appellation oder Exekution, ununterbrochen zu verfahren.

Erst der § 54 ebendaselbst spricht auch von solchen Einreden gegen die Forderung des Wechselklägers, welche im Wechselverfahren nicht erwähnt sind, und gestattet auch deren Separatinstruktion, ohne jedoch dabei einen Unterschied im Verfahren zu statuiren.

Hiernach stellt sich das Separatverfahren lediglich als ein Ausfluß des vorangegangenen Wechselprozesses dar, und zwar als ein derartiger, daß in ihm eine bloße, nur in der Form abweichende, Fortsetzung des Wechselprozeß-Verfahrens, bzw. eine Nebeninstruktion zu erblicken ist. Für diese Auffassung spricht ganz besonders noch der Umstand, daß wie im ehemaligen Exekutivprozeß nach § 13 Tit. 28 a. a. O., so auch im Wechselprozeß die dem Kläger günstige Entscheidung nur als provisorische und als dadurch bedingte, daß im Separatverfahren nicht ein Anderes definitiv erkannt werden sollte, zu betrachten ist. Dadurch ist es geboten, auf den Akteninhalt des Wechselprozesses, als integrirenden Bestandtheil der Verhandlungen des Separatverfahrens, insoweit als derselbe für das Ergebniß des letzteren von Erheblichkeit sein kann, Rücksicht zu nehmen. Daraus erklärt sich zugleich, daß vom Gesetz das Separatum nicht als ein Eingriff in die Grundsätze von der Rechtskraft bezeichnet und behandelt wird. —

Anlangend die entscheidende Gesetzesstelle § 54, Abs. 1 Tit. 27 a. a. O., so lautet dieselbe:

„Bei dieser Separatinstruktion kann der vormalige Wechselbeklagte alle seine Einwendungen gegen die Forderung des Wechselklägers ausführen, wenn er auch derseben in dem Wechselverfahren nicht gedacht hätte oder sie in dem Wechselprozeß, aus Mangel am Beweise, ausdrücklich verworfen worden.“

Demgemäß können im Separatverfahren, die sonstigen Requisite vorausgesetzt, zur Geltung gebracht werden:

1. die Einreden, welche im Wechselprozeß nicht vorgebracht worden, und

2. diejenigen, welche zwar im Wechselprozeß erhoben worden, in diesem aber aus Mangel am Beweise verworfen worden sind.

Erwägt man, daß nach § 26 ebendaselbst nur solche Einwendungen, welche sofort (gemäß §§ 917 ff. Tit. 8 Th. II des Allgemeinen Landrechts) liquide gemacht werden konnten, im Wechselprozeß zulässig waren, und daß mit der Einführung des Separatums bezweckt worden ist, dem Wechselbeklagten zur Aufhebung des ihm aus dieser Beschränkung seiner Vertheidigung etwa erwachsenen materiellen Schaden einen besonderen Rechtsweg zu eröffnen: so können unter den Einwendungen sub 2 — welche allein hier in Betracht kommen — nur solche verstanden werden, in Bezug auf die im Wechselprozeß entweder gar keine Beweismittel oder zur Liquidemachung nicht geeignete Beweismittel angeführt worden sind, oder der erhobene Beweis gar kein Resultat geliefert hat.

Die Eideszuschiebung gehört zu den, die Liquidität begründenden, Beweismitteln (§ 917 a. a. O.; §§ 26, 28 AGO I. 27), und gleichviel welche Wirkung man der Leistung des

Delateides beilegt, keinenfalls kann man in Bezug auf sie sagen, daß die Beweisaufnahme kein Resultat gehabt habe.

Die in dem Erk. des kgl. OTr. ausgesprochene Ansicht:

„wenn sich der Bekl. im Wechselprozeß der Eidesdelation bediene, weil der Zeugenbeweis ihm verschränkt sei, so könne seine Lage im Separatum nicht schlechter gestellt werden, als wenn er überhaupt keinen Beweis geführt habe,"

kann schon deshalb nicht als ein Argument gelten, weil die Bestimmung des § 54 a. a. O. als Ausnahmegesetz keiner extensiven Interpretation unterworfen werden darf. Dies um so weniger, als sie ohnehin günstigere Bedingungen für das Wechselseparatum aufstellt, wie das gemeine Recht, worin sie ihren Ursprung hat.

Bei jener Ansicht scheint unbeachtet gelassen zu sein, daß es Sache des Wechselbekl. ist, wenn er vom Separatum Gebrauch machen will, sich der Eideszuschiebung im Wechselprozeß zu enthalten.

Es kann aber auch die Schlüssigkeit der in dem fraglichen Ausspruch enthaltenen Folgerung nicht anerkannt werden; und es beruht letztere — wie sich auch aus der betreffenden Deduktion ergiebt — hauptsächlich auf den oben reprobirten Rechtssätzen. Insofern dabei die Unterscheidung zwischen den Wirkungen des Veritätseides und denen des Ignoranzeides von Einfluß gewesen ist, und diese nicht bloß auf § 24 Tit. 16 a. a. O., sondern auch darauf fußt:

„daß durch den Ignoranzeid nur das Nichtwissen des Schwörenden festgestellt werde, die Richtigkeit dieses Eides mithin durch den direkten anderweitigen Beweis der Thatsache selbst durchaus nicht beeinträchtigt werde"

so bleibt hervorzuheben, daß letztere Annahme als zutreffender Grund schon deßhalb nicht anzusehen ist, weil in der Feststellung des Nichtwissens keineswegs der Zweck des Ignoranzeides besteht, und weil bei diesem Eide in nicht geringerem Grade, als bei dem Veritätseide, der Schwörende zu dem Anspruch berechtigt ist, daß seinem Schwur Glauben und Wirkung beigemessen werde. —

Schließlich sei darauf hingewiesen, daß bei der im fragl. OTr.-Erk. vertretenen Auslegung des § 54 Tit. 27 a. a. O. der Richter des Separatums in die Lage kommen kann, auf einen nothwendigen Eid zu erkennen, dessen Inhalt mit dem des im vorausgegangenen Wechselprozeß entweder bereits geschworenen oder zum Erk. gestellten Schiedseides völlig übereinstimmt oder in direktem Widerspruch steht — eine Konsequenz, welche sicherlich nicht in der Intention des Gesetzes liegt.

Als Resultat aller dieser Erwägungen — soweit dasselbe nach Lage der Sache hier in Betracht kommt — ergiebt sich:

daß ein in einem rechtskräftigen Wechselprozeß-Erkenntniß zufolge Leistung des Delateides verworfener Einwand im Separatverfahren nach § 54 Tit. 27 a. a. O. nicht wieder vorgebracht werden kann, folglich als rechtskräftig beseitigt anzusehen ist, und daß sonach der Appellrichter indem er die entgegengesetzte Annahme aus dem citirten Erk. v. 28. Mai 64 sich angeeignet und seiner Entscheidung zu Grunde gelegt, sich der, in der NktBschw. gerügten, Verletzung der Grundsätze von der Rechtskraft (§§ 65, 66 der Einl. und § 1 Tit. 16 Th. I AGO) sowie des § 54 Tit. 27 Th. I AGO schuldig gemacht hat.

Letztgedachte Gesetzesbestimmung gehört, soweit sie die Verfolgbarkeit von Rechten behandelt, dem materiellen Rechtsgebiet an.

In doppelter Hinsicht unterliegt daher das angefochtene Urtel der Vernichtung; § 4 Nr. 1 der Verordnung vom 14. Dez. 33.

Für die Sache selbst folgt die Zurückweisung der Klage

aus der oben gerügten Unstatthaftigkeit deren Fundaments. Demnach mußte das verurtheilende I. Erkenntniß abgeändert werden.

Nr. 50.

Plenum. — Erkenntniß v. 6. Juni 71. (Ref.)

S. Rößner & Co. ./. David Ducat's Erben (Nr. 167 v. 71).

Preußen (Frankfurt). **Oberappellation.**

I. Instanz: Stadtgericht Frankfurt a/M.,
II. Instanz: Appellationsgericht daselbst.

Vertragspflichten des Frachtführers, Ersatzleistung.

In welchem Umfange haftet der Frachtführer, welcher Eilgut zur Aufgabe bei einer örtlichen Eisenbahn-Stelle übernommen, für die schädlichen Folgen einer Säumniß?

HGB Art. 390, 395—397.

Der (inzwischen verstorbene) Fuhrmann und ständige Güterführer David Ducat zu Frankfurt a/M. hatte eines Nachmittags von der jetzt (gegen seine Erben) klagenden Handelsfirma mehrere Waarencolli mit dem Auftrage erhalten, solche baldigst nach der Frankfurt-Hanauer Bahn zu schaffen und als Eilgut zur Weiterbeförderung aufzugeben. Die Güterexpedition schließt um 6 Uhr, Ducat kam erst um diese Zeit dort an und konnte angeblich die Abnahme des Frachtguts nicht mehr erlangen. Er ließ deshalb die Colli auf dem Bahnhofe liegen und will Veranstaltung getroffen haben, daß dieselben am folgenden Tage mit erster Bahngelegenheit abgegangen sein würden. In der Nacht aber brach Feuer aus, welches den Lagerort der Waare, diese selbst und auch den Güterschuppen der Bahn zerstörte. Auf Schadenersatz belangt, wurden Ducat's Erben in I. Instanz verurtheilt, der Klägerin die Beträge zu ersetzen, um welche sie die Waaren den Adressaten verkauft hatte. Auf Berufung der Beklagten erlitt diese Entscheidung eine wesentliche Aenderung.

Beiderseitige Ober-Appellation hatte Herstellung des I. Urtels zur Folge.

Gründe („Rationen") des OHG:

Die der Klage entgegensetzten Einreden der mangelnden Aktiv- und Passiv-Legitimation haben die vorigen Richter mit Recht für verwerflich erklärt. Hat Klägerin mit dem Erblasser der Bekl. einen Frachtvertrag abgeschlossen, so ist auf die durch denselben erzeugten Verbindlichkeiten das Verhältniß ohne Einfluß, in welchem Klägerin in Betreff der den Gegenstand des Transports bildenden Waaren mit deren Käufern steht.

Auf der anderen Seite hat nicht die Eisenbahngesellschaft die fragl. Waaren von der Klägerin in Empfang genommen. Die Bahn befaßt sich reglementsmäßig nicht mit dem Abholen der Güter. Die Güterführer sind dafür bestellt, die Waaren von den Versendern in Empfang zu nehmen und sie der Bahn zu übergeben. Erst mit dieser Uebergabe ist nach dem Frachtvertrage zwischen dem Versender und der Bahn von Letzterer das Gut als empfangen anzusehen.

So bestimmen es die Regulative, welche von den Parteien als für das zwischen ihnen bestehende Verhältniß maaßgebend anerkannt sind...

In der Annahme, daß der Beklagten Erblasser der Klägerin als Frachtführer gegenübersteht, findet aber nicht bloß die Einrede der mangelnden Passiv-Legitimation ihre Widerlegung, sondern zugleich auch die Klage ihre Begründung. Jener war als Frachtführer mit der im Art. 395 HGB ausgedrückten Verantwortlichkeit belastet. In diesem Artikel, nicht im Art. 397 daselbst, ist die Maaßgabe für den klägerischen Schadenanspruch zu suchen, weil nicht von der bloßen Versäumniß der Lieferungsfrist und dem dadurch entstandenen Schaden, sondern von dem Untergang des Transportgegenstands vor der Ueberlieferung die Rede ist.

Nun liegt zunächst vor, daß das Objekt des Transports seit der Empfangnahme und bis zur Ablieferung untergegangen ist. Es liegt ferner (wie dies von den vorigen Richtern mit Gründen, die in dieser Instanz nicht widerlegt sind, ausgeführt worden ist) vor, daß der Erblasser der Beklagten der ihm vertragsmäßig obliegenden Pflicht dadurch, daß er die ihm übergebenen Colli zu der angegebenen Zeit auf den Bahnhof brachte, sich nicht entledigt, daß er die rechtzeitge Uebergabe versäumt, mit dem Transportgegenstand vertragswidrig gehandelt und durch diese Handlungsweise die Colli in die Lage, in der sie dem Untergang ausgesetzt waren, gebracht hat; woraus folgt, daß er sich auch darauf, daß das Ereigniß, welches den Verlust der Waaren unmittelbar herbeigeführt, an sich den Charakter eines Zufalls trägt, zu seiner Entschuldigung nicht berufen kann.

Ergiebt sich hieraus, daß die Pflicht der Beklagten zum Ersatz des durch ihres Erblassers Verschulden herbeigeführten Schaden an sich feststeht: so ist nur noch der Einwand zu prüfen, daß der klägerische Anspruch dadurch cessire, daß die fragl. Waaren auch bei rechtzeitiger Ablieferung an dem betreffenden Abend mit der Bahn nicht mehr weiter befördert worden wären, daß sie dann während der Nacht in dem Güterschuppen der Frankfurt-Hanauer Bahn aufbewahrt worden und, da derselbe (wie nicht bestritten) gleichfalls abgebrannt ist, also dennoch untergegangen sein würden, somit der Klägerin durch der Beklagten Erblasser ein Schade überall nicht oder wenigstens nur soweit zugefügt sei, als Klägerin der Feuerversicherungsgelder, welche sie, vermöge der von der Eisenbahngesellschaft genommenen General-Assekuranz, erhalten haben würde, verlustig geworden sei.

Daß dieser Einwand, wie der I. Richter annimmt, durch die Erwägung zu beseitigen sei, daß es bei nachgewiesenem Verschulden des Frachtführers der Klägerin nicht zugemuthet werden könne, sich auf alle Eventualitäten einzulassen, welche den Waaren hätten zustoßen können, kann nicht zugegeben werden. Vielmehr ist in Betracht zu ziehen, daß die durch Art. 395 dem Frachtführer auferlegte Haftbarkeit eine Schadenersatzpflicht darstellt, daß daher auch hier der allgemeine Grundsatz durchgreift, daß ein Schade objektiv vorhanden sein muß, solches aber nicht der Fall ist, wenn es gewiß ist, daß der Schade auch ohne Dazwischenkunft der zum Ersatz verpflichtenden Thatsache eingetreten wäre.

L. 27 § 2 Dig. 6, 1;
L. 10 § 1 Dig. 14, 2.

Nach diesem Grundsatz kann allerdings von einer Prüfung der, für die Existenz eines Schaden oder wenigstens für dessen Höhe präjudizirlichen, Thatfrage nicht abstrahirt werden, ob es erwiesen sei,

daß die Waaren am fraglichen Abend mit der Bahn unmöglich weiter befördert werden konnten und demnach unter allen Umständen, auch wenn sie der Eisenbahngesellschaft rechtzeitig übergeben wären, durch das Feuer verzehrt werden mußten?

Die Frage kann indeß mit dem vorigen Richter nicht bejaht werden. Denn es steht nach einer, von den Beklagten selbst vorgelegten, amtlichen Bescheinigung fest, daß im Oktober 67 auf der Frankfurt-Hanauer Bahn um 7 Uhr noch ein Zug abging, mit welchem die fraglichen Colli hätten befördert werden können. Unmöglich war also die Weiterbeförderung nicht. Diesen Umstand mußte der Beklagten Erblasser als angestellter Güterführer kennen und berücksichtigen. Das ihm anvertraute Gut war Eilgut. Bei demselben war also das Interesse möglichster Beschleunigung vorhanden. Die Eigenschaft des Guts war dem Güterführer nicht allein kenntlich gemacht, sondern er war auch vermöge der dafür bezahlten höheren Fracht zu einer vermehrten Diligenz verpflichtet. Mochte nun im Allgemeinen 6 Uhr der reglementsmäßige Termin sein, bis zu welchem er alles am Nachmittag übernommene Gut der Bahn übergeben mußte: so war damit nur die äußerste, unter allen Umständen inne zu haltende Grenze bezeichnet, jedoch nicht ausgeschlossen, daß die Umstände ihm im Einzelfalle eine noch größere Beschleunigung zur Pflicht machen konnten, um für gewisse Gegenstände eine so zeitige Beförderung zu ermöglichen, als solche nothwendig war und daher auch von den Versendern erwartet werden durfte. Konnte daher in vorliegendem Falle das dem Güterführer überlieferte Gut um 7 Uhr, aber auch nur um diese Zeit abgehen, und mußte, um dies zu Wege zu bringen, die Uebergabe an die Expedition schon um 5 Uhr erfolgen: so konnte der Natur der Sache und der Billigkeit nach dies von dem Güterführer gefordert werden. Jedenfalls ist er nicht in der Lage, zur Beseitigung einer an sich schon durch sein Verschulden erwachsenen Schadenersatzpflicht die Unmöglichkeit einer Weiterbeförderung zu behaupten.

Das Resultat ist: daß die Beklagten zum Ersatz des durch den Untergang der Waaren der Klägerin erwachsenen Schaden in Gemäßheit des Art. 395 HGB verurtheilt werden müssen. Den Maaßstab dafür giebt nicht Abs. 5 des Art. 396, da Thatsachen, die zur Annahme eines böslichen Handelns berechtigten, nicht behauptet sind, sondern Absatz 1 und 2 daselbst, wonach, wenn auf Grund des vorhergehenden Artikels vom Frachtführer Ersatz geleistet werden muß, der gemeine Handelswerth, welchen das Gut am Orte der Ablieferung hatte, zu Grunde zu legen ist. Daß der eingeklagte Fakturawerth in vorliegendem Falle als der gemeine Handelswerth angesehen werden kann, ist mit dem vorigen Richter anzunehmen, da die Beklagten die Behauptung der Klägerin, daß der gemeine Handelswerth der fraglichen Waaren an dem (allein entscheidenden) Orte der Ablieferung kein anderer als der gewesen sei, wofür die Waaren den Destinatären verkauft waren, nicht bestritten und derselben nur die unerhebliche Behauptung entgegengesetzt haben, daß Klägerin sich die Waaren in Frankfurt wohlfeiler, als wofür sie den Destinatären verkauft waren, habe verschaffen können.

Hiernach war die Berufung der Bekl. zu verwerfen und auf der Klägerin Berufung das I. Urtel wieder herzustellen. —

Nr. 51.

Plenum. — Erkenntniß v. 6. Juni 71. (B.)

Voß & Behrenbrock ./. Ostheim & Co. (Nr. 245 v. 71).

Preußen. **Nichtigkeitsbeschwerde.**

I. Instanz: Kreisgericht Hagen,

II. Instanz: Appellationsgericht Hamm.

Preisdifferenz als Schadenersatz. Stillschweigende Uebernahme von Emballage.

1. Wenn der, Schadenersatz wegen Nichterfüllung fordernde Käufer bei marktgängiger Waare die vom HGB im Art. 357 Abs. 3 zugelassene Liquidation nicht wählt, vielmehr die Differenz zwischen dem bedungenen Preise und den Kosten anderweitiger Beschaffung der Waare beansprucht: so hat er die Nothwendigkeit dieser Anschaffung — sei es um Verlust abzuwenden, sei es um sich einen in Aussicht stehenden Gewinn zu sichern — darzuthun.

HGB Art. 283, 357.

2. Im Distanzhandel kann bezüglich der Verpackungsmittel verkaufter Waare ein Ueberlassungsvertrag durch die Offerte in der Uebersendungsfaktur und durch schweigendes Verhalten des Empfängers zu Stande kommen.

HGB Art. 1, 279 u. Handelsbrauch.

Vgl. Rspr. I Nr. 30 S. 152, 158 ff.

Klägerin hat im Distanzhandel der Beklagten 50 Säcke Weizenmehl, welche binnen festbestimmter Frist nach Cassel zu liefern waren, um einen Tag zu spät zugehen lassen. Beklagte hat die Annahme des Mehls verweigert und beansprucht als Entschädigung die Differenz zwischen dem bedungenen Kaufpreis und der Summe, welche sie angeblich in Paderborn (zur Befriedigung eines Abnehmers) für 50 Säcke Mehl gezahlt hat. Diese Gegenforderung wird in II. Instanz verworfen und die Bekl. zur Zahlung des Kaufpreises verurtheilt.

Bei einer anderweitigen Lieferung hatte Bekl. von der Klägerin 50 Säcke, als Verpackungsmittel, mit übersendet erhalten. Die betreffende Faktur stellte 15 Sgr. pro Sack in Rechnung, enthielt aber am Rande den Druckvermerk: „leere Säcke werden zum berechneten Preise zurückgenommen, wenn solche innerhalb vier Wochen ... franco zurückgesendet sind." Klägerin fordert jetzt den berechneten Preis der Säcke, weil Beklagte dagegen keinen Einwand erhoben, auch erst nach über 3 Monaten eine (nun von Klägerin abgelehnte) Rückgabe der Säcke versucht hat. Auch hier wird Beklagte verurtheilt.

Ihre NktBschw. bleibt ohne Erfolg.

Gründe des OHG:

I. Von den beiden Entscheidungsgründen, aus welchen der Appellrichter die Gegenforderung der Bekl. verwirft, geht der erste dahin, daß der Anspruch überhaupt nicht richtig substantiirt sei. Davon ausgehend, daß das unter den Parteien abgeschlossene Geschäft ein Fixgeschäft im Sinne des Art. 357 HGB sei, sagt der Richter, Beklagte habe wegen des angeblichen Verzugs der Klägerin Schadenersatz wegen Nichterfüllung nach diesem Art. 357 fordern und als solchen, vorausgesetzt daß die Waare einen Marktpreis hatte, die Differenz zwischen dem Kaufspreis und dem Marktpreis zur Zeit und am Orte der geschuldeten Lieferung fordern dürfen. Statt dessen wolle die Beklagte dasjenige Plus in Anrechnung bringen, um welches der von ihr für die in Paderborn gekauften 50 Säcke Mehl gezahlte Kaufpreis den mit der Klägerin geeinigten Kaufpreis übersteige. Eine derartige Begründung des Schaden sei verfehlt. Die Beklagte hätte vielmehr zunächst den Nachweis erbringen müssen, daß ihr das Mehl unentbehrlich war, und sie sich dasselbe wegen mangelnder Lieferung der Klägerin anderweit beschaffen mußte, und daß der von ihr gezahlte und jetzt in Rechnung gebrachte Preis ein angemessener gewesen sei. Von alledem sei nichts erwiesen, und dies allein würde genügen, die Gegenforderung zurückzuweisen.

Wenn nun der hiergegen gerichtete Angriff der Nkt-Bschw. nur dahin geht, daß das vom Richter aufgestellte Desiderat des Nachweises der Unentbehrlichkeit des angekauften Mehls unbegründet sei und den Art. 357 HGB verletze, und daß der Einwurf, der für das anderweit beschaffte Mehl bezahlte höhere Preis sei kein angemessener, [prozessualisch unstatthaft] suppeditirt sei: so beruht dieser Angriff schon auf einer mangelhaften Auffassung des Entscheidungsgrundes.

Der Appelrichter, ein Fixgeschäft unterstellend, erklärt ja die Gegenforderung schon deshalb für unbegründet, weil, wenn die Beklagte nicht nach Anleitung des Art. 357 Abs. 3 die Differenz zwischen dem Kaufpreis und Marktpreis habe liquidiren können oder wollen, sie nun genöthigt gewesen sei, den Schadenanspruch so, wie oben erwähnt, nachzuweisen. Diese Erwägung steht in vollem Einklang mit Art. 357 und mit den die Erfordernisse eines Entschädigungsanspruchs betreffenden allgemeinen Rechtsgrundsätzen, sie ist aber auch als rechtsirrthümlich nicht angefochten. Der Angriff bezieht sich vielmehr nur auf die dem Hauptentscheidungsgrund angeschlossenen Bemerkungen, die nur den Zweck haben, zu erläutern (und also, auch wenn sie nicht haltbar wären, denselben doch nicht entkräften würden), was alles zur Substantiirung des Schadenanspruchs erforderlich sein würde, wenn Beklagte mit der Behauptung auftreten wollte, sie habe einen im liquidirten Betrage bestehenden Schaden erlitten. Aber auch darin muß dem Appellrichter beigetreten werden, daß Beklagte die Angemessenheit des Preises für das in Paderborn gekaufte Mehl, namentlich wegen der Verschiedenheit des Lieferungsorts und des Anschaffungsorts, darzuthun hatte, und es liegt hierin auch in keiner Weise eine Suppeditirung einer Thatsache oder eines Rechtseinwandes, da der Richter nur, in vollem Einklange mit den bestehenden Rechtsnormen, die Aufstellung einer für die Begründung des Entschädigungsanspruchs wesentlichen Behauptung vermißt.*

Auch das vom Appellrichter aufgestellte Desiderat des Nachweises der Unentbehrlichkeit des Mehls steht mit Art. 357 HGB nicht im Widerspruch. Fordert der Käufer Schadenersatz wegen Nichterfüllung (Art. 355 a. a. O.) und kann (oder will) er die Art. 357 Abs. 3 zugelassene Liquidation nicht wählen: so wird er bei Liquidation der Differenz zwischen dem bedungenen Preise und dem einer anderweiten Anschaffung immer die Nothwendigkeit der letzteren, sei es, um einen Verlust abzuwenden oder einen in Aussicht stehenden Gewinn zu sichern, darthun müssen.

Erscheint hiernach dieser selbständige Entscheidungsgrund als gänzlich erfolglos angefochten, durch welchen das Urtel getragen wird, so können die gegen den zweiten Entscheidungsgrund gerichteten Angriffe auf sich beruhen.**

II. Die gegen die Entscheidung über den Kaufpreis der Säcke gerichtete Beschwerde geht von einem unrichtigen Verständniß der Entscheidungsgründe aus. Keineswegs hat der Appellrichter, wie die NktBschw. rügt, einen Handelsgebrauch dahin statuirt:

* Vgl. S. 232 dieses Bandes. — ** Vgl. oben S. 200, Nr. 4.

der Käufer habe den Preis der Säcke (bei Mehllieferungen) zu bezahlen, wenn er dieselben nicht binnen vier Wochen zurücksende,

sondern er deduzirt vielmehr: wenn, wie in vorliegendem Falle, die Faktur den Preis der Säcke aufgenommen und außerdem bestimmt habe, die Säcke könnten zum berechneten Preise binnen vier Wochen zurückgesendet werden: so werde durch Nichtinnehaltung der Frist der Käufer zur Preiszahlung verpflichtet, weil nach Handelsgebrauch zeitig, d. h. innerhalb vierwöchiger Frist, zu remittiren sei. Offenbar nimmt also der Appellrichter hierbei an: nach den im Handelsverkehr geltenden Gewohnheiten und Gebräuchen sei in dem Schweigen während jener Frist und im Unterbleiben der Rücksendung der Säcke während des Verlaufs derselben eine stillschweigende Uebernahme der Verpflichtung zur Zahlung des fakturirten Preises zu finden, vgl. Art. 279 HGB. Dies hat also nicht den Sinn, den Entscheidungspunkt auf eine in einem Gewohnheitsrecht sich gründende objektive Rechtsnorm zu stützen, sondern nur die Bedeutung, aus demjenigen, was im kaufmännischen Verkehr Gebrauch ist, die Folgerung zu rechtfertigen, es sei eine der Klägerin zur Seite stehende stillschweigende Vereinbarung anzunehmen. Hiernach erscheint also weder § 28 Tit. 13 Th. I AGO noch Art. 1 HGB verletzt, noch liegt eine Suppeditirung vor.

Wenn nun ferner Implorantin als omittirt rügt [vgl. Rspr. I S. 97, 396], daß sie unter Beweisantritt die Nichtexistenz einer solchen Usance behauptet habe, ... so widerlegt sich dieser Angriff eben durch obige Darlegung. ... Die als omittirt bezeichnete Thatsache ist aber auch unerheblich. Denn auch bei freier Beurtheilung des Sach- und Rechtsverhältnisses würde, ohne daß jene Thatsache Rücksicht verdiente, auf Grund des Inhalts der Faktur in Verbindung mit der Versäumung der vierwöchigen Frist und mit demjenigen, was im kaufmännischen Verkehr üblich ist und was die bona fides erheischt (Art. 279 HGB), die auch vom Appellrichter bei richtigem Verständniß seiner Entscheidungsgründe für durchgreifend erachtete stillschweigende Vereinbarung angenommen werden müssen. Hiernach war die NktBschw. überall als unbegründet zurückzuweisen.

Nr. 52.

Plenum. — Erkenntniß v. 6. Juni 71. (Z.)

Frau v. Bennigsen-Förder ./. J. Schlochauer (Nr. 247 v. 71).

Preußen. Wechselsache. Nichtigkeitsbeschwerde.

I. Instanz: Stadtgericht Berlin,
II. Instanz: Kammergericht daselbst.

Schiedseid des Cedenten, wenn der Cessionar Prozeßpartei.

Das altpreußische Prozeßrecht gestattet regelmäßig dem Schuldner, in einem mit dem Cessionar des ursprünglichen Gläubigers geführten Rechtsstreit, die Eideszuschiebung an den Cedenten nur, wenn Letzterer auf eine Streitverkündigung seitens des Cessionars als dessen Beistand in den Prozeß wirklich eingetreten ist.

AGO Th. I Tit. 10 § 279, Tit. 17 § 8, 10 ff.
ALR Th. I Tit. 11 § 408.

Der Klagewechsel ist nach erhobenem Protest-Mangels-Zahlung dem Kläger girirt worden. Die bekl. Wechselschuldnerin macht eine ihr gegen den Indossanten H. B. zustehende Einrede geltend, verlangt dessen Beiladung zum Prozeß und trägt demselben den Eid über einen entscheidenden Thatumstand an.

Der Appellrichter fordert den H. B. zu einer bezüglichen Erklärung auf, dieser tritt aber in das Verfahren nicht ein. Nunmehr erkärt der Richter einen Schiedseid des dem Prozeß fremd gebliebenen H. B. für unstatthaft und verurtheilt die Bekl. Letztere ergreift die NktBschw.

und rügt Verletzung des (aus AGO Th. I Tit. 10 § 279 und Tit. 17 § 8 hergeleiteten) Satzes,

das preuß. Recht gestatte dem Schuldner einer abgetretenen Forderung im Prozeß wider den Cessionar den Eidesantrag an den Cedenten, wenn auch dieser auf Streitverkündigung des Cessionars (oder zufolge eigener Intervention) nicht in den Prozeß eingetreten sei.

Das OHG hat die Beschwerde zurückgewiesen.

Gründe:

Der behauptete Rechtssatz würde allerdings zu den bloßen Prozeßvorschriften nicht zu zählen sein, wie denn auch seine Ableitung nicht aus Prozedurnormen, sondern aus einer Art von Rechtseinheit zwischen Cessionar und Cedenten und aus der materiellen Rechtsregel,

daß die Cession die Lage des Cessus nicht erschweren solle, (vgl. ALR I. 11 § 408 und unten S. 364, 365)

versucht ist.

Vgl. Brauer im Archiv für civilistische Praxis, B. 23 S. 358, 359; Mittermaier daselbst S. 381.

Auch würde man den erhobenen Angriff nicht durch die Erwägung beseitigen können, daß der Appellrichter das Adcitationsverlangen der Bekl. als auch formell unbegründet bezeichnet hat. Denn offenbar hat der Richter die formelle Inkorrektheit des Adcitationsgesuchs nicht als selbständigen Entscheidungsgrund, sondern nur unterstützend hervorheben wollen, wie sie ihn denn auch nicht abgehalten hat, dem Adcitaten das Gesuch in gehöriger Weise zur Erklärung mitzutheilen.

Aber der von der Bekl. vertretene Rechtssatz kann für das preußische Recht nicht anerkannt werden.

Zwar zur Zeit der Emanation der AGO fand er im Gebiet des gemeinen Rechts Vertreter. Wie manche Rechtslehrer damals dem Richter im Interesse möglichst vollständiger Ergründung der Wahrheit gestatteten, von Amtswegen und selbst ohne Parteiantrag einen Dritten in einen schwebenden Prozeß als Partei hinein zu zwingen (zu adcitiren): so fand auch die Ansicht damals und später Vertheidiger, daß der Richter auf Anrufen einer Partei einen Dritten beiladen (adcitiren) dürfe, wenn dieser mit einem der streitenden Theile in solchem Verhältniß stehe, daß eine von diesem Theil vorzunehmende Prozeßhandlung nur — oder doch mit entscheidender und überzeugender Wirkung nur — durch den Dritten geschehen könne. Und man machte von dieser Ansicht namentlich auf den Fall Anwendung, wenn es sich um einen Schiedseid handelte, den der beizuladende Auctor (Cedent) de veritate, der prozeßführende Successor (Cessionar) nur de ignorantia zu leisten vermochte.

Vgl. Gönner, Handbuch des Prozesses I, Abhandlung 19;
Martin, Lehrbuch des bürgerlichen Prozesses, 2. Aufl., § 295;
Linde, Lehrbuch des Civilprozesses, 4. Aufl. § 113
v. Bayer, Vorträge, 10. Aufl., § 46;
Renaud, Lehrbuch des gemeinen Civilprozesses S. 115 ff.;
Archiv für civilistische Praxis III, S. 31 ff.; IV, S. 175 ff.; XXIII, S. 343 ff. und 369 bis 387.

Jene Ansicht von der richterlichen, ohne Parteiantrag zulässigen Adcitation Dritter hat keine Vertreter mehr; auch die andere betreffs des Schiedseids wird von der neueren Doktrin fast ausnahmslos verworfen;

vgl. Schmid (1844) Handbuch rc. II S. 334;
Renaud a. a. O. S. 348;
Wetzel, System, 2. Aufl., S. 243, 245;
Schmid, Grundlehren der Cession II, S. 16 und 17, S. 308; —

wenn schon die Praxis an dem Satze festhalten soll, daß auf Verlangen des Cessus den Schiedseid der besser unterrichtete Cedent anstatt des prozeßführenden, nicht unterrichteten Cessionars schwören müsse und dürfe.

Vgl. v. Bayer a. a. O. § 264 (S. 875);
Osterloh, der ordentliche gemeine Civilprozeß S. 338, Note 13.

Aber diese Praxis, wenn sie wirklich besteht, ermangelt des rechtlichen Grundes. Daß ihr L. 1 § 2 Dig. 44, 5: si petitor fundi jusjurandum detulerit adversario, ut si auctor jurasset, suum fundum se tradidisse, ab ea controversia discessurus, exceptio possessori fundi dabitur, nicht zur Seite steht, diese Stelle vielmehr ein Kompromiß der Parteien auf den Schiedseid des Auctors voraussetzt,* ist kaum zweifelhaft.

Vgl. Archiv für civilistische Praxis B. 23 S. 363 n. 33 und S. 386;
Renaud, a. a. O. S. 348 n. 34;
Schmid, a. a. O. S. 308.

Und im Uebrigen widerspricht sie der rechtlichen Natur des Schiedseids, vermöge welcher derselbe nur dem Prozeßgegner angetragen und abgefordert werden kann; nicht minder der prozessualen Grundregel, daß ein Prozeß zwischen denjenigen Parteien entschieden werden muß, zwischen denen er geführt wird, daß also die eine Partei nicht befugt ist, über die Gegenpartei hinweg sich einen anderen Prozeßgegner zu konstituiren. (Vgl. AGO Th. I Tit. 17 §§ 28, 29).

Die AGO hat sich von jenen früheren Irrthümern nicht völlig freigehalten. Zwar dem Richter ist nicht mehr gestattet, einen Dritten von Amtswegen zu adcitiren und zur Partei zu machen, aber von Amtswegen darf der Richter einen Dritten, nämlich „Vormänner" der Parteien, vorfordern, um sie wenigstens informationis causa zu hören.

* Vgl. Rspr. I Fall 23 S. 110 ff.

AGO Th. I Tit. 17 § 5, 6;

Rescript v. 22. Mai 1806 (Rabe, B. 8 S. 595).

Ferner, klagt der Cessionar eine cedirte Forderung gegen den Cessus ein, dieser aber excipirt eine größere Gegenforderung an den Cedenten: so soll „zur Vermeidung von Vervielfältigungen der Prozesse" der Cessus befugt sein, den Cedenten sofort mit vorladen zu lassen, um dann die Gegenforderung ad compensationem gegen den klagenden Cessionar, betreffs des Ueberschusses gegen den Cedenten in diesem selben Prozeß zum Austrag zu bringen;

AGO Th. I Tit. 19 § 8.

Ist ferner in einem Prozeß die Echtheit einer Urkunde, deren Aussteller den Produkten durch seine Handlungen verpflichten kann („Institor, Bevollmächtigter zc.") erheblich: so kann der Produzent diesen nicht im Prozeß befangenen Aussteller „vorladen", und — ihn nicht etwa als Zeugen über die Echtheit vernehmen lassen, sondern — von ihm gleichwie von einer Partei „die eidliche Diffession" der Urkunde fordern; AGO I. 10 §§ 138, 139.

Aehnlich diesem Falle soll nach der Behauptung Einiger in der AGO verordnet sein, daß der vom Cessionar belangte Cessus befugt sei, dem nicht in den Prozeß eingetretenen Cedenten über eine entscheidende, diesem bekannte Thatsache den Eid anzutragen, und zur Erklärung über diesen Eid, sowie zur Ableistung desselben seine „Adcitation" zu verlangen. Sie finden diese Befugniß — wie auch die jetzige Implorantin — in § 279 Tit. 10 und § 8 Tit. 17 Th. I AGO ausgesprochen; so Grävell, Kommentar zur AGO B. II S. 513 ff.; Merkel, Kommentar zc. zum § 279 cit.; auch der Revisor (Gesetzrevision Pens. IV, Th. 3 Abth. 2, S. 256, abgedruckt in v. Rönne's Ergänzungen); — und wenigstens für den Fall von Gegenforderungen beruft sich Koch auf obige Bestimmung des 19. Titels (Prozeß-Ordnung, n. 39 zum § 279, 6. Aufl. S. 315)

Allein abgesehen von jenem besonderen Falle der höheren Gegenforderung hat die AGO die behauptete Befugniß nirgend statuirt.

Der § 279 Tit. 10 Th. I besagt:

„Wenn über eine cedirte Forderung gestritten wird, oder sonst der vorige Eigenthümer der streitigen Sache zugezogen werden muß: so finden in Ansehung der Eideszuschiebungen und Leistungen die Vorschriften des 17. Titels von der Litisdenunciation Anwendung."

Dieser Paragraph giebt also keine besondere Festsetzung, sondern eine Verweisung auf allgemeine Regeln.

Im 17. Titel bestimmt § 8:

„Will eine Partei — Kläger oder Beklagter — auf den Fall, wenn sie in dem Prozeß über die streitige Sache, Forderung oder Befugniß unterliegen sollte, sich an ihren Vormann halten: so ist sie schuldig, demselben ordentlich litem zu denunziren und auf seine Adcitation anzutragen."

Die §§ 10 ff. handeln von den Folgen der unterlassenen, die §§ 13 ff. von der Form und der Zeit der anzubringenden Litisdenunciation, die §§ 16 ff. von den auf die Denunciation zu erlassenden Verfügungen. Der § 10 bestimmt die Folgen für den Litisdenunciaten, wenn er sich nicht meldet; § 22 und 23 verordnet, daß, wenn der Litisdenunciat sich nicht meldet und die Assistenz verweigert, es hierbei sein Bewenden hat und der Hauptprozeß unter den Parteien fortgesetzt wird, gleich als ob eine Litisdenunciation nicht stattgefunden hätte. — Assistirt aber der Denunciat dem Litisdenuncianten, so wird er nach § 24 und 25 Prozeßpartei und bildet mit Letzterem eine Person. Folgerecht kann nach § 26 der Gegner einem solchen (assistirenden) Denunciaten ebenso wie dem Denuncianten Eide antragen, und diese Beiden (unter Umständen der am besten von der streitigen Thatsache unterrichtete) müssen sie leisten. — Geeigneten Falles kann auch der assistirende

Litisdenunciat den Prozeß allein übernehmen, aber nur mit ausdrücklicher Zustimmung des Gegners scheidet der Litisdenunciant aus dem Prozeß aus (§§ 28—30).

Die AGO also entfernt sich im Wesentlichen nirgend von den gemeinrechtlichen Grundsätzen über die Litisdenunciation. Sie kennt namentlich kein besonderes Institut einer Adcitation im Unterschied von jener. Nennt sie auch den Denuncianten, wenn er als Kläger gedacht ist, bisweilen Adcitanten, so hält sie doch diese Unterscheidung nicht fest, und in Wahrheit ist die Adcitation nichts als die richterliche Ladung auf gehörige Litisdenunciation.

Vgl. Koch, Preuß. Civilprozeß, 2. Ausgabe, S. 185 n. 4 (1. Ausg. S. 179 n. 4).

Auch nach preuß. Prozeßrecht also geschieht die Litisdenunciation zu dem Zweck, um dem Litisdenuncianten einen Beistand und Streitgenossen zu verschaffen; sie bezweckt und bewirkt nicht die Konstituirung eines Prozeßgegners des Litisdenunciaten, und sie gewährt keinen Raum für die Entscheidung von Streitfragen, welche zwischen dem Litisdenuncianten und dem Litisdenunciaten bestehen. §§ 22 und 23 a. a. O. — Und wie sie für den Litisdenunciaten keinen Zwang kennt, damit er der Denunciation zum Beistand des Litisdenuncianten Folge leiste und sich einlasse: so verpflichtet sie den Litisdenunciaten am allerwenigsten für den Fall zur Einlassung, daß er nach Art eines Prozeßgegners einen zwischen ihm und dem Litisdenuncianten obwaltenden Streit in einem für ihn fremden Prozeß zum Austrag bringen lasse.

Demgemäß wenn in einem Prozeß des Cessionars und Cessus über die cedirte Forderung der Cessionar des Regresses halber den Cedenten hat beiladen lassen und dieser dem Cessionar assistirt, so kann der Cessus den Cedenten als Gegenpartei behandeln und ihm über streitige Thatsachen Eide antragen.

Preuß. OTr. IV. Sen. Erk. v. 4. April 57 und 22. März 60 (Strieth. Arch. B. 25 S. 52 und B. 36 S. 349).

Auch der Cessus kann möglicher Weise wegen eines künftigen Rückgriffs auf den Cedenten diesem litem denunziren, also fordern, daß er ihm gegen den Cessionar beistehe und seine Vertheidigung verstärke. Assistirt dann der Cedent, so wird er Streitgenosse, nicht Gegner des Cessus, und deshalb kann wohl der Cessionar, also die Gegenpartei, dem Cedenten Eide antragen, nicht aber der Cessus. Was dieser gegen den Cedenten auszuführen haben mag, kann im Prozeß gegen den Cessionar nicht in der Weise ausgetragen werden, daß der Cedent auf Verlangen des Cessus als neue Prozeßpartei eintrete. Und deshalb ist eine Beiladung des Cedenten abseiten des Cessus, damit dieser jenem einen Schiedseid antrage, prozessualisch unstatthaft. Denn nach preuß. Recht ist der Cessionar Eigenthümer der ihm abgetretenen und von ihm eingeklagten Forderung (ALR I. 11 § 376, 393); das für das Gebiet des gemeinen Rechts mitunter zu Gunsten des Cessus gebrauchte Argument:

daß der klagende Cessionar nur procurator in rem suam sei, hinter ihm aber der Cedent als der eigentlich Berechtigte stehe, —

vgl. Wetzell a. a. O. S. 245 —

hat also für den Bereich des preuß. Rechts keinen Halt.

Bedarf mithin der Cessus zu seiner Vertheidigung gegen den Cessionar der eidlichen Versicherung des Cedenten, so muß er diesen als Zeugen laden lassen.

In vorliegendem Rechtsstreit hatte die Implorantin zwar nicht die Parteirolle eines debitor cessus, aber sie befand sich in einer analogen Lage. Der Klagewechsel ist vom Kläger nach dem Protest erworben; des Klägers Vormann und Girant ist H. B.; er muß sich also Einreden, welche dem Wechselschuldner gegen diesen B. zustehen, nach Art eines Cessionars gefallen lassen.

DWO Art. 16 Abs. 2.

Implorantin hat solche Einreden opponirt. Hätte Kläger in Folge dessen dem B. den Streit verkündet und dieser ihm Assistenz geleistet, so würde Implorantin befugt gewesen sein, dem B. über ihre Einreden den Eid anzuzutragen. Aber jenes ist nicht geschehen und B. in den Prozeß nicht eingetreten. Implorantin war demnach nicht berechtigt, zum Zweck eines Eidesantrags an ihn seine Adcitation zu fordern. — Daß sie ihrerseits befugt gewesen wäre, ihm den Streit Rechtens zu denunziren, damit er mit ihr gemeinschaftliche Sache mache, steht nicht in Frage.

Der Appellrichter hat also der Implorantin die Befugniß zum Eidesantrag an B. mit Recht und aus richtigem Grunde abgesprochen. Ob er überhaupt den B. hätte zur Erklärung auffordern dürfen, und ob es überhaupt zulässig gewesen wäre, selbst mit Einwilligung des Klägers und des B. diesem, also einer Nichtpartei, den Schiedseid abzunehmen und die Entscheidung des Prozesses auf solchen Eid zu stützen: diese Frage kann für den vorliegenden Prozeß unerörtert bleiben.

Nr. 53.

Plenum. — Erkenntniß v. 6. Juni 71. (Ref.)

(Vorschußverein zu Herborn ./. Th. und G. Thielmann Nr. 276 v. 71).

Preußen. Wechselsache. Beiderseitige Revision.

I. Instanz: Kreisgericht Dillenburg,

II. Instanz: Appellationsgericht Wiesbaden.

Wechsel auf Kündigung. Bürgschaft in Wechselform.

1. Eine lediglich auf Kündigung, bzw. eine gewisse Zeit nach Kündigung, gestellte Zahlungsverpflichtung ist kein Wechsel im Sinne der DWO.

DWO Art. 4 Nr. 4, Art. 7, 96, 98 Nr. 1.
Lübecker Einf.-Ges. v. 28. April 49, Art. 4.
Bayrisches Einf.-Ges. Art. 8.
Württemberger Einf.-Ges. Art. 6.
Preuß. OTr. Präjudiz Nr. 2259 v. 19. Dez. 50, Entsch. B. 20 S. 540; OTr. IV. Sen. Erk. v. 5. Juli 51, Strieth. Arch. B. 2 S. 222.

2. Die Zahlungszeit des Wechsels kann prinzipiell nur eine sein. Ein alternatives Nebeneinanderstellen von Bestimmungen der Zahlungszeit macht den Wechsel selbst dann ungiltig, wenn die eine getroffene Bestimmung unstatthaft ist.

DWO Art. 4 Nr. 4, Art. 7, 96, 98 Nr. 1.

3. Eine in Wechselform gekleidete Verbürgung ist rechtlich nur Wechselverbindlichkeit, daher bei deren etwaiger Ungiltigkeit gänzlich hinfällig.

Vgl. Rspr. I Fall 10 S. 59 u. II Fall 30, oben S. 152.

Der klagende Vorschußverein bewilligt nur gegen Wechselgarantie Kredit. Für den, in Vermögensverfall gerathenen, Schuldner Philipp D. war dem Verein als Deckung der mit dem Giro der Bekl. versehene Wechsel gegeben, dessen Fälligkeit auf „22. April 69 oder 30 Tage nach Kündigung" gestellt worden. Der I. Richter wies die Klage ab, der II. dagegen verurtheilte die Beklagten, indem er zwar (mit der Vorinstanz) den Wechselanspruch für ungiltig erachtete, aber eine davon unabhängige Bürgschaftsverpflichtung als erwiesen annahm.

Beide Theile riefen die Entscheidung des OHG an, welches als Revisionsrichter das Appellurtel aufhob und das I. Erkenntniß herstellte.

Gründe:

I. Anlangend die Klage aus dem Wechsel, so ist die Urkunde vom 22. April 68 kein Wechsel im Sinne der DWO. Sie trägt die Form einer Tratte, in welcher die Zahlungszeit durch die Worte: „am 22. April 69 oder dreißig Tage nach Kündigung" bezeichnet ist.

Eine solche Bezeichnung der Zahlungszeit entspricht den strikten Vorschriften des Art. 4 Nr. 4 DWO nicht; es fehlt an der erforderlichen giltigen Feststellung der Zahlungszeit, daher sämmtliche auf der Urkunde stehenden Erklärungen der Wechselkraft entbehren, DWO Art. 7. Denn:

1. eine lediglich auf Kündigung, bzw. auf eine gewisse Zeit nach Kündigung, gestellte Urkunde ist kein Wechsel im Sinne der Deutschen Wechselordnung. Diese in Theorie und Praxis weitaus vorherrschende Ansicht ist zwar um deswillen bezweifelt worden, weil oder falls die Klausel „auf, bzw. nach Kündigung" sich unter die Klausel „auf, bzw. nach Sicht" subsumiren lasse.* Jedoch mit Unrecht. Allerdings ist der Gebrauch des letztgedachten Ausdrucks nicht ausschließlich gewollt, vielmehr genügt ein gleichgeltender, wie die Beifügung der Worte: „Vorzeigung, a vista, ꝛc." im Text des Gesetzes und die Verhandlungen der Leipziger Konferenz ergeben.

Prot. 56, 57 (bei Thöl S. 14; Leipziger Ausgabe S. 13.).

Allein gleichgeltend ist nur ein solcher Ausdruck, welcher unzweideutig darauf hinweist, daß der Akt der Vorlegung oder Präsentation der Urkunde die Zahlungszeit bestimmen solle, und es darf weder präsumirt werden, daß ein Ausdruck, welcher nach Sprachgebrauch und Verkehrssitte eine Hinweisung dieser Art nicht enthält, im Sinne der Klausel „auf (oder nach) Sicht" gemeint sei, noch darf gar jede beliebige Willenserklärung der Vorzeigung der Urkunde rechtlich gleichgestellt werden. Denn geht der Zweck der Sichtklausel auch dahin, daß der Wechselnehmer die Zahlung beanspruchen dürfe, wann er will: so geht ihr Inhalt doch nur dahin, daß der Wechselnehmer die Zahlung verlangen dürfe, wenn er den Wechsel vorzeigt, und nur auf eine so

* Vgl. Hoffmann, Erläuterung der ADWO S. 195, 197.

geartete Willenserklärung beziehen sich die zahlreichen positiven Vorschriften über Sichtwechsel: DWO Art. 19, 20, 31, 32. Der Ausdruck „auf (oder nach) Kündigung" aber deutet nirgend auf eine Vorzeigung des Wechsels hin, vielmehr auf ein in beliebiger Form gestelltes Zahlungsverlangen; er läßt ungewiß, ob Kündigung des Gläubigers oder des Schuldners und welches unter mehreren Wechselschuldnern maaßgebend sei (Entsch. des OTr. zu Berlin B. 9 S. 342), und er ist weder nach gemeinem Sprachgebrauch, noch nach der Sprache der Gesetze, noch nach der Sitte des Geschäftsverkehrs, noch endlich von den Redaktoren der DWO als eine bloße Unterart des Ausdrucks „auf (bzw. nach) Sicht" oder diesem gleichbedeutend behandelt worden. Tratten auf Sicht sind von Altersher üblich; Tratten auf Kündigung waren völlig außer Gebrauch, und die unter der älteren preußischen Gesetzgebung in Folge § 774 Tit. 8 Th. II ALR aufgeworfene Frage nach ihrer Giltigkeit scheint eine nur theoretische gewesen zu sein. Eigene Wechsel auf oder nach Kündigung waren zwar in Gebrauch, wurden aber in Gesetz und Doktrin von den wenig gebräuchlichen eigenen Wechseln auf oder nach Sicht durchaus geschieden und mitunter besonderen Regeln, namentlich behufs urkundlicher Feststellung der Kündigung, unterworfen.

ALR II. 8 § 1187, vgl. § 77 u. 775;
Anhalt-Dessauische Wechsel-Ordnung v. 1822 § 109, vgl. § 10;
Treitschke, Encyclopädie des Wechselrechts I. S. 134, II. S. 528 ff., 570.

Während nun § 774 ALR II. 8, auf Grund dessen man die Statthaftigkeit der Tratten auf oder nach Sicht vertheidigt hatte, schon im Entwurf einer preuß. Wechselordnung von 1845 (§ 22 und Motive S. 15; vgl. Motive zum Entwurf von 1847, S. XXXII) fallen gelassen war: hatte noch der der Leipziger Wechselkonferenz vorgelegte preuß. Entwurf einer Wechselordnung von 1847 (§ 88) eigene Wechsel auf Kündigung als statthaft aufgenommen, allein keineswegs als eine Unterart der Sichtwechsel (§ 4 Nr. 4, § 87 Nr. 4), vielmehr als eine besondere Wechselart neben diesen, und die Motive des preuß. Entwurfs heben es (S. 77) ausdrücklich als eine Eigenthümlichkeit der eigenen Wechsel hervor, daß sie auf Kündigung gestellt werden dürfen.

Die Leipziger Konferenz hat diese Bestimmung des Entwurfs gestrichen und damit auch die eigenen Wechsel auf (oder nach) Kündigung ausgeschlossen; ohne daß von irgend einer Seite angedeutet worden wäre, daß sie selbstverständlich als Sichtwechsel giltig seien, oder sich möglicherweise unter diesen Begriff subsumiren ließen. Sie sind schlechthin und auch für letzteren Fall ausgeschlossen, denn das Wechselrecht erfordert eine unzweideutig als giltig erkennbare Bestimmung der Verfallzeit.

Prot. 835 bis 838 (bei Thöl S. 172, Leipziger Ausgabe S. 160, 161).

Dem entspricht es, daß einzelne Einführungsgesetze zur DWO theils ausdrücklich den sogenannten Kündigungswechseln die Wechselkraft entzogen haben Lübecker Einf.Ges. Art. 4), theils die Wirksamkeit der bei Einführung der Wechselordnung bereits ausgestellten eigenen Wechsel auf Kündigung auf eine bestimmte Zeit nach Inkrafttreten des Gesetzes eingeschränkt haben (Württemberger Einf.Ges. Art. 6; Bayrisches Einf.Ges. Art. 8).

2. Es ist vollkommen unstatthaft, in einer die Zahlungszeit alternativ — das einemal giltig und das anderemal ungiltig — bestimmenden Wechselurkunde einfach die letztere Bestimmung zu streichen, und so die eine, an sich giltige, Bestimmung allein zur Geltung zu bringen. Denn die Alternative ist überhaupt unstatthaft. Die Zahlungszeit kann prinzipiell nur Eine sein,

und diese muß aus dem Wechsel deutlich erhellen. Sind zwei Zahlungszeiten alternativ gesetzt, so läßt sich nicht erkennen, welche gewollt ist; jede von mehreren, an sich zulässigen Bestimmungen der Zahlungszeit verliert durch die alternative Nebeneinanderstellung ihre Geltung. Dies muß auch gelten, falls die eine Bestimmung der Zahlungszeit unstatthaft ist. Denn es läßt sich nicht feststellen, ob nur eine Bestimmung, und ob gerade die giltige Bestimmung gewollt sei; vielmehr muß angenommen werden, daß beide als gleichwerth geltend gewollt seien. Daher liegt kein Grund vor, die an sich, wenn nämlich alleinstehend, giltige Bestimmung der Zahlungszeit als die allein gewollte zur Geltung zu bringen. Ein bloßer Zusatz zu einer Hauptbestimmung, dessen Wegfall die letztere nicht berührt, wie etwa in dem positiv entschiedenen Falle, daß der Wechselsumme ein Zinsversprechen beigefügt ist, oder wie in einem, dem vorliegenden ähnlichen Falle das preuß. OTr. angenommen hat (Seuffert's Archiv XXIV Nr. 198), liegt überall nicht vor; da nichts darauf hindeutet, daß hier die Feststellung der Zahlungszeit auf den „22. April 69" die Hauptbestimmung und der Satz „30 Tage nach Kündigung", eine bloße Nebenbestimmung habe sein sollen. Die bloße örtliche Stellung aber entscheidet nicht.

II. Eine von der Wechselverpflichtung unabhängige solidarische Bürgschaft für die Contocurrentschuld des Philipp D. sind Beklagte gegen den klagenden Vorschußverein nicht eingegangen. Die entgegenstehende Annahme des Appellrichters verkennt die rechtliche Natur der Wechselverpflichtung und gelangt von diesem unrichtigen Ausgangspunkt zu einer dem wahren Sachverhalt nicht entsprechenden Beurtheilung des Thatbestandes.

Unzweifelhaft haben Beklagte sich wechselmäßig zu dem Zweck verpflichtet, um sich dadurch gegen den klagenden

Vorschußverein für die Contocurrentschuld des D. zu verbürgen. Es liegt somit eine in Wechsel (hier Indossamente) verkleidete Bürgschaft vor. Für solche aber gilt, daß das Rechtsverhältniß zwischen Gläubiger und Bürgen sich nicht nach der durch den Wechsel beabsichtigten Bürgschaft, sondern lediglich nach der Rechtsform bestimmt, in welche sie eingekleidet ist, somit lediglich nach dem Wechsel. Die Verbürgung kommt nur als Motiv und Zweck der Wechselverbindlichkeit, insoweit als überhaupt die causa der Obligation — aber nicht als zweite selbständige Obligation neben der Wechselverbindlichkeit — in Betracht. Die Verbürgung in Wechselform ist nicht eine Verbürgung nach civilrechtlichen, beziehentllich handelsrechtlichen Grundsätzen mit blos hinzutretender Wechselstrenge, sondern ausschließlich Wechselverbindlichkeit. Ist daher die Wechselverbindlichkeit unwirksam, so fällt nicht allein die Wechselstrenge hinweg und bleibt eine gewöhnliche civilrechtliche, beziehentlich handelsrechtliche Bürgschaft zurück; sondern die ganze Bürgschaft ist unwirksam, weil sie nur als Wechselverbindlichkeit geleistet ist. Nun ist freilich ein Doppeltes möglich:

1) daß die Parteien eine zwiefache Verbürgung, eine gewöhnliche und eine nur verstärkende wechselrechtliche beabsichtigen;

2) daß sie beabsichtigen, es solle die in Wechselform verkleidete Bürgschaft bei Ungiltigkeit des Wechsels als eine gewöhnliche Bürgschaft gelten. Allein für eine, zumal bei Obligationen von wesentlich verschiedener Wirkung, keineswegs sich von selbst verstehende Konversion dieser Art [Nr. 2] —

L. 1 § 4 Dig. 13, 5; L. 1 Dig. 29, 7; L. 47 Dig. 44, 7 —

fehlt es in vorliegendem Falle an jedem thatsächlichen Anhalt; vielmehr behauptet Kläger gerade umgekehrt, es habe die ursprünglich eingegangene Bürgschaft neben der später kontrahirten Wechselverbindlichkeit fortbestehen sollen. Eine gewollte zwiefache Verbürgung [Nr. 1] aber ist an sich schon darum unwahrscheinlich, weil die Verbürgung durch Wechsel — zu Gunsten des Gläubigers einerseits wie der Bürgen andererseits — die strengste und stärkste Form der Verbürgung ist, neben welcher die schwächere wenig Raum hat. Sache des Klägers wäre es daher gewesen, die gewollte zwiefache Verbürgung darzulegen, — nicht, wie der Appellrichter annimmt, Sache der Bekl., den Beweis des Gegentheils zu erbringen. Es muß aber dem I. Richter auch darin beigetreten werden, daß sogar dieser Gegenbeweis vollständig erbracht ist...

Ob D. in seinem Kreditbewilligungsgesuch und ob die Beklagten bei Unterstützung desselben sich des Ausdrucks „Verbürgung und dgl." bedient haben, ist schon darum irrelevant, weil diese „Verbürgung" gerade in Form der Wechselverpflichtung gewollt sein konnte, da die zu solchem Zweck eingegangene Wechselverpflichtung sowohl juristisch wie nach der Sprache des Geschäftsverkehrs als „Verbürgung" bezeichnet wird. Wenn ferner die Satzung des Vorschußvereins von 1861 § 32 vorschreibt, daß bei höheren Vorschüssen von dem Nachsuchenden Sicherheit durch einen Bürgen gefordert werden muß, die revidirte Satzung von 1865 aber durch „mindestens einen Bürgen", und wenn in der Generalversammlung des Vereins 1863 beschlossen worden ist, die Einführung der Wechsel zu genehmigen, der Ausschuß aber am 15. Dez. 66 beschlossen hat, „künftig als Bürgschaften für Kredite in laufender Rechnung den Wechsel ebenfalls einzuführen": so liegt darin allerdings, wie Kläger richtig bemerkt, keine Aenderung der Statuten. Denn diese enthalten über die Art der Verbürgung keine Bestimmung; war Verbürgung in Wechselform für Kredite in laufender Rechnung früher nicht in Gebrauch, so führte der Beschluß v. 15. Dez. 66 dieselbe ein — ob ausnahmelos, oder nur als Regel, oder gar nur nach dem Ermessen des Ausschusses, macht keinen Unterschied. Schwerlich aber in dem Sinne, daß nunmehr im Einzelfall beide Arten der Verbürgung, die ältere civilrechtliche und die neuere wechselrechtliche, kumulativ zur Anwendung gekommen wären. Ein Ausschußmitglied hat — in Uebereinstimmung mit einem N. N. — bezeugt, daß wenigstens seit 1868 statt der Bürgscheine Wechsel angewendet und Bürgscheine nicht mehr in Anwendung gekommen seien, und Kläger selber hat nicht behauptet, daß die Beklagten neben dem Wechsel Bürgscheine ausgestellt hätten. Es könnte also nur eine mündliche Verbürgung derselben neben der Wechselverpflichtung stattgefunden haben, und es ist völlig undenkbar, daß solche, bei dem bekannten Geschäftsgang der Vorschußvereine, von irgend einer Seite als verpflichtend betrachtet worden wäre, wie denn überhaupt die Entwickelung des Kreditverkehrs der deutschen Vorschußvereine nicht dahin gegangen ist, daß die Stelle der früher üblichen einfachen Schuld- und Bürgschaftsscheine durch mündliche Zusagen und Wechsel ersetzt worden ist, vielmehr lediglich durch Wechsel. Wie dieser Ersatz zu bewirken sei, hat der Begründer und Anwalt der deutschen Vorschußvereine, Schulze-Delitzsch in seiner Schrift „Vorschuß- und Kreditvereine als Volksbanken" (4. Auflage, 1867 S. 108 ff.) genau vorgezeichnet, und für einen Fall wie den vorliegenden, daß für Kredit in laufender Rechnung sich mehrere Personen verbürgten, den verschiedenen Betheiligten genau dieselben Rollen angewiesen, welche dieselben in dem vorliegenden Wechsel einnehmen (S. 123); den Gedanken aber einer in solchem Falle etwa noch außerhalb des Wechsels bestehenden Verbürgung weist er (S. 117) mit den Worten zurück: „sie verlieren dem Gläubiger gegenüber vermöge der Unterzeichnung des Wechsels ihre Eigenschaft als Bürgen und werden als Mitaussteller des Wechsels behandelt."

Ganz entscheidend ist, daß wie die Kreditbewilligung

an D., so auch die Annahme der Verbürgung seitens der Beklagten in einer für alle Theile bindenden Weise nur durch Beschluß des Ausschusses erfolgen konnte (Satzung § 4, 8, 28, 29, 31 bis 34) und nach Zeugen-Aussagen erfolgt ist; daß . . . in der betr. Ausschußsitzung einer von der Wechselausstellung verschiedenen Verbürgung nicht erwähnt, vielmehr auf den Wechsel der Kredit eröffnet worden ist; daß, wie ein Ausschußmitglied bezeugt, der Kredit vom Ausschuß auf Grund der Wechsel bewilligt wird, welche von den als Bürgen im Kreditbewilligungsgesuch benannten Personen unterzeichnet sind, und daß eine Abstempelung der Wechsel zum Zeichen der erfolgten Kreditbewilligung geschieht; endlich daß der Beschluß des Ausschusses laut Protokoll v. 24. April 68 dahin gelautet hat:

„dem Philipp D. Wechsel-Disconto-Kredit bis zum Betrage von . . . unter Giro von H., Th. und G. Thielmann zu ertheilen."

Ein angebliches Anerkenntniß des Bekl. G. Thielmann beschränkt sich, nach Aussage eines Zeugen, darauf, daß G. Thielmann demselben mitgetheilt hat, er wolle versuchen, sich wegen seiner dem Verein gegenüber für Philipp D. übernommenen Verbindlichkeit mit dem Verein zu vergleichen, und nach Aussage eines anderen Zeugen, daß G. Thielmann Anfangs März 69 einen solchen Vergleichsversuch wirklich gemacht hat. Hieraus läßt sich nur folgern, daß G. Thielmann sich jener Zeit dem Verein obligirt glaubte, nicht aber daß er anerkannt hat, demselben aus einer von der vermeintlichen Wechselverpflichtung unabhängigen Bürgschaftsleistung obligirt zu sein.

Fehlt es somit, außerhalb der ungiltigen Wechselverpflichtung, an jeder weiteren Verbürgung oder anderweitigen Verpflichtung der Beklagten, so war das den Kläger abweisende I. Urtheil schlechthin herzustellen. Damit erledigt sich materiell das Rechtsmittel des Klägers 2c.

Nr. 54.

Plenum. — Erkenntniß v. 10. Juni 71. (B.)

G. Schönnenbeck ./. A. Schüler (Nr. 315 v. 71).

Preußen. Wechselseparatum. Revision.

I. Instanz: Gerichtsdeputation Schwelm,
II. Instanz: Appellationsgericht Hamm.

Wechselseparatum nach Kontumazialverurtheilung des Bekl.

Nach altpreußischem Prozeßrecht ist der im Hauptprozeß in contumaciam verurtheilte Wechselbeklagte im Wechselseparatum nicht mehr zur Diffitirung seiner Wechselunterschrift zuzulassen.

AGO Th. I Tit. 27 § 52, 54.

Contra: Spruchpraxis des preuß. OTr. (Borchardt ADWO Zusatz 1063 S. 717).

Vgl. den Fall Nr. 49, oben S. 257 u. Nordd. PO Entw. § 659 ff.

So erkannt vom OHG als Revisionsrichter.

Gründe:

Der Appellrichter erklärt das Separatum der AGO Th. I Tit. 27 in Wechselsachen nur dann für zuläſſig, wenn der Wechselbekl. auf die Wechselklage im Hauptprozeß sich eingelassen hat und seine Einlassung eine eigentliche Einrede enthält. Inwiefern dieser Ansicht in solcher Allgemeinheit beizutreten sei, kann dahin gestellt bleiben, sowie auch, ob die AGO unter dem Ausdruck „Einwendungen" im § 54 Thl. I Tit. 27 nur die eigentlichen, auf besonderen Thatsachen und Fundamenten beruhenden Einreden in rein technischem Sinne gemeint hat und damit ganz allgemein alle anderen, blos bestreitenden Einwendungen vom Separatum hat ausschließen wollen.

Jedenfalls richtig und für den vorliegenden Fall entscheidend ist, daß der Wechselbeklagte im Separatum zur Diffession seiner Unterschrift unter dem Wechsel nicht mehr zugelassen werden kann, wenn er im Wechselprozeß beim Mangel jeglicher Einlassung über den Anspruch selbst und über seine Unterschrift in contumaciam verurtheilt worden ist.

Das Separatum in Wechsel- und Exekutiv-Sachen (§ 52 Tit. 27 und § 13 Tit. 28 Thl. I AGO) beruht — wie im gemeinen Prozeß — wesentlich darauf, daß wegen der nothwendig durch die Natur der auf Urkunden beruhenden Rechtsverhältnisse überall bedingten Beschleunigung jener Prozesse der Bekl. in seiner Vertheidigung erheblich beschränkt ist, jeder illiquide Einwand ausgeschlossen bleiben muß. Der Zweck eines solchen Separatums kann bei Wechselsachen somit nur darin bestehen, dem Wechselbekl. zur Ausführung seiner Einwendungen, woran er im Hauptprozeß durch die besondere Natur desselben in irgend einer Weise verhindert war, geeignete Gelegenheit zu geben. Es liegt hierin eine Ausnahme von der allgemeinen Regel, daß durch ein rechtskräftiges Erkenntniß der dadurch entschiedene Rechtsstreit zwischen den Parteien endgiltig abgeurtelt und eine solche Entscheidung durch keinerlei Einreden mehr angefochten werden soll; §§ 65, 66 der Einleitung und § 1 Tit. 16 Th. I AGO. Es soll den rechtskräftigen Entscheidungen in diesen besonders beschleunigten Prozessen ausnahmsweise jene Wirkung nicht beigelegt werden. Schon diese allgemeine Erwägung führt dahin, jene ausnahmsweise Befugniß der Partei nicht über das Bedürfniß und die erkennbare Absicht des Gesetzgebers auszudehnen, und es könnte daher fraglich sein, ob es angemessen und dem Gesetz entsprechend ist, solche Einwendungen im Separatum nachzulassen, an deren Vorbringen der Bekl. im Hauptprozeß erweislich gar nicht gehindert war. Es gilt das (abgesehen von anderen derartigen, hier nicht zu erörternden Einwendungen) in erster Reihe von dem Einwand gegen die Echtheit der Unterschrift des Wechselbekl. unter dem Wechsel. Der ganze Anspruch beruht auf der Urkunde und ganz wesentlich und vorzugsweise auf der Echtheit der Unterschrift; mit derselben fällt nothwendig und von selbst die Verpflichtung des aus dem Wechsel in Anspruch genommenen Bekl. Derselbe hat es aber regelmäßig in seiner Gewalt, durch eidliches Ableugnen seiner Unterschrift allein schon die Zurückweisung des erhobenen Anspruchs sofort und ohne jede Weiterung herbeizuführen. Es ist deshalb durchaus überflüssig und kann nicht wohl in der Absicht des Gesetzgebers gelegen haben, dem Bekl. ein Separatum für einen Einwand zu eröffnen, welchen er im Hauptprozeß — wie § 21 Th. I Tit. 27 AGO für alle Fälle ergiebt — durch alle Instanzen zu verfolgen gar nicht behindert war.

Daraus, daß im § 54 Tit. 27 Th. I die AGO dem Wechselbekl. allgemein die Ausführung „aller" im Hauptprozeß noch nicht vorgeschützten Einwendungen gestattet, läßt sich somit keineswegs der Schluß ziehen, daß damit auch Einwendungen gegen die Echtheit der Unterschrift nnd deren eidliche Diffession nachgelassen werden sollten. Daß dies nicht in der Absicht des Gesetzgebers gelegen haben kann, ergiebt sich schon zur Genüge aus dem Inhalt der jenem § 54 vorausgehenden Bestimmungen. Nach allgemeinen Vorschriften über die Aufnahme der Wechselklage, die darauf zu erlassende Vorladung und über das Kontumazialverfahren handeln die folgenden §§ 20 bis 44 über die Instruktion und speziell §§ 21 bis 24 von der Diffession der Unterschrift, bzw. dem anderweitigen Echtheitsbeweis und dann die späteren §§ ganz besonders von der Instruktion der Einwendungen.

Wenn schon aus dieser formalen Sonderung der Diffession und des Echtheitsbeweises von den Einwendungen ein Schluß auf die verschiedene Behandlung sowie darauf gezogen werden muß, daß das Ableugnen der Unterschrift überhaupt nicht zu den dort erwähnten Einwendungen zu rechnen sei, welche nach § 54 noch im Separatum geltend gemacht werden können: so ergiebt sich dieser Unterschied auch aus der materiell verschiedenen Behandlung. Es soll dem Wechselbekl. nach § 20 vor allen Dingen der Wechsel zur Rekognition oder Diffession vorgelegt werden, es soll, sofern er sich für letztere erklärt, ihm der Diffessionseid sofort abgenommen und damit das Verfahren geschlossen werden; es soll ferner, wenn der Kläger den Diffessionseid nicht gestatten, sondern den Echtheitsbeweis anderweit führen will, in Ansehung dieses Beweises beiden Theilen die nöthige Zeit gewährt werden. Die AGO enthält außerdem sehr ausführliche Vorschriften über die Abnahme des Diffessionseides, wenn der Bekl. wegen einer unternommenen Reise oder wegen bescheinigter Krankheit nicht selbst, sondern durch einen Bevollmächtigten erscheint. Obschon auch hierbei ein umständliches und selbst zeitraubendes Verfahren eintreten kann, wird die Verhandlung darüber doch nicht zum Separatum verwiesen, es soll danach vielmehr die Frage wegen der Diffession in dem Wechselprozeß selbst vollständig erledigt werden. Erst wenn der Wechsel rekognoscirt ist oder als rekognoscirt gilt, soll nach § 25 der Bekl. vernommen werden, ob und was er sonst gegen den Wechsel oder die Forderung einzuwenden hat, und nur in Beziehung auf diese Einwendungen geschieht im § 29 der illiquiden, im Wechselprozeß nicht weiter zu erörternden, sondern zum Separatverfahren zu verweisenden Einwendungen Erwähnung. Augenscheinlich liegt diesen Vorschriften die der gemeinrechtlichen Doktrin entsprechende Absicht zu Grunde, daß die Frage wegen der Diffession des Wechsels, als die das ganze weitere Verfahren wesentlich bedingende Vorfrage jedenfalls im Wechselprozeß selbst zum Austrag zu bringen und definitiv in diesem zu erledigen ist, und dann folgerecht auch nicht mehr von Neuem im Separatum zur Erörterung gezogen werden kann.

Das kgl. preuß. Ober-Tribunal hat zwar in verschiedenen Erkenntnissen eine entgegengesetzte Ansicht aufgestellt und insbesondere durch Erk. v. 1. Nov. 45, Entsch. B. 12 S. 368, den im Wechsel-Haupt-Prozeß rechtskräftig in contumaciam verurtheilten Bekl. im Separatum noch zur eidlichen Diffession seiner Unterschrift verstattet; vgl. außerdem die ähnliche Fälle entscheidenden Erk. desselben Gerichtshofes v. 27. Nov. 56 und 31. März 64, Entsch. B. 34 S. 488, B. 51 S. 468. — Als Grund hiefür ist dort aber nur angeführt,

„durch das Kontumazial-Erkenntniß im Wechselprozeß sei nur festgestellt, daß der damalige Bekl. in diesem Prozeßwege zahlen müsse. Für den Wechselprozeß gelte der Wechsel in contumaciam für rekognoscirt; absolut aber und mit wirksamer Kraft für das Separatverfahren sei dadurch die Authentizität dieser Urkunde nicht festgestellt. So wie die übrigen Ausstellungen gegen die Richtigkeit des Schuldverhältnisses, obwohl für den Wechselprozeß ausgeschlossen, für das Separatverfahren offen bleiben: so verhalte es sich auch mit der Behauptung, daß die Unterschrift nicht von dem angeblichen Urheber herrühre. Die AGO unterscheide in dieser Beziehung nicht."

Insoweit diese Ausführung darauf beruht, daß das Separatum einen selbständigen, vom Wechsel-Haupt-Prozeß völlig verschiedenen und unabhängigen Prozeß bilde, ist das Gegentheil bereits im diesseitigen Erk. v. 3. Juni [oben S. 257 ff.] umständlich ausgeführt. Im Uebrigen findet die Ansicht des kgl. OTr. ihre Widerlegung in der obigen Ausführung. Der Einwand gegen die Echtheit der Wechselunterschrift ist den sonstigen Einwendungen gegen die Richtigkeit des Schuldverhältnisses nicht gleichzustellen und — wie gezeigt — von der AGO in der That auch nicht gleichgestellt. Letztere unterscheidet allerdings zwischen beiden Arten von Einwendungen.

Das gegenwärtige Separatum ist lediglich darauf gestützt, daß die Unterschrift unter dem streitigen Wechsel nicht von dem jetzigen Kläger herrührt. Das Appellurtel, welches die Erörterung dieser Frage im Separatum für unstatthaft erklärt und den Kläger deshalb abweist, erscheint somit begründet und war zu bestätigen.

Nr. 55.

Plenum. — Erkenntniß v. 13. Juni 71. (V.)

Wittwe Peddinghaus ·/. F. W. Lohmann's Konkurs-Kurator (Nr. 258 v. 71).

Preußen. **Nichtigkeitsbeschwerde.**

I. Instanz: Gerichts-Deputation Schwelm,

II. Instanz: Appellationsgericht Hamm.

Hamburger Fallitenrecht. Dessen Wirkung auf Bestand und Geltendmachung von Forderungen preußischer Gläubiger in Preußen.

Das Hamburger Fallitenrecht von 1753 — welches in Folge des Konkursverfahrens die Forderungen der Gläubiger theilweise untergehen läßt — bleibt in Preußen außer Betracht, wenn der Gläubiger sich jenem Konkursrecht nicht unterworfen hat und in der Lage ist, sein Guthaben in Preußen zur Geltung zu bringen.

Nach dem Prinzip von der Territorialität der Rechte.

Der Kaufmann Peddinghaus hat einen ihm von F. W. Lohmann aus Hamburg im August 64 übersendeten Wechsel für dessen Rechnung realisirt. Die Lohmannsche Fallitmasse klagt jetzt von der (auf Grund der Gütergemeinschaft) solidarisch mitverhafteten Wittwe Peddinghaus die betreffende Summe ein.

Die Bekl. stellt eine im Oktober 56 ihrem Ehemann aus Waarenlieferung erwachsene Gegenforderung nebst Zinsen zur Kompensation, dringt damit aber in I. und II. Instanz nur theilweise durch, weil F. W. Lohmann bereits 1862 zu Hamburg in Konkurs verfallen war, und durch das damalige Fallimentverfahren nach dortigem Recht die Buchschuld an Peddinghaus auf Höhe von 60% als in jeder Beziehung untergegangen gilt, nur auf Höhe von 40% noch einredeweise (oder durch eine eigenthümliche „Hamburger Nachnahme") geltend gemacht werden darf. Auf NktBschw. der Bekl. ist das Appellurtel vernichtet und die klagende Masse, für den Fall einer die Gegenforderung der Bekl. feststellenden Eidesleistung, abgewiesen worden.

Gründe des OHG.

Der Appellrichter stützt sich gleich dem I. Richter auf das Hamburger Fallitenrecht. Aus Art. 105 Nr. 2 der neuen Fallitenordnung der Stadt Hamburg v. 31. Aug. 1753 und aus dem Rechtsgutachten des Hamburger Obergerichts v. 10. Dez. 1869 entnimmt er, daß das 1862 über F. W. Lohmann's Vermögen zu Hamburg eröffnete Falliment-Verfahren die Waarenforderung der jetzigen Bekl. auf 40% ihres Bestandes ermäßigt, ihr wenigstens in den überschießenden 60% einen kompensationsfähigen Anspruch nicht gelassen habe. Für diese Anwendung des Hamburger Rechts giebt der Appellrichter keinen anderen Grund als:

die Forderung habe dem Ehemann der Bekl. gegen einen Hamburger Schuldner, der fallit geworden, zugestanden, und nur die Hamburger Gesetze könnten darüber entscheiden, ob und inwieweit diese Forderung durch das Falliment-Verfahren unterging oder bestehen blieb.

Dieser Grund ist nicht zutreffend.

Die Waarenforderung, um die es sich handelt, soll entstanden sein auf Grund einer brieflichen Ordre des F. W. Lohmann aus Hamburg v. 24. Jan. 56 an Peddinghaus & Altenloh, bzw. den Ehemann der Bekl. zu Vorde, lautend auf 160 Kisten Stahl, zur Verfügung von Lohmann abzusenden an Spediteure in Harburg. — Daß diese Obligation, wie die Replik behauptet, ihr „rechtliches Domizil" in Hamburg gehabt habe, ist nicht erkennbar. Es ist nichts vorgebracht oder festgestellt, aus dem zu entnehmen wäre, daß der Ehemann der Bekl. sich wegen dieser Obligation, insbesondere in Ansehung der Verpflichtungen des Käufers — gegen die § 248 Tit. 5 (§ 93 Tit. 11), § 52 Tit. 16 Th. I ALR — habe dem Hamburger Recht unterwerfen wollen, wennschon der ordentliche Gerichtsstand des Lohmann für die Kaufgelderschuld in Hamburg, als seinem damaligen Wohnort, verblieb. — Namentlich kann nicht angenommen werden, daß das Hamburger Recht vermöge des Willens der Kontrahenten für den Fall etwaiger Insolvenz des Lohmann die Frage nach der gänzlichen oder theilweisen Erlöschung der Obligation habe entscheiden sollen. Denn die freie Unterwerfung der Kontrahenten unter ein bestimmtes örtliches Recht der Obligation versteht sich von der Sicherung ihrer Erfüllung, ist also nicht annehmbar, wenn sie auf Rechtsnormen führen würde, welche dem Schuldner die Erfüllung der Obligation gänzlich oder theilweis erließen.

Vgl. v. Savigny System B. VIII S. 277, 281;
Bar, internationales Privat- 2c. Recht (§ 78) S. 279.

Die Unzulässigkeit dieser Annahme ergiebt sich auch aus folgender Erwägung. Wäre in der That die Hamburger Falliten-Ordnung für die durch Falliment des Lohmann entstandene Erlöschung seiner Schuld nach dem Willen der Kontrahenten als örtliches Recht der Obligation maaßgebend gewesen: so hätte letzteres auch zur Anwendung kommen müssen, wenn Lohmann vor dem Eintritt seines Falliments seinen Wohnsitz nach außerhamburgischem Gebiet verlegt hätte und im neuen Domizil in Konkurs gefallen wäre. Und diese Folgerung würde an den Konkursrichter des neuen Domizils die widersinnige Zumuthung stellen, auf jene Obligation und ähnliche andere nicht das Konkursrecht seines Landes, sondern die Hamburger Fallitenordnung, bzw. andere Konkursordnungen anzuwenden.

Wie also die Bekl. von dem örtlichen Recht der Obligation nicht der Hamburger Fallitenordnung in Ansehung des Bestandes ihrer Forderung unterworfen wird, so liegt auch im Begriff des Konkurses nichts, das diese Unterwerfung nothwendig machte.

Das Konkursverfahren setzt einen insolventen Schuldner voraus, bezweckt die verhältnißmäßige Befriedigung der Gläubiger aus der vorhandenen Masse, und bewirkt deshalb die Realisirung sowie die ausgleichende Vertheilung der Masse unter die Kreditoren. An sich also erscheint der Konkurs nur als ein generelles Exekutionsverfahren gegen eine Vermögensmasse, und deshalb berührt er den Fortbestand der bei dieser Masse ganz oder theilweis ausgefallenen Forderungen nicht.

v. Savigny a. a. O. S. 283; L. 1 Cod. 7, 71.

Um seinen Zweck leicht und völlig zu erfüllen, ist er nur an einem Orte, also vor einem Konkursgericht möglich; und aus demselben Grunde muß er das gesammte Vermögen des Kridars attrahiren.

Innerhalb desselben Staats- und Rechtsgebiets erfüllt er diese Aufgabe meist ohne Schwierigkeit. Denn die (prozessuale) Thätigkeit und Kompetenz des Konkursrichters ist innerhalb desselben Staatsgebiets durch die staatliche Autorität geschützt.

Aber außerhalb dieser Autorität beginnt die Kollision. Auswärtige Staaten erkennen die jurisdiktionelle Kompetenz des ihnen fremden Konkursgerichts nicht an. Sie unterwerfen das in ihrem Gebiet befindliche Vermögen des Kridars nicht der durch den fremden Konkursrichter verhängten Beschlagnahme;* sie reprobiren in Bezug auf dieses Vermögen die attrahirende Kraft des nicht von ihnen erkannten Konkurses; sie eröffnen darüber allenfalls einen selbständigen, von den Regeln und Gesetzen des fremden

* Vgl. Rspr. I Fall 52 S. 300.

Staats unabhängigen Spezial-Konkurs, und wenn sie es ausliefern, so sichern sie doch vorweg daraus ihren eigenen Angehörigen als Gläubigern und auch Anderen, von denen sie nach ihrem Recht darum angegangen werden, Befriedigung, gleich als ob der auswärtige Konkurs nicht existirte. Dieses Verhalten rechtfertigen sie kraft ihrer selbständigen staatlichen Jurisdiktion. Auf ihr beruht noch heut der internationale Rechtszustand in Ansehung des Konkurses.

Story, commentaries of the conflict of laws § 338 ff.;

Fölix, traité du droit international B. 1 S. 119, B. 2 S. 308, 468, 538;

Rheinisches Archiv B. 58, Abtheilg. 2, A S. 198;

Striethorst Archiv B. 29 S. 291.

Um ihn zu mildern und zu modifiziren, bedarf es staatlicher Konventionen, welche die beiderseitigen Staatsangehörigen der Jurisdiktion der paktirenden Staaten unterstellen. Wo diese fehlen, bleibt der Bestand der Forderungen auswärtiger Kreditoren intakt, so lange und so weit sie ihre Befriedigung aus Vermögensobjekten beanspruchen, welche der Jurisdiktion des Konkursgerichts nicht unterliegen.

Diese Regel trifft namentlich Erlöschungsgründe, welche nicht sowohl auf der rechtlichen Natur des Konkurses an sich beruhen, als vielmehr nebenbei dem Konkursverfahren partikularrechtlich eingefügt sind.

Abweichend nämlich von dem gemeinen Recht statuiren territoriale Konkursordnungen den Zwangsaccord mit der Wirkung, daß eine Mehrheit von Gläubigern die Minderheit zu einer Stundung oder zu einem theilweisen Erlaß ihrer Forderungen verpflichten kann. Dieses Institut, wo es gesetzlich besteht, soll die Konservirung und Wiederaufrichtung des falliten Schuldners ermöglichen und gleichzeitig durch schleunige, also billige Beendung des Insolvenzverfahrens den Interessen der Gläubiger dienen. Auf derselben Absicht beruht die Vorschrift einzelner Konkursordnungen, welche besonders qualifizirte Falliten nach Entrichtung bestimmter Prozente oder nach Abtretung ihres Vermögens an die Gläubiger von dem dadurch nicht getilgten Rest ihrer Schulden befreit.

Diese territorialen Gesetze, welche zu einem Vergleich und Erlaß zwingen, sind eminent singulärer Natur. Sie unterdrücken das gemeine und kontraktliche Recht des Kreditors, welcher von seinem Schuldner vollständige Erfüllung fordern, also ihn so lange zur Zahlung anhalten kann, als er zu zahlen vermag. Sie verpflichten also nur denjenigen Gläubiger, welcher jenen Gesetzen unterthan ist oder sich ihnen unterworfen hat. Sie versagen zwar vermöge ihrer Absicht auch dem auswärtigen Kreditor weitere Rechtsverfolgung innerhalb des Gebiets ihrer Geltung, schützen also innerhalb desselben den Falliten schlechthin gegen weitergehenden Anspruch; aber außerhalb desselben, namentlich gegen die Befriedigung aus Vermögensstücken, die sie nicht beherrschen, erweisen sie sich machtlos.

Vgl. Rheinisches Archiv B. 57, Abthlg. 2, A S. 79—83 (Erk. des OTr. v. 15. Dez. 62.)

Diese Ansicht ist nicht ohne Gegner. Man hat hervorgehoben:

jene Gesetze bezweckten Sicherung des Schuldners gegen erneutes Andringen der Gläubiger; diese und eine gerechte Vertheilung der Masse sei unmöglich, wenn auswärtige Gläubiger von neuem Exekution erwirken könnten. Ferner: der Richter des Landes, in welchem der Konkurs stattgefunden, müsse nach dessen Recht alle Gläubiger — in- wie ausländische — behandeln; folglich bestehe dieselbe Pflicht für den auswärtigen Richter. Konsequent müßte man die auswärtigen Gläubiger von der Theilnahme am Konkurse ausschließen, wenn sie nicht mit den Vortheilen auch die Nachtheile desselben übernehmen sollten. — Ein Fallit, den sein Konkurs gegen auswärtige Gläubiger nicht schütze, werde gehindert, in anderen Ländern Vermögen zu erwerben. Und man nehme den späteren Gläubigern, was man den den füheren gewähren wolle.

Vgl. Bar a. a. O. S. 280, 281.

Allein diese Gründe sind nicht zutreffend. Daß die von einem Staate intendirte Erhaltung des Nahrungsstandes seiner falliten Schuldner auch andere Staaten zur Anwendung der hierauf berechneten Gesetzgebung verpflichte, ist ein Satz, der nicht zu behaupten, sondern zu erweisen gewesen wäre. Jedenfalls folgt er daraus nicht, daß der Richter des Landes jener Gesetzgebung diese auch auf auswärtige Gläubiger anzuwenden verpflichtet ist. Daß derjenige Gläubiger, der sich dem fremden Konkursrecht unterworfen hat, nach diesem Recht nehmen muß, ist bereits oben erwähnt. Eine andere, hier nicht zu entscheidende Frage aber ist die, ob die bloße Einlassung in den Konkurs, die Annahme bestimmter Prozente schlechthin als solche Unterwerfung gelten kann. — Der Umstand endlich, daß späterer Erwerb im Auslande von früheren, unbezahlt gebliebenen Gläubigern zu ihrer Befriedigung angegriffen werden kann, läßt sich nur dann als Uebelstand bezeichnen, wenn ein Recht des Schuldners auf Befreiung von seinen Schulden auch außerhalb seines Domizillandes nicht nur anerkannt, sondern auch dem Recht der Gläubiger auf Befriedigung vorangestellt werden darf.

Der Appellrichter hat nun nicht festgestellt, daß der Ehemann der Bekl. sich dem Hamburger Fallitenrecht unterworfen, namentlich sich in das Fallimentverfahren des F. W. Lohmann eingelassen und accordmäßige Prozente empfangen hätte. Er konnte auch eine solche Feststellung nicht treffen, weil von der Klägerin selbst angegeben ist, daß Peddinghaus die Aufforderung des Konkursverwalters, sich beim Konkurse zu melden und seine Forderung zu liquidiren, unbeachtet gelassen und aus der Masse nichts erhalten hat. — Der Appellrichter ist ferner nicht davon ausgegangen, daß das preußische Recht die attrahirende Kraft des auswärtigen Konkurses anerkenne und damit die preußischen Gläubiger dem fremden Konkursrecht unterwerfe. Er hätte auch diesen Satz nicht aufstellen können, weil die preuß. Konkursordnung v. 8. Mai 55 (§ 292 ff.) über das inländische Vermögen eines auswärtigen Kridars einen nach preuß. Recht zu behandelnden und wirksamen Partikular-Konkurs eröffnet, bzw. das inländische Vermögen ohne Rücksicht auf das auswärtige Konkursrecht zur Befriedigung namentlich inländischer Gläubiger verwendet und nur den Ueberrest zur fremden Konkursmasse abliefert. — Der Appellrichter hat endlich nicht festgestellt, daß ein Staatsvertrag in dieser Rechtslage zu Gunsten des Hamburger Falliten etwas geändert habe; § 296 a. a. O. Er hätte auch eine solche Feststellung nicht treffen können, weil zwischen Preußen und Hamburg ein derartiger Staatsvertrag nicht existirt; (vgl. Rescript v. 7. Juni 58, Justiz-Ministerial-Bl. S. 190). — Wenn er dennoch blos aus dem Grunde:

> weil das Falliment des F. W. Lohmann nach Hamburger unkontroversem Recht 60% der Waarenforderung der Bekl. zerstört, insoweit also der Bekl. das Kompensationsobjekt entwunden habe,

die Kompensation verworfen hat: so ruht seine Entscheidung — weil auf rechtsgrundsätzlichem Verstoß — auf nichtigem Grunde, und sie verletzt, wie mit Recht gerügt worden, das in den §§ 293, 294, 295 der preuß. Konkurs-Ordnung anerkannte Prinzip der nicht-attrahirenden Kraft des Konkurses und die §§ 301 u. 361 ALR I, 16 durch unterlassene Anwendung sowie den von der NktBschw. im Wesentlichen richtig dahin formulirten Rechtssatz:

die Vorschriften ausländischer Konkursgesetze, wonach in Folge des Konkursverfahrens die Forderungen der Gläubiger ganz oder theilweis untergehen, bleiben in Preußen außer Betracht, wenn der Gläubiger (welcher sich dem auswärtigen Konkursrecht nicht unterworfen hat) in der Lage ist, seine Forderung agendo oder excipiendo im Inlande zur Geltung und Realisirung zu bringen.

Sonach war das Appellurtel, soweit es der Bekl. die Kompensation mit 60% der Waarenforderung versagt, zu vernichten 2c.

Wenn der Wechsel selber von der Bekl. noch retinirt und seine Herausgabe gefordert würde, so wäre über die Verweigerung der letzteren nach Art. 313 Abs. 2 und 314 Abs. 2 HGB zu entscheiden. Denn der Wechsel ging dem Ehemann erst 1864, also nach Einführung des HGB zu. Allein der Wechsel ist bereits 1864 weiter verkauft, und es wird die Zahlung seiner Valuta begehrt. Zu der Begebung des Wechsels war der Ehemann der Bekl. befugt; denn der Kridar sendete ihn mit der brieflichen Bitte „ihm solchen zu begeben" oder „zum Discont." Freilich war die Bitte hinzugefügt, „den Gegensatz in den nächsten Tagen zu übermachen." Aber indem der Ehemann der Bekl. den Wechsel annahm und begab, verzichtete er nicht auf Kompensation des Erlöses auf seine alte Forderung. Er übernahm keine Verpflichtung, den Erlös „baar zu zahlen" (§§ 372 und 373 ALR I. 16); sondern er ward nur verbindlich, ihn zu gewähren, und er gewährte ihn, indem er den Kridar von einer gleich hohen Schuld entlastete. Sein Verhalten kann also als ein doloses nicht bezeichnet werden. Selbst wenn man daher den Brief v. 9. Aug. 64 mit den Instanzrichtern als einen Auftrag (Kommission) und nicht als eine Kaufsofferte behandeln wollte, so würde dem Ehemann der Bekl. die Kompensation nicht versagt gewesen sein.

Vgl. preuß. OTr. Erk. v. 15. April 56, 9. und 19. Juni 60, (Strieth. Arch. B. 21 S. 79, B. 38 S. 39; Entsch. B. 43 S. 452.)

Daß dem Ehemann der Bekl. für die seit 1856 rückständige Waarenforderung Verzugszinsen gebührten, bedarf keiner Ausführung. —

Nr. 56.

Plenum. — Erkenntniß v. 13. Juni 71. (B.)

Oberschlesische Eisenbahngesellschaft ./. M. Hadra (Nr. 283 v. 71).

Preußen. **Richtigkeitsbeschwerde.**

I. Instanz: Stadtgericht Breslau,
II. Instanz: Appellationsgericht daselbst.

Frachtbeförderung über mehrere Bahnen, Reglements.

Bei einer über mehrere Eisenbahnen gehenden Frachtbeförderung bildet, in Ermangelung besonderer Vereinbarung, nicht durchweg das Reglement der Aufgabestation den Frachtvertrag; vielmehr entscheidet für jede benutzte Bahnstrecke das betreffende Bahnreglement.

HGB Art. 391, 422, 424, 427; vgl. 429, 430.

Anwendung auf Benutzung unbedeckter Wagen.

Kläger hat 1867 von der Güterexpedition der Oberschlesischen Eisenbahn zu Breslau Frachtgut ausgeliefert erhalten, welches acht Tage zuvor in Ungarn aufgegeben und zunächst von der österreichischen Kaiser-Ferdinands-Nordbahn, dann von der Wilhelmsbahn und erst seit Cosel auf der Oberschlesischen Bahn befördert worden war. 160 Sack der Waare (gemahlene Hirse) kamen in ungedeckten Wagen und vollkommen durchnäßt an. Kläger verlangt jetzt von der Oberschlesischen Eisenbahn-Gesellschaft Ersatz des Minderwerths des auf dem Transport beschädigten Frachtguts.

In I. Instanz wurde Kläger abgewiesen, in II. Beklagte verurtheilt. Die NktBschw. der Letzteren blieb erfolglos.

Gründe des OHG:

Die dem Kläger durchnäßt und verdorben ausgelieferten 160 Säcke gemahlene Hirse sind unstreitig von der Aufgabestation Ungarisch Hradisch an bis zur Ablieferungsstation Breslau in unbedeckten Wagen transportirt worden. Wäre diese Transportart zwischen dem Absender einerseits und der Verwaltung der Kaiser-Ferdinands-Nordbahn auf der Aufgabestation andererseits vereinbart worden: so hätte — nach § 22 Nr. 2 des Reglements für den Güterverkehr auf den Bahnen des Vereins Deutscher Eisenbahnverwaltungen v. 1. März 65, verbunden mit HGB Art. 424 Abs. 1 Nr. 1, Abs. 2, 3 — die beklagte Gesellschaft für den durch Durchnässung entstandenen Schaden nur insofern aufzukommen, als gegen sie der Nachweis anderweitiger Schadenentstehung oder aber eines Verschuldens einer Bahnverwaltung oder deren Leute geführt worden wäre, wogegen in Ermangelung einer entsprechenden Uebereinkunft Beklagte gemäß Art. 395, 396, 401 HGB den entstandenen Schaden vergüten muß. Eine ausdrückliche Vereinbarung über den Transport in unbedeckten Wagen hat bei der Aufgabe der Hirse nicht stattgefunden. Es fragt sich daher nur, inwiefern Reglementsbestimmungen der bei dem Transport betheiligten drei Bahnen geeignet sind, den Mangel einer ausdrücklichen Vereinbarung zu ersetzen. Der Appellrichter erachtet hierzu lediglich die Bestimmungen des für die Aufgabestation geltenden Reglements, bzw. Tarifs für geeignet, dagegen soll es in Ermangelung solcher auf die Reglements, bzw. Tarife der übrigen bei dem Transport betheiligten Bahnen nicht ankommen, weil im Art. 424 HGB immer nur vom Absender die Rede ist, um dessen Einverständniß es sich handelt; und er hat aus diesem Grunde den Zusatz 10 zu § 22 Nr. 2 des für die preußische Wilhelms- und die Oberschlesische Bahn im Jahre 67 geltenden Reglements für die preuß. Staats- und unter Verwaltung des Staats stehenden Bahnen v. 3. Sept. 65 auf den vorliegenden Fall für unanwendbar erklärt.

Hierin liegt, wie Implorantin mit Recht rügt, ein Verstoß gegen HGB Art. 424, verbunden mit 423, 391. Denn wenn auch selbstverständlich HGB Art. 424 Nr. 1 eine Vereinbarung der Bahnverwaltung mit dem Absender, als ihrem Kontrahenten, erfordert: so folgt daraus doch keineswegs, daß nach dieser Vereinbarung lediglich das Reglement der Aufgabestation den Inhalt des Vertrages bestimme. Vielmehr verpflichtet sich, falls ein Transport über mehrere Bahnen übernommen wird, die Verwaltung der Aufgabestation zwar lediglich nach Maaßgabe ihres eigenen (Spezialtarifs oder) Reglements, bzw. des subsidiären Vereinsreglements für diejenige Strecke, auf welche sich ihr eigenes Reglement bezieht, hingegen nach Maaßgabe der möglicherweise anwendbaren fremden Reglements für diejenigen Strecken, welche über ihre eigene Bahn hinausliegen, gleich als hätte sie in Vertretung der Verwaltungen der übrigen betheiligten Bahnen den Transport übernommen. Dem entsprechend enthalten die formularmäßigen Frachtbriefe, und so auch der vorliegende, den die Vereinbarung des Absenders mit der Verwaltung der Aufgabestation konstatirenden Vermerk:

> „Sie empfangen die nachstehend verzeichneten Güter auf Grund der im Reglement für den Vereinsgüterverkehr auf den Bahnen des Vereins Deutscher Eisenbahnverwaltungen, sowie der in den besonderen Reglements der betreffenden Bahnen, bzw. der Verbände, enthaltenen und mir bekannten Bestimmungen, welche für diese Sendung in Anwendung kommen."

Der Appellrichter hätte sonach von den für den Weitertransport über Oderberg hinaus allerdings maaßgebenden und nach Inhalt des Frachtbriefs zur lex contractus erhobenen Bestimmungen des preuß. Reglements v. 3. Sept. 65 nicht absehen dürfen. Das lediglich auf die unrichtige Interpretation des Art. 424 HGB gestützte und um deswillen der Vernichtung ausgesetzte Urtel war indessen aus folgenden Gründen aufrechtzuerhalten.*

Allerdings muß regelmäßig der gesammte Inhalt der sämmtlichen für den betreffenden Transport maaßgebenden Reglements, welchen sich der Absender durch Ausstellung des formularmäßigen Frachtbriefs unterworfen hat, zwischen diesem und der Verwaltung der Aufgabestation, sowie den weiteren, das Gut mit dem ursprünglichen Frachtbrief annehmenden Bahnverwaltungen als vereinbart gelten,

HGB Art. 391, 401, 423,

und diese Vereinbarung ist für die Rechtsverhältnisse aller Betheiligten maaßgebend, sofern sie nicht gegen die Prohibitivvorschriften des Art. 423 HGB verstößt. Steht daher in einem der maaßgebenden Reglements, daß die Verwaltung der betreffenden Bahn befugt sei, gewisse Güter in offenen Wagen zu befördern, sofern nicht der Absender bei der Aufgabe das Gegentheil verlangt (und ein solches Verlangen ist hier nicht gestellt): so erscheint der Transport in unbedeckten Wagen als vereinbart. Denn unter welchen Voraussetzungen eine „Vereinbarung" anzunehmen sei, bestimmt HGB Art. 424 Abs. 1 Nr. 1 nicht; vielmehr stellt Art. 423 im Allgemeinen Verträge „mittelst Reglements" den Verträgen „durch besondere Uebereinkunft" gleich, und der Antrag, daß der Absender sein Einverständniß mit dem Transport in unbedeckten Wagen durch ausdrückliche Erklärung im Frachtbrief kundzugeben habe, ist bei der Berathung des Gesetzes abgelehnt worden.

Prot. S. 4788, vgl. S. 4796, 4799, 5108.

Maaßgebend für den hier in Frage stehenden Transport war aber, wie durch Auskunft der Direktion der Kaiser-

* Vgl. oben Fall 48 S. 251.

Ferdinands-Nordbahn festgestellt ist, nicht das Reglement für den Verbandgüterverkehr zwischen Breslau einerseits und Wien, Gänserndorf, Brünn und Olmütz andererseits vom 1. Januar 65 (dessen Nr. 10 der Zusatzbestimmungen zu § 22 Nr. 2 des Vereinsgüterreglements allerdings die betreffende Bestimmung enthält), da die Aufgabestation Ungarisch Hradisch im Jahre 67 nicht zu denjenigen Orten gehört hat, für welche auf der Strecke Wien-Breslau ein direkter Verkehr stattfand. Es kommen somit — neben dem für den ganzen Transport subsidiär geltenden Vereinsgüterreglement, dessen § 22 Nr. 2 jedoch lediglich von der im Art. 424 Nr. 1 HGB den Eisenbahnen freigestellten Befugniß Gebrauch macht, ohne zu bestimmen, unter welchen Voraussetzungen eine „Vereinbarung mit dem Absender" vorliege — die Spezialreglements der Kaiser-Ferdinands-Nordbahn, der preuß. Wilhelms- und der Oberschlesischen Bahn für je die betreffende Transportstrecke zur Anwendung. Daß das Spezialreglement der erstgedachten Bahn die betreffende Bestimmung enthalte, hat Beklagte nicht behauptet, vielmehr ist (durch amtliche Auskunft der Direktion der Kaiser-Ferdinands-Nordbahn und durch eidliche Aussage des Stationsvorstands zu Ungarisch Hradrisch) festgestellt, daß die Verladung von Getreide auf offenen Wagen im Jahre 67 nicht ohne schriftliche oder doch sonst ausdrückliche Genehmigung der Absender geschehen durfte. Dagegen enthält allerdings das für die preuß. Wilhelmsbahn wie für die Oberschlesische Bahn im Jahre 67 in Geltung gewesene Betriebsreglement für die preuß. Staatsbahnen und unter Staatsverwaltung stehenden Bahnen v. 3. Sept. 65 zu § 22 Nr. 2 den gleichen Zusatz, wie das vorstehend erwähnte Wien-Breslauer Verbandreglement, und es würde, falls gemahlene Hirse zu den Gütern der ermäßigten Tarifklasse gehört und in vorliegendem Falle zum niedrigeren Tarife befördert worden ist, allerdings für die Transportstrecke Oderberg-Breslau die Beförderung in unbedeckten Wagen mit der Wirkung statthaft gewesen sein, daß die mit dieser Transportart verbundene Gefahr von dem Absender, bzw. Empfänger zu tragen war. Allein dies reicht nicht aus, die Beklagte von ihrer Verpflichtung zur unversehrten Ablieferung des Guts, bzw. zum Schadenersatz gemäß HGB Art. 395, 396 zu befreien. Denn nach HGB Art. 401 hat Beklagte, welche das Gut mit dem ursprünglichen Frachtbrief übernommen, in Bezug auf den von dem früheren Frachtführer ausgeführten Transport für dessen Verbindlichkeiten einzustehen. Nun ist prozessualisch festgestellt, daß der Absender der Hirse in Ungarisch Hradisch seine Genehmigung zum Transport auf unbedeckten Wagen nicht ertheilt hat; wäre somit auch der Transport der Hirse auf offenen Wagen von Oderberg bis Breslau in Gemäßheit des für diese Strecke geltenden Reglements als vereinbart zu erachten, so war er doch bis Oderberg nicht vereinbart. Beklagte hätte somit entweder erweisen müssen, daß die Durchnässung der Hirse nicht schon auf der Transportstrecke von Hradisch bis Oderberg, sondern erst auf der folgenden geschehen sei; oder aber daß die Durchnässung der Hirse auf der Strecke Hradisch-Oderberg nicht ihren Grund in dem Transport auf offenen Wagen gehabt habe, da für diese Strecke ihr die gesetzliche Modifikation der Beweislast, HGB Art. 424 Nr. 2 nicht zu Gute kommt. Keine dieser Thatsachen hat sie auch nur behauptet, vielmehr in ihrer Streitverkündigung an die Direktion der Kaiser-Ferdinands-Nordbahn angegeben, daß die Durchnässung lediglich in Folge der auf der Station Hradisch beobachteten Verladungsweise entstanden sei. Mag also auch Beklagte für die Beschädigung des Guts auf ihrer und der Wilhelmsbahn nicht verantwortlich sein, so würde sie doch immer für den auf der Kaiser-Ferdinands-Nordbahn erwachsenen Schaden einzustehen haben. Daß aber der letztere geringer gewesen sei, als der bei der Ankunft in Breslau ermittelte und vom Appellrichter festgestellte, ist nicht behauptet worden und kann, in Ermangelung jedes thatsächlichen Anhalts, nicht angenommen werden.

Hiernach war es lediglich bei dem II. Urtel zu belassen.

Nr. 57.

Plenum. — Erkenntniß v. 17. Juni 71. (B.)

Gustav Siegel ⁒. Alfred Nobel & Co. (Nr. 253 v. 71).

Preußen. **Revision.**

I. Instanz: Stadt- u. Kreisgericht Magdeburg,
II. Instanz: Appellationsgericht daselbst.

Rechenschaft. Kaufmännische Agentur, Konkurs des Agenten.

1. Was gehört zur Ablegung einer Rechenschaft?
HGB Art. 361;
ALR I. 13 § 61.

2. Nach kaufmännischen Anschauungen und nach handelsrechtlichen Prinzipien ist eine kaufmännische Agentur als mit Eröffnung des Konkurses über das Vermögen des Agenten aufgehoben zu betrachten.
HGB Art. 1, 279.

In einer Magdeburger Revisionssache hat sich das OHG, bei Bestätigung des Appellurtels, dahin ausgesprochen:

Gründe:

Daraus, daß § 61 ALR I. 13 den Mandatar und Art. 361 HGB den Kommissionär nur verpflichtet, dem Auftraggeber „Rechenschaft" abzulegen, folgt nur,

> daß nach Lage des Einzelfalles zu beurtheilen ist, in welcher Art und in welchem Umfange der Beauftragte über die Ausführung der ihm aufgetragenen Geschäfte Auskunft zu ertheilen, und namentlich ob er eine förmliche Rechnung zu legen hat.

In gegenwärtigem Falle war dem Bekl., nach dem Vertrage vom April 68, nicht blos ein einzelner Kommissionsauftrag ertheilt, sondern Klägerin hatte ihm eine Quantität Waaren zum Verkauf anvertraut, ohne ihn in Bezug auf letzteren in anderer Weise, als durch Limitirung der Verkaufspreise, zu beschränken. Bekl. hat auch zugeständlich einen Theil dieser Waaren verkauft. Seiner Verpflichtung zur Rechenschaft kann er daher deren Zwecke gemäß nicht anders, als durch eigentliche Rechnungslegung Genüge leisten.

Hieraus ergiebt sich, daß die Berufung auf die oben citirten Gesetzesbestimmungen — zu welcher Bekl. übrigens erst in jetziger Instanz seine Zuflucht genommen hat — völlig unzutreffend ist, so daß es nur noch auf die Prüfung seiner Behauptung ankommt:

„daß ihm seinerseits aus dem Agentur-Vertrage vom Mai 63 [wegen der ihm zugesicherten Provisionen] das Recht zustehe, von der Klägerin Rechnungslegung zu verlangen,"

— eine Behauptung, welche Bekl. dem, an sich unstreitigen, Klageanspruch entgegengestellt und zugleich mit der Widerklage geltend gemacht hat, die jedoch der Begründung entbehrt.

Am 17. Okt. 66 ist über das Vermögen des Bekl. der kaufmännische Konkurs eröffnet worden. Für solchen Fall verordnet § 197 ALR I. 13, daß die dem Kridar „gegebenen Aufträge für widerrufen zu erachten". Unzweifelhaft beschränkt sich die Anwendbarkeit dieser Bestimmung nicht auf Aufträge im Sinne von Vollmachten (§ 5 daselbst), sondern es drückt diese Bestimmung — gleich anderen §§ im ersten Abschnitt des 13. Titels a. a. O. — einen Rechtsgrundsatz aus, welcher alle Aufträge, die zur Abschließung oder Ausführung von vermögensrechtlichen Geschäften in Beziehung stehen, umfaßt und sich daher auch auf die Beauftragung eines Kaufmanns mit Agenturgeschäften erstreckt. Es folgt dies aus der generellen Fassung des § 197 und aus der

Erwägung, daß durch den Konkurs des Beauftragten das persönliche Vertrauen zu diesem erschüttert wird und derselbe in eine Lage kommt, welche präsumtiv den Auftraggeber von der Ertheilung des Auftrags abgehalten hätte.

Hiermit im Einklang bestimmt § 19 der preuß. Konkursordnung v. 8. Mai 55 rücksichtlich der in den vorhergehenden §§ nicht näher bezeichneten, vor Eröffnung des Konkurses abgeschlossenen Rechtsgeschäfte, daß die Frage nach ihrem Fortbestehen oder ihrer Wirkung gegenüber der Gläubigerschaft:

„nach den allgemeinen Grundsätzen über Erfüllung der Verträge und Verbindlichkeiten, unter Würdigung des Zwecks des Konkurses, sowie der durch den Konkurs in der Person und in dem Vermögen des Gemeinschuldners eingetretenen Veränderung zu entscheiden ist.“

Jedenfalls entspricht es den kaufmännischen Anschauungen und den handelsrechtlichen Prinzipien, eine kaufmännische Agentur — und eine solche steht hier in Frage — als mit der Eröffnung des Konkurses über das Vermögen des Agenten aufgehoben zu betrachten. Von einem Eintreten der Gläubigerschaft in ein solches Rechtsverhältniß (§ 16 a. a. O.) und von einer hierdurch bewirkten Fortdauer desselben, kann nicht die Rede sein.

Muß hiernach mit dem Appellrichter angenommen werden, daß das Rechtsverhältniß der Parteien aus dem Vertrage vom Mai 65 mit dem 17. Okt. 66 aufgehört hatte: so gebührte dem Bekl. auch nur für die bis dahin bei der Klägerin eingegangenen Bestellungen auf Waarenlieferungen, ihre Ausführung vorausgesetzt, die ihm bewilligte Provision. Wie aber aus den Angaben des Bekl. zu entnehmen ist, sind diejenigen Bestellungen, welche dem fragl. Anspruch zu Grunde liegen, erst später erfolgt. Die betreffenden Waarenlieferungen sollen in den Jahren 1867 bis 69 stattgefunden haben. — Allerdings hat Klägerin in ihrem Schreiben an den Bekl. v. 27. Mai 65, welches die Provisions-Bewilligung und deren Modalitäten enthält, erklärt:

„Ich gewähre Ihnen die unten festgestellte Provision auf die Netto-Faktura-Beträge ..... der, durch Ihre Bemühungen und Vermittelung mir zugeführten, Konsumenten und der von denselben mir eingehenden direkten oder indirekten Aufträge."

Danach hatte der Bekl. von allen Bestellungen, gleichviel ob sie der Klägerin von ihm unmittelbar angezeigt oder von den Bestellern selbst aufgegeben worden, die Provision zu fordern, sofern sie auf seiner Thätigkeit als Agent beruhten. Es kann auch dem Bekl. zugegeben werden, daß hierzu nicht blos die von ihm speziell vermittelten, sondern auch diejenigen Bestellungen zu rechnen sind, welche von ihm nur dadurch veranlaßt waren, daß er der Klägerin die Besteller als Kunden zugeführt hatte. Keinenfalls aber ist dem Provisions-Versprechen der Klägerin die Deutung zu geben, daß sie sich auf unbeschränkte Zeit zur Zahlung der Provision für solche Bestellungen verpflichten, also die Verbindlichkeit übernehmen wollte, für alle Bestellungen, welche seitens der ihr vom Bekl. zugewiesenen Kunden jemals gemacht werden möchten, demselben und seinen Rechtsnachfolgern die fragl. Provision zu gewähren. Eine hierauf gerichtete Absicht, wonach die Verpflichtung der klagenden Gesellschaft nur in deren eigener Existenz ihre Zeitgrenze fände, kann nicht in die Vereinbarung der Parteien hinein interpretirt werden. Die Uebernahme solcher Verpflichtung würde sich als eine Abnormität darstellen, welche wol überhaupt und namentlich im Handelsverkehr ohne Beispiel wäre. Sie kann daher nicht unterstellt werden. Vielmehr ist anzunehmen, daß sich Klägerin unter allen Umständen nur für die Zeit während des Bestehens des ganzen Vertragsverhältnisses, das heißt: für die Zeit, in welcher der Bekl. als ihr Agent thätig war, zur Provisionszahlung hat verpflichten wollen. Auch wenn man die Verbindlichkeit der Klägerin auf die von dem Bekl. nicht speziell vermittelten Bestellungen ausdehnt, so muß sie doch als dadurch bedingt angesehen werden, daß der Bekl. überhaupt noch für das Interesse der Klägerin thätig war, nämlich für dieselbe neue Kunden zu gewinnen und die alten zu ferneren Waarenbestellungen zu bestimmen suchte. Diese Thätigkeit ist nach dem Wesen des Agenturvertrags und nach der präsumtiven Absicht der Kontrahenten als generelle Gegenleistung der Provisionsverpflichtung zu betrachten. Letztere hörte daher mit der ersteren gleichzeitig auf, erreichte also ihr Ende, sobald der Vertrag selbst nach den oben citirten Gesetzesbestimmungen der Aufhebung unterlag.

Daß diese Aufhebung, als gesetzliche Folge der Eröffnung des Konkurses über das Vermögen des Bekl., eingetreten ist, wird vom Richter I. Instanz nicht verkannt. Derselbe glaubt jedoch, aus zwei Schreiben der Klägerin an den Bekl. v. 12. Dez. 66 und v. 30. April 68 entnehmen zu können, daß das Rechtsverhältniß aus dem Agentur-Vertrage nachher wieder angeknüpft worden sei, und daß der Bekl. auch fernerhin den Verkauf der Fabrikate der Klägerin als Agent vermittelt habe.

Was jedoch die gedachte Wiederanknüpfung der alten Geschäftsverbindung anbelangt, so kann diese durch das Schreiben v. 12. Dez. 66 schon deshalb nicht füglich beabsichtigt worden sein, weil damals noch der Konkurs schwebte. Derselbe ist erst am 14. Febr. 67 beendet worden. Ueberdies bezieht sich das Schreiben auf einen speziellen Auftrag zur Sendung von 800 Pfund Sprengöl, und Klägerin fügt Bedingungen mit dem Bemerken bei, daß sie danach an ihrer Faktura als Rabatt und Provision 10 Prozent kürzen werde. Hieraus geht — abgesehen von anderen Geschäftsmodalitäten, über welche sich das Schreiben verhält — klar hervor, daß ein neuer Agenturvertrag intendirt worden ist. Dafür spricht auch, daß die in Rede stehende Sendung, welche von einer Firma H. aufgegeben war, nicht unter denjenigen Waarenlieferungen vom Bekl. aufgeführt ist, von deren Preisbetrage derselbe Provision auf Grund des ursprünglichen Vertrages beansprucht.

Im Schreiben der Klägerin v. 30. April 68 heißt es: „Wir" — die klagende Gesellschaft — „sind von Eisleben ohne Nachrichten. Die Erlangung der Provision liegt in Ihren" — des Bekl. — „Händen. Verschaffen Sie uns von dort Aufträge! Obgleich wir seit einem Jahre ohne Ihre Vermittelung mit Eisleben verkehren und viele Mühe und Kosten daran gewendet haben, so wollen wir Ihnen doch gern die Provision überlassen, wenn Sie sich um Aufträge bemühen und solche erlangen."

Zu vollem Verständniß dieser Erklärung bedürfte es der Einsicht des, durch das Schreiben der Klägerin beantworteten, Briefes des Bekl. Dieser ist nicht zu den Akten gegeben, und Bekl. hat sich auf den Inhalt nicht berufen. Muß deshalb die fragliche Erklärung ohne Rücksicht auf einen Zusammenhang mit den ihr vorausgegangenen Aeußerungen des Bekl. interpretirt werden: so läßt sich zwar annehmen, daß die in ihr erwähnte Provision nach der Stipulation vom Jahre 1865 bemessen werden sollte, die Bewilligung derselben ist aber hier ausdrücklich auf künftige Aufträge aus Eisleben beschränkt, deren Verschaffung den Bemühungen des Bekl. gelingen würde. Demnach könnte Bekl. auf das Provisionsversprechen im Schreiben v. 30. April 68 sich nur unter dem Nachweis berufen, daß und welche Bestellungen von ihm späterhin noch vermittelt worden seien; keineswegs aber genügt die Behauptung des Bekl., daß in den Jahren 67 bis 69 bei der Klägerin

Waarenbestellungen solcher Konsumenten, von denen schon in den Jahren 65 und 66 auf Grund seiner damaligen Vermittelung Waaren entnommen worden, eingegangen seien. —

Die Briefe der Klägerin v. 12. Dez. 66 und 30. April 68 beweisen hiernach nur, daß Klägerin damals noch zur Zahlung von Provision an den Bekl. für dessen Geschäftsvermittelung bereit gewesen ist, bzw. daß sie von Neuem ihn zu letzterer aufgefordert und ihm Provision zugesichert hat. Dagegen spricht der Inhalt dieser Briefe nicht für, sondern wider die Annahme, daß die Parteien nach der Konkurseröffnung eine Vereinbarung, wonach auch für die spätere Geschäftsvermittelung des Bekl. lediglich die Bedingungen des Agentur-Vertrages vom Mai 65 maaßgebend sein sollten, getroffen, insbesondere verabredet haben, daß ihr Rechtsverhältniß so beurtheilt werden solle, als wenn eine Aufhebung des ursprünglichen Vertrages nicht stattgefunden hätte. Das auf letzteren sich gründende Rechtsverhältniß kann nur als die Veranlassung dazu, daß Bekl. während seines Konkurses und nach demselben sich zu ferneren Agenturgeschäften erboten und Klägerin das Anerbieten angenommen hat, betrachtet werden. Hierdurch ist eine neue Geschäftsverbindung angeknüpft und hergestellt worden. Dieselbe würde selbst dann von rechtlichem Gesichtspunkt aus als eine neue beurtheilt werden müssen, wenn ihr eine mit dem ursprünglichen Vertrage völlig gleichlautende Vereinbarung der Parteien zu Grunde läge. Allein auch solche Vereinbarung hat nicht stattgefunden. Mit Recht nimmt der Appellrichter, hauptsächlich auf das Schreiben des Bekl. an die Klägerin v. 2. April 68 sich stützend, an, daß der Bekl. selbst bei den Verhandlungen mit der Klägerin nach der Konkurseröffnung davon ausgegangen sei, daß das frühere Rechtsverhältniß zwischen ihm und der Klägerin nicht mehr bestanden habe.

Bei dieser Sachlage erscheint der Vorwurf der Rechtsverletzung, welchen Bekl. dem Appellrichter deshalb macht, weil ihn derselbe für nicht berechtigt erklärt hat, aus dem Vertrage vom Mai 1867 von den im Widerklageantrage bezeichneten, erst nach eröffnetem Konkurse über sein — des Bekl. — Vermögen, und zwar ohne seine spezielle Vermittelung, von den Empfängern bestellten Waarenlieferungen der Klägerin Provision zu fordern, durchaus grundlos; daraus aber folgt, daß weder das beanspruchte Retentionsrecht, noch ein Recht auf Rechnungslegung dem Bekl. zusteht, daß also — wie dies in dem Appellurtel geschehen — sowohl der gegen die Klage erhobene Einwand als auch die Widerklage zurückgewiesen werden mußte. — Sonach war die angefochtene Entscheidung in allen Punkten lediglich zu bestätigen.

Nr. 58.

Plenum. — Erkenntniß v. 17. Juni 71. (B.)

Wallach ./. A. Scherb (Nr. 278 v. 71).

Preußen. **Nichtigkeitsbeschwerde.**

I. Instanz: Kreisgericht Cassel,

II. Instanz: Appellationsgericht daselbst.

Bedeutung des kaufmännischen Zurückbehaltungsrechts.

1. Das kaufmännische Zurückbehaltungsrecht ist nur ein Sicherungsmittel, nicht ein Mittel, um den Gegner zu einer Leistung zu nöthigen; es darf daher bei theilbaren Sachen nur soweit ausgeübt werden, als zur Sicherung des Retinirenden erforderlich ist.

HGB Art. 313, 315.

Prinzip von Treue und Glauben.

2. Wer Entschädigung wegen Vertragsbruchs beansprucht, darf regelmäßig den Schaden nicht in Anwendung bringen, welchen er selbst durch Anwendung gehöriger Sorgfalt hätte vermeiden können.

HGB Art. 1, 282, 283.

Vgl. L. 21 § 3 Dig. 19, 1.

So erkannt in einer Casseler Handelssache vom OHG, bei Zurückweisung der NktBschw. des Bekl., laut folgender

Gründe:

I. Mit Recht geht der Appellrichter von der Voraussetzung aus, daß das dem Kaufmann im Art. 313 HGB gewährte Retentionsrecht bei einer theilbaren Sache nur auf einen der Höhe der Gegenforderung entsprechenden Theil ausgeübt werden dürfe, und daß mithin auch das Recht, den Verkauf zu beantragen,

vgl. die Bestimmung des Art. 315,

sich nur auf einen solchen Theil beschränke. Denn wie man auch über das Retentionsrecht des gemeinen Rechts denken mag: jedenfalls erscheint das kaufmännische Retentionsrecht ausschließlich als ein Sicherungsmittel — und nach Art. 315 HGB als ein eventuelles Deckungsmittel —, aber nicht als ein Mittel, den Gegner zu einer Leistung zu nöthigen. Es ergiebt sich dieses daraus, daß das kaufmännische Retentionsrecht nach Art. 315 durch eine anderweitige Sicherung ausgeschlossen wird. Zwar redet Art. 315 nur vom Ausschluß der im Retentionsrecht liegenden Befugniß, den Verkauf zu beantragen; es ist aber die Annahme, daß nur diese Befugniß bei anderweitiger Sicherstellung habe in Wegfall kommen sollen, daß aber im Uebrigen das Retentionsrecht bei Bestand bleibe, ganz unmöglich,

vgl. v. Hahn, Komm. B. II S. 132.

Ist nun aber das kaufmännische Retentionsrecht ein bloßes Sicherheitsmittel, so erfordert es auch die bona fides, daß es nur soweit ausgeübt wird, als zur Sicherung erforderlich ist; vgl. v. Hahn a. a. O.

Es tritt aber noch ein weiterer Grund hinzu. Der Gedanke, auf welchem die Ausbildung des kaufmännischen Retentionsrechts wesentlich ruht, ist nach der treffenden Bemerkung in den Protokollen der Kommission zur Berathung eines DHGB (Th. II S. 467 ff., Th. III S. 1351 ff.) der einer Ausdehnung der Kompensationsbefugniß von Geld auf Sachen, die ja nach kaufmännischer Betrachtung als Geldeswerth sich darstellen; vgl. auch v. Hahn a. a. O. S. 123 [u. oben S. 70].

Von diesem Gesichtspunkt erklärt sich die Beschränkung des Rechts auf fällige Forderungen; von demselben Gesichtspunkt aus war die Nothwendigkeit gegeben, dem Gläubiger diejenige Befugniß einzuräumen, welche Art. 315 ihm ertheilt hat, den Umsatz in Geld herbeizuführen. Und endlich ergiebt sich hieraus — was hier allein interessirt — bei theilbaren Sachen die Beschränkung des Retentionsrechts auf einen der Höhe der Forderung entsprechenden Theil.

Daß die Worte des Art. 313:

„ein Kaufmann hat . . . ein Retentionsrecht an allen beweglichen Sachen und Werthpapieren ꝛc."

der hier vertheidigten Ansicht nicht entgegen stehen, ist bereits in den Gründen des I. Erk. genügend dargethan. Es wird nicht auf die Quantität der Sachen mit den Worten

„an allen Sachen"

hingewiesen, sondern nur hervorgehoben, daß dem Retentionsrecht Mobilien jeglicher Art unterworfen sein sollen.

Der Vorwurf eines Verstoßes gegen Art. 313 HGB durch unrichtige Auffassung und Verkennung der rechtlichen Natur des kaufmännischen Retentionsrechts ist nach Obigem unbegründet. Ebenso unbegründet ist aber die zweite Anschuldigung einer „Verletzung des Art. 313 durch irrige Anwendung und des gemeinrechtlichen Grundsatzes, demzufolge dem auf eine Leistung Belangten wegen konnexer Gegenansprüche der Einwand der Retention mit der Wirkung zustehe, daß durch denselben die Abweisung der ganzen Klage erzielt werde, durch Nichtanwendung." Hätte der Appellrichter, meint Implorant, in seiner Auffassung des kaufmännischen Retentionsrechts auch Recht, so mußte er doch hier, wo Konnexität vorhanden war, nicht den Art. 313 HGB, sondern die Grundsätze des gemeinen Rechts über die Retentionsbefugniß zur Anwendung bringen, da die Bestimmungen des HGB über das Retentionsrecht doch nicht in denjenigen Fällen, wo es sich, wie in concreto, um konnexe Gegenforderungen handelt, die gemeinrechtlichen Wirkungen des Retentionsrechts habe vermindern wollen.

Bekanntlich ist es eine Streitfrage, ob das Retentionsrecht des gemeinen Rechts ein bloßes Sicherungsmittel oder zugleich und vor Allem ein Mittel ist, den Gegner zu einer Leistung zu nöthigen; wobei denn freilich von selbst klar ist, daß die Anregung zur Erfüllung um so kräftiger sein wird, je mehr Sachen vom Gläubiger retinirt werden. Gesetzt aber, dem Imploranten, der sich auf den Standpunkt der zweiten Ansicht stellt, sei hier in seiner Auffassung beizutreten, obschon dieses mehr als bedenklich erscheint — wie denn auch in einer Reihe praktischer Entscheidungen vgl. Seuffert, Archiv B. XVI S. 163, B. XVII S. 2 ff. die erstere Annahme zur Geltung gekommen ist — und gesetzt weiter, daß in solchen Fällen, wo das Retentionsrecht des gemeinen Rechts dem Betreffenden eine weitergehende Befugniß giebt, als das kaufmännische Retentionsrecht das erstere zur Anwendung kommen muß, was hier dahin gestellt bleiben kann: so ist doch in jedem Falle entscheidend, daß der Beklagte sich, abgesehen von der jetzt erhobenen Nichtigkeitsbeschwerde, nur auf das Retentionsrecht der Art. 313 ff. HGB, nicht auf das Retentionsrecht des gemeinen Rechts berufen und mehrfach in bestimmter Weise erklärt hat, er gründe sein Recht auf die Art. 313 und 315 HGB. Und wenn man vielleicht meinte, daß der Richter von diesen Erklärungen zu abstrahiren und nur zu prüfen habe, ob aus den angeführten Thatsachen das geltend gemachte Recht resultire, und es weder auf den Namen der Klage, noch — was hier zur Frage steht — der Einrede ankomme:* so kann doch dieser Satz jedenfalls da nicht zur Anwendung kommen, wo eine Einrede zur Frage steht, die einen besondern thatsächlichen Hintergrund zur Voraussetzung hat, wie es bei dem Retentionsrecht des gemeinen Rechts der Fall ist, welches andere thatsächliche Voraussetzungen hat, als das Recht des Kaufmanns aus Art. 313 HGB, und wo mithin die Möglichkeit gegeben ist, daß dem Gegner besondere Einwendungen zu Gebote stehen, die ihm bei Befolgung jenes Satzes entzogen sein würden.

Wenn endlich die NktBschw. — in Gemäßheit des § 63 Nr. 2 der [preuß.] Verordnung v. 24. Juni 67 — auf die Verletzung einer wesentlichen Prozeßvorschrift gegründet wird, und in dieser Beziehung sich zunächst darauf beruft, daß Kläger die Replik, daß die Retentionseinrede sich nur auf einen Theil erstrecken könne, nicht vorgeschützt, der Richter also den Grundsatz verletzt habe, daß Einwendungen und Repliken von den Parteien vorgeschützt sein müssen, um Beachtung zu finden: so übersieht Implorant, daß es sich hier überall nicht um eine Replik, vielmehr darum handelte, ob die vom Beklagten vorgeschützte Einrede ihrem ganzen Umfang nach begründet war; worüber natürlich dem Richter die Prüfung, unabhängig von der etwaigen rechtlichen Gegendeduktion des Klägers, zustand. Er übersieht ferner, daß Kläger in II. Instanz durch Bezugnahme auf die Entscheidungsgründe des I. Richters die Replik ergänzt haben würde. Das Quantum aber (des Roggens) zu bestimmen, welches zur Sicherung der beklagter Seits erhobenen Ansprüche genügte, war selbstverständlich Sache des richterlichen Ermessens; die Prüfung, ob der Richter hier das Richtige getroffen, ist bei der Nichtigkeitsbeschwerde ganz ausgeschlossen.

II. Die zweite Beschwerde betrifft die Zurückweisung

* Vgl. Rspr. I. S. 317 und oben S. 232, 276, 277.

des vom Bekl. auf einen Kaufkontrakt basirten Entschädigungsanspruchs, oder vielmehr des zur Sicherung dieses Anspruchs geltend gemachten Retentionsrechts. Die Zurückweisung gründet der Appellrichter auf die beiden Sätze:

1) wenn der Bekl. den Schaden, der hier in einem entgangenen Gewinn bestehen soll, durch anderweitigen Ankauf von Roggen vermeiden konnte, so ist er nicht befugt, den Kläger dieserhalb in Anspruch zu nehmen;
2) da er nun zugestanden, daß der Roggen einen Marktpreis zur Lieferungszeit hatte, so bedurfte es auch einer näheren faktischen Darlegung, daß er anderweitig keinen Roggen bekommen konnte.

Beide Voraussetzungen sind vom Imploranten angegriffen. Mit dem ersteren Satze meint derselbe, habe der Richter den Grundsatz verletzt, daß in Handelsgeschäften ein Kontrahent zu positiven Handlungen, insbesondere zur Eingehung von Kontrakten behufs anderweitiger Beschaffung der vom säumigen Mitkontrahenten zu liefernden Waare nicht verbunden sei. Allein richtiger Ansicht zufolge —

vgl. Mommsen, zur Lehre von dem Interesse S. 157 ff. —

darf der Schade, — mag es sich um entgangenen Gewinn oder wirklichen Schaden handeln — regelmäßig nicht in Anrechnung gebracht werden, welcher durch Anwendung gehöriger Sorgfalt von Seiten des Beschädigten vermieden werden konnte, sicherlich dann nicht, wenn die Vernachlässigung derselben — wie in vorliegendem Falle — als culpa lata (grobes Verschulden) erscheinen würde. Dabei ist es denn gleich, ob es sich um bloße faktische Versäumnisse auf Seiten des Beschädigten handelt, oder um das Unterlassen des Abschlusses anderweitiger Rechtsgeschäfte, wie L. 21 § 3 Dig. 19, 1 (vgl. Mommsen a. a. O. S. 293) beweiset. Den Tod der Sclaven, von dem in der gedachten Stelle die Rede ist, kann der Käufer von Getreide dem

Verkäufer, der die Lieferung von Korn unterlassen hat, nicht zur Last legen, wenn er mittelst eines anderweitigen Vertrages Getreide sich verschaffen konnte und die Unterlassung als ein grobes Verschulden sich darstellt. Hieraus erhellt zugleich, daß Art. 283 HGB nicht verletzt sein kann.

Ganz unbegründet ist der gegen den zweiten Satz erhobene Vorwurf der Aktenwidrigkeit. Daß der Bekl. die Behauptung aufgestellt hat,

„er habe Roggen der fraglichen Art käuflich nicht erhalten können,"

ist richtig, — aber auch vom Appellrichter nicht negirt, wenn dieser bemerkt, daß es an der erforderlichen Darlegung fehle, daß er sich vergebens um anderweitige Anschaffung von Roggen bemüht habe.

Nr. 59.

Plenum. — Erkenntniß v. 17. Juni 71. (V.)

A. F. Dinglinger ·/. E. Marcuse (Nr. 292 v. 71).

Preußen. **Nichtigkeitsbeschwerde.**

I. Instanz: Stadtgericht Berlin,

II. Instanz: Kammergericht daselbst.

Urtel; Anfechtung, Rechtskraft.

Der Appellrichter verletzt die Grundsätze über „Wirkung rechtskräftiger Entscheidungen", insofern er ein wirklich angefochtenes Urtel als nicht angegriffen ansieht und behandelt.

AGO Einl. § 56, 58, 59; 65, 66.

Nordd. PO Entw. § 739, 753, 760, 776; 808, 814.

Kläger hatte zwei verschiedene Forderungen erhoben und in I. Instanz erstritten. Bei Einführung ihrer Berufung stellte die Beklagte ausdrücklich auch als Beschwerdepunkt auf, daß sie bezüglich des ersten klägerischen Anspruchs zur Zahlung von 88 Thlrn. nebst Zinsen verurtheilt worden. Der Appellrichter erklärte ein Eingehen hierauf für überflüssig, weil Beklagte im Schlußantrage der Berufungsschrift nur um Abänderung des I. Erkenntnisses, „soweit dasselbe angegriffen", gebeten, ihre die Appellations-Rechtfertigung enthaltende Ausführung aber sich nur auf den zweiten Klageanspruch erstreckt hatte.

In dieser Beziehung ward das Appellurtel, auf NktBschw. der Bekl., vom OHG vernichtet.

Gründe:

Der prozessuale, auf Aktenwidrigkeit ... gegründete Angriff der NktBschw. kann auf sich beruhen, jedenfalls ist der zu freier Beurtheilung [vgl. Rspr. I S. 195 u., 266] führende Vorwurf einer Verletzung der Grundsätze über die Wirkung rechtskräftiger Entscheidungen begründet.

Indem der Appellrichter das I. Erk. bezüglich des ersten Punkts wegen der 88 Thlr. gar nicht für angegriffen ansieht, erklärt er es insoweit für rechtskräftig. Darin aber irrt er. Der § 18 der [preuß.] Verordnung v. 21. Juli 46 erfordert zur Einführung des Rechtsmittels nur die Angabe der Beschwerdepunkte; es kommt danach nicht darauf an, ob und inwieweit sie etwa in der Rechtfertigung näher entwickelt und begründet sind, und es ist daher gleichgiltig, daß Beklagte sich einer solchen weiteren Begründung nur bezüglich des zweiten Anspruchs unterzogen hat. Wie daraus aber, daß der Schlußantrag der Appellationsschrift dahin gerichtet ist

das Erkenntniß I. Instanz, soweit es angegriffen, abzuändern,

der Schluß gezogen werden kann, den Angriff auf den zweiten Anspruch beschränken zu wollen, bleibt unerfindlich. Der zu Anfang bestimmt und ausdrücklich auch auf den ersten Anspruch wegen 88 Thlr. gerichtete Angriff steht mit solcher Auslegung des Schlußantrages im Widerspruch, er ist weder ausdrücklich zurückgenommen, noch ist eine stillschweigende Zurücknahme darin zu finden, daß die weiteren Ausführungen sich nur mit dem zweiten Anspruch beschäftigen.

Der Appellrichter durfte sich daher einer Erörterung jenes ersten Beschwerdepunkts nicht enthalten, und insoweit er durch sein Urtel ganz allgemein und ohne Beschränkung auf den zweiten Punkt das I. Erkenntniß unbedingt und allgemein bestätigt, mußte diese Entscheidung bezüglich des ersten Punkts vernichtet werden.

Eben deshalb aber, weil der Appellrichter sich jeder weiteren Erörterung des ersten Punkts enthalten, dieselbe ganz von sich abgelehnt hat, liegt eine eigentliche Entscheidung desselben über diesen Punkt zur Zeit noch gar nicht vor. Die im Tenor des Appellurtels ausgesprochene Bestätigung des I. Erkenntnisses kann sich, bei richtiger Auffassung der Gründe, nur auf den zweiten Punkt beziehen;* nur scheinbar umfaßt sie auch den ersten Punkt. Darum aber erschien es denn angemessen und selbst nothwendig, die Sache zur Entscheidung über diesen Punkt und damit auch über die Kosten in die vorige Instanz zurückzuweisen. . .

Dieser Zurückweisung steht auch so wenig § 17 der Verordnung v. 14. Dez. 33, wie Nr. 37 der Instruktion v. 7. April 39 entgegen. Beide Bestimmungen setzen augenscheinlich voraus, daß vom Appellrichter eine Entscheidung wirklich getroffen worden, sei es nun in der Sache selbst materiell, oder auch nur über Zulässigkeit des Rechtsmittels. In vorliegendem Falle ist aber — wie gezeigt — eine Entscheidung in der That nicht getroffen, der Appellrichter hat eine solche auch gar nicht treffen wollen, er hat sich einer eigentlichen Entscheidung geradezu enthalten.

* Vgl. Rspr. I S. 181, 266 ff.

Nr. 60.

Plenum. — Erkenntniß v. 20. Juni 71. (V.)

J. v. Chelkowski ./. Preußische Hagelversicherungs-Aktiengesellschaft zu Berlin (Nr. 286 v. 71).

Preußen. **Nichtigkeitsbeschwerde.**

I. Instanz: Stadtgericht Berlin,
II. Instanz: Kammergericht daselbst.

Schiedsrichterspruch und thatsächliche Feststellung durch Sachverständige (arbiter, arbitrator). Verfahren bei Feststellung von Hagelschäden.

1. In Versicherungsfällen sind die für endgiltige Feststellung der entstandenen Schäden vertragsmäßig berufenen Sachverständigen nicht Schiedsrichter (arbitri), sondern Arbitratoren (Gutachter, Schauer).

L. 76—80 Dig. 17, 2; L. 25 pr. Dig. 19, 2.
§ 1 Inst. 3, 24.
Vgl. ALR Th. I Tit. 5 § 72, 73; Tit. 11 § 48.

2. Wenn bei einer Hagelversicherung die versichernde Gesellschaft den ersten Angriff eingetretener Schadenfälle vertragsmäßig sich vorbehalten hat, und erst nach ihrer Entscheidung die zur Beilegung von Streitigkeiten übliche Schadenfeststellung durch Arbitratoren stattfinden kann: so ist dem Versicherten, wenn die Gesellschaft sich säumig zeigt, unbenommen, den ihm erwachsenen Schaden unter gerichtlicher Leitung untersuchen zu lassen und nach Maaßgabe dieses Befundes den ordentlichen Rechtsweg zu beschreiten.

HGB Art. 1, 271 Nr. 3, 279, 282.
Prinzip von Treue und Glauben.

Bei der vom Kläger genommenen Hagelschaden-Versicherung war über die Schadenermittelung in der Police durch § 17 der „Allgemeinen Versicherungsbedingungen" folgendes vorgesehen:

„Wenn auf Grund einer Untersuchung des Schaden durch den Vertreter der Gesellschaft eine Vereinigung zwischen Letzterer und dem Versicherten über die Höhe des Verlustes nicht zu Stande kommt: so werden zwei Sachverständige, welche die gesetzlichen Eigenschaften unparteiischer Beweiszeugen haben — der eine vom Versicherten, der andere von der Gesellschaft — ernannt. Die Sachverständigen schätzen:

1) der wievielste Theil des Grundstücks vom Hagel betroffen worden,
2) welchen Ertrag die versicherten Bodenerzeugnisse auf der vom Hagel betroffenen Fläche geliefert haben würden, wenn kein Hagelschlag eingetreten wäre, und
3) der wievielste Theil dieses Ertrages *
   a) an Körnern,
   b) an Stroh

durch den Hagelschlag verloren gegangen ist.

Falls die beiden Sachverständigen zu einer Uebereinstimmung in ihrem Urtheil nicht gelangen, entscheidet der Ausspruch eines durch dieselben und, wenn sie sich über die Wahl nicht einigen, durch den Versicherten aus 3 ihm von der Gesellschaft bezeichneten Personen gewählten Obmanns, selbst dann, wenn dieser Ausspruch mit keinem der beiden anderen Urtheile übereinstimmt...

Bei dem übereinstimmenden Gutachten der beiden Sachverständigen oder in dessen Ermangelung bei dem Ausspruch des Obmanns bewendet es in Betreff der Beantwortung obiger 3 Fragen endgiltig, so daß der Rechtsweg in dieser Beziehung keinem der beiden Theile zusteht." —

Hierin fand der Appellrichter einen Kompromiß-Vertrag (AGO I. 2 § 167) und wies demzufolge die in I. Instanz zugelassene Klage als unbegründet zurück, weil „die endgiltige Feststellung der klägerischen Schädenforderung" einer „schiedrichterlichen Entscheidung" übertragen, die Einholung einer solchen aber vom Kläger versäumt worden sei.

* Nach § 1 ist ein weniger als 1/15 betragender Schade an den Bodenerzeugnissen nicht zu ersetzen.

Diese Entscheidung ward vom OHG vernichtet, unter Anordnung einer sachlichen Prüfung des Falles.

Gründe:

Die Nichtigkeitsbeschwerde [des Klägers] rügt mit Recht, daß obige Auffassung die rechtliche Natur des im § 17 der Allg. Versicherungsbedingungen getroffenen Abkommens verkenne.

Der § 17 spricht nicht von Schiedsrichtern, sondern von Sachverständigen, nicht von einer schiedsrichterlichen Entscheidung, sondern von der Abschätzung des Schaden, und er überweist dem „Gutachten der Sachverständigen" nur die Beantwortung der [obigen] drei, als Unterlagen für die Höhe der Schädenforderung wesentlichen Fragen . . .

Nur diese Fragen soll die Beantwortung der Sachverständigen „mit Ausschluß des Rechtswegs" endgiltig feststellen; die im Uebrigen nach den Preisangaben der Police (§ 4 Abs. 2 der Bedingungen) zu bestimmende, bzw. zu reduzirende Schädenforderung des Versicherten und die Existenz der Entschädigungspflicht des Versicherers liegen außerhalb der Kognition jener Experten (§ 18 der Bedingungen: „die Abschätzung des Schadens hat keinen Einfluß auf die Frage, ob überhaupt eine Entschädigungspflicht der Gesellschaft vorliegt; die Frage fällt vielmehr der richterlichen Entscheidung anheim").

Sachverständige aber, welche nur zu einer derartigen Schätzung oder Taxe vertragsmäßig berufen worden, sind nicht arbitri, sondern arbitratores,

preuß. OTr. Erk. v. 7. Februar 54 (Entsch. B. 27 S. 450) u. 24. Sept. 57 (Strieth. Arch. B. 27 S. 59);
vgl. Glück Pandekten-Komm. VI, S. 66 ff.;
André, gemeinrechtliche Grundzüge über Schiedsgerichte S. 38 ff.;
L. 76—80 Dig. 17, 2;

und die Vertragsbestimmung, welche die Kontrahenten betreffs jener Schätzung ihrem Ausspruch unterwirft, konstituirt in der Regel nicht ein **Kompromiß**, sondern gehört zu den, meist eine Bedingung festsetzenden Vereinbarungen, welche bezüglich der Eingehung oder Erfüllung eines Vertrages eine wesentliche Werths- oder Preisermittlung der Bestimmung eines Dritten übertragen.

ALR Th. I Tit. 5 § 72, 73; Tit. 11 § 48;
vgl. § 1 Inst. 3, 24 u. L. 25 pr. Dig. 19, 2.

Dieser Unterschied ist namentlich im Bereich des preußischen Rechts erheblich; er tritt in verschiedenen Richtungen hervor. Der Spruch der Schiedsrichter ist nichtig, wenn von ihnen die Parteien nicht gehört oder wesentliche Thatsachen übergangen sind, oder wenn er gegen ein klares Landesgesetz verstößt. Die Giltigkeit der Schätzung von Arbitratoren ist unabhängig von diesen Erfordernissen; § 171 AGO I. 2, vgl. obiges OTr. Erk. v. 7. Febr. 54. Mangels besonderer Vertragsbestimmungen ferner entscheidet die Majorität der Schiedsrichter oder ein von ihnen zu wählender Obmann, beim Dissens der Arbitratoren hingegen in der Regel der Durchschnitt ihrer Schätzungen, AGO I. 2 § 170, II. 6 § 6. Und je nachdem Schiedsrichter oder Arbitratoren den von ihnen gewünschten Ausspruch ablehnen, sind die Folgen für die Streitenden wesentlich verschieden.

Das hiernach auf einer „Verwechslung verschiedener Rechtsgeschäfte" beruhende Appellurtel ist nichtig; Nr. 9 der Instruktion v. 7. April 39. [Vgl. Rspr. I S. 68, 83, 375, 395 Abs. 4, a.]

In der Sache selbst kommt in Betracht, daß die Klage nicht Anerkennung der Entschädigungspflicht unter Vorbehalt policemäßiger Ermittelung des Schadensbetrags, sondern (unter Verwerfung dieser Ermittelungsart) eine bestimmte Schädensumme fordert. Da nun die Schadenhöhe von der Beantwortung der drei Fragen abhängt, welche die „Allg. Versicherungsbedingungen" den beiderseits zu erwählenden Arbitratoren unter Ausschluß des Rechtswegs hierüber zugewiesen haben, so scheint der Klage die wesentliche Grundlage zu fehlen. Denn daß die Ausschließung des Rechtswegs — wie bezüglich der Erledigung des gesammten Rechtsstreits (L. 1 Dig. IV. 8), so auch — bezüglich der Feststellung einzelner, jener Erledigung nothwendig voraufgehender technischer Fragen giltig vereinbart werden kann, ist nicht zweifelhaft.

Vgl. preuß. OTr. Erk. v. 14. Dezbr. 44 (Entsch. B. 11 S. 182.)*

Allein die Abweisung der Klage, also die Aufrechterhaltung der Entscheidung des Appellrichters wäre nur gerechtfertigt, wenn angenommen werden dürfte, dem Kläger habe der Betrieb der Wahl der Sachverständigen und ihrer Begutachtung obgelegen, und nun, weil er diese Pflicht nicht erfüllt, der policemäßige Modus der Feststellung der 3 Fragen aber inmittelst unmöglich geworden, habe er den Anspruch auf Entschädigung verloren.

Diese Annahme ist jedoch unstatthaft. Nach den „Allg. Bedingungen" ist vielmehr die Abschätzung in die Hand und Pflicht der Beklagten gelegt. Das darin vorgeschriebene Verfahren ist dies:

Die dem Versicherten obliegende Anzeige des geschehenen Hagelschlags gilt zugleich als Antrag auf Abschätzung des Schaden (§ 13). Die Gesellschaft ernennt demnächst Beauftragte, welche den Schaden untersuchen und abschätzen. Bei dieser Abschätzung muß der Versicherte „sich jeder Einmischung enthalten". Aber „auf Verlangen" muß er die nöthige Auskunft geben. Die Bestimmung der Zeit dieser Abschätzung steht bei der Gesellschaft, nur darf sie „nicht über den Schluß der Ernte hinausgeschoben

* So auch: oben Fall Nr. 22 S. 95 ff., 103.

werden" (§§ 14 bis 16). Wenn auf Grund dieser Untersuchung und Schätzung eine Vereinigung zwischen dem Versicherten und der Gesellschaft über die Verlusthöhe nicht zu Stande kommt, so werden zur Beantwortung der oben genannten 3 Fragen zwei Sachverständige gewählt, und zwar auf Verlangen des Vertreters der Gesellschaft binnen 24 Stunden. (§ 17 Abs. 3)

Der Zusammenhang dieser Bestimmungen zeigt, daß alles Wesentliche der Initiative der Gesellschaft überlassen ist. Sie kann, nachdem ihr die Anzeige zugegangen, Besichtigung und Abschätzung bis zum Schluß der Ernte verschieben; sie kann aber auch vorher, zu einem ihr gut scheinenden Zeitpunkt, Untersuchung und Schätzung heimlich vornehmen — nämlich ohne den, zu jeder Einmischung unberechtigten, Versicherten zu benachrichtigen; nur wenn sie von ihm Auskunft fordern will, muß sie ihm Kenntniß geben. Sie kann ebenso, nämlich nach Gutdünken und heimlich, Untersuchung und Schätzung zu besserer Information wiederholen. Erst wenn sie auf Grund dieser ihr obliegenden und zustehenden Prozedur „die Höhe der Entschädigung festgestellt" und dieses Resultat dem Versicherten notifizirt hat, beginnt für diesen, wenn er sich dem Resultat nicht fügen will, die Pflicht, die Wahl der Sachverständigen-Kommission zu fordern, bzw. seinerseits zu bewirken.

Diese dem Versicherten so ungünstigen Bestimmungen müssen nach der Natur und dem Zweck des Versicherungsvertrages verstanden werden. Die ihn vorzugsweise beherrschende bona fides aber (vgl. § 2024 ALR II. 8) verbietet, den Versicherten an die Schätzung der Sachverständigen-Kommission auch dann zu verweisen, wenn z. B. das Verhalten der Gesellschaft den Versicherten in die Lage gebracht hat, diese Kommission erst zu einer Zeit fordern zu können, wo ihr Zusammentritt zwecklos gewesen sein würde.

Nun ist Kläger, soviel erhellt, von der bevorstehenden Abschätzung v. 8. August 69 abseiten der Beklagten nicht benachrichtigt. Während er verreist war, ist dieselbe unter Zuziehung seines angeblichen Wirthschaftsbeamten St. erfolgt. Der Vertreter der Beklagten soll den Hagelschaden „für nicht ersatzfähig" befunden, St. diesem Befund zugestimmt und auf Schadenersatz verzichtet haben. Daß St. hierzu schriftlich nicht ermächtigt war, steht (durch Diffessionseid des Klägers) fest. Daß die Ermächtigung zu dieser Einigung, bzw. zum Verzicht aus seiner angeblichen Stellung als Gutsverwalter hervorgehe, kann nicht angenommen werden. Denn die Bezeichnung eines Bediensteten als „Gutsverwalter" macht weder einen bestimmten, noch einen gewöhnlichen Inhalt seiner Vollmachten erkennbar; ALR I, 14 § 109, 129, 131.

Daß die Beklagte dem Kläger selber den Befund ihres Vertreters vor dem Schluß der Ernte notifizirt, ihm also auf seine Anzeige v. 3. August 69 Schadenersatz verweigert habe, ist nicht behauptet. Der Kläger war daher nicht verpflichtet, in Gemäßheit des § 17 der Allg. Bedingungen die Wahl Sachverständiger zu fordern. Er konnte die Mittheilung des Entschlusses der Bekl. über den Schadensersatz bzw. dessen Aenderung gewärtigen, zumal ihn § 17 der Bedingungen nicht an die „Abschätzung" und „Untersuchung des Schaden" des hierzu beauftragten Gesellschafts-Vertreters, sondern an die Beschlußfassung der Gesellschaft „auf Grund dieser Untersuchung" verweist. — Freilich wäre er — etwa in Folge einer Mittheilung des St. vom Resultat der vorgenommenen Schätzung — befugt gewesen, gegen dieses Resultat bei der Gesellschaft zu protestiren, und die Beschreitung des im § 17 verordneten Abschätzungs-Modus zu verlangen; aber voraussichtlich wäre dieses Verlangen erfolglos gewesen, da sich die Beklagte damals, wie mehrere Wochen später im Prozeß, auf die Einigung mit St. und dessen, ihr ausgelieferte (falsche), Vollmacht berufen haben würde. Die Abschätzung des in das Ende der Ernte fallenden Hagelschaden gestattete aber selbstverständlich keine Zögerung. Kläger handelte also korrekt, als er — ohne auf den Bescheid der Bekl. zu warten und ohne sich den Weiterungen über die policemäßige Wahl von Sachverständigen auszusetzen — den Zustand seiner verhagelten Pläne mit Rücksicht auf die oben erwähnten drei Fragen durch generell vereidete Sachverständige unter gerichtlicher Leitung untersuchen und das Resultat protokollarisch feststellen ließ.

Dieses Resultat jedoch ist der Bekl. nicht schlechthin präjudizirlich. Sie kann fordern und Kläger hat erboten, daß die Vernehmungen jener Experten in ihrer Gegenwart wiederholt und daß die von ihr benannten Gegengutachter gehört werden.

Nr. 61.

Plenum. — Erkenntniß v. 20. Juni 71. (Z.)

F. A. Egells ·/. S. Elkan & Co. (Nr. 314 v. 71).

Preußen. **Revision.**

I. Instanz: Kreisgericht Beuthen,
II. Instanz: Appellationsgericht Ratibor.

Handel durch Agenten, wer ist Kontrahent?

Wenn ein Handelskauf von Seiten des Verkäufers durch einen Agenten abgeschlossen worden ist, und dann der Verkäufer ausdrücklich (laut Brief und Faktur) in eigenem Namen selbständig liefert: so wird der Käufer durch Empfangnahme der Waare zur Zahlung des Preises an diesen Verkäufer verpflichtet.

HGB Art. 1, 279, 360.

Die „Eintrachtshütte" in Oberschlesien, eine Zweigniederlassung der beklagten Berliner Firma, hat 1868 von der Klägerin, auf Bestellung des Agenten Rosenthal, drei

Lieferungen Roheisen erhalten, deren bedungener Preis jetzt — unter Anerkennung mehrerer, theils an Rosenthal, theils der Klägerin selbst geleisteter Abschlagszahlungen — eingeklagt wird. Die Beklagte will nur den Rosenthal, welcher selbständig mit ihr gehandelt, als ihren Kontrahenten und Verkäufer anerkennen, diesem auch die streitige Restsumme bezahlt haben.

Vom I. Richter abgewiesen, erstreitet Klägerin in II. Instanz die Verurtheilung der Beklagten, und diese legt Revision ein.

Das OHG hat das Appellurtel bestätigt

in Erwägung:

daß Klägerin durch die der Klage beigefügten Urkunden den vollen Beweis erbracht hat, daß sie für eigene Rechnung — nicht etwa zur Erfüllung eines von Rosenthal in eigenem Namen mit der Bekl. abgeschlossenen Kaufgeschäfts — der Bekl. die fraglichen Quantitäten Roheisen unter Beifügung von Fakturen, worin Klägerin (ohne Erwähnung des Rosenthal) als Verkäuferin aufgeführt ist, und mit Briefen, in welchen sie wiederum sich als Verkäuferin bezeichnet und sich mit dem Betrage des Kaufgeldes zu erkennen bittet, und in deren erstem v. 30. Okt. 68 Rosenthal nur als derjenige, durch welchen Beklagte das Eisen der Klägerin in Auftrag gegeben, erwähnt wird, käuflich geliefert habe,

daß seitens der Bekl. ein Gegenbeweis darüber, daß sie das Roheisen von Rosenthal durch einen von diesem in eigenem Namen abgeschlossenen Vertrag gekauft, und daß Klägerin ihr das Roheisen nur zur Erfüllung eines solchen von Rosenthal geschlossenen Vertrags gesendet, nicht erbracht worden; daß Klägerin daher als Gläubigerin bezüglich der streitigen Kaufgelder anzusehen ist, ohne daß es in vorliegendem Falle entscheidend darauf ankommt, ob Beklagte nicht auch dann, wenn Rosenthal in eigenem Namen den Kaufvertrag mit der Bekl. abgeschlossen hätte, dennoch der Klägerin das Kaufgeld aus dem Grunde zu bezahlen verpflichtet wäre, weil sie zu den Briefen und Fakturen, worin Klägerin sich ihnen zweifellos als die Verkäuferin und Kaufgeld-Gläubigerin darstellt, geschwiegen und das ihnen von der Klägerin mit jenen Briefen und Fakturen gesandte Eisen behalten und verbraucht haben; [vgl. Nachtrag und Rsp. I S. 141, 323, auch S. 152, 326]

daß Rosenthal, welcher ein nicht in einem Dienstverhältniß zur Klägerin stehender* Agent derselben war, zum Geldempfang für die Klägerin keine Vollmacht gehabt hat, auch keine anderweiten Momente dargelegt sind, woraus zu entnehmen wäre, daß die Beklagte durch die (angeblich) an Rosenthal geleistete Zahlung der Klägerin gegenüber liberirt wäre**;

daß Beklagte daher mit Recht durch das angefochtene Urtel zur Zahlung der streitigen Kaufgelder mit Zinsen an die Klägerin verurtheilt worden.

Nachtrag.

In einer sächsischen Appellsache (Fränkel & Runge ./. Lösche, Nr. 75 v. 71; I. Instanz: Gerichtsamt Lichtenstein) hat das OHG in III. Instanz durch bestätigendes Plen. Erk. v. 10. Febr. 71 sich über den oben unentschieden gebliebenen Punkt, unter Berücksichtigung des im Königreich Sachsen geltenden Rechts, dahin ausgesprochen:

Die vorigen Instanzen haben als thatsächlich feststehend angenommen, daß die Waaren, deren Kaufpreis den Gegenstand vorliegender Klage bildet, mit Rechnungen, welche den Beklagten als Besteller oder Käufer bezeichnen, zum Betrieb des Färbereigeschäfts geliefert worden,

* Vgl. HGB Art. 49 u. Rspr. I Fall 32 S. 172.

** Vgl. wegen der Zahlung an einen Agenten auch den Fall Nr. 38, oben S. 207.

welches Beklagter von seiner Ehefrau übernommen hat und als dessen alleiniger Inhaber er in's Handelsregister eingetragen ist. Sie folgern daraus, daß Beklagter als Käufer zur Bezahlung des Empfangenen gehalten sei, dafern und so weit er nicht [erweislich] durch rechtzeitigen Widerspruch, bzw. Dispositionsstellung der Waaren, gegen die Voraussetzung beabsichtigter käuflicher Annahme der Waaren sich verwahrt habe... Man ist dabei davon ausgegangen, daß der von der sächsischen Gerichtspraxis anerkannte Handelsgebrauch — vermöge dessen der Kaufmann, welcher die ihm ohne vorgängige Bestellung, jedoch mit einer ihn selbst als Käufer bezeichnenden Faktur zugesendete Waare widerspruchslos annimmt und behält, als in den proponirten Kauf einwilligend angesehen wird — auf den Bekl. Anwendung leide, da er zur Zeit der Lieferung der Waare sammt Rechnung (durch seine Eintragung als Inhaber des Färbereigeschäfts in das Handelsregister) wirklich die Eigenschaft eines Kaufmanns erlangt gehabt habe.

Wenn nun Beklagter jetzt nicht die Geltung jenes Handelsgebrauchs an sich, wohl aber dessen Ausdehnung auf diejenigen bestreitet, welche [wie er] erst durch Einführung des HGB in die Kategorie der Kaufleute gekommen: so übersieht er, daß es hier auf Existenz und Umfang des in Rede stehenden Handelsgebrauchs überhaupt nicht ankommt, seine Sachfälligkeit vielmehr schon nach allgemeinen civilrechtlichen Grundsätzen außer Zweifel ist.

Im Mai 68 hatte des Beklagten Ehefrau, damals noch Inhaberin des Geschäfts, die fraglichen Waaren bei einem Reisenden der Kläger persönlich bestellt; Beklagter aber räumt ein, dabei mit zugegen gewesen zu sein und dem Reisenden gesagt zu haben, daß er das Geschäft noch nicht habe. Haben nun hierauf Kläger die bestellten Waaren

— unter Beifügung einer auf des Beklagten Namen gestellten, zugleich auf die vom Bekl. ihrem Reisenden ertheilte Ordre Bezug nehmenden Rechnung — geliefert: so kann kein Zweifel obwalten, daß Kläger als den Besteller und Empfänger der Waare den Beklagten selbst, nicht dessen Ehefrau, betrachtet haben, bzw. zu betrachten gemeint gewesen sind..; dem Beklagten aber konnte (selbst wenn er mit den Verhältnissen des kaufmännischen Geschäftsverkehrs in keiner Weise vertraut gewesen wäre) schon bei Anwendung der gewöhnlichen Aufmerksamkeit eines verständigen Menschen nicht entgehen, daß Kläger ihn selbst, nicht seine Ehefrau, als Käufer der Waare ansahen und in dieser Weise mit ihm zu kontrahiren beabsichtigten, folglich über die [seinerseits behauptete] Tendenz der Bestellung sich im Irrthum befanden. Die Empfangnahme der Waare von Seiten des Bekl. ohne die Absicht, auf den ihm von den Klägern angetragenen Kaufvertrag einzugehen, wäre daher offenbar wider Treue und Glauben, sie käme als Benutzung eines klar erkennbaren Irrthums des anderen Theils (kgl. sächs. bürgerl. GB § 835) auf einen Betrug hinaus und giebt demzufolge den Klägern das Recht, den Einwand des Bekl., daß seine Ehefrau die Bestellung gemacht habe, durch die liquide Replik der Arglist zu entkräften.

Nr. 62.

Plenum. — Erkenntniß v. 24. Juni 71. (V.)

Lebensversicherungs-Gesellschaft Great-Britain zu London ./. R. Baus (Nr. 337 v. 71).

Preußen. **Nichtigkeitsbeschwerde.**

I. Instanz: Stadtgericht Berlin.

Purifikation einer bedingten Entscheidung.

Wie ist nach einem bedingten Endurtel zu verfahren, wenn die betreffende Partei den erkannten Eid nur theilweise oder mit einer Modifikation leisten will, bzw. leistet

und dieser Fall in der ergangenen rechtskräftigen Entscheidung nicht vorgesehen ist?

Vgl. Nordd. PO Entw. § 599—603, 610;
auch oben Rechtsfall Nr. 32 S. 160.

Ein Assekuranzprozeß ist bedingt zu Gunsten der beklagten Gesellschaft rechtskräftig entschieden worden, falls nämlich durch Eid ihres Vertreters festgestellt wird, daß der (vom 16. Juli 57 datirte) Lebensversicherungs-Vertrag auf Grund einer gewissen Verabredung eingegangen worden. In der Erkenntnißformel ist der maaßgebende Versicherungsantrag als „am 16. Juli gestellt" bezeichnet; im Schwurtermin kam aber eine (unstreitige) Vordatirung dieses Antrages zur Sprache, und der (übrigens zur Eidesleistung bereite) Vertreter der Bekl. wollte deshalb in der Eidesnorm das Datum gestrichen und nur allgemein „im Juli" gesagt wissen. In den Vorverhandlungen war von keiner Seite auf den Tag des Antrags oder des Vertragsschlusses Gewicht gelegt worden. — Der Prozeßrichter erklärte den der Bekl. auferlegten Eid für verweigert und purifizirte demgemäß die ergangene Entscheidung. Dieser Richterspruch ist, auf NktBschw. der Bekl., vom OHG vernichtet worden.

Gründe:

Durch das in den höheren Instanzen bestätigte [bedingte] Erkenntniß v. 24. Febr. 68 sind die Folgen nur für die Fälle festgesetzt, wenn der Vertreter der beklagten Gesellschaft den dort festgestellten Eid leistet oder die Ableistung ablehnt. Der Fall der theilweisen Ableistung oder einer Aenderung der Eidesnorm dagegen ist dort nicht vorgesehen. Insofern nun Implorantin gegen den purifizirenden Richter den Vorwurf der Verletzung der Grundsätze von der Rechtskraft richterlicher Entscheidungen... erhebt, weil er die Folgen der Nichtableistung des Eides auch für den ausdrücklich nicht vorhergesehenen Fall festsetzt, daß die Eidesleistung nicht gänzlich geweigert wird, tritt für den Richter in der Richtigkeits-Instanz freie Beurtheilung ein [vgl. Fall Nr. 59, oben S. 329]. Diese aber führt zur Vernichtung des angefochtenen Erkenntnisses.

Der Vertreter der Bekl. hat sich — wie auch der Richter in der angefochtenen Purifikations-Resolution selbst annimmt — keineswegs unbedingt geweigert, den im Erk. v. 24. Febr. 68 festgestellten Eid zu leisten; er hat nur abgelehnt, ihn in jener Norm zu schwören, und sich sogar bereit erklärt, ihn mit Fortlassung des Datums im Juli zu leisten. Die für diesen Fall eintretenden Folgen sind im Haupterkenntniß v. 24. Febr. 68 ausdrücklich nicht festgesetzt, und darüber konnte auch durch eine bloße Purifikatoria nicht entschieden werden. Wie in § 377 I. 10, § 39 I. 13 und § 4 I. 22 AGO vorgeschrieben, ist in jenem Haupterkenntniß die Wirkung für beide Fälle, wenn der erkannte Eid geschworen oder nicht geschworen wird, zugleich mit bestimmt worden, damit, wie es im § 377 a. a. O. heißt, der Richter das Urtel ohne weiteres Verfahren durch eine bloße Resolution purifiziren könne, welche in eben der Form abzufassen ist, wie bei Agnitionsresolutionen vorgeschrieben worden. Der purifizirende Richter darf daher weder eine Festsetzung treffen, welche in dem Haupterkenntniß nicht im Voraus schon bestimmt worden — abgesehen vielleicht vom Falle des § 311a AGO I. 10, in welchem es dem Schwörenden gestattet ist, den Eid auf ein geringeres Quantum zu richten —, noch darf er die vorgeschriebene Wirkung für einen Fall festsetzen, für welchen das Haupterkenntniß sie nicht angeordnet hat. In beiden Fällen macht er sich einer Abweichung von den Bestimmungen des rechtskräftigen Erkenntnisses schuldig, welche allein die Norm für die abzufassende Resolution abgeben sollen, und verletzt damit die Grundsätze von der Wirkung rechtskräftiger Entscheidungen, wie das auch schon wiederholt in verschiedenen Erkenntnissen des [preuß.] Ober-Tribunals angenommen worden. Ist nun aber im Erk. v. 24. Febr. 68 die Verurtheilung der beklagten Gesellschaft... ausdrücklich nur für den Fall festgesetzt, wenn deren Vertreter den dort festgesetzten Eid nicht leistet: so kann diese Folge ohne Weiteres nicht schon dann für eingetreten angesehen werden, wenn er die Ableistung des Eides nicht ablehnt, sondern nur in einem Punkte eine Aenderung der Eidesnorm beansprucht und mit dieser Modifikation — wie unbestritten in vorliegendem Falle — zur Ableistung des Eides ausdrücklich sich bereit erklärt.

Der erhobene Vorwurf der Verletzung der Grundsätze über die Wirkung rechtskräftiger Entscheidung ist somit begründet, und war daher die angefochtene Purifikations-Resolution zu vernichten.

In der Sache selbst kann, wie sich aus vorstehender Ausführung schon ergiebt, noch nicht definitiv entschieden werden. Der rechtskräftig erkannte Eid ist weder geschworen, noch auch dessen Ableistung unbedingt abgelehnt; einer der Fälle, für welche die Purifikatoria nur vorgeschrieben und zulässig ist, liegt somit nicht vor.

Es muß deshalb darüber, ob und inwieweit eine theilweise Ableistung des Eides, bzw. eine Abänderung der Eidesnorm zulässig, mit den Parteien verhandelt und unter Vorbehalt der zulässigen ordentlichen Rechtsmittel erkannt werden.

Nr. 63.

Plenum. — Erkenntniß v. 27. Juni 71. (B.)

E. Engel ./. Sam. Szkolny (Nr. 128 v. 71).

Preußen. **Nichtigkeitsbeschwerde.**

I. Instanz: Kreisgericht Gnesen,

II. Instanz: Appellationsgericht Bromberg.

Handelsgewohnheitsrecht und Verkehrssitte. Contocurrent-Verkehr, stillschweigende Anerkennung der Rechnungsabschlüsse.

1. In Handelssachen vermag Handelsgewohnheits-

recht (Handelsgebrauch) das allgemeine bürgerliche Recht zu modifiziren.

HGB Art. 1.

v. Hahn Komm. zu Art. 1 § 6 Nr. 2. B. I S. 4.

2. Art. 279 HGB hat nicht (wie Art. 1) Rechtssätze und Rechtsbegriffe im Auge, weist vielmehr für die Auffassung des Einzelfalles auf die Handelssitte hin, als eine Erkenntnißquelle für den Willen der Handeltreibenden.

v. Hahn Komm. B. II S. 62.

3. In Handelssachen ist ein regelmäßiges Verhalten des Geschäftsmanns durch die Nothwendigkeit eines schleunigen und sicheren Verkehrs geboten und im Allgemeinen vorauszusetzen. Deshalb erscheint hier die Verkehrssitte (Usance) von erhöhter Bedeutung, und ist im Zweifel das Gebräuchliche (allgemein Uebliche) als gewollt anzunehmen.

HGB Art. 279, 282; Prinzip von Treue u. Glauben.

4. Bei der verschiedenartigen praktischen Gestaltung des „In laufender Rechnung Stehens" (Contocurrent-Verkehrs)* ist nach einem Rechnungsabschluß die Frage, ob, wie und mit welcher Wirkung ein stillschweigendes Anerkenntniß des berechneten Saldo erfolgen könne und im Einzelfalle anzunehmen sei, verschieden zu beurtheilen.

HGB Art. 1, 279, 291, 294 u. Handelsbrauch.

Endemann DHR § 144 S. 697 ff.

Vgl. Creizenach, der kaufmännische Contocorrent, Archiv für praktische Rechtswissenschaft B. IV S. 31 ff.;

Derselbe über die rechtlichen Seiten der üblichen Rechnungsmethoden im Contocurrentverhältniß, Goldschmidt's Ztschr. B. VII S. 88 ff.

* Das Halten einer laufenden Rechnung erscheint meistens nur als thatsächliche Uebung ohne nähere vertragsmäßige Begrenzung und Regelung; es pflegt daher selbst das eigentliche kaufmännische Contocurrent-Verhältniß — sofern nicht ein Theil ständiger Banquier des anderen ist (wie in den Rechtsfällen Nr. 59 u. 66 unseres I. Bandes, sowie Nr. 29 dieses Bandes) oder sonst der betr. Geschäfts-Verkehr sich nach festen Normen bewegt, bzw. durch längere Dauer seine Regeln erkennen läßt — für die Beurtheilung mannigfache Schwierigkeiten darzubieten, vgl. z. B. Makower Komm. zu Art. 291 HGB, n. 20a, S. 216 der 4. Auflage.

Die Parteien stehen, nach Behauptung des Klägers, seit über 20 Jahren in gegenseitigem Geschäftsverkehr und laufender Rechnung. Ohne weitere Begründung macht Kläger ein Guthaben von etwa 590 Thlrn. geltend, indem er sich nur darauf stützt, daß nach Handelsbrauch das Verhalten des Bekl., namentlich seit Empfang des letzten Abschlusses v. 1. Januar 65, als eine stillschweigende Anerkennung des klägerischen Rechnungswerks aufzufassen sei. In zwei Instanzen wird Kläger angebrachter Maaßen abgewiesen; seine NktBschw. bleibt ohne Erfolg.

Gründe des OHG:

Den Beweis für die Richtigkeit seiner Saldoforderung glaubt Kläger dadurch geführt, daß Beklagter alljährlich Contoauszug erhalten, denselben nie bemängelt, den Verkehr vielmehr bis 1865 fortgesetzt habe. Denn im kaufmännischen Contocurrentgeschäft soll es Gebrauch sein, daß Stillschweigen nach Empfang des Contoauszugs, namentlich ein Stillschweigen während dreier Monate — zumal in Verbindung mit der Fortsetzung des Verkehrs — als Genehmigung des Auszugs, bzw. seines Saldo gelte.

Der Appellrichter hat die Beweisaufnahme über diese Behauptuug abgelehnt, weil über die Frage, ob in einem bestimmten Verhalten, also in einer Unterlassung, ein Anerkenntniß zu finden, eine „Usance" mit rechtlicher Wirkung sich nicht bilden könne; denn das Anerkenntniß bilde einen unveränderlichen Rechtsbegriff, und ob es im Einzelfalle vorliege, sei nicht aus dem materiellen, sondern aus dem formellen Recht zu entscheiden.

Durch diese Argumentation hat er rechtsgrundsätzlich gefehlt. — Die Angaben des Klägers lassen nicht mit Sicherheit erkennen, ob er sich auf Handelsgewohnheitsrecht oder auf einen thatsächlichen Handelsbrauch hat berufen wollen. In dem einen wie im anderen Falle ist die NktBschw. begründet. In ersterem Falle hat der

Appellrichter den Art. 1 HGB verletzt, indem er leugnet, daß Handelsgewohnheitsrecht die rechtlichen Voraussetzungen eines verpflichtenden Anerkenntnisses zu bestimmen, insoweit also das bürgerliche Recht zu modifiziren vermöge.

Im anderen Falle hat er gegen Art. 279 HGB verstoßen, welchen er gleich dem Art. 1 als ausgeschlossen bezeichnet.

Dieser Art. 279 bestimmt: „In Beziehung auf die Bedeutung und Wirkung von Handlungen und Unterlassungen ist auf die im Handelsverkehr geltenden Gewohnheiten und Gebräuche Rücksicht zu nehmen."

Anschließend an Art. 278, welcher den Richter zur Erforschung des Willens der Kontrahenten ohne ängstliches Haften an dem buchstäblichen Sinne ihrer Erklärungen verpflichtet*, verweist Art. 279 den Richter auf die Usance als ein wichtiges Interpretationsmittel für diesen Willen. Weil im Zweifel das Gebräuchliche als gewollt anzunehmen, läßt sich der Inhalt der Rechtsverhältnisse, also „Bedeutung und Wirkung von Handlungen und Unterlassungen," in der Regel aus dem Gebräuchlichen erkennen. Namentlich im Handelsverkehr hat die Verkehrssitte erhöhte Bedeutung, weil die Kenntniß derselben bei den Betheiligten vorausgesetzt werden muß, weil ferner die nothwendige Schleunigkeit und Sicherheit der Feststellung wesentlicher Vertragspunkte zur Anwendung und Feststellung eines regelmäßigen Verhaltens drängt, und weil Treue und Glauben verbieten, das gewöhnlich oder allgemein Gewollte ohne klaren Ausschluß für **nicht** gewollt zu halten.

Vgl. Goldschmidt, Handbuch I. S. 235, 236.

Nicht also um Rechtssätze und Rechtsbegriffe, welche durch „Gewohnheitsrecht" zu konstruiren oder durch das

* Vgl. Rspr. I S. 29, 92, 150 u. II S. 33, 95.

Verhalten der Parteien zu ändern wären, handelt es sich im Art. 279, sondern um die in der Handelssitte liegende Erkenntnißquelle für den Willen der Kontrahenten.

Vgl. v. Hahn Komm. B. II S. 62.

In vorliegendem Falle hätte folglich der Appellrichter für die Frage, ob das Stillschweigen des Bekl. auf die erhaltenen Contoauszüge handelsgebräuchlich als Genehmigung gelte, mit anderen Worten, ob im Contocurrentverkehr die Genehmigung des Auszugs auch durch Stillschweigen manifestirt werde, weder das anscheinend vom Kläger behauptete Gewohnheitsrecht, noch die ihm vom HGB angewiesene Erkenntnißquelle, nämlich die Handelssitte, aus dem von ihm gegebenen unzutreffenden Grunde verwerfen dürfen.

Die Nkt.Beschw. erscheint daher begründet.

Aber die Entscheidung selbst war aufrecht zu halten. [Vgl. Rechtsfälle Nr. 35 u. 48, oben S. 186 u. 251]

Nach der Klage will Kläger mit dem Bekl. seit Jahren in „laufender Rechnung (Contocurrent)“ gestanden haben. Ob er darunter einen in Folge eines Contocurrentvertrags unterhaltenen Verkehr, also das Contocurrentgeschäft im eigentlichen Sinne, verstanden hat, ist weder aus seinen Angaben noch aus dem „Rechnungsauszug“ mit Sicherheit zu ersehen. Möglicherweise hat er, in Befolgung eines ungenauen Sprachgebrauchs, deshalb von einem Contocurrentverkehr gesprochen, weil er seine Lieferungen, Auslagen und Zahlungen, sowie die hierauf vom Bekl. gewährten Leistungen und Erstattungen in „fortlaufender Reihe“ contirt hat.

Aber er mag das eine oder das andere gemeint haben: jedenfalls ermangelt die Klage der gehörigen Begründung.

Auch für letzteren Fall nämlich soll zwar das Stillschweigen des Empfängers periodischer Rechnungsabschlüsse, verbunden namentlich mit Fortsetzung des Verkehrs, nach der Meinung Vieler von Bedeutung sein; sie finden darin ein Zugeständniß der Richtigkeit **der Posten**, welche der Rechnungsabschluß aufführt. Ob diese Meinung begründet ist, kann unentschieden bleiben. Immer gewährt sie dem Stillschweigen doch höchstens die Kraft eines Beweismittels für die Richtigkeit der einzelnen Posten, welche den Anspruch begründen. Wird also dieser, der genannte Saldo, klagend geltend gemacht: so kann sich die Klage nicht blos auf das Stillschweigen, also auf das Beweismittel stützen, sondern sie muß die Faktoren des Anspruchs, also die einzelnen Posten vorführen und darlegen. Demzuwider hat Kläger seine Klage auf einen Rechnungsauszug gestützt, welcher [pro 1. Januar 56] mit einem Saldo von 560 Thlr. beginnt, d. h. mit einem Betrage beinahe von der Höhe der jetzigen Forderung. Wie dieser Saldo entstanden, aus welchen Rechtsgeschäften er hervorgegangen, ist nirgend gesagt, hätte aber nach den einzelnen Posten aufgezeigt werden müssen, um dem Bekl. gehörige Prüfung und Vertheidigung zu ermöglichen*. Denn daß diese ungeachtet des angeblichen stillschweigenden Zugeständnisses rechtlich zulässig ist, bedarf keiner Ausführung.

Geht man aber davon aus, daß Kläger die Existenz eines eigentlichen, zwischen ihm und dem Bekl. unterhaltenen, Contocurrentgeschäfts habe behaupten wollen: so würde allerdings die Darlegung der einzelnen Posten, auf die der geforderte Saldo sich gründet, zur Substantiirung der Klage nicht erforderlich gewesen sein. Denn bei dem eigentlichen Contocurrentgeschäft kommt es nicht sowohl auf die einzelnen Positionen, als vielmehr auf deren Resultat, den Saldo an, und das unter Fortsetzung des Verkehrs beobachtete Stillschweigen auf die Zustellung des

* Vgl. Erk. des I. Sen. v. 5. Sept. 71, unten S. 353, Anmerkung.

periodischen Rechnungsabschlusses gilt als Anerkenntniß des aus ihm resultirenden Saldo.* Erheblich ist also in vorliegendem Falle, welchen Beweis Kläger für die (vom Bekl. geleugnete) Existenz eines eigentlichen Contocurrentgeschäfts angeboten hat. Zunächst beruft er sich auf seine und des Bekl. Handlungsbücher von 1858 an. Allein diese können selbstverständlich nichts enthalten als den Vortrag des Saldo aus der früheren Zeit. Nach einem mit der Klage produzirten Schreiben besitzt Kläger die Bücher von 1856 rückwärts nicht mehr; sein beiläufiges Erbieten in der Klage also, auch die Bücher aus der Zeit vor 1858 vorzulegen, kann sich nur auf die, für den Saldo pro ultimo 1855 unerheblichen, Bücher von 1856 u. 1857 beziehen. — Ferner verlangt Kläger die Abhörung eines Börsensensals und zweier ehemaligen Commis als Zeugen dafür, daß die Parteien seit über 20 Jahren „in laufender Rechnung (Contocurrent)" gestanden. Aber die Berufung ist für die Beurtheilung der Natur ihrer Geschäftsverbindung ohne Werth. Denn eine laufende Rechnung im gewöhnlichen Sinne besteht auch (wie schon erwähnt), wenn von der einen Seite Zahlungen und Auslagen bestritten, von der anderen diese bestimmten Posten ganz oder zum Theil erstattet und wenn sie in fortlaufender Reihe contirt werden. Ein Contocurrentgeschäft im technischen Sinne aber wird durch diese Art des Verkehrs nicht begründet. (Vgl. v. Hahn Komm. B. II S. 81)

Dieser, der Beurtheilung von Zeugen nicht zu unterstellende, Unterschied ist aber in vorliegendem Falle um so wichtiger, als — wie theils zugestanden, theils aus dem produzirten Contoauszug ersichtlich — der Bekl. die einzelnen Zahlungen und Auslagen des Klägers meist und namentlich 1861, 1862, 1865 schleunig gedeckt, bzw. erstattet hat; wodurch erklärlich, daß der Saldo von ultimo

* Rspr. I. Fall 59 S. 339, vgl. daselbst S. 374 ff.

1855 in diesem, während einzelner Jahre gänzlich unterbliebenen, Verkehr bis 1865 einschließlich fast derselbe geblieben, nämlich von 560 Thlr. nur auf etwa 590 Thlr. gestiegen ist. Hat hiernach von 1856 ab ein Contocurrentgeschäft unter den Parteien nicht bestanden, kommt es vielmehr wesentlich auf den Saldo für 1855 an, und ist für diesen ungenügend unter Beweis gestellt, daß er aus einem Contocurrentgeschäft resultire: so ergiebt sich von diesem Gesichtspunkt aus, daß die Klage mit Recht zurückgewiesen ist.

Anmerkung (vgl. vorher S. 351, n.).

In der Nichtigkeitsbeschwerde-Sache J. Forell ·/. W. v. Löbbecke (Nr. 318 v. 71; I. Instanz: Kreisgericht Glatz) hat der I. Senat des OHG im Erk. v. 5. Sept. 71 erwogen:

Der beinahe fünfjährige Geschäftsverkehr der Parteien hat nur darin bestanden, daß Kläger [ein Rittergutsbesitzer] dem Bekl. [einem Kaufmann] Spiritus und Ananas verkaufte und Letzterer auf die erhaltene Waare Zahlungen leistete, theils direkt an den Kläger, theils auf dessen Anweisung an Dritte. . . Hierbei hat der Appellrichter nicht festgestellt, daß die Parteien in dem eigenthümlich-kaufmännischen Contocurrentgeschäft gestanden, insbesondere daß die Notate der Rechnung die Leistungen aus einem einzigen, fortgesetzten Vertragsverhältniß und nicht eine Reihe verschiedener und selbständiger Kaufgeschäfte gewesen wären. Im Gegentheil hat er ausgesprochen, daß das Fundament der Klage nicht durch das Contocurrent, sondern durch die verschiedenen Rechtsgeschäfte gebildet werde, aus denen die Forderungen des Klägers hervorgegangen.

Bei dieser Sachlage ist die Rüge der NtBschw., daß der Appellrichter den rechtlichen Charakter „des Contocurrents und des laufenden Geschäftsverkehrs unter Kaufleuten" verkannt und gegen § 10 AGO I. 19 und Art. 291 HGB verstoßen habe, ohne Grund. Die beiden letzteren Gesetze können schon deshalb nicht verletzt sein, weil die Voraussetzungen ihrer Anwendbarkeit — Gegenforderungen aus verschiedenen Geschäften und Zinsforderung für einen Saldo — fehlen. Im Uebrigen beruht jene Rüge auf der Verwechselung des eigentlichen Contocurrentgeschäfts mit einem fortgesetzten Geschäftsverkehr, über welchen chronologisch fortlaufende Rechnung geführt wird. Diese Rechnungsart ist nothwendig: nicht nur, weil kaufmännisch dem Geschäftsfreund auch für die verschiedensten, rechtlich nicht kohärirenden Geschäfte ein Hauptconto geführt wird, sondern namentlich, weil meist (wie auch in vorliegendem Falle) bei längerer Verbindung die einzelnen Geschäfte nicht sogleich ausgeglichen, sondern à-Conto-Zahlungen geleistet werden. In solchem Falle ermittelt sich das Guthaben des einen oder anderen Theils nicht durch eine besondere, dem eigentlichen Contocurrentgeschäft angehörende Rechnungsmethode, sondern durch gewöhnliche Addition und Subtraktion. Freilich muß alsdann der Verkäufer, um die richtige Ausrechnung seines Guthabens darzuthun, einerseits sämmtliche Lieferungen, andererseits sämmtliche Zahlungen zusammenstellen. Aber selbstverständlich kann er auf Bezahlung einzelner Lieferungen [vorläufig] verzichten, diese also fortlassen; denn dadurch wird das Resultat nur zu Gunsten des Gegners geändert. Ebenso kann er in Erwartung des Eingangs kreditirte, aber nicht eingegangene und deshalb später debitirte Zahlungsposten aus der definitiven Zusammenstellung eliminiren; denn dadurch wird das Resultat nicht berührt. Endlich kann er der Uebersichtlichkeit wegen die Gesammtrechnung in Abschnitte zerlegen, vorausgesetzt, daß alle diese Abschnitte vorgelegt werden, die Gesammtrechnung also durch sie hergestellt wird; denn der arithmetische Zusammenhang der letzteren wird dadurch so wenig beeinträchtigt, als ihre rechnungsmäßige Prüfung und die Vertheidigung des Gegners.

Es ist daher nicht richtig, daß die von der NtBschw. für den Contocurrentverkehr behaupteten Sätze — nämlich:

die Nothwendigkeit der Aufnahme aller „Geschäfte" und Zahlungen in das Contocurrent, sowie

die Unzulässigkeit der Zerlegung des letzteren, als eines untheilbaren, in verschiedene selbständige Abschnitte —

für eine Geschäftsverbindung wie die der Parteien und für eine dieselbe darlegende Gesammtrechnung Geltung hätten.

Nr. 64.

Plenum. — Erkenntniß v. 24. Juni 71. (B.)

H. Fritzsche ./. den Deutschen Phönix (Nr. 310 v. 71).

Königreich Sachsen. **Weitere Berufung.**

I. Instanz: Handelsgericht im Bezirksgericht Leipzig,

II. Instanz: Appellationsgericht Leipzig.

Feuerversicherung. Rechtzeitiges Geltendmachen eines Brandschaden.

Ist in der Feuerversicherungs-Police dem Versicherten (wie üblich, unter Androhung des Verlusts seiner Entschädigungsansprüche) für die Einklagung von Brandschäden eine bestimmte Frist gesetzt: so wird die Nothwendigkeit rechtzeitiger Klage nur durch eine solche Anerkennung des Versicherers, welche dessen Verpflichtung

ihrem ganzen Inhalt nach umfaßt, ausgeschlossen, — nicht schon durch eine bloße Feststellung des Schadensbetrages.

HGB Art. 1, 271 Nr. 3, 278, 279.

In einer sächsischen Handelssache angenommen vom OHG, unter Bestätigung des — die erhobene, lediglich auf Eid gestellte Klage zurückweisenden — Appellurtels.

Entscheidungsgründe:

Die Policebedingungen von fast allen deutschen Feuerversicherungsgesellschaften enthalten die Bestimmung, daß alle nicht innerhalb einer bestimmten Frist, meistens einer Frist von sechs Monaten, im Wege der Klage geltend gemachten Entschädigungsansprüche erloschen sein sollen. [Vgl. oben S. 100]

Der Grund für die fragliche Bestimmung — in Betreff deren es hier dahingestellt bleiben kann, ob darin eine Bedingung für das Recht des Versicherten, so das Berliner Obertribunal*) und Malß Ztschr. für Versicherungsrecht, B. II S. 302 ff., 367 ff., oder eine vertragsmäßige Abkürzung der Verjährungsfrist, wenigstens nach dem im Königreich Sachsen geltenden Privatrecht (bürgerl. GB § 152) vollkommen zulässig, zu finden ist, oder endlich, ob man annehmen muß, daß das Recht aus dem Versicherungsvertrage selbst in zeitlicher Schranke gegeben ist — ist leicht erkennbar. Es liegt im Interesse der Gesellschaft, weit mehr als im Interesse eines anderen Privaten, sobald als möglich Gewißheit zu haben, daß aus früherer Zeit keine Ansprüche erhoben werden. — Von größerer Bedeutung erscheint aber ein anderer Grund. Die Schwierigkeit, die Schadenrechnung zu formiren, für den Versicherten, für den Versicherer der aufgemachten Rechnung mit Erfolg entgegenzutreten, wächst in unver-

*) Erkenntnisse des IV. Sen. v. 13. Mai 51, 5. Juni 60 und 7. Juni 66; Strieth. Arch. B. 2 S. 130, B. 38 S. 34 und B. 64 S. 138.

hältnißmäßiger Weise mit dem Lauf der Zeit. Zugleich aber entziehen sich für Letzteren mit der Zeit leicht die Beweise, auf Grund deren er überhaupt von der Verpflichtung zum Schadenersatz befreit werden kann. Es sind dies dieselben Erwägungen, welche nicht nur in einer Reihe von Partikularrechten zu einer Abkürzung der Verjährungsfrist geführt haben.

Vgl. über das Nähere B. II der Malß'schen Zeitschrift S. 93 ff.

Eben dieselben Gründe geben aber zugleich auch Aufschluß über den Sinn einer Ausnahmebestimmung, bei welcher es der Klageerhebung innerhalb der gedachten Frist nicht bedarf.

II. Diese Ausnahmebestimmung ist in den Policebedingungen der beklagten Gesellschaft (in fast wörtlicher Uebereinstimmung mit den Versicherungsbedingungen von einer Reihe anderer Feuerversicherungsgesellschaften) dahin gefaßt,

„daß die Ansprüche auf Entschädigung binnen sechs Monaten durch beiderseitige schriftliche Uebereinkunft festgestellt sind."

Verlangt wird ein Anerkenntnißvertrag, wie denn auch die Policebedingungen vieler anderer Gesellschaften ausdrücklich von einer „rechtsgiltigen Anerkennung" von Seiten der Gesellschaft reden. Aber Gegenstand und Inhalt eines Anerkenntnißvertrags ist nicht immer eine Verpflichtung ihrem ganzen Umfang nach, vielmehr kann sich dieselbe ebensowohl auch auf einzelne Voraussetzungen derselben beschränken. Eben damit ist denn auch die Nothwendigkeit für die Prüfung gegeben, inwieweit hier eine Anerkennung gefordert wird.

Die beiden vorigen Erkenntnisse gehen von der Annahme aus, daß die Policebedingungen einen Vertrag zwischen den Betheiligten verlangen, der die Verpflichtung zur Entschädigung seinem ganzen Inhalt nach feststellt. Die erste Frage ist hier, ob diese Annahme gerechtfertigt ist, oder ob der Anerkennungsvertrag sich nur auf die Frage, welche Gegenstände verbrannt oder in Folge des Feuers verloren sind, und auf den Werth dieser Gegenstände beschränken soll, so daß die Gesellschaft bei einer gegen sie erhobenen Klage noch immer den Nachweis verlangen dürfte, daß der Versicherte sämmtlichen Bedingungen für den Entschädigungsanspruch nachgekommen ist, und ihr weiter völlig unbenommen sein würde, sämmtliche Befreiungsgründe bezüglich ihrer Verpflichtung zur Geltung zu bringen. Es würde von letzterer Annahme aus ein Vertrag vorliegen, die durch Feuer geschehene Vernichtung der Sachen und deren Werth nicht bestreiten zu wollen,

vgl. Windscheid Pandekten, B. II S. 504.

In der That gewinnt die Annahme, daß nur ein Anerkenntnißvertrag in diesem beschränkten Umfang erfordert wird, aus dem übrigen Inhalt der Versicherungsbedingungen vielen Schein. § 13 der Bedingungen redet entschieden nur von der Feststellung der Schadensumme, entweder im Wege gütlicher Uebereinkunft, oder durch kontradiktorische Schätzung, und ausdrücklich wird hier hervorgehoben, daß die Feststellung der Schadensumme den policemäßigen Rechten der Gesellschaft nicht präjudizire Es scheint daher nahe zu liegen, auch für den gegenwärtig zur Frage stehenden Art. 20:

„alle nicht innerhalb sechs Monaten entweder durch beiderseitige schriftliche Uebereinkunft festgesetzten oder durch eine förmliche Klage anhängig gemachten Ansprüche auf Entschädigung sind erloschen“,

an die bloße vertragsmäßige Feststellung der Schadensansprüche zu denken, und den Ausdruck:

„Ansprüche auf Entschädigung“

durch die Zusammenstellung mit der zweiten Alternative:

„oder durch förmliche Klage geltend gemachten"
zu erklären, auf welche der Ausdruck im Grunde allein passe. Der Sinn würde danach sein:

alle nicht innerhalb sechs Monaten geltend gemachten Ansprüche sind erloschen, sofern nicht innerhalb dieser Frist eine Feststellung der Höhe des Schaden in Gemäßheit der Bestimmung des § 13 stattgefunden hat, welche Feststellung jedoch den policemäßigen Rechten der Gesellschaft, die Nachweisung vom Versicherten zu verlangen, daß er seinerseits allen Bedingungen nachgekommen, sowie ihrem Rechte, besondere Befreiungsgründe geltend zu machen, nicht präjudizirt.

Zur weiteren Unterstützung könnte auch § 18 angezogen werden, in welchem es heißt:

„die Entschädigungssumme wird binnen Monatsfrist nach Feststellung des Schadenbetrages, gleichviel ob diese durch Uebereinkunft, Schätzung oder Urtel erfolgte, baar bezahlt."

III. Wäre diese Deutung richtig, genügte demnach die vertragsmäßige Feststellung der Höhe des erlittenen Schaden zum Ausschluß der Bestimmung, wonach die Entschädigungsklage binnen sechs Monaten erhoben sein muß: so würde die Entscheidung der Vorrichter, welche die Klage in angebrachter Art abgewiesen haben, nicht aufrecht zu halten sein; da so viel klar vorliegt, auch von den Vorrichtern nicht in Abrede genommen ist, daß eine vertragsmäßige Feststellung des Schadenbetrags innerhalb der im § 20 gesetzten Frist in bestimmter Weise vom Kläger behauptet worden ist. Es muß aber den vorigen Erkenntnissen darin beigetreten werden, daß der § 20 wirklich einen Anerkennungsvertrag verlangt, der nach allen Richtungen den Anspruch des Versicherten und die Verpflichtung des Versicherers feststellt.

Zunächst steht der abweichenden Auffassung der Wortlaut des § 20 entgegen, welcher von der Feststellung der Ansprüche auf Entschädigung redet. Hierauf ist aber ein um so größeres Gewicht zu legen, als in den Policebedingungen aller deutschen Feuerversicherungsgesellschaften entweder von der „Feststellung des Anspruchs" oder von einer „rechtsgültigen Anerkennung des Anspruchs" die Rede ist. Am Bestimmtesten lauten die Bedingungen der „Colonia" (§ 12):

„sollte nicht innerhalb sechs Monaten nach dem Schadenereigniß eine bestimmte Entschädigung von der Gesellschaft schriftlich angeboten, und vom Versicherten ohne Vorbehalt angenommen sein" rc.

Es verlangen nun aber auch dieselben Gründe, welche für die Beschränkung des Klagerechts auf eine kurze Frist sprechen, — wie schon oben bemerklich gemacht — zum Ausschluß derselben einen Anerkennungsvertrag, der sich auf die Berechtigung des Versicherten und die Verpflichtung des Versicherers ihrem ganzen Inhalt nach bezieht. Einestheils ist es nicht blos die Rücksicht auf die mit dem Lauf der Zeit wachsende Schwierigkeit der Schadenermittelung, welche die Feststellung einer kurzen Frist für die Klage wünschenswerth erscheinen läßt, sondern ebensowohl die Rücksicht darauf, daß die Prüfung, ob der Versicherte allen Bedingungen nachgekommen ist, und ob sonstige Befreiungsgründe der Gesellschaft zur Seite stehen, von einem Tage zum anderen erschwert wird; anderentheils aber liegt es in dem besonderen Interesse der Gesellschaft, wie gleichfalls bereits hervorgehoben ist, baldmöglichst darüber in Gewißheit zu sein, daß aus früherer Zeit keine Ansprüche mit Erfolg erhoben werden können, und es ist klar, daß beide Rücksichten die vertragsmäßige Feststellung der Ansprüche auf Entschädigung fordern.

Es verlangen nun aber auch die Policebedingungen

der meisten Versicherungsgesellschaften klar und unzweideutig die vertragsmäßige Feststellung des Entschädigungsanspruchs mit dem Anfügen, daß nicht blos der Betrag des Schadens, sondern auch die Verbindlichkeit der Gesellschaft zur Zahlung durch Anerkenntniß festgestellt sein müsse. „Die dem Versicherten zu gewährende Entschädigungssumme" — heißt es z. B. in den Bedingungen der Westdeutschen Versicherungsbank in Essen — „geschieht spätestens binnen Monatsfrist, nachdem ihr gesammter Betrag und die Verbindlichkeit der Anstalt zur Zahlung durch Anerkenntniß beider Theile, Vergleich oder rechtskräftiges Urtel festgestellt ist." Ebenso lauten die Bedingungen der Magdeburger Gesellschaft im § 15, der Preußischen Nationalversicherungsgesellschaft zu Stettin im § 15, der „Colonia" § 11 Abs. 2, der Leipziger Feuerversicherungsgesellschaft § 15, der Schlesischen Gesellschaft zu Breslau § 15. Die Bedingungen anderer Gesellschaften enthalten die Worte: „nachdem der gesammte Betrag der Entschädigung festgestellt ist" (z. B. die der Oldenburger Versicherungsgesellschaft § 17, der „Providentia" zu Frankfurt a. M. § 14), womit offenbar ganz dasselbe gesagt sein soll.

Reden nun auch die Policebedingungen einzelner Gesellschaften in den entsprechenden Paragraphen von der Feststellung des Schadenbetrags oder des Schaden (außer der beklagten Gesellschaft im § 18, die Bedingungen der Feuerversicherungs-Aktiengesellschaft zu Berlin): so ist doch offenbar nichts anderes gemeint, als was die meisten Gesellschaften ausdrücklich bestimmen, — die Feststellung des Entschädigungsanspruchs, und noch klarer wird dies daraus, daß von der Feststellung des Schadenbetrags die Rede ist, „gleichviel ob diese durch Uebereinkunft oder Urtel erfolgt", durch Urtel aber nicht etwa blos der Schadenbetrag, sondern auch der Anspruch auf Schadenersatz festgestellt wird.

IV. Die Voraussetzung, von der die Vorrichter ausgegangen sind — daß zum Ausschluß der Beschränkung des Klagerechts auf eine sechsmonatige Frist eine vertragsmäßige Feststellung des Anspruchs seinem ganzen Umfang nach erfordert wird, so daß eine Klage auf solche Anerkennung allein basirt werden kann — ist hiernach vollkommen richtig, und die Frage ist, ob ein solcher Vertrag in genügender Weise vom Kläger behauptet worden. Wohl zu beachten ist bei dieser Prüfung, daß in jedem Anerkennungsvertrage, auch wenn er sich auf den ganzen Inhalt des Anspruchs, nicht blos auf einzelne Voraussetzungen desselben beziehen soll, das Gewicht nur auf dasjenige gelegt wird, was unter den Parteien streitig ist, der übrige Inhalt aber nur beiläufig erwähnt wird. Es ist denkbar, daß der Anspruch des Versicherten seinem ganzen Inhalt nach vom Versicherer bestritten wird: nicht blos die Höhe des Schaden, auch die Verpflichtung zum Schadenersatz und die Aktivlegitimation des Versicherten. In solchem Falle wird bei der vergleichsmäßigen Beilegung oder bei einer reinen Anerkennung von Seiten der Gesellschaft eines jeden der einzelnen streitigen Punkte ausdrücklich gedacht werden, und die Verpflichtung, welche die Gesellschaft übernimmt, wird ausdrücklich dem Versicherten gegenüber übernommen werden. Ist aber nur die Höhe des Schaden streitig, so pflegt das Gewicht auf die Feststellung des Schadenbetrages gelegt zu werden; ist nur die Verpflichtung der Gesellschaft bestritten, auf diese Verpflichtung, auch wenn die Absicht auf einen Anerkennungsvertrag gerichtet war, der das Recht des Versicherten seinem ganzen Inhalt nach ergreifen sollte. Es ist Interpretationsfrage, ob die Absicht nur auf die vertragsmäßige Feststellung einzelner Voraussetzungen für den Anspruch, z. B. der Höhe des Schaden, oder auf einen Anerkennungsvertrag seinem ganzen Inhalt nach gerichtet ist.

V. Man kann nun zugeben, daß die Intention des

Klägers darauf gerichtet gewesen ist, einen Anerkennungsvertrag geltend zu machen, mittelst dessen der ganze Inhalt des dem Versicherten gebührenden Anspruchs, im Gegensatz zu einem Anerkennungsvertrage blos über die Höhe des Schaden, festgestellt werden sollte; man kann auch vielleicht weiter zugeben, daß, sofern es sich nicht eben um eine Eidesklage handelte, das Faktische, was er in Betreff des zwischen dem Inspector F. und dem Versicherten abgeschlossenen Vertrags vorgetragen hat, zur Begründung einer Klage genügen würde.... Allein ganz anders steht die Sache bei der vorliegenden, lediglich auf Eid gestellten Klage. Hier ist von Schlußfolgerungen über den Sinn der Urkunde ganz zu abstrahiren und kann ausschließlich maaßgebend sein, was Kläger über den Wortlaut der Urkunde vorgetragen hat, ... daß nämlich beide Theile ein Verzeichniß der verbrannten Gegenstände aufgemacht, daß sie über den Werth der Sachen sich geeinigt, und endlich die sich hiernach ergebende Summe ausgerechnet haben. Freilich lauten hier die Worte:

„und dann berechnet, wie hoch sich die dem Versicherten zukommende Entschädigung nach Abzug des selbst zu tragenden Fünftheils stelle";

allein, daß damit dem Versicherten das Versprechen zur Zahlung dieser Summe ertheilt worden, ist als Inhalt der Urkunde nicht — wenigstens nicht mit der nach sächsischem Prozeßrecht bei Eidesklagen erforderlichen Bestimmtheit behauptet.

Nr. 65.

Plenum. — Erkenntniß v. 27. Juni 71. (B.)

Allgemeine Versicherungs-Gesellschaft für See-, Fluß- und Landtransport zu Dresden ./. G. de Bäremäcker (Nr. 319 v. 71).

Preußen. **Nichtigkeitsbeschwerde.**

I. Instanz: Kommerz- u. Admiralitäts-Kollegium Danzig,
II. Instanz: Appellationsgericht Marienwerder.

Zahlung an den Cessionar oder auf Anweisung, Schuldanerkennung, condictio indebiti.

1. Nach ALR wird der Cessionar Eigenthümer des cedirten Forderungsrechts, und eine ausdrückliche, auf rechtsgiltige Weise erfolgte Anerkennung desselben als Gläubigers entzieht dem Schuldner etwaige Einwendungen oder Gegenansprüche.

ALR I. 11 § 376, 393, 402; 407, 408, 412.

Eine vorbehaltlose Zahlung des Schuldners steht hier, in ihrer Wirkung als stillschweigendes Anerkenntniß, einer ausdrücklichen Anerkennung des neuen Gläubigers nicht gleich.

ALR I. 16 § 165.

2. Bei irrthümlicher Zahlung einer Nichtschuld ist die Rückforderung (condictio indebiti), wenn der vermeintliche Schuldner dem Cessionar Zahlung geleistet hat, gegen diesen, falls er aber auf Anweisung gezahlt, gegen den Anweisenden zu richten.

ALR I. 16 § 166, 178, 198.

Eine von der klagenden Gesellschaft ausgestellte Transportversicherungs-Police war durch den Berechtigten mit dem Vermerk versehen worden:

„Zahlen Sie den hierin versicherten Betrag an Herrn G. de B. oder dessen Ordre."

Auf Grund dessen hat de B., der jetzt Beklagte, die Versicherungssumme erhoben. Diese Zahlung wird als irrthümlich erfolgte Berichtigung einer Nichtschuld (solutio indebiti) unter der Behauptung angefochten, daß die genommene Versicherung sich nachträglich als ganz ungiltig herausgestellt habe. In II. Instanz wird Klägerin abgewiesen; ihre NktBschw. bleibt ohne Erfolg.

Entscheidungsgründe des OHG:

Die NktBschw. geht davon aus, daß der auf der Rückseite der vorgelegten Police befindliche Vermerk ... eine Cession enthalte, daß der Cessionar der Klägerin ganz wie sein Cedent gegenüber stehe, die condictio indebiti also gegen ihn lediglich so, wie gegen den Cedenten begründet werden dürfe und daher zu dieser Begründung der Nachweis genüge, daß der Bekl. durch die Zahlung einen Vortheil erlangt habe, zu welchem sein Cedent gar kein Recht hatte.

Vergeblich sucht der Gegner diese Ausführung durch Berufung auf die Vorschrift des § 412 ALR I. 11 zu widerlegen:

„Hat der Schuldner den Cessionar für seinen Gläubiger wegen einer der Qualität und Quantität nach bestimmten Forderung auf rechtsgiltige Weise einmal anerkannt: so ist er nicht mehr befugt, demselben Einwendungen und Gegenforderungen, die er wider den Cedenten zu haben vermeint, entgegen zu setzen. (Tit. 5 § 37, 38, 185, 192)"; woran Beklagter die Bemerkung knüpft, daß es ein sprechenderes Anerkenntniß nicht geben könne, als Tilgung der Schuld durch Zahlung.

Um nämlich Sinn und Bedeutung dieser Vorschrift richtig zu würdigen, hat man auf ihre Entstehung zurückzugehen. Bei der Ausarbeitung des ALR hatte v. Kircheisen zuerst — im Uebrigen den gemeinrechtlichen Grundsatz festhaltend, daß der debitor durch die Cession nicht ungünstiger gestellt werden dürfe — den Satz vorgeschlagen (vgl. Materialien B. 32 S. 321, OTr. Erk. v. 6. Dez. 47, Entsch. B. 16 S. 32):

„hat aber der Schuldner einmal den Cessionar für seinen Gläubiger anerkannt, so kann er demselben aus Ansprüchen an den Cedenten den Einwand der Kompensation nicht weiter entgegensetzen."

Suarez wollte diese Bestimmung nicht auf Kompensation beschränkt, sondern auf alle Einreden ausgedehnt wissen, und so ging auf den gedruckten Entwurf der Satz über (§ 370 des Entwurfs):

„hat der Schuldner den Cessionar für seinen Gläubiger

auf eine der Qualität oder Quantität nach bestimmte Forderung einmal anerkannt, so ist er nicht mehr befugt, demselben Einwendungen und Gegenforderungen, die er wider den Cedenten zu haben vermeint, entgegenzusetzen."

Im Extrakt der Monita findet sich (B. 19 S. 175, 176) zum § 370 unter Nr. 2 folgende Einwendung:

„Das Anerkenntniß muß auf eine solche Art geschehen, daß die Absicht des Schuldners, sich aller Einwendungen und Gegenforderungen begeben zu wollen, daraus abzunehmen ist. Nur würde es in solchen Fällen, da ein schriftlicher Kontrakt erforderlich wird, schriftlich geschehen müssen."

Dazu bemerkte Suarez:

„eine nähere Bestimmung dürfte von Nutzen sein, besonders auch in Ansehung der stillschweigenden Anerkenntnisse durch Zinszahlungen, Prolongationen 2c.",

und in der revisio monitorum:

„zu § 370 werden nähere Bestimmungen verlangt wie das Anerkenntniß beschaffen sein müsse; diese können durch bloße Beziehung auf den Titel von Verträgen gegeben werden;"

hieraus ist § 412 in obiger Fassung, mit den dabei befindlichen Allegaten, hervorgegangen.

Aus alledem erhellt unzweifelhaft, daß man — im Uebrigen den gemeinrechtlichen Grundsatz, daß die Cession die Lage des debitor nicht erschweren dürfe, im § 408 a. a. O. festhaltend — nur die Frage vor Augen hatte und erledigen wollte, in wieweit dieser Grundsatz durch Anerkennung des Cessionars Seitens des debitor cessus beschränkt werde, wie weit dadurch seine Einwendungen und Kompensationen aus Ansprüchen gegen den Cedenten beseitigt sein sollten; wobei demnach die cedirte Forderung als noch ungetilgt vorausgesetzt wurde. Die Frage dagegen über den Ein=

fluß der Tilgung cedirter Forderungen durch Zahlung ist dabei gänzlich unberührt und offen gelassen. Und nun läßt sich nicht behaupten, daß eine vorbehaltlose Zahlung in ihrer Wirkung als ein stillschweigendes Anerkenntniß dem ausdrücklichen ganz gleichstehe. Denn es bestimmt § 165 ALR I. 16 nur, daß durch eine vorbehaltlos geleistete Zahlung in der Regel die Einwendungen, welche der Zahlende dem Anderen hätte entgegensetzen können, verloren gehen; aber die Ausnahmen folgen gleich hinterher in den Vorschriften über die condictio indebiti, causa data, ob turpem causam, § 166 ff. a. a. O. —

Die Frage aber, ob und in wieweit die condictio indebiti gegen den bezahlten Cessionar geltend gemacht werden könne, — auch im Falle, wenn die Forderung dem Cedenten gegenüber eine Nichtschuld involviren würde — beantwortet § 198 ALR I. 16 indirekt dahin:

„Wenn derjenige, welchem die Zahlung geschehen ist, selbige nicht für sich selbst, sondern blos für einen Anderen angenommen hat: so findet die Rückforderung nur gegen den Dritten statt, es wäre denn, daß der Empfänger betrüglich verfahren oder die Grenzen seines Auftrages überschritten hätte."

Nun ist der Cessionar Eigenthümer des ihm cedirten Forderungsrechts (§ 376 ALR I. 11), er erhebt die Zahlung für sich selbst. Ist also die irrthümlich bezahlte Forderung an sich nichtig, so daß der Zahlende auch nicht eine moralische Verbindlichkeit zu deren Tilgung hatte: so hat der Cessionar durch die Zahlung, deren Grund allein die nichtige Forderung war, einen Vortheil erlangt, zu welchem er, eben da sein vermeintliches Recht einzig und allein in jener Forderung beruhte, gar kein Recht hatte. Bei Unterstellung einer Cession würde also der Appellrichter allerdings die allegirten Vorschriften verletzt haben.

Indessen gelangt der Appellrichter zu demselben Resultat seiner Entscheidung unter der Vorbemerkung:

„Mag man den fragl. Vermerk auf der Police für eine Cession oder Anweisung halten"; also auch bei Unterstellung einer bloßen Anweisung. Und dies erscheint richtig. Denn in der That ist in jenem Vermerk lediglich eine Aufforderung an die Klägerin zu finden, die Versicherungssumme, deren Betrag nicht einmal bezeichnet ist, an den Bekl. (oder dessen Ordre) zu zahlen, eine bloße Ermächtigung zur Erhebung für den Bekl., der also lediglich für den Beauftragenden handelte und für diesen den unberechtigten Vortheil empfing, nicht für sich — gegen den also der Nachweis dieser Nichtberechtigung die vorliegende Klage nicht zu begründen vermochte. Da nun auch ein rechtlich wirksames Indossament darin nicht zu finden ist, weil die Police nicht an Ordre lautet (Art. 302, 303 HGB): so kann Klägerin nach dem oben allegirten § 198 ALR I. 16 sich an den Bekl. nicht halten, zumal ihm auch ein betrügliches Vorgehen nicht zur Last gelegt worden ist. Es liegt also in dieser Beziehung eine Verletzung der § 178 Tit. 16 und §§ 393, 402, 407, 408 Tit. 11 Th. I ALR nicht vor, — ebensowenig aber eine Verletzung des Art. 360 HGB, da die thatsächlichen Voraussetzungen des Begriffs eines Kommissionärs nicht vorliegen, Kläger hierüber auch gar nichts weiter gesagt hat, als daß der Bekl. nicht als Mandatar oder negotiorum gestor, sondern wenigstens als Kommissionär anzusehen sei. Die NttBschw. war daher überall zurückzuweisen.

Nr. 66.

Plenum. — Erkenntniß v. 27. Juni 71. (B.)

S. Mai ./. J. Lion (Nr. 338 v. 71).

Preußen (Hessen). **Nichtigkeitsbeschwerde**

I. Instanz: Kreisgericht Cassel,
II. Instanz: Appellationsgericht daselbst.

Mengekauf. Recht des Verkäufers bei verweigerter Abnahme der Waare. Bedeutung jüdischer Festtage im Verkehr.

1. Niederlegung der Waare, mit deren Empfangnahme der Käufer sich im Verzuge befindet, ist ein Recht (keine Pflicht) des Verkäufers. Dieser darf daher die ihm nicht abgenommene Waare auf seinem Speicher unterbringen und demnächst öffentlich verkaufen lassen.

HGB Art. 343 Abs. 2.

2. Auch unter jüdischen Kaufleuten darf Vertragserfüllung an einem jüdischen Feiertage (sofern dieser nicht ein allgemeiner Feiertag im Sinne des Art. 329 HGB ist) gefordert, bzw. angeboten werden.

Kläger hat dem Beklagten Pesther Usanceweizen verkauft, im April 68 franco Bahnhof Cassel zu liefern. Er kündigte dem Käufer die Waare in 3 Posten zur Abnahme, die letzten 200 Centner brieflich am 13. April, einem jüdischen Festtage. Beide Theile sind Juden. — Beklagter hat die Abnahme des Weizens, nach Annahme der Instanzrichter grundlos, verweigert und Kläger deshalb den Weizen vom Bahnhof auf seinen Speicher schaffen, demnächst aber öffentlich verkaufen lassen. Die nunmehr erhobene Preisdifferenz- und Kosten-Forderung des Klägers ist im Wesentlichen für begründet erkannt und die NktBschw. des Bekl. zurückgewiesen worden. Das OHG erwog in den

Entscheidungsgründen:

1) daß Art. 343 HGB den Verkäufer im Falle des Empfangs-Verzugs des Käufers nur berechtigt, nicht verpflichtet, die Waare auf Gefahr und Kosten des Käufers bei einem Dritten oder in einem öffentlichen Lagerhause niederzulegen, der Appellrichter also rechtlich nicht geirrt hat, wenn er annimmt, daß Kläger den fraglichen, vom Bekl. nicht abgenommenen Weizen auf seinem eigenen Speicher habe niederlegen und demnächst öffentlich ver-

kaufen lassen und die Preisdifferenz nebst Verkaufskosten vom Bekl. fordern dürfen;

2) daß es dahingestellt bleiben kann, ob durch die Annahme Beklagter habe zugestanden, daß der Weizen, welchen Kläger am 15. Mai hat verkaufen lassen, mit demjenigen, welchen Kläger dem Bekl. am 6. April gekündigt hat, identisch sei, eine Aktenwidrigkeit begangen ist, weil die Entscheidung des Appellrichters auch dann gerechtfertigt sein würde, wenn jene Identität nicht vorläge;

daß nämlich Kläger dem Bekl. nur Weizen von kontraktlicher Qualität (in genere) zu liefern verbunden war, diese Verpflichtung des Klägers auch dadurch, daß derselbe die am 6. April auf dem Bahnhof in Cassel angekommenen 200 Centner Weizen dem Bekl. kündigte und zu liefern sich erbot, da Beklagter diese 200 Centner nicht abgenommen hat, nicht geändert worden ist, daß namentlich nicht etwa seitdem die 200 Centner Weizen, welche Kläger dem Bekl. zu liefern sich erboten, als species Gegenstand der vertragsmäßigen Lieferungspflicht des Klägers wurden, bzw. blieben, vielmehr Kläger 200 Centner Weizen von vertragsmäßiger Qualität (in genere) nach Art. 343 HGB wegen fortgesetzten Empfangsverzugs des Bekl. auf dessen Gefahr öffentlich verkaufen lassen durfte; daß Beklagter aber nicht behauptet und dargethan hat, daß der Weizen, welchen Kläger am 15. Mai öffentlich hat verkaufen lassen, von geringerer Qualität, als Kläger nach dem geschlossenen Kontrakt zu gewähren hatte, gewesen sei; Kläger also, ohne daß es auf die in Frage stehende Identität ankommt, nach Art. 343 wohl befugt war, den stattgehabten Verkauf vornehmen zu lassen und die Preisdifferenz nebst Kosten vom Bekl. zu fordern;

3) daß die Beschwerde, welche sich auf die am 13. April gekündigten 200 Centner Weizen bezieht und mit welcher Beklagter Verletzung des Art. 12 der preuß. Ver-

fassungs-Urkunde sowie der gemeinrechtlichen Grundsätze, nach welchen Kläger aus seiner, den Sabbath-Vorschriften zuwiderlaufenden, also unsittlichen Handlungsweise Rechte dem Bekl. gegenüber nicht herleiten könne, rügt, gleichfalls unbegründet ist, da jener Art. 12, wodurch die Freiheit des religiösen Bekenntnisses gewährleistet und der Genuß der bürgerlichen und staatsbürgerlichen Rechte von dem religiösen Bekenntniß unabhängig. erklärt ist, keineswegs zu dem Schlusse führt, daß an einem jüdischen Feiertage einem Juden die Erfüllung eines Vertrages nicht angeboten und deren Annahme nicht zugemuthet werden könne, indem vielmehr Art. 329 HGB nur für den Fall, daß die Erfüllungszeit auf einen Sonntag oder allgemeinen Feiertag fällt, die Bestimmung trifft, daß der nächste Werktag als Erfüllungstag gelte; daß der Appellrichter ferner richtig ausführt, daß Beklagter durch die Vorschriften seiner Religion jedenfalls nicht gehindert gewesen sei, die Lieferung durch einen Stellvertreter annehmen zu lassen; daß Beklagter namentlich durch einen solchen Stellvertreter die an dem fraglichen jüdischen Feiertage auf der Post unter seiner Adresse eingehenden Briefe abholen und erbrechen, auch die Anordnungen wegen Abnahme des Weizens treffen lassen konnte, und zur zeitigen Bestellung eines solchen Vertreters in vorliegendem Falle, wo kontraktlich der Weizen im April zu liefern, 800 Centner bereits vorher gekündigt waren und die Kündigung der letzten 200 Centner täglich zu erwarten stand, alle Veranlassung hatte; daß endlich der Umstand, daß auch Kläger ein Jude ist, nicht von rechtlicher Bedeutung ist, namentlich darin, daß Kläger als Jude dem Bekl. die fraglichen 200 Centner auf einen jüdischen Festtag zur Abnahme gekündigt hat, nicht eine unsittliche Handlungsweise, wodurch schon nach gemeinrechtlichen Vorschriften die Annahme eines Verzugs auf Seiten des Bekl. ausgeschlossen würde, gefunden werden kann.

Nr. 67.

Plenum. — Erkenntniß v. 27. Juni 71. (B.)

Al. und W. Alexander ·/. Ph. Reinsberg (Nr. 390 v. 71).

Preußen. Wechselsache. Richtigkeitsbeschwerde.

I. Instanz: Kreisgericht Brilon,

II. Instanz: Appellationsgericht Arnsberg.

Wechselunterschrift, Zusatz beim Namen. Verbot des Indossirens. Mangelnde Deckung. Westfälisches Dotalrecht.

1. Ein bei der Wechselunterschrift dem Namen des Ausstellers beigefügter, die Identität des Ausstellers nicht zweifelhaft machender Zusatz beeinträchtigt die Giltigkeit des Wechsels nicht.

DWO Art. 4 Nr. 5, Art. 7, 96 Nr. 5, 98 Nr. 1.

Vgl. Rechtsfall Nr. 40, oben S. 217.

2. Ein auf der Rückseite des Wechsels vom Aussteller gemachter Vermerk, welcher die Begebung des Wechsels verbietet, ist ohne rechtliche Wirkung.

DWO Art. 9, 98 Nr. 2.

Vgl. Rspr. I Fall 11 S. 64.

3. Eine in getrennten Gütern lebende westfälische Ehefrau kann einen ihr gehörigen Wechsel selbständig indossiren.

4. Ist im Wechselprozeß der Einwand nicht gegebener Wechselvaluta zulässig?

Der an die Ordre der Ehefrau Opp. gestellte Klagewechsel trägt die Unterschriften der beiden Beklagten, welche unter der Firma, „M. Alexander Söhne" Handel treiben, hier aber — jeder für sich — mit „Al. Alexander Sohn," bzw. „W. Alexander Sohn" gezeichnet haben. Auf der Rückseite trägt der (eigene) Wechsel den Vermerk: „dieser Wechsel darf auf keinen Anderen indossirt werden, und ist die Ehefrau Opp. nur befugt, denselben selbst einzukassiren. Alexander."

Jetzt klagt ein Dritter als Wechselinhaber und Indossatar der Frau Opp., welche nach Arnsberger ehelichem Güterrecht (römischem Dotalrecht) lebt. In Uebereinstimmung mit dem preuß. OTr. (Entsch. B. 22 S. 277 ff.) hat der Appellrichter angenommen, daß die Ehefrau Opp. über ihr eigenes Vermögen freie Disposition habe, und dabei jede Beschränkung durch ihren Mann ausgeschlossen sei.

Die NktBschw. der in zwei Instanzen verurtheilten Bekl. wird vom OHG zurückgewiesen

in Erwägung:

1) daß die Klage nicht gegen die von den Bekl. gemeinschaftlich unter der Firma „M. Alexander Söhne" geführte Handlung, sondern gegen die beiden Beklagten persönlich gerichtet ist; daß der eingeklagte eigene Wechsel die [vorerwähnten] Unterschriften ... führt, also die Namen der beiden Beklagten mit dem überflüssigen, aber unschädlichen Zusatz „Sohn"; daß durch diese Unterschrift, da jener Zusatz die Identität der Aussteller nicht zweifelhaft macht, dem Art. 4 Nr. 5 DWO genügt, eine Verletzung des Art. 8 daselbst nicht erfindlich ist, und die Beklagten mit Recht nach § 134 AGO I. 10 als den Wechsel anerkennend erachtet sind, da sie sich zur Diffession nicht erboten haben;

2) daß die Beschwerde, der Appellrichter habe einen gemeinrechtlichen, bzw. deutschrechtlichen Satz des Inhalts:

daß der Ehemann gesetzlicher Verwalter und Nutznießer des Vermögens seiner Frau sei, daß deshalb die Einwilligung des Ehemanns zur Veräußerung des dem maritalischen Nießbrauch unterworfenen Vermögens nöthig sei, daß die Ehefrau nur mit Einwilligung des Ehemanns durch Verträge sich verpflichten und Wechsel-Verbindlichkeiten eingehen könne,

verletzt, nicht begründet ist, da der aufgestellte Satz als ein allgemein in Deutschland und namentlich im Herzogthum Westfalen geltender nicht anzuerkennen ist, die vermögensrechtlichen Befugnisse der Ehegatten sich vielmehr in den verschiedenen deutschen Ländern sehr verschieden ausgebildet haben, im Herzogthum Westfalen namentlich die Grundsätze des reinen römischen Dotalrechts maaßgebend geblieben sind, nach welchem die Ehefrau, ohne der Genehmigung des Ehemanns zu bedürfen, sich vertragsmäßig verpflichten, also auch Wechselverbindlichkeiten eingehen kann, ein gesetzliches Nießbrauchs- oder Verwaltungsrecht des Ehemanns auch nicht anerkannt wird, dem Ehemann vielmehr Rechte am Vermögen der Frau nur insoweit zustehen, als sie ihm durch Bestellung einer Dos oder Uebertragung der Verwaltung besonders eingeräumt worden; daß hiernach auch Art. 1 DWO nicht verletzt ist;

3) daß der Appellrichter dem auf die Rückseite des Wechsels geschriebenen Verbot des Indossaments — zumal dasselbe nicht von beiden Ausstellern, sondern nur „Alexander" unterschrieben ist — mit Recht die rechtliche Wirkung versagt hat, da ein solches Verbot nach Art. 9 DWO im Kontext des Wechsels (durch die Worte „nicht an Ordre" oder durch gleichbedeutende Worte) ausgedrückt sein muß, um rechtliche Wirkung zu haben; daß auch die Nichtbeachtung eines solchen, rechtlich wirkungslosen Verbots einen dolus nicht enthalten kann [vgl. Rspr. I Fall 10 S. 59];

4) daß die Ausführung des Appellrichters, daß die Einrede der Simulation im Wechselprozeß unzulässig und als exceptio de jure tertii zu verwerfen sei, dahin aufzufassen ist, daß die von den Bekl. vorgebrachte Einrede rechtlich unerheblich sei; daß diese Entscheidung richtig ist, da der Einwand, daß bei der Ertheilung des sich äußerlich als eigentliches Indossament darstellenden Giro [an den Kläger] nur die Ertheilung eines Prokura-Indossaments zur Einkassirung der Wechsel-Summe beabsichtigt worden sei, allerdings im Wechselprozeß nicht zu beachten ist*; auch

* Rspr. I Fall Nr. 20, S. 99, auch I S. 264.

5) der fernere Einwand, daß die Beklagten von der Ehefrau Opp. keinerlei Valuta erhalten hätten, und daß der Wechsel nur zu dem, dem Kläger bekannten Zweck indossirt sei, um den Beklagten den Einwand der nicht erhaltenen Valuta abzuschneiden, in der vorgebrachten Art unerheblich, bzw. unsubstantiirt ist, da die Wechsel-Verpflichtung an sich dadurch, daß Valuta gegeben worden, nicht bedingt ist, auch eine exceptio doli nicht durch die nackte Behauptung, daß Valuta nicht gegeben sei, begründet werden kann, vielmehr substantiirt thatsächlich darzulegen gewesen wäre, daß nach dem der Wechselbegebung zu Grunde liegenden Rechtsverhältniß zwischen dem Aussteller und der Remittentin der Letzteren die Zahlung einer Valuta an den Ersteren dergestalt obgelegen habe, daß ohne, bzw. vor Zahlung der Valuta auch die Wechselsumme nicht habe eingeklagt werden dürfen, und dem mit diesen Verhältnissen bekannten Wechselkläger ein doloses Verhalten zur Last falle [vgl. Rspr. I S. 198, 397, auch II. S. 149].

Nr. 68.

Plenum. — Erkenntniß v. 27. Juni 71. (B.)

Ph. Strauß ./. J. O. Wahl (Nr. 342 v. 71).

Preußen. Wechselsache. Nichtigkeitsbeschwerde.

I. Instanz: Kreisgericht Dortmund,

II. Instanz: Appellationsgericht Hamm.

Domizilwechsel. Zahlung beim Aussteller.

1. Die für den Domizilwechsel wesentliche Angabe eines vom Wohnort des Bezogenen verschiedenen Zahlungsorts* ist nicht darin zu finden, daß der Wechsel ohne Benennung des Zahlungsorts „beim Aussteller zahlbar" gemacht worden (gleichviel wo Letzterer wohnt oder den Wechsel ausgestellt hat).

DWO Art. 24, 4 Nr. 8; vgl. Art. 6 Abs. 2.

* Vgl. Rechtsfall Nr. 27, oben S. 131.

2. Nur beim Eigenwechsel gilt, falls ein besonderer Zahlungsort nicht angegeben ist, der Ort der Ausstellung als Zahlungsort und zugleich als Wohnort des Ausstellers.
DWO Art. 97.

Der aus seinem Wechselaccept belangte Bezogene wendet, das Vorliegen eines Domizilwechsels behauptend, den Mangel eines Nichtzahlungs-Protests ein. Der vom I. Richter abgewiesene Kläger erzielt in II. Instanz die Verurtheilung des Bekl. Die NktBschw. des Letzteren wird vom OHG verworfen.

Gründe:

Der Klagewechsel ist von „S. Grünewald" ohne weiteren Beisatz als Aussteller unterschrieben, aber „Dortmund, 1. Juni 69" datirt und so adressirt:

„Herrn Ph. Strauß in Hörde
zahlbar beim Aussteller."

Nach Art. 4 Nr. 8 DWO gilt also Hörde als Zahlungsort des Wechsels und zugleich als Wohnort des Acceptanten. Um domizilirt zu sein, müßte der Wechsel selber „einen von diesem Wohnort des Bezogenen verschiedenen Zahlungsort" angeben, Art. 24 a. a. O.*

Eine solche Angabe enthält der Wechsel nicht; er spricht nicht aus, daß die Zahlung nicht in Hörde, sondern an einem bestimmt angegebenen, anderen Orte erfolgen solle. Dennoch hält ihn Implorant für domizilirt. Dieser meint: weil der Wechsel von Dortmund datirt sei, müsse Dortmund als Wohnort des Ausstellers gelten, und weil er nach der Adresse beim Aussteller zahlbar sei, so resul-

* Ebenso der Ferien-Senat des OHG im Erk. v. 31. Juli 71 (i. S. Michelmann ./. Holstein, Nr. 392 v. 71): „Nach Art. 4 Nr. 8 DWO ist der beim Namen des Bezogenen benannte Ort nicht schlechthin der Zahlungsort des Ws, er gilt dafür nur, sofern der W. nicht einen besonderen Zahlungsort angiebt; in letzterem Falle ist der W. domizilirt (Art. 24) und der beim Namen des Bezogenen genannte Ort verliert alsdann seine Bedeutung als Zahlungsort." —

tire Dortmund als Zahlungsort. Diese Ansicht ist unrichtig.

Das Ortsdatum der Ausstellung eines Wechsels wird zwar meistens mit dem Wohnort des Ausstellers koinzidiren; aber keineswegs bildet diese Identität die Regel, noch ist sie nothwendig. Die DWO enthält für die Tratte keine Bestimmung, wonach der bei der Ausstellung angegebene Ort als Wohnort des Ausstellers gelten solle, und der bei der Berathung der DWO gemachte Versuch, die an sich unwichtige Bedeutung der Angabe des Ausstellungsorts (Motive für den preuß. Entwurf Seite XXXI) für den Fall des Mangels einer bestimmten Angabe des Zahlungsorts dahin zu erweitern, daß alsdann der Ausstellungsort als Zahlungsort anzusehen, ist ausdrücklich verworfen.

Vgl. Konf.-Prot. Nr. V (v. 26. Okt. 47) zu § 7 des Entwurfs, S. 18 der Leipziger Ausgabe v. 1848 (Hirschfeld).

Nur für den eigenen Wechsel bestimmt Art. 97, daß der Ausstellungsort, insofern ein besondrer Zahlungsort nicht angegeben ist, als Zahlungsort und zugleich als Wohnort des Ausstellers gelten soll. Allein diese Bestimmung beruht auf der Eigenthümlichkeit des eigenen Wechsels. Weil nämlich beim eigenen Wechsel gewöhnlich ein besonderer Zahlungsort nicht genannt wird, erschien es bei Berathung der DWO unräthlich, zu seiner Giltigkeit die besondere Angabe eines Zahlungsorts zu fordern. Man strich deshalb die Vorschrift des § 87 Nr. 7 des preuß. Entwurfs, welche diese Angabe verlangte. Nun aber ward für die nothwendige Bestimmtheit des Zahlungsorts als zweckmäßig erachtet, in Uebereinstimmung mit der gewöhnlichen Fassung des eigenen Wechsels auszusprechen, daß bei ihm der Ausstellungsort als Zahlungsort und Wohnort des Ausstellers gelten solle.

Konf.-Prot. Nr. XXIII (v. 18. Nov. 47) zu § 87, S. 157 a. a. O.

Der Art. 97 bildet also für den eigenen Wechsel das Korrelat des die Tratte betreffenden Art. 4 Nr. 8, wie denn auch in dieser Richtung die Stellung des Bezogenen der des Ausstellers eines eigenen Wechsels analog ist.

Vgl. Motive zum preuß. Entwurf zu § 4 Nr. 5, S. XXXIII.

Auf derselben Anschauung beruht die Bestimmung des Art. 6 Abs. 2 über den trassirt-eigenen Wechsel. Auch sie geht davon aus, daß beim eigenen Wechsel der Ausstellungsort zugleich der Zahlungs- und Wohnort des Ausstellers sei; und weil der trassirt-eigene Wechsel im Grunde doch nur ein eigener Wechsel ist, so wurde für die Form des trassirt-eigenen Wechsels die Angabe eines vom Ausstellungsort verschiedenen Zahlungsorts gefordert.

Konf.-Prot. Nr. 5 (v. 26. Okt. 47) zu § 5 und Prot. Nr. 24 (v. 22. Nov. 47) zu § 87, S. 17, 158 bis 160 a. a. O.

Die aus der Eigenthümlichkeit des eigenen Wechsels hervorgegangene Bestimmung des Artikel 97 gestattet aber keine Ausdehnung auf die gewöhnliche Tratte. — Erfordert Art. 24 für die Existenz eines Domizilwechsels, daß in ihm ein vom Wohnort des Bezogenen verschiedener Zahlungsort genannt sei, und verlangt die Natur des Wechsels als eines Formalakts, daß sein wesentlicher Inhalt durch die Schrift selber mit zuverlässiger Bestimmtheit ausgedrückt werde*): so genügt es nicht, wenn die Wechselurkunde nur vermuthen läßt, daß der Wechsel nicht am Wohnort des Bezogenen (Art. 4 Nr. 8), sondern an einem anderen Ort bezahlt werden soll.

Vgl. Borchardt ADWO Zusatz 292 und n. 219, S. 183;

* Rspr. I Fall Nr. 6 S. 49, vgl. dort Fall 14 S. 79.

Wächter Wechselrecht des norddeutschen Bundes, S. 168 (S. 195);

Hoffmann Erläuterung der DWO S. 205 (vgl. S. 202 und 414).

Nun besagt der Klagewechsel nicht, daß die Zahlung in Dortmund (und nicht in Hörde) geschehen solle. Gezogen auf „Ph. Strauß in Hörde", enthält er unter dieser Adresse nur den Zusatz „zahlbar beim Aussteller". Dieser Zusatz schließt den Zahlungsort Hörde nicht aus. Der Aussteller kann in Hörde wohnen oder dort ein Geschäftslokal haben. Das Ausstellungsdatum „Dortmund" steht dieser Möglichkeit nicht entgegen. Denn daß dieses Datum keinen sicheren Schluß auf den für die wechselrechtlichen Akte entscheidenden Wohnort des Ausstellers gestattet, daß namentlich die DWO selbst die Identifizirung dieses Wohnorts mit dem Ort der Ausstellung der Tratte weder vorschreibt noch rechtfertigt, ist vorstehend gezeigt.

Hat hiernach der Appellrichter die fragl. Tratte mit Recht für einen Domizilwechsel nicht erachtet, so hat er auch den Art. 43 DWO nicht anwenden können.

Nr. 69.

Plenum. — Erkenntniß v. 28. Juni 71. (B.)

Al. Werthauer ./. C. Schmidt (Nr. 297 v. 71).

Königreich Sachsen. — Weitere Berufung beider Parteien.

I. Instanz: Handelsgericht im Bezirksgericht Zwickau,
II. Instanz: Appellationsgericht Zwickau.

Annahme einer Anweisung.

Die verpflichtende Annahme einer Anweisung von Seiten des Angewiesenen liegt (namentlich nach dem bürgerlichen Recht des Königreichs Sachsen) nicht schon in der Empfangnahme der Anweisung und in entsprechenden Buchungen (beim Debet des Anweisenden und Credit des Anweisungsempfängers).

HGB Art. 300.
Kgl. sächs. bürgerl. GB § 1328.

Gegen den Klageanspruch macht Beklagter einredeweise eine Gegenforderung v. 3500 Thlrn. nebst 5 % Zinsen seit dem 2. Nov. 64 geltend. Kläger (ein Leipziger Banquier) soll nämlich eine auf diese Summe lautende Anweisung zu Gunsten des Bekl. angenommen, aber noch nicht bezahlt haben. In I. Instanz wird Beklagter (nach kgl. sächs. Prozeßrecht) zum Beweise verstattet, daß Kläger jene, ihm am 2. November 64 zugestellte Anweisung ausdrücklich angenommen habe; dem Kläger aber ist Gegenbeweis vorbehalten worden, daß Beklagter später die Anweisung für ungiltig und unwirksam erklärt habe. Beide Theile legten Berufung ein, Beklagter namentlich, weil die streitige Annahme der Anweisung nicht schon als durch gewisse Handlungen des Klägers erfolgt und demnach für feststehend erachtet worden. Der Appellrichter erkannte bestätigend, ebenso das OHG.

Gründe des OHG:

Der Kaufmann A. Weinreich zu Werdau hat, wie unbestritten feststeht, folgenden Brief an den Kläger gerichtet:

„Herrn Al. Werthauer in Leipzig. W., 2. Nov. 64.

Bitte Sie hierdurch, 3500 Thlr. zur Disposition des Herrn Carl Schmidt zu halten und mich dafür zu belasten.

A. Weinreich."

Weinreich übergab den Brief zunächst dem Beklagten, dem in dem Briefe selbst genannten Schmidt. Letzterer überreichte ihn schon am 2. Nov. 64 dem Kläger. Beklagter will dabei zugleich beim Kläger angefragt haben,

> ob dieser ihn gegen das Schriftstück — den vorerwähnten Weinreich'schen Brief — mit 3500 Thalern kreditiren wolle,

was vom Kläger bejaht worden sein soll. Jedenfalls hat Kläger — darüber herrscht zwischen den Parteien Einverständniß — in seinem Journal unter gedachtem Tage den Aussteller des Briefes, Weinreich, nach Höhe von

3500 Thlrn. debitirt, den Beklagten aber in gleicher Höhe kreditirt. . .

Die vorigen Instanzen haben dies gleichmäßig anerkannt und dem Beklagten den Beweis seines Vorbringens, soweit es vom Kläger geleugnet worden, auferlegt. Mit Unrecht bestreiten die Parteien mittelst der eingewendeten Rechtsmittel theils die Schlüssigkeit, theils die Beweisbedürftigkeit dieses Vorbringens.

I. Klägers Appellation anlangend: Das fragliche Rechtsgeschäft enthält eine Anweisung im Sinne von Art. 300 HGB u. § 1328 ff. kgl. sächs. bürgerl. GB. Denn die von Weinreich ausgesprochene, an den Kläger gerichtete Bitte, 3500 Thaler zur Disposition des Bekl. zu halten, involvirte das Mandat zur Zahlung dieser Summe; und daß die aufgetragene Zahlung für Rechnung des Auftraggebers Weinreich vollzogen werden sollte, ergiebt sich unzweideutig aus den Schlußworten des Briefes, Weinreich mit dem Betrage zu belasten. Kläger irrt, wenn er der Ansicht Geltung zu verschaffen sucht, es habe sich hierbei um einen bloßen Kreditauftrag — mandatum qualificatum, L. 6 § 4, L. 10 § 8, L. 21, 56 pr. Dig. 17, 1; § 1476 des sächs. bürg. GB — in dem Sinne und mit der Wirkung gehandelt, daß durch Realisirung des Mandats von Seiten des Klägers des Letzteren Schuldner zunächst Beklagter selbst geworden sein würde, während der Mandant lediglich als Bürge haftete. Seitens des Klägers wird hierbei nicht allein die klare Bedeutung der oben ausgehobenen Schlußworte des Briefes, sondern auch der Sinn des Geschäfts überhaupt verkannt. Denn nicht dahin ging der an den Kläger von Weinreich gerichtete Auftrag, mit dem Beklagten — der Begriffsbestimmung des Kreditauftrags entsprechend vgl. die Fassung des oberwähnten § 1476 des bürgerl. GB) — in eigenem Namen und auf eigene Rechnung, jedoch auf Gefahr: d. i. unter eventueller Haftung des

Auftraggebers mit dem Bekl. einen Vertrag zu schließen oder demselben eine Forderung zu gestunden — zu kreditiren; sondern der Auftrag ging auf Zahlung und zwar zu Lasten des Auftraggebers, d. i. unter dessen prinzipaler und alleiniger Verhaftung. Steht dieser rechtliche Charakter des Geschäfts nach dem Inhalt des vom Briefsteller ertheilten Auftrags fest, so konnte dessen Natur offenbar durch spätere Dispositionen des Beklagten, als Assignatars, nicht verändert werden, welche die Durchführung der Assignation, also deren Honorirung von Seiten des Assignaten, zur nothwendigen Voraussetzung haben. Lediglich eine Verfügung letzterer Art, nicht eine wesentliche Modifikation des ursprünglichen Rechtsgeschäfts würde vorgelegen haben, wenn Beklagter seiner Sachdarstellung zufolge den Assignaten bei Ueberreichung des Kreditbriefs ersucht hätte, auf dessen Grund ihn mit der angewiesenen Summe zu kreditiren. Denn es ist nicht abzusehen, weshalb Beklagter behindert gewesen sein sollte, denjenigen Zahlungsbetrag, zu dessen Empfangnahme er durch die Anweisung ermächtigt war, dem Kläger unter Umständen, durch welche dieser als Schuldner des Bekl. sich bekannte, fernerhin bis auf Weiteres in Händen zu lassen. In Wahrheit gab dadurch nicht Kläger dem Bekl., sondern Beklagter dem Kläger der angewiesenen Summe halber Kredit. Eine Verpflichtung des Klägers zur Zahlung der angewiesenen Summe erwuchs freilich dem Bekl. gegenüber nur dadurch, daß Kläger gegen den Bekl. zu dieser Zahlung sich bereit erklärte, mithin zu dessen Gunsten die Anweisung annahm.

Art. 300 HGB, § 1328 sächs. bürgerl. GB.

Allein auf eine solche Annahme hat sich Beklagter dem Obigen zufolge zur Genüge bezogen. Von der Begründung dieses Anführens ist die Durchführung des vom Beklagten in Anspruch genommenen Rechts abhängig. Denn hatte Kläger die Anweisung in der behaupteten Weise wirklich angenommen, so war dadurch zwischen den Parteien ein Vertragsverhältniß geschaffen worden, das nicht blos dem Kläger eine selbständige Verpflichtung gegen den Bekl. auflegte, sondern Letzteren auch vor jeder weiteren Einwirkung des Assignaten schützte.

§§ 1330, 1331 sächs. bürgerl. GB.

Die später zu des Assignanten Vermögen erfolgte Konkurseröffnung konnte an diesem Rechtsverhältniß unter allen Umständen nichts ändern.

Kläger legt zur Beseitigung des Anspruchs unter Anderem auch Gewicht darauf, daß Beklagter dermalen gar nicht im Besitz des den Zahlungsauftrag konstatirenden Schriftstücks sich befinde, sondern solches dem Kläger eingehändigt habe. Er scheint daraus die rechtliche Vermuthung allseitiger Erledigung des Assignationsgeschäfts für sich herleiten zu wollen. Jedoch offenbar mit Unrecht. Das erwähnte Schriftstück hatte ebenso seiner äußeren Form, als seinem Inhalt nach lediglich die Bedeutung eines gewöhnlichen, an Klägers Adresse gerichteten Briefs, nicht die eines circulationsfähigen kaufmännischen Werthpapiers. Klar ergiebt sich dies schon daraus, daß der an den Kläger gerichtete Auftrag nicht dahin ging: gegen diese Anweisung zu zahlen. Mit dieser äußeren Gestalt der dem Beklagten vom Assignanten eingehändigten Schrift hängt es auch ferner zusammen, daß auf dieselbe die durch das sächsische Gesetz, die kaufmännischen Anweisungen betr., v. 7. Juni 49 geordneten Formvorschriften nach keiner Seite Anwendung leiden können. Denn unter kaufmännischen Anweisungen im Sinne dieses Gesetzes werden (nach § 1) nur solche Papiere verstanden, welche in ihrer Fassung (nicht blos in einer Aufschrift) als Anweisung bezeichnet und sonst in der von DWO Art. 4 Nr. 2 bis 8 für Wechsel vorgeschriebenen Form ausgestellt sind.

Hieraus allenthalben folgt, daß Kläger ohne Grund

die Schlüssigkeit des in Frage stehenden exceptivischen Vorbringens zu bestreiten sucht. Dasselbe ist relevant; es bedarf aber,

II. zu des Beklagten Appellation: mindestens noch bezüglich des Punktes erfolgter Annahme der Anweisung durch den Angewiesenen gegen den Anweisungsempfänger, weiterer Liquidstellung durch Antritt formellen Beweises. Beklagter erachtet sich dessen aus einem doppelten Grunde überhoben. Die vorerwähnte Annahme der Anweisung, meint er, sei mit innerer Nothwendigkeit zu folgern, sowohl

1) aus dem von Seiten Klägers zugestandenen Bucheintrage, als
2) aus der liquiden Thatsache, daß Kläger nach eingetretener Insolvenz des Assignanten Weinreich bei dessen Konkurse den Anspruch auf Rückgewähr der angewiesenen Summe von 3500 Thalern verfolgt habe.

Die vorige Instanz hat diesen Momenten zwar nicht schlechthin die Eigenschaft von Beweisgründen abgesprochen, jedoch Bedenken getragen, dieselben schon in jetzigem Stadium des Prozesses für genügend zur Herstellung voller rechtlicher Gewißheit zu erachten. Dem war beizupflichten.

Allerdings hat Kläger

zu 1.

nicht bestritten, am 2. Nov. 64 in seinem Geschäftsjournal auf Grund des fragl. Accreditivs den Assignanten Weinreich mit 3500 Thlrn. debitirt und dagegen den Assignatar, gegenwärtig Beklagten, mit einer gleichen Summe kreditirt zu haben. Nach des Beklagten Angabe soll dieser Eintrag das Ergebniß vorgängiger Beredung der Parteien gewesen sein. Und in der That würde, falls dies begründet wäre, über die erfolgte Annahme der Anweisung auf Seiten Klägers kein Zweifel obwalten können. Allein die Begründung dieser Behauptung, die selbstverständlich aus der Thatsache des Empfanges der Anweisung allein nicht ohne Weiteres sich ergiebt, ist zur Zeit noch nicht erwiesen. Dieser Beweis würde sich zwar erledigen, wenn feststände, daß Kläger wenigstens später dem Bekl. geschäftliche Anzeige von dem Erfolg des Eintrags zu seinen Gunsten gemacht hatte. Allein auch darüber liegt zur Zeit etwas Bestimmtes nicht vor. Es fehlt sonach allenthalben an der Liquidstellung solcher Thatsachen, welche geeignet sind, dem fraglichen Bucheintrage die Bedeutung eines den Beklagten berührenden Vertragsakts zu geben. Ohne dieses Vertragsmoment blieb der Eintrag eine bloße Notiz, ein rein geschäftliches Internum, das für sich allein und losgelöst vom Bestande eines zwischen den Parteien bestehenden Rechtsgeschäfts obligatorische Wirkung dem Bekl. gegenüber nicht zu äußern vermochte.

Die vom Kläger geltend gemachten Grundsätze über die Beweiskraft der Handelsbücher kommen hierbei schon deshalb als entscheidend nicht in Betracht, weil des Klägers Handelsbücher prozessual als Beweismittel nicht vorgelegt und vom Bekl. in dieser Eigenschaft zur Zeit überhaupt nicht benutzt worden sind. Es tritt hinzu, daß Handelsbücher, wie Beklagter selbst nicht verkennt, nach den Grundsätzen im Art. 34 HGB in der Regel — und ein Ausnahmefall ist vom Beklagten nicht begründet — nur einen unvollständigen, der Ergänzung durch andere Beweismittel bedürftigen Beweis liefern. Die Möglichkeit solcher Ergänzung setzt aber prozessual immer den Antritt des Beweisverfahrens voraus. — In keinem Falle wird das letztere durch den unter

2.

erwähnten (thatsächlich allerdings völlig liquiden) Vorgang entbehrlich gemacht. In der That bekunden die vom Bekl. angezogenen Beilagsakten mehrfache Auslassungen des Klägers, welche darüber keinen Zweifel lassen, daß Kläger selbst in jenem Vorprozeß von der subjektiven Annahme ausgegangen, es sei auf Grund der Weinreich'schen Anweisung zwischen ihm (Kläger) als Angewiesenen und dem Beklagten als Anweisungsempfänger ein selbständiges Obligations-Verhältniß, welches Letzteren nach Höhe der angewiesenen Summe zu Klägers Gläubiger gemacht, begründet worden.

Alle diese Erklärungen sind jedoch nicht dem Bekl., sondern einem Dritten, dem Weinreich'schen Konkursvertreter gegenüber, abgegeben worden und offenbar nicht zu dem Zweck, um Geständnisse zu Gunsten des Bekl. abzulegen, sondern um angebliche Rechte gegen das Weinreich'sche Kreditwesen darauf zu stützen. Mögen sie, sofern sie in öffentlichen Akten abgelegt sind, nicht ohne rechtliche Bedeutung sein: immerhin haben sie nur den Werth eines außerhalb des jetzt schwebenden Prozesses erklärten, mithin im technischen Sinne —

vgl. Osterloh, Sächsischer bürgerl. Prozeß § 254;
v. Bayer, Vorträge über den Deutschen gemeinen Civilprozeß § 224, S. 710 —

außergerichtlichen Zugeständnisses, und gewähren daher nach den Umständen zwar Beweisgründe für den Beweissatz, nicht aber schlechthin vollen Beweis oder wol gar ein jedes Beweises des unterliegenden Rechtsverhältnisses überhebendes selbständiges Vertragsfundament.

Ueber die Bedeutung einer Anweisung und des etwaigen Widerrufs derselben hat sich das OHG in der sächsischen Appellsache de Jersey & Co. ./. F. Schiefferdecker & Co. (Nr. 17 v. 70, I. Instanz: Handelsgericht Chemnitz) durch Plen. Erk. v. 22. Okt. 70 — auch unter Berücksichtigung des sächsischen bürgerlichen Rechts — dahin ausgesprochen:

Soweit sich Klägerin darauf beruft, daß sie in Gemäßheit der vom Bekl. erhaltenen Ordre eine eigene, durch einseitigen Widerruf seitens des Letzteren nicht lösbare

Verpflichtung gegen eine Firma in Bombay (Kn. & Co.) übernommen habe, stehen ihr die dafür angezogenen Grundsätze über Anweisungen — wenigstens in der behaupteten Allgemeinheit — nicht zur Seite. An sich liegt im Begriff der Anweisung — außer dem Auftrage, dem Anweisungsempfänger Geld oder andere Sachen thatsächlich zu leisten (bürgerl. GB § 1328) — nicht auch der weitere Auftrag, dem gedachten Empfänger gegenüber eine besondere Verpflichtung zu dieser Leistung einzugehen. Nur unter besonderen Umständen wird es daher als eine, wenn auch nicht durch die Instruktion des Auftraggebers gebotene, doch seiner muthmaaßlichen Absicht, seinem Vortheil oder der Natur des Geschäfts entsprechende Maaßnahme (bürgerl. GB § 1303) gelten können, wenn der Angewiesene durch Annahme der Anweisung dem Empfänger gegenüber nicht nur sich selbst in ein unmittelbares Obligationsverhältniß zu diesem bringt (§ 1328 Abs. 2), sondern auch den Anweisenden außer Stand setzt, durch Widerruf der Anweisung geeigneten Falles sein Interesse wahrzunehmen (daselbst § 1330, 1331). In vorliegendem Falle — in welchem der vom Bekl. der Klägerin unterm 24. Nov. 66 brieflich ertheilte Auftrag dahin gegangen ist, die von Kn. & Co. auf sie, Klägerin, zu ziehenden Tratten vorkommenden Falles zu Lasten des Auftraggebers zu schützen — ist nun allerdings die Ermächtigung der Angewiesenen, diese Tratten auf Vorlegen zu acceptiren und dadurch dem Anweisungsempfänger gegenüber zu deren künftiger Honorirung sich unwiderruflich zu verpflichten, außer Zweifel. Es kann auch unter den besonderen Umständen des hier in Rede stehenden überseeischen Verkehrs* dem Interesse des anweisenden Hauses ent-

* Der Bekl. (Chemnitzer Fabrikant) hatte Baumwolle, welche er durch Kn. & Co. in Ostindien einzukaufen gedachte, durch Wechsel auf die Klägerin (ein Haus in Manchester) bezahlen wollen und zu diesem Behuf die fragliche Anweisung erlassen. Später widerrief Beklagter sowohl die Einkaufsordre, als die dem Kläger ertheilte Anweisung.

sprechend gewesen sein, wenn Klägerin, wie sie behauptet, dem Anweisungsempfänger gegenüber, ohne alle Veranlassung seitens desselben, mittelst Briefs v. 1. Dez. 66 anerkannt hat, daß dieser für die vom Bekl. erhaltene Einkaufsordre auf sie, Klägerin, zu remboursiren habe. Allein immerhin ward Klägerin durch eine in dieser Maaße eingegangene eigene Verpflichtung der Verbindlichkeit nicht enthoben, das Interesse ihres Auftraggebers zu wahren, wenn und soweit es mit dieser Verpflichtung vereinbar war.

Die Anweisung ist, wie Klägerin selbst geltend macht, eine Unterart des Mandatsvertrags, bei welchem die getreue Wahrung des durch die Instruktion ausgesprochenen oder sonst aus der Natur des Geschäfts erkennbaren Interesse des Mandanten der leitende Gesichtspunkt für das Verhalten des Mandatars bleibt. Klägerin war nun aber gar wohl im Stande, im unzweideutig ausgesprochenen Interesse des Bekl. den von diesem ausgegangenen, mittelst Briefs v. 10. Febr. 67 ihr bekannt gemachten Widerruf der Anweisung beachten zu können. Denn Kn. & Co. hatten auf sie überhaupt nicht trassirt, sondern einfach Gutschrift des Einkaufskommissionsbetrags in laufender Rechnung verlangt. Klägerin war daher ebenso verpflichtet, als thatsächlich in der Lage, bevor sie diese Gutschrift bewirkte, durch Vernehmung mit dem Bekl. sich sowohl über den wahren Sachverhalt zu unterrichten, als der Vertretung und Schadloshaltung für den Fall zu versichern, daß sie in Folge ihrer Weigerung etwaigen Ansprüchen von Kn. & Co. ausgesetzt würde.

Nr. 70.

Plenum. — Erkenntniß v. 9. Mai 71 (Z.).

Erdmann ./. Fiscus (Nr. 229 v. 71).

Preußen. **Nichtigkeitsbeschwerde.**

I. Instanz: Stadtgericht Cassel,
II. Instanz: Appellationsgericht daselbst.

Welche Beweiskraft ist dem zwischen einem Kaufmann als Verkäufer und seinem ständigen Abnehmer gehaltenen Contobuch beizumessen?

Vgl. oben Rechtsfall Nr. 4 S. 14.

Parteien streiten über die Beweiskraft eines sogen. Contobuches, in welches ein Kaufmann als Verkäufer die seinem ständigen Abnehmer gemachten Waarenlieferungen sowie die dafür empfangenen Zahlungen einzutragen pflegte. Käufer nahm das Buch nach jeder Eintragung an sich und brachte es bei einem der Eintragung bedürfenden Geschäft wieder mit.

Bezüglich der letzten (zweifelhaften) Waarenlieferung wollte der bekl. Käufer dem Buche Beweiskraft nur zugestehen, wenn es mit dem vom Gegner vorzulegenden Bestellzettel übereinstimme. Der Appellrichter erachtete aber die betr. Buchung für vollbeweisend, weil Führung und Aushändigung des Buches nach dessen ganzem Inhalt nur den von beiden Theilen beabsichtigten Zweck verfolgt haben könnte, den jedesmaligen Stand der gegenseitigen Geschäftsbeziehungen nach Soll und Haben in Gewißheit zu setzen, mithin der bewirkte Eintrag dem damit belasteten Empfänger gegenüber — sofern er nicht rechtzeitig, d. h. vor weiterem Vermerk (einer späteren Zahlung) Widerspruch erhoben — Geltung behielte.

Das OHG verwarf die NktBschw. des Bekl.

in Erwägung, daß

Verletzung eines Rechtsgrundsatzes oder einer wesentlichen Prozeßvorschrift hier nicht erfindlich, über den Grad der Beweiskraft solcher Bücher vielmehr vom Richter nach seinem, durch die Umstände des Einzelfalles geleiteten Ermessen zu entscheiden ist,

die (vom Imploranten ev. angezogenen) Bestimmungen über die Beweiskraft von Handelsbüchern auf Bücher der vorliegenden Art keine unmittelbare Anwendung leiden **können.**

Nachtrag über das OHG.

Das im § 11 des nunmehrigen Reichsgesetzes v. 12. Juni 69 vorgesehene Geschäfts-Regulativ für unser OHG (vgl. Rspr. I S. 17 n.**) ist inzwischen ergangen. Auf Grund desselben hat der Hof zunächst im Juli und August 71 Ferien gehalten, während welcher Zeit nur einmal (am 31. Juli, für 5 preußische Wechselsachen) eine öffentliche Sitzung vor dem „Ferien-Senat" des OHG stattfand.

Am 2. September sind noch 4 süddeutsche Räthe eingetreten, so daß der Gerichtshof gegenwärtig aus 2 Präsidenten (Dr. Pape und Dr. Drechsler) und 16 Räthen besteht. Derselbe hat dann den ihm durch das Gesetz v. 12. Juni 69 beigelegten Titel in „Reichs-Oberhandelsgericht" zu ändern beschlossen und führt diesen seitdem, freilich nicht in Uebereinstimmung mit den durch § 15 des Regulativs vorgeschriebenen Dienstsiegeln, von denen

a) das große Siegel dem im Reichskanzleramte geführten entsprechen,
b) das kleinere die Umschrift: „Deutsches Reich, Bundes-Oberhandelsgericht" tragen soll (einstweilen aber faktisch noch die Aufschrift: Norddeutscher Bund hat).

Der Gerichtshof ist jetzt in zwei Senate getheilt; dem Ersten Senat sitzt der Präsident des Hofes vor, dem zweiten der Vice-Präsident (vorbehaltlich der Befugniß des Präsidenten, in einzelnen Sitzungen den Vorsitz zu übernehmen). Jedes Mitglied des Gerichts muß einem Senat als ständiges Mitglied angehören. Demzufolge ist der I. Senat gegenwärtig gebildet aus den Herren Dr. Pape, Kosmann, Fleischauer, Dr. Schliemann, Dr. Goldschmidt, Dr. Voigt, Werner, Dr. Puchelt u. Wernz; während der II. Senat aus den Herren Dr. Drechsler, Ponath, Schmitz, Galtenkamp, Hoffmann, Dr. Boisselier, v. Vangerow, Dr. Barth u. Dr. Römer besteht. Jeder Senat hält ein Mal wöchentlich (jetzt je Dienstags u. Sonnabends) öffentliche Sitzung für mündlich zu verhandelnde Sachen.

Die Vertheilung der eingehenden Sachen unter die beiden Senate ist „vorläufig" nicht objektiv (etwa nach Rechtsmaterien oder nach territorialen Rücksichten) geregelt, sondern erfolgt (nach § 6 des Regulativs) in jedem Einzelfalle durch den Ersten Präsidenten und nach dessen Ermessen. Jeder Senat bearbeitet die ihm zugetheilten Sachen selbständig und führt ein Präjudizienbuch über die bei der Erledigung von Sachen erfolgten „Entscheidungen zweifelhafter und wichtiger Rechtsfragen". Die Senate theilen einander ihre Präjudizien mit, von denen leider nichts in die Oeffentlichkeit dringt.

Ueber Plenar-Entscheidungen wird ein besonderes Präjudizienbuch in zwei gleichlautenden, zum Gebrauch der beiden Senate bestimmten Exemplaren geführt.

Im Plenum des OHG werden (nach § 17 des Regulativs) neue Reichsgesetze und Landesgesetze, soweit sie für den Gerichtshof von Interesse sind, zum Vortrag gebracht. Auch erfolgt dort die Einführung neuer Mitglieder und Sekretäre des Hofes.

Außerdem gehören vor das Plenum die im § 9 u. 11 Abs. 2 des Ges. v. 12. Juni 69 und im § 8 des Regulativs näher bezeichneten Rechtssachen.

Sach-Register.*

A.

Ablieferung beförderten Frachtguts. S. 163, 178.
Abrede, Bedeutung bei einer Vertrags-beurkundung. 39, 220, 224n.
Absendung zurückzugebender Verpackungsmittel. 46.
Abtretung von Forderungen, Vollmacht dazu umfaßt nicht die Begebung von Wechseln. 186.
Accept, Acceptant rc. siehe Wechsel.
Acceptiren des Vaters als Genehmigung des vom Sohne vorgenommenen Wechselzuges. 84.
Accord im Konkurse, Ausland. 301.
Adcitation des Cedenten im Interesse des mit dem Cessionar Streitenden. 279 ff.
Agent, Befugnisse. 207.
— Konkurs, Folgen. 316.
— wer ist Kontrahent beim Handel durch Agenten? 207, 339.
— Rechenschaftsablegung. 316.
— Spezialagent. 154.
— Zahlungsannahme. 207.
Aktenwidrigkeit als Nichtigkeitsgrund. 101 f., 214, 235.
Alternativen bezüglich der Wechselzahlungszeit. 287.
Analoge Gesetzesanwendung. 88, 238.
Anerkenntniß-Vertrag über Schadenersatz in Versicherungsfällen. 354.
Anerkennung des Käufers über vertragsmäßige Lieferung. 21.
Anerkennung eines Rechnungswerks. 14, 347, 388.
Anerkennung einer Schuld durch Zahlung. 21, 92, 95, 363.
Anmeldung der Rechtsmittel, formlos in Preußen. 232.
Anwalt mit falscher Vollmacht. 191.
Anweisung, Annahme durch den Angewiesenen. 378.
Anweisung, Bedeutung. 385.
— Zahlung auf Grund derselben, Rückforderung trifft den Anweisenden. 363.
Anzeigepflicht des Käufers nach Ankunft vertragswidriger Waare. 21, 137, 140, 203.
Anzeigepflicht des Versicherten 33, 59, 95, 154.
Appellurtel, Abänderung zum Nachtheil des Appellanten, Nichtigkeit. 220.
— Nichtberücksichtigung eines erfolgten Angriffs. 329.
Arbiter u. arbitrator. 332.
Arbitrator (Gutachter) für Schadenfestsetzung 96, 332.
Arglist des Wechselklägers. 142, 186, 374.
Arrestrecht von Frankfurt a. M. 123.
Assignation, siehe Anweisung.
Aufbewahrung beanstandeter Waare im Distanzhandel. 90, 94n.

* Um den geehrten Lesern das Auffinden einzelner Aussprüche des OHG zu erleichtern, geben wir in jedem Bande der Rspr. hinter dem Titelblatt eine nach der Zeitfolge geordnete Uebersicht sämmtlicher mitgetheilter Entscheidungen und deuten bei den einzelnen Fällen den Zusammenhang praktisch wichtiger Rechtspunkte durch Hinweisung auf ähnliche, analoge oder gleiche Annahmen an. Außerdem werden wir, um einem uns mehrfach geäußerten Wunsche zu entsprechen, im dritten Bande (und weiter) ein je drei Bände unserer Sammlung zusammen berücksichtigendes systematisches Quellenregister aufstellen.

Auftrag, siehe Agent, Anweisung, Konkurs.
Aushändigung beförderten Frachtguts. 163, 178.
Ausland, Ausländer:
Arrest gegen Ausländer. 123.
— Bundesindigenat, prozessuale Bedeutung. 123.
— Ausländische Handelsgesellschaft, hiesige Vertretung. 54.
— Kautionspflicht des klagenden Ausländers, Einwand des Beklagten daraus, 211.
— Konkurs im Auslande, Zwangsaccord, hiesige Bedeutung. 301.
— Recht des Auslandes. 54, 216, 301.
Auslegung von Verträgen. 4, 33, 39, 42, 95, 220, 245, 286, 310, 347 n., 350 ff.
Aussteller, siehe Wechsel.
Aussteller einer Urkunde, Auslegung gegen ihn. 206.

B.

Baden, Behandlung badischer Staatsbürger nach dem Prozeßrecht von Frankfurt a. M. 123.
Bahntransport, Ablieferung des beförderten Guts. 163, 178.
Bahntransport in bedeckten Wagen. 310.
Bahntransport, Vertrag, Reglements. 310.
Bäume, im Walde stehende, als Gegenstand eines Handelskaufs. 220.
Bedingung, Beweislast. 80.
Begebung eines Wechsels, verschieden von Cession. 186.
— Verbot durch den Aussteller. 371.
Beibuch im Geschäftsverkehr, Bedeutung. 14, 388.
Beklagter:
— Bedeutung seiner Anführungen. 37.
— Einrede aus bestehendem Contocurrentverhältniß. 141, 347.
— Einreden, gleichzeitiges Geltendmachen prozeßhindernder Einwendungen. 211.
— Einreden im Wechselprozeß. 141, 219 Nr. 3, 371.
— Separatum des im Wechselprozeß Verurtheilten. 63, 257, 296.
Berufung, Stellung des Appellrichters. 220, 329.
Bevollmächtigter, Befugnisse. 154, 186, 207.
— besondere Instruktion oder Einschränkung der Vollmacht. 154.
— im Prozeß, mit falscher Vollmacht. 191.
Bewegliche Sachen (vgl. HGB Art. 275) 49, 220.
Beweisergebniß, richterliche Beurtheilung. 122.
Beweisführung bei Frachtgutschäden. 27.
— durch Handelsbücher. 14, 243, 388.
— über versicherte Schäden. 332.
Beweiskraft:
— einseitiger Feststellung des Zustandes beförderter Frachtgüter (Art. 407 HGB) 27, 32.
— der Feststellungen im Strafverfahren. 119.
— eines unbeeideten Zeugnisses. 122 n., 225.
Beweislast:
— ihre Beurtheilung im Allgemeinen. 20.
— betr. (mündliche) Abreden bei einer Vertragsbeurkundung. 220.
— betr. ausländisches Recht. 57 n., 216 f.
— für behauptete Bedingungen. 80.
— betr. Erfüllung einer Verpflichtung. 21, 90.
— des Klägers. 22, 91, 158 f.
— Parteirolle im Prozeß ist einflußlos. 22.
— betr. versicherte Transportunfälle. 178.
— betr. Echtheit einer Prozeßvollmacht. 191.
Bösliche Handlungsweise in Bezug auf Frachtgut. 9.
Bundesindigenat, prozessuale Bedeutung. 123.
Bürgschaft im Handel. 49.
— in Wechselform, Giltigkeit. 287.
— in Wechselform, Haftung von Mitbürgen unter einander. 251.

C.

C. (vgl. K.).
Cedent, sein Schiedseid in dem vom Cessionar geführten Rechtsstreit. 278.
Cession, falsche Urkunde. 227.
Cession und Wechselbegebung, Verschiedenheit. 186.

Cessionar:
— Anerkennung als Gläubiger von Seiten des Schuldners, namentlich durch Zahlung. 363.
— ist nach ALR Eigenthümer der Forderung. 363.
— Legitimation zum Empfang der geschuldeten Zahlung (nach ALR). 227.
— Zahlungsempfang bei einer Nichtschuld, condictio indebiti. 362.
Condictio indebiti, gegen wen? 362, vgl. 207.
Contobuch, Beweiskraft. 14, 388.
Contocurrent im gewöhnlichen Geschäftsverkehr. 347, 353.
Contocurrentverhältniß, eigentliches kaufmännisches, seine Bedeutung. 141, 347.

D.

Dampfmaschine:
— Lieferung, Aufstellen, Ingangsetzen. 40.
— Haftung des Lieferanten für seine das Aufstellen etc. besorgenden Leute. 40.
Deckung, Einrede mangelnder Deckung gegen die Wechselkage. 371.
Differenzforderung (bei nichterfüllten Handelskäufen). 104, 273, 368.
Diffitiren der Wechselunterschrift im Separatum. 296.
Dispositionsbefugniß. 1, 84, 154, 186, 20 , 362, 371.
Distanzhandel. 21, 46, 66, 90, 94, 137, 273.
— insbesondere Ueberlassungsvertrag bezüglich der Verpackungsmittel. 273.
dolus, siehe Arglist, bösliche Handlungsweise, Wechselkläger.
Domizilwechsel. 131, 374.

E.

Echtheit der Cession, behufs Legitimation des Cessionars. 227.
— der Indossamente behufs Legitimation des Wechseleigenthümers. 186.
— einer Prozeßvollmacht, Mangel und Nachweis. 191.
Ehefrau, westfälische, ihre Dispositionsbefugniß. 371.
Eid im Wechselprozeß, seine Bedeutung im Separatum. 257.
— vgl. Schiedseid.
Eidesleistung zur Erfüllung eines bedingten Urtels. 160, 162 n., 343.
Eideszuschiebung, Vertragsnatur (nach ALR) 261.
Eigenthümer einer Forderung, Legitimation. 227.
— eines Wechsels, Legitimation. 186.
Eigenwechsel (trockener Wechsel).
— Verhältniß mehrerer Aussteller unter einander. 152, 251.
— Unterschrift. 36, 217, 371.
— Zahlungsort. 375.
Einführung d. Rechtsmittel (i. Preußen). 232.
Einkaufskommission, Genehmigung des Kommittenten. 75.
Einwilligung, stillschweigende. 273, 339, 341.
Einzelkaufmann, Beitritt zu seinem Geschäft, Uebernahme seiner Schulden. 88.
Eisenbahnen, ihre Frachtgeschäfte:
— Haftung bei Verlust des Frachtguts, Normalsatz. 9.
— bösliche Handlungsweise, Werthersatz 9.
— Reglements. 164.
Emballage. 46, 273.
Erbrecht (nach ALR). Deliberationsfrist und Erbschaftsentsagung, Beweislast, 131, 132 n.
Erfüllung der Verträge. 4, 90, 268.
— durch Absendung im Distanzhandel. 46.
— Beweislast dabei. 20, 90.
— theilweise Erfüllung des Verkäufers, Rechte des Käufers. 236, 238 n.
Erkenntniß, siehe Urtel u. Rechtsmittel.
Exekution in Wechselsachen bei vorhandenem Unterpfande. 142.

F.

Fälligkeit eines Wechsels, siehe Wechsel, Zahlungszeit.
Färber als Kaufmann. 2, 341 f.
Fallitenrecht in Hamburg 301.
Faktura, als Vertragsofferte, ihre Annahme. 273, 339, 342.

Falschheit einer Cession. 227.
— eines Indossaments. 186.
— einer Prozeßvollmacht. 191.
Feuerversicherung, siehe Versicherung.
— Anzeigepflicht. 95, 154.
— Klagefrist im Schadensfalle. 100, 354.
Firma:
— Firma u. Name. 36, 371.
— Gesellschaftsfirma, Haftung für deren Verpflichtungen. 1.
— Haftung aus einer firmaähnlichen Wechselunterschrift, ohne Bestehen solcher Firma. 36.
Fixgeschäft (HGB Art. 357):
— Begriff. 79.
— „fest", und „genau" bestimmter Termin. 79.
Formfreiheit der Handelsgeschäfte. 39, 220, 224 n.
Frachtführer:
Ansprüche an ihn, deren Erlöschen nach Art. 408 HGB. 27.
Aufgabe von Eilgut, Säumniß, Haftung für die Folgen. 268.
Aushändigung (Ablieferung) des beförderten Frachtguts. 163.
Haftung für das Frachtgut, Werthersatz. 9, 27, 163.
Frachtgut:
- Ablieferung nach der Beförderung. 163.
— Verwechselung bei der Ablieferung, Werthersatz. 10.
— Feststellung von Schäden an beförderten Gütern. 27.
— Verbrennen des Gutes, ob höhere Gewalt? 164.
— Versicherung des Gutes gegen Transportgefahr, Ablauf. 178.
Frachtvertrag wegen Transports über verschiedene Eisenbahnen, Bedeutung der Reglements. 310.
Frankfurt a. M., Prozeßrecht über Arreste. 123.
Frist des Käufers zur Beanstandung erhaltener Waare. 21, 137, 203.
Frist für die Klage aus genommener Versicherung. 100, 354.
Fungibilität, siehe vertretbare Sachen, Maschinen.

G.

Gehilfe, siehe Prinzipal.
Gericht:
Ausschluß, bzw. Beschränkung der Kompetenz durch Vertrag der Parteien. 95, 113, 212.
Gerichtsstand ausländischer Versicherungsanstalten. 179.
Geschäft eines Einzelkaufmanns, Beitritt dazu, Uebernahme vorhandener Schulden. 88.
Geschäftsbeginn einer Handelsgesellschaft. 2 n.
Geschäftsgang, ordnungsmäßiger für Untersuchung angekommener Waare. 137, 203.
Geschäftsschulden eines Einzelkaufmanns, Haftung des dem Geschäft Beitretenden dafür. 88.
Gesellschaft, siehe Handelsgesellschaft.
Gesetz, Analogie. 88.
Gewalt, höhere. 164.
Girant, Giro, siehe Begebung, Indossament und Wechsel.
Giro, falsches. 186.
Glauben, siehe Treue u. Glauben.
Gutachter (arbitrator). 96, 332.
Gutsbutter, Lieferung, Beurtheilung des Vertrages darüber. 4.

H.

Hagelversicherung, Schadenfeststellung. 332.
Hamburger Falliterecht. 301.
Handelsbrauch. 46, 273, 346 f.
Handelsbücher, Beweiskraft. 384, 388.
— ihre Vorlegung, richterliches Ermessen. 243.
Handelsgeschäft (vgl. Firma u. Geschäft).
— Beitritt als Theilhaber, Haftung für Schulden. 88.
— Färbereibetrieb. 2, 341 f.
Handelsgeschäfte. 1, 40.

Handelsgeschäfte. Formfreiheit 39, 220, 224 n.
Handelsgesellschaft:
— ausländische, Vertretung derselben. 54.
— Beginn der Wirksamkeit ohne Eintragung. 1, 2 n.
— Eidesleistung Namens der Gesellschaft. 160.
— persönliche Haftung der Gesellschafter für Verpflichtungen der Firma. 1.
— innere Rechtsakte der Gesellschaft und Vertretung nach Außen. 54.
— Verpflichtung der Gesellschaft durch einen Gesellschafter. 1.
Handelsgesellschafter (Socius).
Verpflichtung der Gesellschaft durch ihn. 1.
— seine Haftung für Schulden der Gesellschaft. 1.
Handelsgewohnheitsrecht, seine Bedeutung, 346.
— zu unterscheiden von Verkehrssitte (Usancen). 346.
Handelskauf, siehe Kauf.
Haussohn, Wechselverpflichtung, Genehmigung des Vaters. 84.
Höhere Gewalt. 164.
Hypothekforderungen als Geschäftsobjekte. 49, 53 n.

J.

Ignoranzeid im Wechselprozeß, seine Bedeutung im Separatum. 257.
Individualität von Maschinen. 199.
Indossament, siehe Wechsel.
— falsches. 186.
— bei Verbot des Ausstellers. 371.
Informativzeugen. 122 n.
Inkompetenz, siehe Gericht, Gerichtsstand.
Innere Rechtsakte einer Gesellschaft. 54.
Instruktionen eines Bevollmächtigten, Wirkung nach Außen. 154.
Interpretationsregeln 4, 33, 39, 42, 95, 220, 245, 286, 310, 347 n., 350 ff.
Interzession für eine Wechselschuld. 152.
Jüdische Feiertage, Bedeutung. 368.

K.

Kauf (Handelskauf):
— Anerkennung des Käufers über vertragsmäßig erfolgte Lieferung. 21.
— Begriff, nach bürgerl. Recht zu beurtheilen. 201 ff.
— Gegenstand, Theilbarkeit, vertragswidrige Beschaffenheit eines Theils der Waare. 236.
— nach Probe, Erfüllung, Beweis. 90.
— Rückgabe der Verpackungsmittel. 46.
— Vertretung des Transporterfolges. 46.
— Unterschied zwischen Kauf u. Werkverdingung. 199.
Käufer:
— Aufbewahrung beanstandeter Waare. 90.
— Befugniß, die Beschaffenheit angekommener Waare feststellen zu lassen. 91.
— Bemängelung behaltener Waare, bis wann? 138, 140, 203.
— Ersatzforderung, wenn ihm marktgängige Waare nicht geliefert wird. 104, 273.
— Pflichten. 21, 90, 137.
— namentlich beim Platzhandel. 66.
— Rechte bei theilweise vertragswidriger Waare. 236.
— Rückgabe der Verpackungsmittel. 46.
— Uebernahme der Verpackungsmittel. 273.
— Untersuchung erhaltener Waare. 137, 203.
— Verzug bei Empfangnahme, Folgen. 368.
— Zahlung als Anerkennung vertragsmäßiger Lieferung. 21.
— Zahlung, Einfluß auf die Beweisführung. 22.
Klage, richterliche Prüfung derselben. 232.
— des Versicherten, Frist. 100, 354.
Klagenzusammenfassung. 167 f.
Klägers Beweislast 22, 91, 178.
— Kautionspflicht (Ausländer). 211.
Kaufmann:
— Vermuthung für die handelsgeschäftliche Qualität seiner Verträge. 49.
Kollektivbezeichnung in der Unterschrift. 36.
Kommission zum Verkaufen, Auftragsüberschreitung. 75.
Kommittent:
— stillschweigende Genehmigung eines für ihn besorgten Verkaufs. 75.
Kompetenz (Inkompetenz), siehe Gericht, Gerichtsstand.

Kompromiß, siehe Schiedsvertrag.
Kompromiß u. receptum arbitri sind zwei selbständige Verträge. 214.
Konkurs eines Agenten, Folge. 316.
Konkurs im Auslande, Zwangsaccord und dessen hiesige Bedeutung. 301.
Konkurs, Geltung des kaufmännischen Zurückbehaltungsrechts dabei. 68.
Konkursgläubiger, Anfechtung erfolgter Zahlungen. 207.
Kontrahent, wer ist es beim Handel durch Agenten? 339, 342.
Kontumaz im Wechselprozeß, Diffession im Separatum. 296.
Kündigung, auf oder nach solcher fällige Wechsel. 286.

L.

Laufende Rechnung (Contocurrent). 347 n., 353 Anm.
Lebensversicherung:
— Auszahlung der versicherten Summe, Legitimation eines Cessionars. 227.
— Nachweis der Todesursache. 33.
— Pflichten des Versicherungsberechtigten beim Todesfalle. 33.
Legitimation des Wechselinhabers, falsches Giro. 186.
— des Zahlungsempfängers durch Privatcession. 227.
Lieferant einer Maschine, Haftung für seine Leute. 40.
Lieferung:
— einer Dampfmaschine, Umfang der Vertragspflichten. 40.
— emtio rei speratae, Pflichten des Verkäufers. 4.
— v. Gutsbutter, Vertragsauslegung. 4.
— einer Maschine, ob Kauf? 199.
Lieferungsgeschäfte als Handelskäufe. (HGB Art. 338). 201 f.

M.

Marktgängige Waare, Begriff. 103, 110 ff.
Marktpreis eines Handelsartikels. 103.
Maschine, siehe Dampfmaschine.
— Kauf oder Werkverdingung? 199.
Maschinen, ob vertretbare Sachen? 199.
Mengekauf, Rechte des Käufers bei nur theilweise mangelhafter Erfüllung. 236, 238 n.
— Recht des Verkäufers bei verweigerter Abnahme. 368.

N.

Nachtheile, vermeidliche, Ersatzforderung. 323.
Name, Firma. 36, 371.
Nichtigkeitsbeschwerde statt der Revision. 232.
— Vollständigkeit. 200, 239.
Nichtigkeitsgründe:
Aktenwidrigkeit. 101 f., 214, 235.
Ablehnung von Einreden aus prozessualen Gründen. 211.
Omission. 121, 235, 277.
Prozeßführung eines nicht bevollmächtigten Sachwalters. 191.
prozessuale Ntk.gründe im preußischen Verfahren. 101, 102 n., 119, 211, 279.
reformatio in peius. 220.
res judicata, ihre Nichtberücksichtigung. 162, 329, 343.
Suppeditirung von Seiten des Richters. 102 n., 235, 275, 277.
Wortwidrigkeit einer richterlichen Annahme. 101 f., 235.
Nichtigkeitsrichter:
— Stellung. 217.
— freie Beurtheilung von Thatfragen. 256, 330.
— Aufrechterhaltung einer an sich nichtigen Entscheidung aus sachlichen Gründen. 191, 251, 350.
Niederlegung verkaufter Waare bei Verzug des Käufers. 368.

O.

OHG, Regulativ, Senate. 389.
Obligation, örtliches Recht. 302 ff.
Obmann beim Schiedsspruch, Zulässigkeit einer Vereinbarung darüber. 212.
Offerte und Annahme. 273, 339, 341 f.
Omission als Nichtigkeitsgrund. 121, 235, 277.

P.

Pfandbestellung, ihre Bedeutung für die Wechselexekution. 142.
Platzhandel. 66.
Policebedingungen (Versicherungsvertrag) Auslegung. 33, 95, 245, 332.
Police auf Namen, Auszahlung der versicherten Summe an einen Cessionar. 227.
Preisdifferenzforderung des Käufers wegen Nichterfüllung. 103, 273.
Prinzipal, Haftung für seine Leute beim Aufstellen ꝛc. einer gelieferten Dampfmaschine. 40.
Probe, Kauf nach Probe, Erfüllung, Beweislast. 90.
Prozeß, siehe Nichtigkeitsbeschwerde ꝛc., Rechtsmittel, Rechtsweg, Richteramt.
Prozeßführung durch einen nichtbevollmächtigten Sachwalter, Vernichtung des Verfahrens. 191.
Prozeßnormen, wesentliche im preuß. Verfahren. 101, 119, 211.
Prozeßverfahren im Königreich Sachsen. 179, 243.
Purifikation eines bedingten Urtels. 160, 343.

R.

receptum arbitri, Bedeutung. 212.
Rechenschaftsablegung. 316.
Rechnungswerk, Anerkennung. 14, 347.
— insbesondere durch Annahme und Behalten eines Beibuches. 14, 388.
Recht des Auslandes. 54, 216, 301.
Rechtskraft (des Urtels). 162, 220, 329, 344.
Rechtsmittel, Anmeldung und Einführung in Preußen. 232, 330.
— Wirkung. 220.
— vgl. Appellurtel, Nichtigkeitsbeschwerde, Revision.
Rechtsweg, ordentlicher, seine Ausschließung:
— durch Kompromiß 113, 212.
— für Feststellung des Schadenbetrags in Versicherungsfällen. 96, 103.
reformatio in pejus, Nichtigkeit. 220, 226.
Reglements der Eisenbahnen. 164, 310.
Remittent, siehe Wechsel, Personenbezeichnung.
res judicata, siehe Rechtskraft und Purifikation.
Retention, siehe Zurückbehaltungsrecht.
Revision (Rechtsmittel in Preußen), unstatthaft in Assekuranzsachen nach AGO 96.
Revision, gehörige Einführung. 232.
Richteramt, Prüfung der Klage. 232.
— Schlußfolgerungen. 102.
Rücktritt beim Handelskauf. 236.
Russisches Recht. 55 f.

S.

Sachwalter ohne Vollmacht, Nichtigkeit des Verfahrens und ihre Geltendmachung in Altpreußen. 191.
Schadenersatz
— der Eisenbahnen. 9.
— des Frachtführers. 9, 27, 163, 268.
— des Verkäufers einer marktgängigen Waare für deren Nichtlieferung. 273.
— bei vermeidlichen Nachtheilen. 323.
— Verzicht auf Ersatz. 207.
Schadenfeststellung bei befördertem Frachtgut. 27, 29 ff.
Schadenfeststellung in Versicherungsfällen. 96, 332.
Schadenforderung. 323.
— Verfolgung mehrerer Ansprüche in demselben Prozesse. 167 f.
— keine wegen vermeidlicher Nachtheile. 323.
Schiedseid des Cedenten, wenn der Cessionar Prozeßpartei. 278.
Schiedsrichter, Annahme des Auftrags, Bedeutung dieser Uebernahme für die Giltigkeit des Schiedsvertrages. 212.
— oder Arbitrator? 332.
— Kompetenz, eigene Entscheidung darüber. 113.
Schiedsvertrag. 113, 211.
— Bestimmungen des altpreuß. Rechts darüber. 114.
— Annahme und Ausrichtung des Auftrags seitens der Schiedsrichter. 212.

Schiedsvertrag.
— Berufung eines Obmanns. 212.
— welches örtliche Recht ist maaßgebend? 216.
Schriftliche Vereinbarung, ihre Bedeutung gegenüber den vorgängigen Abreden. 39, 220, 224 n.
Schulden eines Einzelkaufmanns, ihre Uebernahme durch einen neuen Geschäftstheilhaber. 88.
Schweigen als Genehmigung oder Zustimmung. 75, 273, 341, 347.
Seeversicherung, Anzeigepflicht des Versicherungsnehmers. 59.
Simulation bei der Wechselbegebung. 219 Nr. 3, 373.
Socius, siehe Handelsgesellschafter.
Spediteur, Auslagen, Steuerzahlung. 239.
Spediteur, Unterschied vom Transportunternehmer. 163.
Spedition, Anforderungen an den Spediteur, ihre Verjährung. 239.
— Berechnung v. Steuerzahlungen. 239.
Spezialagent einer Versicherungsgesellschaft, Befugnisse. 154.
Strafrichter, Bedeutung seiner Entscheidung für spätere Civilklage. 119.
Stromschiffer in Preußen, treibt ein stehendes Gewerbe, Wohnort. 131.
Suppeditiren seitens des erkennenden Richters als Richtigkeitsgrund. 102 n., 235, 275, 277.

T.

Tenor u. Gründe des Urtels, Rechtskraft. 331.
Territorialität der Rechte. 54, 216, 301.
theilbare Sachen, mangelhafte Lieferung. 236.
theilbare Sachen u. Zurückbehaltungsrecht. 323.
Transport, Haftung des Frachtführers. 9, 26, 163.
Transport und Gefahr bei Rücklieferung von Verpackungsmitteln. 46.
Transportgefahr, ihre Versicherung und deren Ablauf. 178.
Transportunternehmen (HGB Art. 384) 163.
Transportversicherung. 178.
Transportvertrag für über verschiedene Bahnen gehendes Gut, Reglements. 310.
Trassant, siehe Aussteller u. Wechsel.
Treue und Glauben. 15, 21, 33, 95, 137 323, 332, 347.

U.

Uebergabe (Tradition), nicht gleichbedeutend mit der Ablieferung (Aushändigung) beförderten Frachtguts. 163, 178.
Ueberlassung von Verpackungsmitteln. 273.
Urkunde, siehe Abrede, Auslegung, Schrift, Wechsel.
Urtel, angefochtenes. 220, 329.
— Purifizirung einer bedingten Entscheidung. 160, 343.
— Rechtskraft, Gründe, Tenor. 331.
— vgl. Rechtsmittel.
Usancen im Handel. 46, 273, 347.

V.

Valuta, siehe Deckung u. Wechsel.
Des Vaters Genehmigung zu Wechselverpflichtungen des Sohnes. 84.
Vereinbarung, siehe Abrede, Offerte, Vertragsschließung.
Verfahren, siehe Prozeß, Rechtsmittel, Rechtsweg 2c.
Verfall, siehe Wechsel, Zahlungszeit.
Verjährung der Gewährleistungsklage. 206.
Verjährung der Ansprüche an den Spediteur. 240.
Verkäufers Anspruch auf Anerkennung der vertragsmäßigen Lieferung. 21.
— Beweislast bezüglich der Vertragserfüllung 20 ff., 80, 90.
— Ersatzleistung für unterlassene Lieferung marktgängiger Waare. 104, 273.
— Gewährleistungspflicht und deren Verjährung. 206.
— Recht zur Niederlegung der vom Käufer nicht angenommenen Waare. 368.
Verkaufskommission. 75.
Verkehrssitte, vgl. Handelsbrauch.
— als Erkenntnißquelle für den Willen der Handeltreibenden. 347.

Verpackungsmittel (Emballage).
— ihre Rückgabe und das Tragen der Transportgefahr dabei. 46.
— Uebernahme derselben durch schweigendes Verhalten des Empfängers. 273.
Versicherter (bzw. Berechtigter aus der genommenen Versicherung).
— Anzeigepflicht. 33, 59, 95, 154.
— Feststellung des Schadenfalles. 96, 332.
— Klagefrist. 100, 354.
— Verlust der Ansprüche. 95, 154, 159, 354.
— Versicherung gegen Hagelschlag, Schadenfeststellung. 332.
— gegen Transportgefahr. 178.
Versicherungsgesellschaft, Befugnisse ihrer Spezialagenten. 154.
Versicherungsvertrag, Auslegung. 33, 95, 245, 332.
Vertragsauslegung. 4, 33, 39, 42 ff., 95, 206, 220, 245, 286, 310, 347 n., 350 ff.
Vertragsbruch, siehe Schadenersatz, Schadenforderung.
Vertragserfüllung, Beweislast. 20 ff., 80, 90, 159.
— Theilbarkeit der Lieferung. 236.
Vertragsschließung (formlose). 273, 339, 341 f.
— durch Agenten, wer ist Kontrahent? 208 ff., 339.
— durch Vermerk in den Handelsbüchern? 383.
— schriftliche, ihre Bedeutung. 39, 220.
vertretbare Sachen, Maschinen. 199.
Verwechselung von Bahnfrachtgut, Schuld, Wertherſatz. 10.
Verzicht auf Schadenersatz. 207.
Vollmacht, Einschränkungen und besondere Instruktionen dabei. 154.
Vollmacht, falsche, eines Parteivertreters im altpreuß. Prozeß, und Vernichtung des Verfahrens. 191.
Vollmacht, Umfang. 186, 207.
Vorauszahlung, ihre Bedeutung. 90, 95.
Vorlegung der Handelsbücher, richterliches Ermessen. 243.
Vorleistung, Einrede ihres Mangels im Wechselprozeß. 142.

W.

Waare, siehe Kauf, Käufer.
— Maschinen als Waare? 199.
Waldbäume als Gegenstand eines Handelskaufs. 220.

Wechsel:

Acceptant, Einrede mangelnder Deckung. 374.
— seine Haftung gegenüber dem Indossatar. 63.
Acceptiren des Vaters als Genehmigung des vom Sohne vorgenommenen Wechselzuges. 84.
Alternative in der Zahlungszeit. 287.
Arglist des Wechselklägers. 142, 186, 374.
Aussteller, Haftung mehrerer. 252.
— ihr Verhältniß unter einander. 152, 251.
— Interzession eines Dritten für einen Mitaussteller. 152.
Begebung des Wechsels, wesentlich verschieden von einer Cession. 186.
— ihr Verbot durch den Aussteller. 371.
Beklagter Wechselschuldner:
— Berufung auf ein Contocurrentverhältniß. 141.
— Einrede der Simulation. 219 Nr. 3, 373.
— Einrede nicht gegebener Valuta. 371.
Bürgschaft in Wechselform, Geltung. 287.
— Haftung mehrerer Bürgen untereinander. 251.
Diffitiren im Wechselseparatum. 296.
Domizilwechsel. 131, 374.
Echtheit der Indossamente, behufs Legitimation des Wechseleigenthümers. 186.
Eigenwechsel. Zahlungsort. 375.
Essentialien des Wechsels, Schriftform. 377.
Exekution bei bestelltem Unterpfande. 142.
W.-Fähigkeit, Mangel und dessen Hebung. 84.
W.-Form für Bürgschaftsleistung. 287.
Ignoranzeid im Wechselprozeß, Bedeutung im Separatum. 257.
Indossament, falsches. 186.
— nach Ablauf der Protestfrist, Klagerecht daraus. 63.
Indossiren bei Verbot des Ausstellers. 371.
Interzession für die Wechselschuld. 152.
Kündigung als Bestimmungsmoment für den Verfall. 286.

Wechsel:
Legitimation des Gläubigers. 186.
Mitaussteller, Haftung untereinander. 152, 251.
Ortsangabe beim Bezogenen. 375 n.
— beim Domiziliren. 374.
— im Eigenwechsel für Ausstellung und Zahlung. 375.
Personenbezeichnung. 36, 217, 219.
Schiedseid, Vertragsnatur und Geltung im Separatum. 257.
W.-Separatum. 63, 257, 296.
Simulation, Einrede daraus. 219 Nr. 3, 373.
Trassant, siehe Aussteller.
unterliegendes Rechtsgeschäft, Verhältniß zum Wechselanspruch. 142.
Unterschrift, Kollektivbezeichnung. 36.
— Zusatz beim Namen. 217, 371.
W.Urkunde muß alles Wesentliche enthalten. 377.
W.Verpflichtung einer Handelsgesellschaft. 1.
— eines Haussohns, väterliche Einwilligung. 84.
Wesentliches, Schriftform. 377.
Zahlungsort. 131, 375.
Zahlungszeit. 36, 286, 287.

Werk, bestelltes, dessen Annahme u. Billigung. 203 ff.
Werkverdingung, Unterschied vom Kauf. 199.
Westfalen, eheliches Güterrecht, Dispositionsbefugniß der Frau. 371.
Wille der Interessenten, Handelssitte als Erkenntnißquelle dafür. 347.

Z.

Zahlung
— als Anerkennung der Schuld. 21, 92, 95, 363.
— Annahmebefugniß eines Agenten oder sonst zum Vertragsschluß Bevollmächtigten. 207.
— Legitimation des Zahlungsempfängers. 227.
— Ort und Zeit, siehe unter Wechsel.
— Rückforderung des Gezahlten, gegen wen? 208, 362.
— im Voraus geleistete, ihre Bedeutung für die Beweislast. 90, 95.
Zeitungsnachrichten, ihre Bedeutung für die Anzeigepflicht des Seeversicherungsnehmers. 59.
Zeuge, unbeeideter. 122 n., 225.
Zeugniß, zur Information des Richters. 122 n.
Zollgefälle, Entrichtung durch den Spediteur, Ersatzforderung desselben. 239.
Zurückbehaltungsrecht, kaufmännisches, dessen Bedeutung. 69, 323.
— dessen Geltung im Konkurse. 69.
— bei theilbaren Sachen. 323.
Zwangsaccord im Konkurse, Ausland. 301.

Druck von Bär & Hermann in Leipzig.